"十二五"职业教育国家规划教材
经全国职业教育教材审定委员会审定
汽车类教学改革规划教材

汽车传动系统检测与修复

第2版

主　编　胡　勇　娄学辉
副主编　高　云
参　编　张学涛

机械工业出版社

本书是“十二五”职业教育国家规划教材，经全国职业教育教材审定委员会审定。

本书是“汽车传动系统检测与修复”省级精品课程的配套教材，为国家级示范性高等职业院校重点建设专业的重点建设项目之一。

本书主要内容包括汽车传动系统的诊断基础、汽车离合器的检测与修复、汽车手动变速器的检测与修复、汽车自动变速器的检测与修复、汽车万向传动装置的检测与修复、汽车驱动桥的检测与修复、汽车传动系统的综合故障诊断，一共7个学习情境，21个学习单元。在书后附有任务工单，可供学生学习使用。全书“以工作任务为目标，以行动导向过程为导向”，以典型汽车传动系统为载体，通过对典型汽车案例的分析，全面介绍了汽车传动系统中的离合器、手动变速器、自动变速器、驱动桥等部件的检测和修复方法，以及汽车传动系统故障的检测思路。

本书内容详尽，图文并茂，针对性强，具有较强的实践性，可作为高职高专汽车运用、汽车检测与维修等专业的教材，也可作为汽车检测、维修等企业的培训教材。

本书配有电子课件，凡使用本书作为教材的教师可登录机械工业出版社教育服务网 www.cmpedu.com 注册后下载。咨询邮箱：cmpgaozhi@sina.com。咨询电话：010-88379375。

图书在版编目（CIP）数据

汽车传动系统检测与修复/胡勇，娄学辉主编. —2版.
—北京：机械工业出版社，2016.12
“十二五”职业教育国家规划教材　汽车类教学改革规划教材
ISBN 978-7-111-55470-7

Ⅰ.①汽…　Ⅱ.①胡…②娄…　Ⅲ.①汽车-传动系-检测-高等职业教育-教材②汽车-传动系-车辆修理-高等职业教育-教材　Ⅳ.①U472.41

中国版本图书馆CIP数据核字（2016）第279179号

机械工业出版社（北京市百万庄大街22号　邮政编码100037）
策划编辑：葛晓慧　责任编辑：葛晓慧　张丹丹
责任印制：常天培　责任校对：陈秀丽
北京京丰印刷厂印刷
2017年7月第2版 · 第1次印刷
184mm×260mm · 16.75印张 · 406千字
0 001—1 900册
标准书号：ISBN 978-7-111-55470-7
定价：42.00元

凡购本书，如有缺页、倒页、脱页，由本社发行部调换

电话服务	网络服务
服务咨询热线：010-88379833	机 工 官 网：www.cmpbook.com
读者购书热线：010-88379649	机 工 官 博：weibo.com/cmp1952
	教育服务网：www.cmpedu.com
封面无防伪标均为盗版	金 书 网：www.golden-book.com

前　言

本书从汽车检测与维修技术专业人才培养目标和职业岗位需求分析出发，在“以工作任务为目标，以行动导向过程为导向”课程开发的思想指导下，依据汽车维修行业的真实工作过程，选择典型车型的自动变速器系统为训练学生能力的载体，共设计7个学习情境。学习情境的排列顺序按照从简单到复杂的规律。学习情境源于企业经营过程、生产过程和工作过程，针对性和适用性较强，重点培养学生的过程能力，具备了职业活动导向教材的特色。

全书共设置了7个学习情境、21个学习单元以及相关的任务工单。其内容主要包括汽车传动系统的诊断基础、汽车离合器的检测与修复、汽车手动变速器的检测与修复、汽车自动变速器的检测与修复、汽车万向传动装置的检测与修复、汽车驱动桥的检测与修复、汽车传动系统的综合故障诊断。教材编写全面体现高职高专教学改革、教材建设的需求，融入国内著名院校先进的教学成果，系统、全面地研究和借鉴德国职业教育模式，图文并茂、通俗易懂、针对性强、理论与实践统一，便于实施一体化教学和行动导向教学，为实现工作过程系统化课程改革和培养高技能人才起到积极的推动作用。

本书由河南职业技术学院胡勇、娄学辉任主编，河南职业技术学院高云任副主编。参与编写的还有河南聚龙汽车商务有限公司张学涛。其中学习情境1和学习情境2由河南职业技术学院胡勇编写，学习情境3、学习情境4由河南职业技术学院娄学辉编写，学习情境5、学习情境6由高云编写，学习情境7由张学涛编写。

由于编者水平有限，书中难免存在不妥与疏漏之处，恳请读者批评指正。

编　者

目 录

学习情境1　汽车传动系统的诊断基础

汽车发动机与驱动轮之间的动力传递装置称为汽车的传动系统。它应保证汽车具有在各种行驶条件下所必需的牵引力和车速，以及保证牵引力与车速之间具有协调变化等功能，使汽车具有良好的动力性和燃油经济性；还应保证汽车能倒车，以及左、右驱动轮能适应差速要求，并使动力传递装置能根据需要而平稳地接合或彻底、迅速地分离。

汽车维修服务的主体是客户，服务的客体是汽车。作为汽车维修技术人员首先要做的就是了解工作对象，熟悉其基本构造与原理、功能与作用、故障表现形式与处理的思路。

学习单元1　汽车传动系统的认识

学习目标

1. 能熟练认知汽车传动系统各部分的构造及作用。
2. 了解汽车传动系统的布置形式。

任务载体

汽车传动系统是汽车底盘系统的组成之一。在汽车底盘系统出现故障后，要对汽车底盘系统进行检查和调整，其中传动系统的检查非常重要。理解和掌握其相关维修知识是尽快解决汽车故障的基础。

技能操作

举升机的使用

汽车举升机是指汽车维修行业用于汽车举升的汽保设备。举升机在汽车维修养护中发挥着至关重要的作用，无论是整车大修还是小修维护，都离不开它，其产品性质、质量好坏直接影响维修人员的人身安全。在规模各异的维修养护企业中，无论是维修多种车型的综合类修理厂还是经营范围单一的街边店（如轮胎店），几乎都配备有举升机，如图1-1 所示。

1. 举升机的分类

（1）柱式举升机　柱式举升机可分为单柱式、双柱式和四柱式三种。单柱式举升机举升力都在5t 以上，主要用于大型客车和大型货车的底盘检修，还可以四个单柱式举升机联动作为四柱式举升机使用，双柱式举升机主要用于底盘检修，是使用量最大的一种举升机 。图1-2 所示为四柱举升机。

（2）剪式举升机　剪式举升机主要用于底盘检修、更换轮胎、更换润滑油和4S 店预检工位，如图1-3 所示。

图 1-1　举升机

图 1-2　四柱举升机

图 1-3　剪式举升机

2. 双柱举升机的使用

（1）结构　**双柱举升机是一种有非对称形臂、支架式举升机器，由机械、液压系统、电气三个部分组成。**机械部分主要由底架、活动架、立柱、导向滚轮、侧辊、链条、油缸、活塞和臂等件组成，如图 1-4 所示，设备主立柱的结构如图 1-5 所示，液压系统的结构如图 1-6 所示。

（2）工作原理　两立柱直立固定在底架上，臂可在导轨内滑动，臂长可调节，导轨与活动架活接，可做回转动作。活动架上装有 4 个导向滚轮和 4 个侧辊，以确保活动架沿着立柱的滚道上下平稳地运行，主活动架由活塞杆通过主动链举动，从活动架通过固定在主活动架上的从动链举动，因此能够保证其同步运行。

（3）操作步骤

1）准备工作。

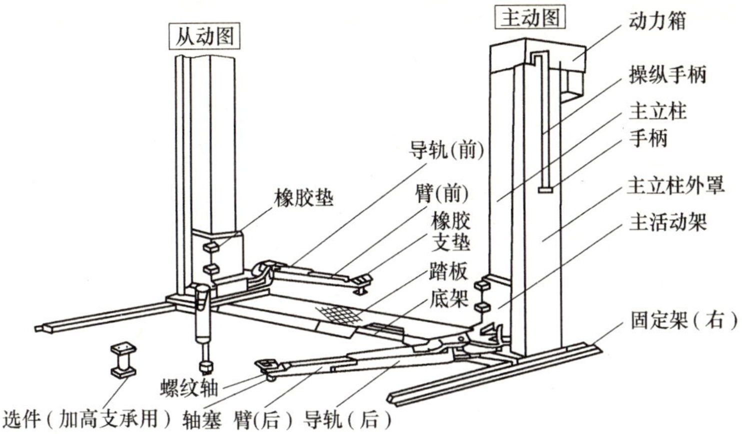

图 1-4　双柱举升机的外形与结构

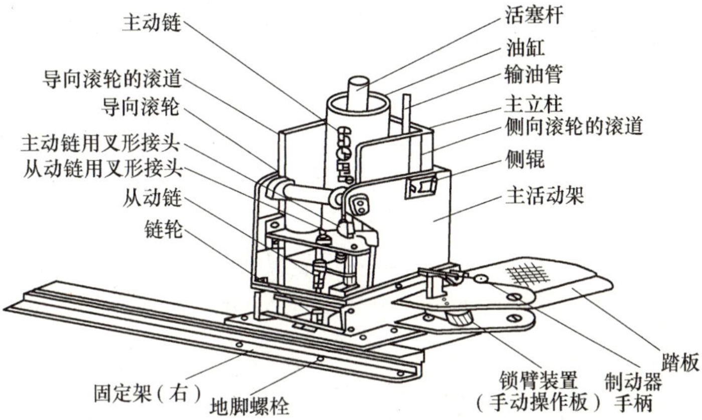

图 1-5　设备主立柱的结构

①将 4 个臂向外敞开。

②将汽车驾驶座靠近举升机非操作位置一侧驶入举升机内，在距 A 约 80cm 的位置处停车，允许偏心距（B）为 450mm，如图 1-7 所示。

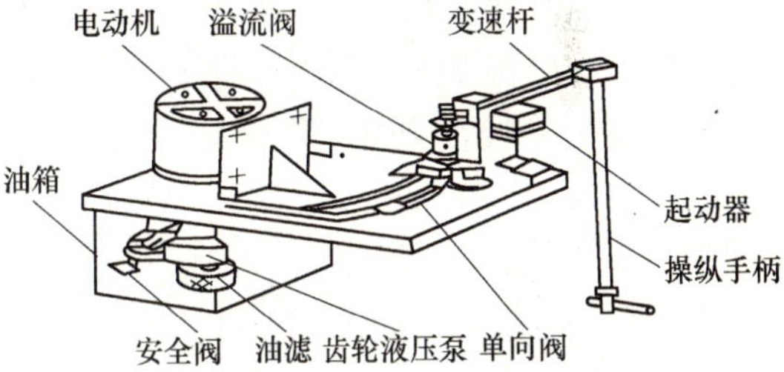

图 1-6　液压系统的结构

2）橡胶支垫位置的决定方法。

①将橡胶支垫全部支承在汽车规定支承的部位。

②将臂调整到最大限度，并调整橡胶支垫的高度，以使汽车保持水平状态。

③注意除小轿车以外的汽车，应将橡胶支垫调整到汽车的大梁、副大梁及吊架部位。

3）上升及停止。

①上推手柄时，举升机上升；放开手柄时，举升机停止；下拉手柄时，举升机下降。在上升高度约 300mm 时，检查 4 个橡胶支垫是否稳固地支承着，汽车是否保持水平状态，然后将汽车举升到需要的高度。

②放开手柄，举升机就能在任意位置停止，然后稍微下降一点，使制动器处于锁紧状态。

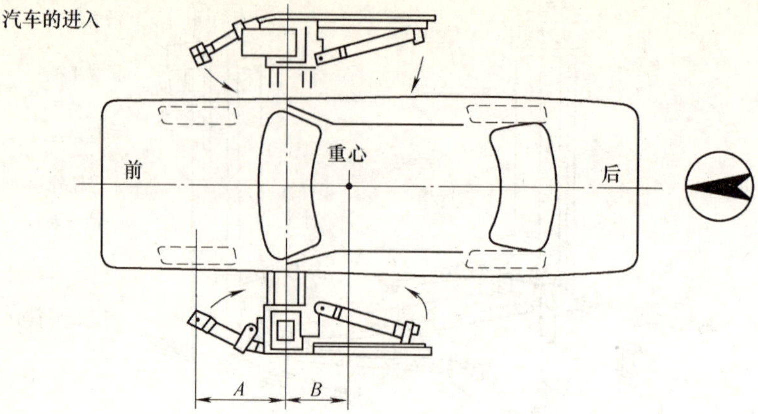

图 1-7　举升机的使用方法

4）下降。

①将制动器脱开。

②下拉手柄时，举升机下降，下降速度可根据汽车的重量由下拉手柄的幅度进行控制。

③在下降过程中要停止时，必须将制动器、推动器推到锁紧状态（注：在下降到最低位置时，制动器会自动地移动到锁紧状态）。

5）汽车的退出。在汽车退出之前，先将 4 个臂从汽车下方转出到最初位置，然后慢慢地退出汽车。

3. 设备操作的注意事项

1）橡胶支垫的前后距离应尽可能调整得大些，以防止举升机在运行中发生汽车下落事故。

2）在修理汽车等作业中，举升机的制动器必须处于锁紧状态。

3）当举升机在锁紧状态下进行下降动作时，应先将举升机稍微上升一点，以便脱开制动器，然后再进行下降操作。

4）当超载荷工作时，安全阀声音异常，此时，应禁止继续使用举升机，否则易发生危险。

5）要及时排除底架内的泥土和积水，而且要对链条进行定期检查并涂油。

6）举升机在上升、下降的过程中，操作人员绝对不能在被举升的汽车底部下面。

7）橡胶支垫与汽车之间不允许垫入木材等垫块。

8）橡胶支垫不允许支承在弹簧钢板处，否则滑下是很危险的。

9）为防止汽车滑下，务必擦拭掉沾在橡胶支垫上的油和水等。

知识链接

1. 汽车传动系统的作用与分类

（1）功用　汽车传动系统的主要任务就是与发动机协调工作，以保证发动机能在不同的使用条件下正常行驶，并具有良好的动力性和燃油经济性。因此，无论是什么形式的传动系统，至少都应该具备以下四种基本功用：

1）减速和变速。

2）实现汽车倒驶。当发动机转速不变，驱动轮反向时，在变速器中加倒档。

3）必要时中断传动。在发动机与变速器之间设置一个靠摩擦来传动且其主动和从动部分可在驾驶人操纵下彻底分离，随后再柔和接合的机构——离合器；且因长时间停驻，保持中断状态时，变速器要设置空档。

4）差速作用。

（2）分类　传动系统按结构和传动介质分为机械式、液力机械式、静液式（容积液压式）和电动式。

2. 汽车传动系统的组成与布置形式

（1）组成　汽车传动系统的组成与发动机的形式和性能、汽车总体的结构形式和汽车行驶系统及传动系统本身的结构形式有关。

目前，广泛应用于普通双轴货车，并与活塞式发动机配用的是机械式传动系统。其组成与各部分的功能分为以下几点：

1）离合器。离合器使发动机与传动系统平顺接合，把发动机的动力传给传动系统，或者使两者分开，切断传动。

2）变速器。变速器实现变速、变矩和变向。

3）万向传动装置。万向传动装置将变速器传出的动力传给主减速器。

4）主减速器。主减速器降低转速，增加转矩。

5）差速器。差速器将主减速器传来的动力分配给左、右轴。

6）半轴。半轴将动力由差速器传给驱动轮。

（2）布置形式　按发动机相对于各总成的位置，将汽车传动系统分为下列几种布置形式：

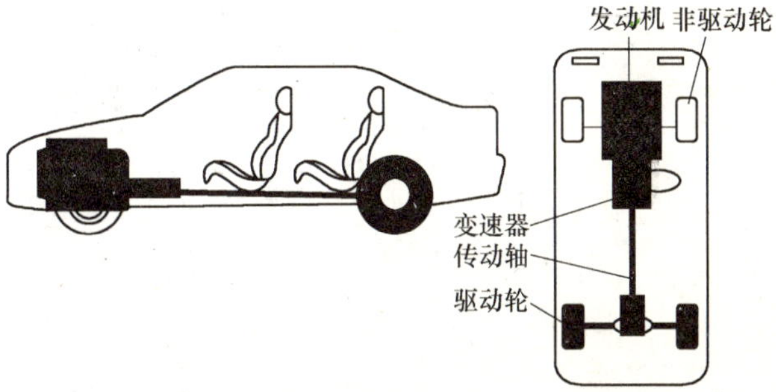

图1-8　发动机前置后轮驱动示意图

1）发动机前置后轮驱动（FR）。此形式是传统的布置形式，为大多数货车、部分轿车和客车所采用。图1-8所示为发动机前置后轮驱动示意图，图1-9所示为发动机前置后轮驱动汽车结构图。

2）发动机前置前轮驱动（FF）。此形式是在轿车上逐渐盛行的布置形式，具有结构紧凑、减小轿车的质量、降低地板的高度、改善高速时的操纵稳定性等优点。

根据发动机布置的方向可以分为发动机前横置前轮驱动和发动机前纵置前轮驱动，分别如图1-10～图1-12所示。

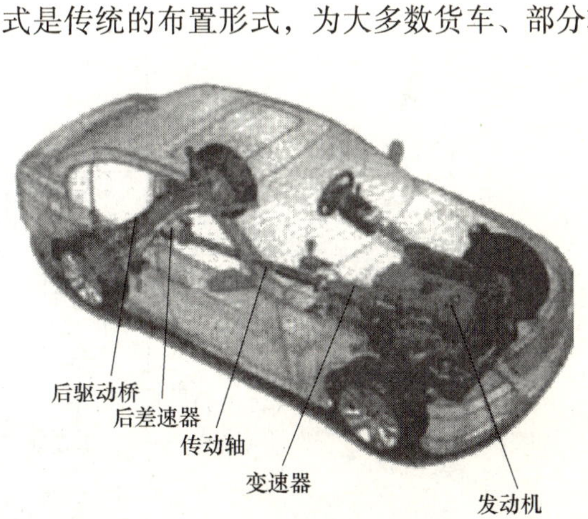

图1-9　发动机前置后轮驱动汽车结构图

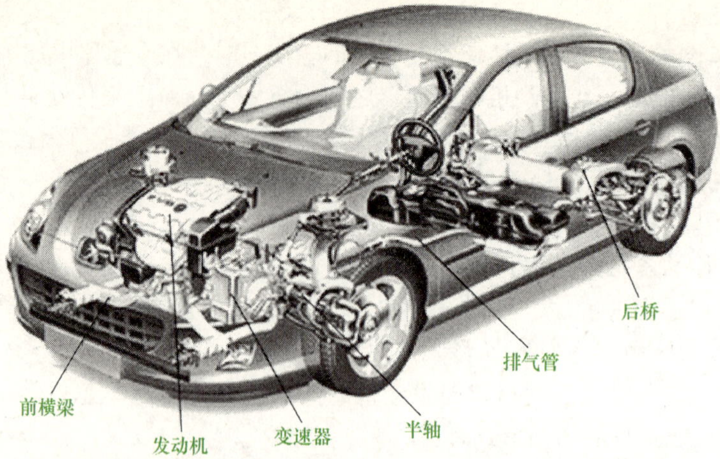

图1-10 发动机前横置前轮驱动汽车构造图

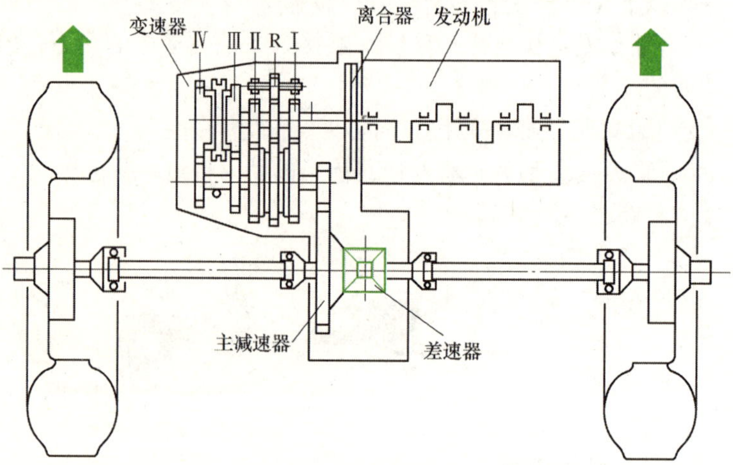

图1-11 发动机前横置前轮驱动示意图

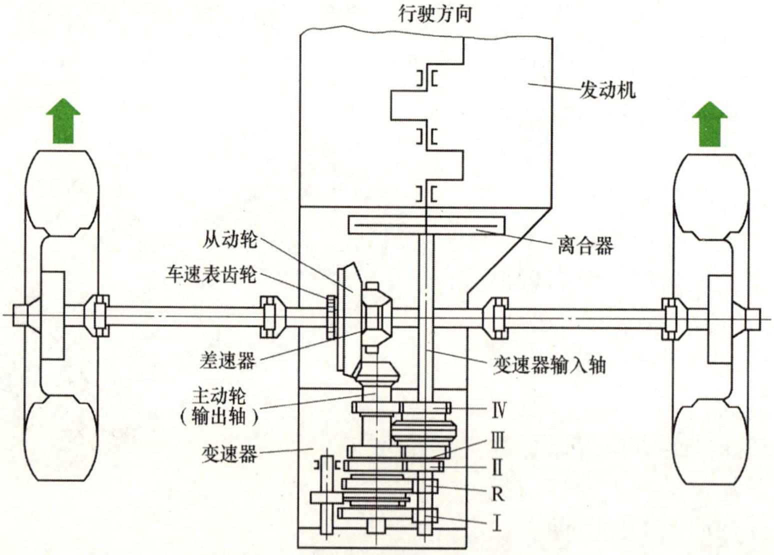

图1-12 发动机前纵置前轮驱动示意图

3）发动机中置后轮驱动（MR）。此形式是目前大多数运动型轿车和方程式赛车所采用的布置形式，如图1-13、图1-14所示。

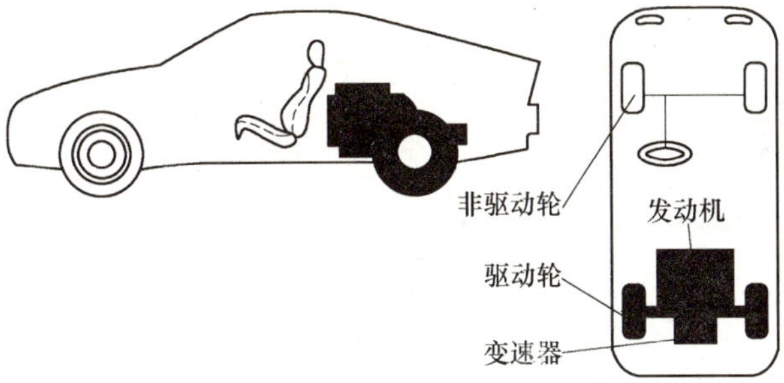

图1-13 发动机中置后轮驱动示意图

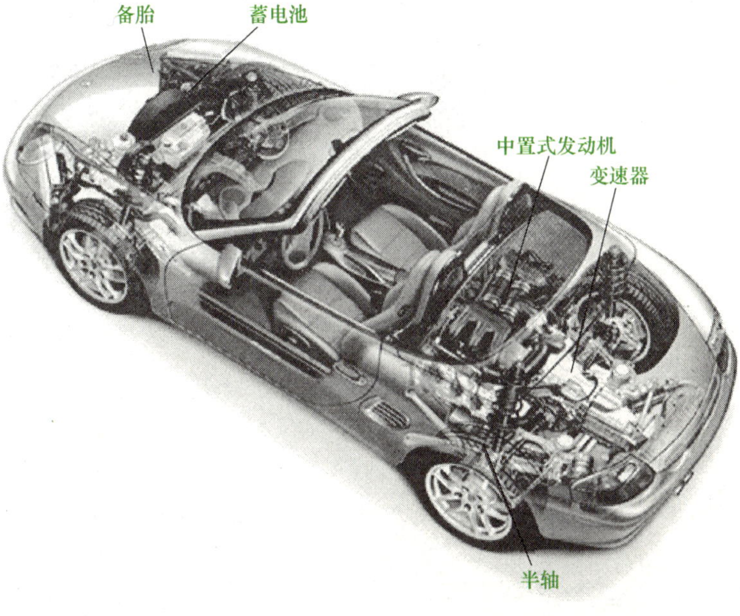

图1-14 发动机中置后轮驱动结构图

4）发动机后置后轮驱动（RR）。此形式是目前大、中型客车盛行的布置形式，具有降低室内噪声、有利于车身内部布置等优点，如图1-15、图1-16所示。

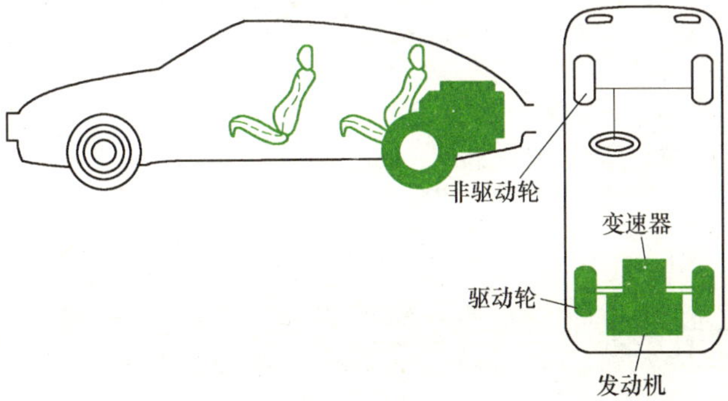

图1-15 发动机后置后轮驱动示意图

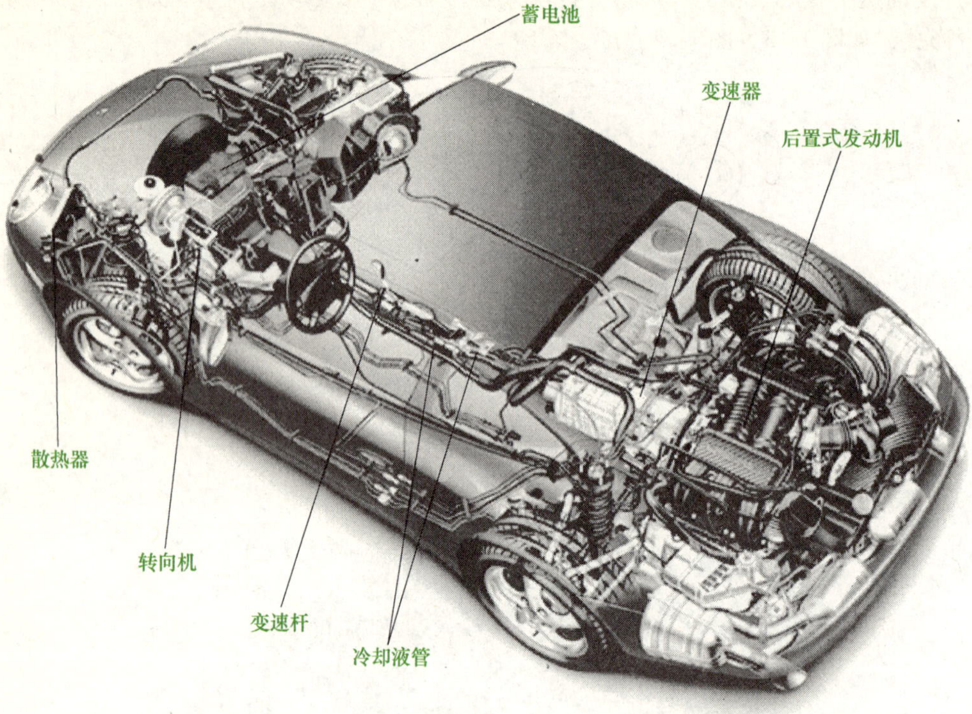

图 1-16　发动机后置后轮驱动结构图

5）全轮驱动（nWD）。此形式有多个驱动桥，在变速器后加了一个分动器，其作用是把变速器输出的动力经几套万向传动装置分别传给所有的驱动桥，并可以进一步降速增矩，如图 1-17 所示。

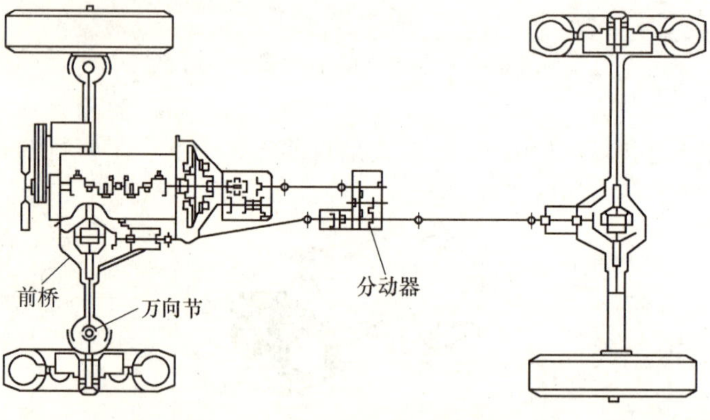

图 1-17　发动机全轮驱动示意图

知识与能力拓展

汽车底盘电子化技术

早年生产的汽车是人们的代步工具，当时的汽车是将产生的能量转换成机械能。20

世纪50年代后，汽车设计主要是考虑人体工学和汽车外观完美的流线形。20世纪60年代后，随着汽车保有量和汽车速度的增加，交通事故频发成了比较严重的社会问题。为了防止交通事故的发生，除制定新的交通法规加以限制外，还改造了汽车制动装置和添加了许多安全装置。20世纪70年代后，能源危机和环境保护是汽车业的重大问题，汽车设计强调轻量化、低油耗和在底盘方面减小行驶阻力，此时的汽车以机械控制系统或液压控制系统为主。

20世纪80年代，随着电子技术的发展，汽车上的电子系统可以说无处不见，电子控制成为汽车上的主要控制。如今，已由传统电器发展到ECU和传感器为核心的电子技术阶段。现代汽车广泛采用ECU及先进的传感器等电子部件，使汽车性能大为改善，提高了经济性、操作方便性、工作可靠性、维修简便性与乘坐舒适性，排气污染也得到较好的控制，尤其是在汽车的安全性、操作智能化方面更加突出。在汽车底盘方面，随着ECU控制的引入，汽车行驶状态中的各种动作都可以进行更加精密的控制。如汽车速度自动控制系统，在行驶条件许可时，将车速控制在一定的范围内，使汽车恒速行驶，驾驶人只需操作转向盘。总之，电子控制系统使汽车控制项目增多、精度提高、功能增强、特性稳定。

目前，汽车底盘电子控制技术已得到了迅速发展。防抱死制动系统（ABS）和空气气囊的使用，对汽车的制动安全性和碰撞后的安全性起到了很大的改善作用，因此，ABS和空气气囊不仅在一些轿车上使用，许多货车上也都使用，ABS和空气气囊逐渐成为现代汽车上的标准配备。近年来，汽车防滑转电子控制系统（ASR）也在一些汽车上得到应用。ASR的应用提高了汽车的起步、加速、通过光滑路面的能力和汽车在这些情况下的操纵稳定性。电子控制自动变速器比较早的纯液力控制自动变速器又前进了一大步，其控制精度和控制范围是纯液力控制自动变速器无法实现的。电子控制自动变速器通过适时地、准确地自动换档控制，提高了汽车的操纵性、舒适性和安全性，也使汽车燃油消耗有可能比使用普通变速器的汽车更低。电子控制悬架可根据不同的路面、车速等情况自动控制悬架的刚度和阻尼以及车身的高度，使得汽车的乘坐舒适性和操纵稳定性进一步提高。此外，动力转向电子控制系统、汽车行驶速度控制系统等电子控制装置的使用都使汽车的操作性、安全性和舒适性等得到了进一步的提高。

现代汽车正从传统机械工业向高科技电子化、智能化方面发展。电子器件在汽车中所占的比例大幅度提高，这使汽车在舒适性、安全性、驾驶操纵性等方面大为改善。随着能源、排放、安全等法规不断强化和完善，以及人们对舒适、豪华、便利的不断追求，对汽车性能提出了越来越高的要求，而电子技术的发展使汽车性能进一步提高和改善成为现实。

汽车发展到今天，机械系统的发展空间已经非常有限，只有引进电子技术，汽车的性能、安全、舒适、环保等指标才能进一步提高。随着电子信息技术的发展，几乎所有先进的电子信息技术及设备均可应用在汽车上。

现今，汽车的概念已经发生了质的变化——现在的汽车是带有一些电子控制的机械装置和带有一些辅助机械的电子装置，汽车的主要部分已向消费类电子产品转移。

汽车底盘控制电子系统在汽车上的应用将越来越普遍，这对汽车的使用与维修提出了更高的要求。

因此，检修这些装备了电子装置的汽车，除需要具备相应的机械知识外，还需要具备电子技术和电子设备知识及故障检修基本技能。

案例剖析

桑塔纳2000俊杰轿车自动变速器的故障案例分析

1. 故障现象

一辆桑塔纳2000轿车搭载大众AG401N型电控自动变速器，客户反映当变速器变速杆挂入倒档倒车时会突然感觉到变速器一振，同时当变速杆再挂入D位时也会感到剧烈的振动。

2. 故障处理流程

维修人员连接故障诊断仪V. A. G1552对变速器电子控制系统进行检测，结果发现了“00293 025——多功能开关F125未定义开关状态”和“01236 031——自动变速器换档锁止电磁阀N110搭铁线断路/短路”两个故障码。根据故障码描述的含义提示，先检查与自动变速器控制系统相关的熔丝，结果发现15号熔丝被烧断。经查阅该车相关电路图，得知15号熔丝为倒车灯、档位指示灯及变速杆锁止电磁阀熔丝。更换该熔丝后故障排除，变速杆反复挂入R位试了几次，没有出现问题。

当准备把车交付给客户时，变速器的上述故障再次出现，检查15号熔丝又烧断了。为此，怀疑与该熔丝相关的元件存在问题，于是先后更换了倒车灯继电器和F125多功能开关，但故障依旧，维修陷入了困境。

其后，维修人员首先更换了一个熔丝进行试车，结果发现倒车时不一定什么时候就会突然出现客户反映的故障现象，看来应该是某段电路中有短路的地方。由于更换倒车灯继电器、多功能开关都不起作用，于是维修人员对换档锁止电磁阀N110及其他相关电路进行检查。经仔细检查，N110及其电路未见异常。当继续检查倒车灯电路时，倒车灯灯泡、灯座均没有问题。顺着电路继续检查，在检查行李箱盖铰链处的线束时，发现倒车灯的供电线破损已露出铜线，把该处重新包好后，试车故障再未出现。

3. 故障总结

由于该车倒车灯的供电线破损，当变速器变速杆在挂上倒档后，该电路偶尔直接搭铁短路，导致熔丝被烧断。同时，由于该电路的短路，使得变速器控制单元进入了应急运行状态。当变速器进入应急模式后，变速器只能以3档行驶，同时油压达到最大值，这样变速器在换档时就会产生强烈的冲击，也就出现了客户所述的故障症状。

课后思考

1. 简述汽车传动系统的组成及各部分的作用。
2. 汽车传动系统的布置形式有哪些?

学习单元 2　汽车检修流程与工作守则

学习目标

1. 了解汽车检修流程。
2. 了解汽车检修的工作守则。

任务载体

汽车维修工作人员在进行维修工作之前，一定要先了解和熟悉汽车检修流程和工作守则。汽车检修流程是把围绕着客户的需求，以及所要付出的一系列言行进行步骤化和标准化。其目的是将看似复杂的问题分解，细化成一个个简单的问题；把传统的口头管理进行细分从而责任化、监督化；将工作标准化，提高服务能力；取得客户信任，提高客户的满意度。

技能操作

环 车 检 查

1. 环车检查的目的

接待流程中的环车检查工作是为了保证以下几点：

1）明确客户的主要维修项目。

2）记录车辆以前的损伤情况。

3）记录所有已经遗失或损坏的部件。

4）发现额外需要完成的工作（客户没有发现的问题）。

5）提醒客户存放/带走遗留在车内的贵重物品。

2. 环车检查的流程

环车检查按图 1-18 所示的顺序实施。

（1）位置 1

1）垫着抹布拉开车门。

2）请客户提供保修手册，在得到客户允许后打开杂物箱（注意：杂物箱是客户的私密空间，在打开之前一定要先征求客户的同意），如图 1-19 所示。

（2）位置 2

1）将座椅套、脚垫和转向盘套等物品放置在车内，如图 1-20 所示。

2）找到保修手册，核实发动机号、底盘号和以前的维修记录。

图 1-18　环车检查顺序

图1-19　客户提供保修手册

图1-20　放置座椅套、脚垫和转向盘套等物品

3）核实里程数，记录燃油量，如图1-21所示。

4）检查仪表板和电气元件的工作状况（如果时间允许的话）。

5）检查前排座椅、仪表台等处是否有客户遗留的贵重物品。

6）在从车里出来之前，释放发动机舱盖拉锁和所有门锁。

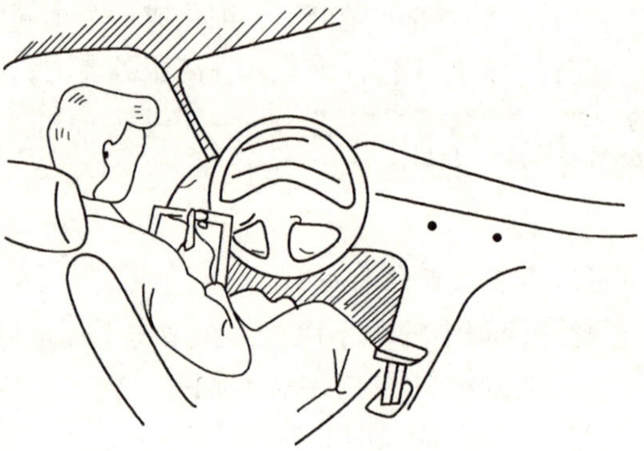

图1-21　记录燃油量

（3）位置3

1）垫着抹布关上驾驶人车门。

2）走到位置3，记录左前车门、左侧翼子板、发动机舱盖、左侧后视镜等处的划痕、凹陷或漆伤。

3）检查风窗玻璃上的划痕。

4）检查左侧刮水器是否出现硬化或裂纹。

5）检查左前轮胎是否有不均匀磨损或裂纹。

6）立即向客户指出损伤部位，并建议估算修补费用。

（4）位置4

1）检查发动机箱里的部件（检查风扇传动带的张紧度、所有油液的存量和质量、是否有润滑油或水泄漏、蓄电池液高度等），如图1-22所示。

2）如果是第一次光临的客户，需再次检查发动机号、底盘号和车型编号。

3）如果有必要进行故障诊断或路试，应由技术员或车间主任来完成。

（5）位置5

1）检查右侧翼子板、右前车门、右侧后视镜等处的车身和油漆的损伤情况。

2）检查右侧刮水片是否出现硬化或裂纹。

3）检查右前轮胎是否有不均匀磨损或裂纹。

4）确认轮饰盖是否完好。

5）立即向客户指出损伤部位，并建议估算修补费用。

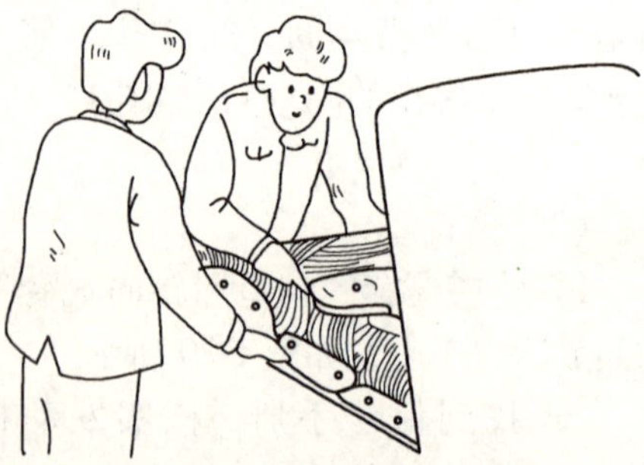

图1-22　检查发动机箱里的部件

（6）位置6

任务工单

任 务 工 单

任务工单 1.1

<table>
<tr><td>任务名称</td><td>汽车传动系统的认识</td><td>学　　时</td><td></td><td>班　　级</td><td></td></tr>
<tr><td>学生姓名</td><td></td><td>学生学号</td><td></td><td>任务成绩</td><td></td></tr>
<tr><td>实训设备</td><td>专用工量具、教学用车、传动系统总成、举升机等</td><td>实训场地</td><td></td><td>日　　期</td><td></td></tr>
<tr><td>客户任务</td><td colspan="5">根据实际维修需要，熟悉检修流程和工作守则，正确操作举升机。</td></tr>
<tr><td>任务目的</td><td colspan="5">结合实际汽车指出汽车传动系统的结构和组成部分。</td></tr>
<tr><td colspan="6">

一、资讯

1. 汽车传动系统的组成和形式是什么？

2. 举升机的操作步骤是什么？

二、决策与计划

根据任务要求，确定所需要的设备、工具，并对小组成员进行合理分工，制订详细的工作计划。

1. 讨论确定举升机的操作步骤和注意事项。

2. 小组成员分工。

3. 制订举升机的操作步骤。

（1）______________________________

（2）______________________________

（3）______________________________

</td></tr>
</table>

（4）______________________________

（5）______________________________

（6）______________________________

（7）______________________________

三、实施

1. 实践所用汽车传动系统的形式，有何特点？

2. 总结举升机在使用的过程中，应该注意的问题。

四、检查与评估

1. 检查汽车传动系统的各个组成部分安装位置是否正确。

2. 检查举升机是否出现问题。

3. 请根据自己任务完成的情况，对自己的工作进行自我评估，并提出改进意见。

4. 教师对小组工作情况进行评估，并进行点评。

5. 学生本次任务成绩：______________________________。

任务工单 1.2

任务名称	汽车检修流程与工作守则	学　　时		班　　级	
学生姓名		学生学号		任务成绩	
实训设备	专用工量具、教学用车	实训场地		日　　期	
客户任务	接到维修车辆后，根据需要进行车辆的环车检查。				
任务目的	能够熟悉环车检查的流程，进一步完成汽车故障维修。				

一、资讯

1. 汽车检修流程是什么？

2. 汽车维修的工作守则是什么？

3. 环车检查的目的和流程是什么？

二、决策与计划

根据任务要求，确定所需要的设备、工具，并对小组成员进行合理分工，制订详细的工作计划。

1. 讨论确定环车检查用的设备、工具。

2. 小组成员分工。

3. 制订环车检查的操作步骤。

（1）____

（2）____

（3）____

（4）____

（5）____

（6）____

（7）____

（8）____

三、实施

1. 记录实践所用车辆进行环车检查后存在的问题。

2. 总结环车检查应该注意的问题。

四、检查与评估

1. 检查环车检查记录的状态是否与实际车辆相符。

2. 请根据自己任务完成的情况，对自己的工作进行自我评估，并提出改进意见。

3. 教师对小组工作情况进行评估，并进行点评。

4. 学生本次任务成绩：____________________________。

任务工单2.1

任务名称	汽车离合器的认识	学　　时		班　　级	
学生姓名		学生学号		任务成绩	
实训设备	专用工量具、教学用车、离合器总成	实训场地		日　　期	
客户任务	按客户要求，请用合理方法拆装和检修手动变速器的离合器。				
任务目的	能正确使用工具，能够根据规范正确检修汽车挂档困难的故障。				

一、资讯

1. 离合器的作用是什么？常见的离合器的类型有哪些？

2. 离合器的结构有哪些组成部分？

二、决策与计划

根据任务要求，确定所需要的设备、工具，并对小组成员进行合理分工，制订详细的工作计划。

1. 讨论确定拆装离合器总成所需要的设备、工具。

2. 小组成员分工。

3. 制订拆装离合器总成的操作步骤。

（1）______________________________

（2）______________________________

（3）______________________________

三、实施

1. 实践所用离合器总成的类型及其结构特点是什么？

2. 总结拆装离合器总成时，应该注意的问题。

3. 记录操作用的工具的特点。

四、检查与评估

1. 检查离合器总成的安装是否正确。

2. 检查离合器总成装配后的技术状况。

3. 请根据自己任务完成的情况，对自己的工作进行自我评估，并提出改进意见。

4. 教师对小组工作情况进行评估，并进行点评。

5. 学生本次任务成绩：______________________________。

任务工单 2.2

任务名称	汽车离合器及其操纵机构的检测与修复	学　　时		班　　级	
学生姓名		学生学号		任务成绩	
实训设备	专用工量具、教学用车、离合器总成	实训场地		日　　期	
客户任务	按客户要求，请用合理方法对离合器进行维护。				
任务目的	能正确使用工具、量具，根据规范正确检修汽车离合器操纵机构的故障。				

一、资讯

1. 离合器的操纵机构有什么作用？

2. 离合器检测和维护的内容有哪些？

二、决策与计划

根据任务要求，确定所需要的设备、工具，并对小组成员进行合理分工，制订详细的工作计划。

1. 讨论确定离合器总成检测和维护所需要的设备、工具。

2. 小组成员分工。

3. 制订离合器总成检测的操作步骤。

（1）________________________________

（2）________________________________

（3）____

（4）____

（5）____

（6）____

（7）____

三、实施

1. 实践所用离合器操纵机构的特点是什么？

2. 总结离合器检测过程中，应该注意的问题。

3. 记录操作用的工具的特点。

四、检查与评估

1. 检测离合器总成是否存在故障。

2. 检查离合器操纵机构的技术状况。

3. 请根据自己任务完成的情况，对自己的工作进行自我评估，并提出改进意见。

4. 教师对小组工作情况进行评估，并进行点评。

5. 学生本次任务成绩：______________________________。

任务工单 3.1

任务名称	汽车手动变速器的认识	学　　时		班　　级	
学生姓名		学生学号		任务成绩	
实训设备	专用工量具、教学用车、手动变速器总成	实训场地		日　　期	
客户任务	按客户要求，请用合理方法拆装手动变速器总成。				
任务目的	能正确使用工具，能够根据规范正确检修手动变速器的故障。				

一、资讯

1. 手动变速器的组成和分类是什么?

2. 手动变速器的功用和要求是什么?

二、决策与计划

根据任务要求，确定所需要的设备、工具，并对小组成员进行合理分工，制订详细的工作计划。

1. 讨论确定拆装手动变速器所需要的设备、工具。

2. 小组成员分工。

3. 制订从车上拆下手动变速器的操作步骤。

（1）____________________

（2）____________________

（3）____________________

三、实施

1. 实践所用车辆手动变速器的类型，有何特点？

2. 总结手动变速器拆装过程中，应该注意的问题。

3. 记录操作用的工具的特点。

四、检查与评估

1. 检测手动变速器的各组成部分是否存在故障。

2. 检查手动变速器装复后的技术状况。

3. 请根据自己任务完成的情况，对自己的工作进行自我评估，并提出改进意见。

4. 教师对小组工作情况进行评估，并进行点评。

5. 学生本次任务成绩：____。

任务工单 3.2

任务名称	汽车手动变速器的操纵机构的检修	学　　时		班　　级	
学生姓名		学生学号		任务成绩	
实训设备	专用工量具、教学用车、手动变速器总成	实训场地		日　　期	
客户任务	按客户要求，请用合理方法拆装和检修手动变速器的操纵机构。				
任务目的	能正确使用工具，能够根据规范正确检修汽车手动变速器操作机构引起的故障。				

一、资讯

1. 手动变速器的操纵机构类型及其特点是什么？

2. 手动变速器操纵机构的调整要点是什么？

3. 手动变速器操纵机构拆装的注意事项是什么？

二、决策与计划

根据任务要求，确定所需要的设备、工具，并对小组成员进行合理分工，制订详细的工作计划。

1. 讨论确定拆装和检修手动变速器操纵机构所需要的设备、工具。

2. 小组成员分工。

3. 制订拆装手动变速器操纵机构的操作步骤。

（1）____________________

（2）____________________

（3）____________________

三、实施

1. 实践所用车辆手动变速器操纵机构的类型，有何特点？

2. 总结拆装手动变速器操纵机构时，应该注意的问题。

3. 记录操作用的工具的特点。

四、检查与评估

1. 检查手动变速器操纵机构安装是否正确。

2. 检查调整手动变速器操纵机构后的技术状况。

3. 请根据自己任务完成的情况，对自己的工作进行自我评估，并提出改进意见。

4. 教师对小组工作情况进行评估，并进行点评。

5. 学生本次任务成绩：______________________________。

任务工单 3.3

任务名称	汽车手动变速器变速传动机构的检修	学　时		班　级	
学生姓名		学生学号		任务成绩	
实训设备	专用工量具、教学用车、手动变速器总成	实训场地		日　期	
客户任务	按客户要求，请用合理方法拆装和检修手动变速器传动机构。				
任务目的	能正确使用工具，能够根据规范正确检修汽车手动变速器变速传动机构引起的故障。				

一、资讯

1. 手动变速器的传动机构的类型有哪些？

2. 二轴式手动变速器和三轴式手动变速器结构各有什么特点？

3. 发动机纵向布置的二轴式变速器拆装检修要点有哪些？

二、决策与计划

根据任务要求，确定所需要的设备、工具，并对小组成员进行合理分工，制订详细的工作计划。

1. 讨论确定拆装和检修手动变速器传动机构所需要的设备、工具。

2. 小组成员分工。

3. 制订拆装发动机纵向布置的二轴式变速器的操作步骤。

(1) ______

(2) ______

(3) ______

(4) ______

(5) ______

三、实施

1. 实践所用手动变速器传动机构的类型及其结构特点有哪些?

2. 总结拆装手动变速器传动机构时，应该注意的问题。

3. 记录操作用的工具的特点。

四、检查与评估

1. 检查手动变速器传动机构的安装是否正确。

2. 检查手动变速器传动机构装配后的技术状况。

3. 请根据自己任务完成的情况，对自己的工作进行自我评估，并提出改进意见。

4. 教师对小组工作情况进行评估，并进行点评。

5. 学生本次任务成绩：______。

任务工单 4.1

任务名称	汽车自动变速器的认识	学　时		班　级	
学生姓名		学生学号		任务成绩	
实训设备	专用工量具、教学用车、自动变速器总成	实训场地		日　期	
客户任务	按客户要求，请用合理方法拆装自动变速器总成。				
任务目的	能正确使用工具、量具，根据规范正确检修汽车自动变速器打滑的故障。				

一、资讯

1. 自动变速器的组成和作用是什么？

2. 自动变速器的型号识读方法有哪些？

二、决策与计划

根据任务要求，确定所需要的设备、工具，并对小组成员进行合理分工，制订详细的工作计划。

1. 讨论确定检测和拆装自动变速器所需要的设备、工具。

2. 小组成员分工。

3. 制订自动变速器拆装的操作步骤。

（1）____

（2）____

（3）____

（4）____

（5）____

三、实施

1. 实践所用自动变速器的特点有哪些？

2. 找到实践所用自动变速器的标牌并指出其代表的含义。

3. 记录操作用的工具的特点。

四、检查与评估

1. 检查自动变速器安装是否到位。

2. 检查自动变速器装复后的技术状况。

3. 请根据自己任务完成的情况，对自己的工作进行自我评估，并提出改进意见。

4. 教师对小组工作情况进行评估，并进行点评。

5. 学生本次任务成绩：____。

任务工单 4.2

<table>
<tr><td>任务名称</td><td>行星齿轮机构的故障检修</td><td>学　　时</td><td></td><td>班　　级</td><td></td></tr>
<tr><td>学生姓名</td><td></td><td>学生学号</td><td></td><td>任务成绩</td><td></td></tr>
<tr><td>实训设备</td><td>专用工量具、教学用车、自动变速器总成</td><td>实训场地</td><td></td><td>日　　期</td><td></td></tr>
<tr><td>客户任务</td><td colspan="5">按客户要求，请用合理方法检查自动变速器的行星齿轮机构。</td></tr>
<tr><td>任务目的</td><td colspan="5">能正确使用工具、量具，根据规范正确检修汽车自动变速器行星齿轮引起的相关故障。</td></tr>
</table>

一、资讯

1. 汽车自动变速器行星齿轮机构传动的基本原理是什么？常见的行星齿轮机构的特点有哪些？

2. 汽车自动变速器行星齿轮机构的变速执行元件有哪些？

3. 自动变速器行星齿轮机构如何检测？

二、决策与计划

根据任务要求，确定所需要的设备、工具，并对小组成员进行合理分工，制订详细的工作计划。

1. 讨论确定检测自动变速器行星齿轮机构所需要的设备、工具。

2. 小组成员分工。

3. 制订检测和分解自动变速器行星齿轮机构的操作步骤。

（1）________________________

（2）________________________

(3) ____________________

(4) ____________________

(5) ____________________

三、实施

1. 实践所用自动变速器行星齿轮机构的特点有哪些?

2. 根据实物，总结自动变速器的动力传递路线。

3. 记录操作用的工具的特点。

四、检查与评估

1. 检查自动变速器行星齿轮机构检测过程是否正确。

2. 检查自动变速器行星齿轮机构组装后的技术状况。

3. 请根据自己任务完成的情况，对自己的工作进行自我评估，并提出改进意见。

4. 教师对小组工作情况进行评估，并进行点评。

5. 学生本次任务成绩：____________________。

任务工单 4.3

任务名称	制动器的故障检修	学　　时		班　　级	
学生姓名		学生学号		任务成绩	
实训设备	专用工量具、教学用车、自动变速器总成	实训场地		日　　期	
客户任务	按客户要求，请用合理方法检查自动变速器的制动器。				
任务目的	能正确使用工具、量具，根据规范正确检修汽车自动变速器制动器的相关故障。				

一、资讯

1. 汽车自动变速器行星齿轮机构传动的制动器的类型有哪些？

2. 汽车自动变速器行星齿轮机构的制动器的结构是什么？

3. 自动变速器行星齿轮机构的制动器如何检测？

二、决策与计划

根据任务要求，确定所需要的设备、工具，并对小组成员进行合理分工，制订详细的工作计划。

1. 讨论确定检测自动变速器行星齿轮机构制动器所需要的设备、工具。

2. 小组成员分工。

3. 制订检测和分解自动变速器行星齿轮机构制动器的操作步骤。

（1）____

（2）____

三、实施

1. 实践所用自动变速器行星齿轮机构制动器的特点有哪些？

2. 总结自动变速器行星齿轮机构制动器检测过程中，应该注意的问题。

3. 记录操作用的工具的特点。

四、检查与评估

1. 检查自动变速器行星齿轮机构制动器检测过程是否正确。

2. 检查自动变速器行星齿轮机构制动器组装后的技术状况。

3. 请根据自己任务完成的情况，对自己的工作进行自我评估，并提出改进意见。

4. 教师对小组工作情况进行评估，并进行点评。

5. 学生本次任务成绩：____________________________________。

任务工单4.4

任务名称	离合器的故障检修	学　　时		班　　级	
学生姓名		学生学号		任务成绩	
实训设备	专用工量具、教学用车、自动变速器总成	实训场地		日　　期	
客户任务	按客户要求，请用合理方法检查自动变速器的离合器。				
任务目的	能正确使用工具、量具，根据规范正确检修汽车自动变速器离合器的相关故障。				

一、资讯

1. 汽车自动变速器行星齿轮机构传动的离合器的类型有哪些？

2. 汽车自动变速器行星齿轮机构的离合器的结构是什么？

3. 自动变速器行星齿轮机构的离合器如何检测？

二、决策与计划

根据任务要求，确定所需要的设备、工具，并对小组成员进行合理分工，制订详细的工作计划。

1. 讨论确定检测自动变速器行星齿轮机构离合器所需要的设备、工具。

2. 小组成员分工。

3. 制订检测和分解自动变速器行星齿轮机构离合器的操作步骤。

（1）____

（2）____

三、实施

1. 实践所用自动变速器行星齿轮机构离合器的特点有哪些？

2. 总结自动变速器行星齿轮机构离合器检测过程中，应该注意的问题。

3. 记录操作用的工具的特点。

四、检查与评估

1. 检查自动变速器行星齿轮机构离合器检测过程是否正确。

2. 检查自动变速器行星齿轮机构离合器组装后的技术状况。

3. 请根据自己任务完成的情况，对自己的工作进行自我评估，并提出改进意见。

4. 教师对小组工作情况进行评估，并进行点评。

5. 学生本次任务成绩：____________________________。

任务工单 4.5

任务名称	液力变矩器的故障检修	学　　时		班　　级	
学生姓名		学生学号		任务成绩	
实训设备	专用工量具、教学用车、自动变速器及液力变矩器总成	实训场地		日　　期	
客户任务	按客户要求，请用合理方法检查液力变矩器。				
任务目的	能正确使用工具、量具，根据规范正确检修汽车液力变矩器的相关故障。				

一、资讯

1. 汽车液力变矩器的作用是什么？

2. 汽车液力变矩器的结构特点是什么？

3. 液力变矩器的检测项目有哪些？

二、决策与计划

根据任务要求，确定所需要的设备、工具，并对小组成员进行合理分工，制订详细的工作计划。

1. 讨论确定检测液力变矩器所需要的设备、工具。

2. 小组成员分工。

3. 制订检修液力变矩器的操作步骤。

(1) ______________________________

(2) ______________________________

(3) ______________________________

(4) ______________________________

(5) ______________________________

三、实施

1. 实践所用液力变矩器的结构特点是什么?

2. 总结液力变矩器检测过程中，应该注意的问题。

3. 记录操作用的工具的特点。

四、检查与评估

1. 检查液力变矩器检测过程是否正确。

2. 检查液力变矩器检测后的技术状况。

3. 请根据自己任务完成的情况，对自己的工作进行自我评估，并提出改进意见。

4. 教师对小组工作情况进行评估，并进行点评。

5. 学生本次任务成绩：______________________________。

任务工单 4.6

任务名称	自动变速器电控系统的检测与修复	学　　时		班　　级	
学生姓名		学生学号		任务成绩	
实训设备	专用工量具、教学用车、自动变速器	实训场地		日　　期	
客户任务	按客户要求，请用合理方法检查自动变速器的电控系统。				
任务目的	能正确使用工具、量具，根据规范正确检修汽车自动变速器故障灯亮的故障。				

一、资讯

1. 汽车自动变速器的电控系统的组成及作用是什么？

2. 汽车自动变速器上的传感器有哪些？

3. 汽车自动变速器上的执行器有哪些？

二、决策与计划

根据任务要求，确定所需要的设备、工具，并对小组成员进行合理分工，制订详细的工作计划。

1. 讨论确定检测自动变速器电控系统所需要的设备、工具。

2. 小组成员分工。

3. 制订检修自动变速器电控系统的操作步骤。

（1）______________________________

（2）______________________________

（3）______________________________

三、实施

1. 实践所用自动变速器电控系统的组成及其特点是什么？

2. 总结自动变速器电控系统检测过程中，应该注意的问题。

3. 记录操作用的工具的特点。

四、检查与评估

1. 检查自动变速器的故障灯是否点亮。

2. 检查自动变速器电控系统修复后技术状况。

3. 请根据自己任务完成的情况，对自己的工作进行自我评估，并提出改进意见。

4. 教师对小组工作情况进行评估，并进行点评。

5. 学生本次任务成绩：______________________________。

任务工单 4.7

<table>
<tr><td>任务名称</td><td>自动变速器液控系统的检测与修复</td><td>学　时</td><td></td><td>班　级</td><td></td></tr>
<tr><td>学生姓名</td><td></td><td>学生学号</td><td></td><td>任务成绩</td><td></td></tr>
<tr><td>实训设备</td><td>专用工量具、教学用车、自动变速器总成</td><td>实训场地</td><td></td><td>日　期</td><td></td></tr>
<tr><td>客户任务</td><td colspan="5">按客户要求，请用合理方法检查自动变速器的液控系统。</td></tr>
<tr><td>任务目的</td><td colspan="5">能正确使用工具、量具，根据规范正确检修汽车自动变速器液控系统的故障。</td></tr>
<tr><td colspan="6">

一、资讯

1. 汽车自动变速器的液控系统的组成及作用是什么？

2. 汽车自动变速器的性能试验有哪些？

二、决策与计划

根据任务要求，确定所需要的设备、工具，并对小组成员进行合理分工，制订详细的工作计划。

1. 讨论确定检测自动变速器液控系统所需要的设备、工具。

2. 小组成员分工。

</td></tr>
</table>

3. 制订检修自动变速器液控系统的操作步骤。

（1）＿＿＿＿＿＿＿＿＿＿＿＿＿＿＿＿＿＿＿＿＿＿＿＿＿＿＿＿＿＿＿＿＿＿

（2）＿＿＿＿＿＿＿＿＿＿＿＿＿＿＿＿＿＿＿＿＿＿＿＿＿＿＿＿＿＿＿＿＿＿

（3）＿＿＿＿＿＿＿＿＿＿＿＿＿＿＿＿＿＿＿＿＿＿＿＿＿＿＿＿＿＿＿＿＿＿

三、实施

1. 实践所用自动变速器液控系统的检修内容具体是什么？

2. 总结自动变速器液控系统检测过程中，应该注意的问题。

3. 记录操作用的工具的特点。

四、检查与评估

1. 检查自动变速器液控系统安装是否正确。

2. 检查自动变速器液控系统修复后技术状况。

3. 请根据自己任务完成的情况，对自己的工作进行自我评估，并提出改进意见。

4. 教师对小组工作情况进行评估，并进行点评。

5. 学生本次任务成绩：＿＿＿＿＿＿＿＿＿＿＿＿＿＿＿＿＿＿＿＿＿＿＿＿。

任务工单 5.1

任务名称	汽车万向传动装置的认识	学　　时		班　　级	
学生姓名		学生学号		任务成绩	
实训设备	专用工量具、教学用车	实训场地		日　　期	
客户任务	按客户要求，请用合理方法拆检汽车万向传动装置。				
任务目的	能正确使用工具、量具，根据规范正确检修汽车万向传动装置的相关故障。				

一、资讯

1. 汽车万向传动装置的作用和组成是什么？

2. 等速万向节有什么特点？

二、决策与计划

根据任务要求，确定所需要的设备、工具，并对小组成员进行合理分工，制订详细的工作计划。

1. 讨论确定检修汽车万向传动装置所需要的设备、工具。

2. 小组成员分工。

3. 制订拆检万向传动装置的操作步骤。

（1）______

（2）______

（3）______

（4）______

（5）______

三、实施

1. 实践所用万向传动装置的特点是什么？

2. 总结进行万向传动装置拆检时，应该注意的问题。

3. 记录操作用的工具的特点。

四、检查与评估

1. 检查万向传动装置安装是否正确。

2. 根据万向传动装置的修复后的情况分析其技术状况。

3. 请根据自己任务完成的情况，对自己的工作进行自我评估，并提出改进意见。

4. 教师对小组工作情况进行评估，并进行点评。

5. 学生本次任务成绩：______。

任务工单 5.2

任务名称	汽车四轮驱动装置的检修	学　　时		班　　级	
学生姓名		学生学号		任务成绩	
实训设备	专用工量具、教学用车	实训场地		日　　期	
客户任务	按客户要求，请用合理方法更换 ATF。				
任务目的	能正确使用工具、量具，根据规范正确检修汽车四轮驱动的相关故障。				

一、资讯

1. 四轮驱动的概念和类型是什么？

2. 目前，四轮驱动所存在的问题是什么？

二、决策与计划

根据任务要求，确定所需要的设备、工具，并对小组成员进行合理分工，制订详细的工作计划。

1. 讨论确定检修分动器所需要的设备、工具。

2. 小组成员分工。

3. 制订检修分动器的操作步骤。

（1）______

（2）______

（3）______

（4）______

（5）______

三、实施

1. 实践所用四轮驱动装置的特点是什么？

2. 总结进行拆检分动器时，应该注意的问题。

3. 记录操作用的工具的特点。

四、检查与评估

1. 检查分动器的安装是否正确。

2. 检查四轮驱动装置的技术状况。

3. 请根据自己任务完成的情况，对自己的工作进行自我评估，并提出改进意见。

4. 教师对小组工作情况进行评估，并进行点评。

5. 学生本次任务成绩：______。

任务工单6.1

任务名称	汽车驱动桥的认识	学　　时		班　　级	
学生姓名		学生学号		任务成绩	
实训设备	专用工量具、教学用车、驱动桥总成	实训场地		日　　期	
客户任务	按客户要求，请用合理方法维护汽车驱动桥。				
任务目的	能正确使用工具、量具，根据规范正确检修汽车驱动桥的相关故障。				

一、资讯

1. 驱动桥的作用是什么？

2. 驱动桥的分类有哪些？

二、决策与计划

根据任务要求，确定所需要的设备、工具，并对小组成员进行合理分工，制订详细的工作计划。

1. 讨论确定驱动桥维护所需要的设备、工具。

2. 小组成员分工。

3. 制订维护驱动桥的操作步骤。

（1）____

（2）____

三、实施

1. 实践所用的驱动桥的形式和特点是什么？

2. 总结进行维护驱动桥时，应该注意的问题。

3. 记录操作用的工具的特点。

四、检查与评估

1. 检查驱动桥的维护过程是否正确。

2. 检查驱动桥维护后的技术状况。

3. 请根据自己任务完成的情况，对自己的工作进行自我评估，并提出改进意见。

4. 教师对小组工作情况进行评估，并进行点评。

5. 学生本次任务成绩：________________________________。

任务工单 6.2

任务名称	汽车主减速器的检测与修复	学　　时		班　　级	
学生姓名		学生学号		任务成绩	
实训设备	专用工量具、教学用车、驱动桥总成	实训场地		日　　期	
客户任务	按客户要求，请用合理方法检修主减速器。				
任务目的	能正确使用工具、量具，根据规范正确检修汽车主减速器的故障。				

一、资讯

1. 汽车主减速器的功用是什么？

2. 汽车主减速器的类型有哪些？

二、决策与计划

根据任务要求，确定所需要的设备、工具，并对小组成员进行合理分工，制订详细的工作计划。

1. 讨论确定检修主减速器所需要的设备、工具。

2. 小组成员分工。

3. 制订检修主减速器的操作步骤。

(1) ____________________

（2）____
（3）____
（4）____
（5）____
（6）____
（7）____
（8）____

三、实施

1. 实践所用主减速器的特点是什么？

2. 总结主减速器检修时，应该注意的问题。

3. 记录操作用的工具的特点。

四、检查与评估

1. 检查主减速器的安装是否正确。

2. 检查主减速器装复后的技术状况。

3. 请根据自己任务完成的情况，对自己的工作进行自我评估，并提出改进意见。

4. 教师对小组工作情况进行评估，并进行点评。

5. 学生本次任务成绩：______________________________。

任务工单 6.3

任务名称	汽车差速器、半轴和桥壳的检测与修复	学　　时		班　　级	
学生姓名		学生学号		任务成绩	
实训设备	专用工量具、教学用车、汽车驱动桥总成	实训场地		日　　期	
客户任务	按客户要求，请用合理方法对差速器、半轴和桥壳进行维护。				
任务目的	能正确使用工具，能够根据规范正确检修汽车差速器、半轴和桥壳故障。				

一、资讯

1. 差速器的作用是什么?

2. 半轴有哪些类型?

二、决策与计划

根据任务要求，确定所需要的设备、工具，并对小组成员进行合理分工，制订详细的工作计划。

1. 讨论确定检修半轴和桥壳所需要的设备、工具。

2. 小组成员分工。

3. 制订检修半轴和桥壳的操作步骤。

(1) ____

（2）______________________________

（3）______________________________

三、实施

1. 实践所用车辆桥壳的结构特点是什么？

2. 总结检修半轴和桥壳时，应该注意的问题。

3. 记录操作用的工具的特点。

四、检查与评估

1. 检查半轴和桥壳的安装是否正确。

2. 检查半轴和桥壳检修后的技术状况。

3. 请根据自己任务完成的情况，对自己的工作进行自我评估，并提出改进意见。

4. 教师对小组工作情况进行评估，并进行点评。

5. 学生本次任务成绩：______________________________。

任务工单 7

任务名称	汽车传动系统的综合故障诊断	学　　时		班　　级	
学生姓名		学生学号		任务成绩	
实训设备	专用工量具、教学用车	实训场地		日　　期	
客户任务	按客户要求，请用合理方法检修汽车传动系统各部分。				
任务目的	能正确使用工具，能够根据规范正确制订汽车综合故障的诊断方法和思路。				

一、资讯

1. 汽车故障诊断的常用工具有哪些？

2. 汽车故障诊断的思路是什么？

二、决策与计划

根据任务要求，确定所需要的设备、工具，并对小组成员进行合理分工，制订详细的工作计划。

1. 讨论确定汽车传动系统故障案例所需要的设备、工具。

2. 小组成员分工。

3. 制订排除汽车传动系统故障的操作步骤。

（1）____

（2）____

三、实施

1. 实践所用车辆传动系统故障现象是什么?

2. 总结进行故障排除时，应该注意的问题。

3. 记录操作用的工具的特点。

四、检查与评估

1. 检查车辆传动系统的故障是否已经排除。

2. 检查故障排除后汽车的技术状况。

3. 请根据自己任务完成的情况，对自己的工作进行自我评估，并提出改进意见。

4. 教师对小组工作情况进行评估，并进行点评。

5. 学生本次任务成绩：________________________________。

汽车传动系统检测与修复

第2版

任务工单

学生姓名：________________
学　　号：________________
班　　级：________________
指导老师：________________

机械工业出版社
CHINA MACHINE PRESS

1）检查右侧车身和油漆的损伤情况。

2）检查是否有贵重物品遗忘在车后座上。

3）检查右后轮胎是否有不均匀磨损或裂纹。

4）立即向客户指出损伤部位，并建议估算修补费用。

（7）位置7

1）检查车后门是否有车身和油漆损伤。

2）掀起行李箱盖，检查行李箱内是否有遗留的贵重物品。

3）检查后风窗玻璃的刮水片是否出现硬化或裂纹。

4）确认所有随车工具齐全，确认千斤顶妥善固定在原位（若时间允许）。

5）立即向客户指出损伤部位，并建议估算修补费用。

（8）位置8

1）检查左侧的车身和油漆损伤情况。

2）检查是否有贵重物品遗留在车后座上。

3）检查左后轮胎是否有不均匀磨损或裂纹。

4）立即向客户指出损伤部位，并建议估算修补费用。

知识链接

1. 汽车检修流程

（1）汽车维修部门团队合作　汽车维修部门包括四部分工作人员：业务接待、调度/维修经理、维修班组长/维修技师、维修工。

业务接待在前台，负责预约、接待，做好初步维修准备工作后，将后续工作转交给调度或维修经理下派任务，并监督每项工作的进程。

维修班组长/维修技师组织维修工进行修理并检查每项工作的质量。

维修工进行维护工作，并在维修班组长/维修技师的指导下进行必要的维修工作。

这四部分人员必须彼此理解各自的工作角色和职责，并相互协作、及时沟通，作为一个团队来工作，为客户提供最优质的服务，使客户满意。

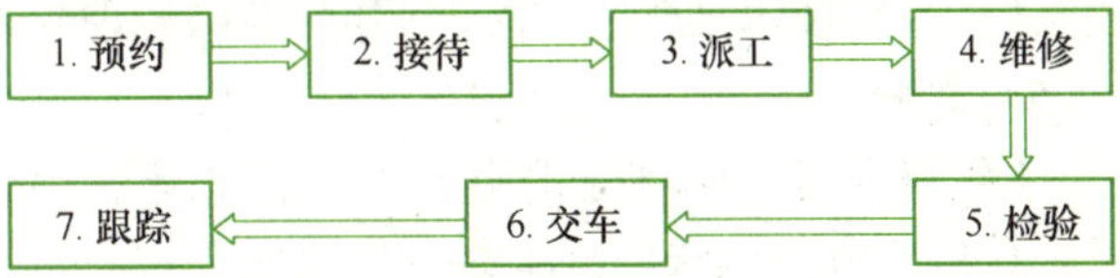

图1-23　汽车维修基本流程

（2）汽车维修基本流程　汽车维修基本流程如图1-23所示。

1）预约。预约工作由业务接待完成，主要包括以下内容：

①询问客户及车辆基础信息（核对老客户数据，登记新客户数据）。

②询问行驶里程。

③询问上次维修时间及是否重复维修。

④确认客户的需求和车辆故障问题。

⑤确定服务客户的姓名。

⑥确定接车时间。

⑦暂定交车时间。

⑧提供价格信息。

⑨告诉客户相关的资料（随车文件、防盗器密码、防盗螺栓钥匙、维修记录等）。

⑩通知相关人员（车间、备件、接待、资料、工具）做准备。

⑪提前一天检查各方面能力的准备情况（技师、备件、专用工具、技术资料）。

⑫根据维修项目的难易程度合理安排维修人员。

⑬制定好技术方案（对于重复维修、疑难问题）。

⑭如果预约外出服务，还要做相应的其他准备。

2）接待。业务接待工作主要包括以下内容：

①出迎问候客户，引导客户停车。

②引导客户前往接待前台。

③记录客户陈述。

④明确客户需要，定期维护（PM）、一般修理（CR）、钣金/喷漆（B/P）及其他。

⑤确认来意，记录客户要求的方法。

⑥陪同客户前往停车场，当着客户的面安装 CS 件（座椅套、转向盘套、脚垫）。

⑦检查车辆外观（损伤痕迹、凹陷等）一定要在客户陪同下进行，并加以确认。

⑧检查车内有无贵重物品，如有贵重物品应交由客户保管。

⑨询问故障现象，故障再现确认，推测故障原因。

⑩对维修费用进行估算。

⑪明确预计完成时间。

3）派工。依照对客户承诺的时间安排与分配维修工作，正确地分配工作包括记录与跟踪每一个维修工单。分配维修工单时，要考虑三个主要标准，即时间、人员和设备。

4）维修。

①维修班组长/维修技师接收、检查维修工单，接收用于维修的零件。

②挑选合适的修理工，向其发出工作指令，并将维修工单交给修理工。

③在预计的时间内完成工作，并向调度/维修经理确认工作完成。

④如果有技术难题应及时向调度/维修经理寻求技术支持。

5）检验。

①维修班组长/维修技师进行最后的验车，确认完成维修任务。

②并向调度/维修经理确认工作完成。

③调度/维修经理向业务接待确认工作完成。

6）交车。

①维修班组长/维修技师检查车辆是否清洁，检查是否取下座椅套、脚垫、转向盘套、翼子板罩和前罩等。

②业务接待电话通知客户，确认车辆准备交付。

③带领客户完成车辆维修的结算，并为所有费用开出发票，提供详细的发票说明。

④最后将车辆交付客户。

7）跟踪。

①三日内与客户联系，确认客户维修后车况是否良好。

②记录电话内容，如果需要，报告调度/维修经理，并安排回厂事宜。

2. 汽车检修的工作守则

汽车维修人员工作的核心目标和原则是为客户提供最佳的售后服务。最佳的售后服务是高效、可靠、专业的服务，必须坚持以下工作原则：

（1）安全问题　在汽车维修过程中要特别重视安全问题，不仅包括个人的安全，还包括他人的安全、设备的安全、车辆的安全等。

1）人身安全。

①眼睛的防护。在汽车维修企业中，眼睛经常会受到各种伤害，如飞来的物体、腐蚀性的化学液体飞溅、有毒的气体或烟雾等，这些伤害几乎都是可以防护的。

常见的保护眼睛的装备是护目镜（图1-24）和安全面具（图1-25）。护目镜可以防护各种对眼睛的伤害，如飞来的物体或飞溅的液体。在下列情况下，应考虑佩戴护目镜：进行金属切削加工、用錾子或冲子铲剔、使用压缩空气、使用清洗剂等。安全面具不仅能够保护眼睛，还能保护整个面部。如果进行电弧焊或气焊，要使用带有色镜片的护目镜或深色镜片的特殊面罩，以防止有害光线或过强的光线伤害眼睛。

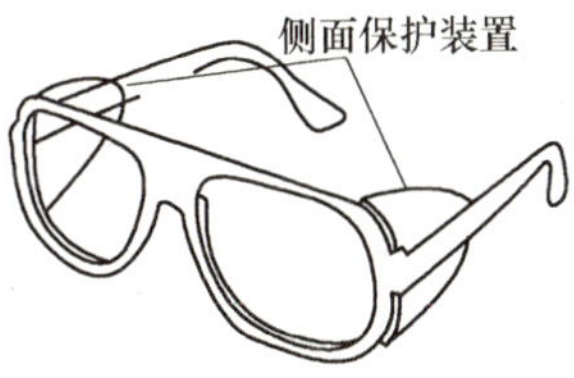

图1-24　护目镜

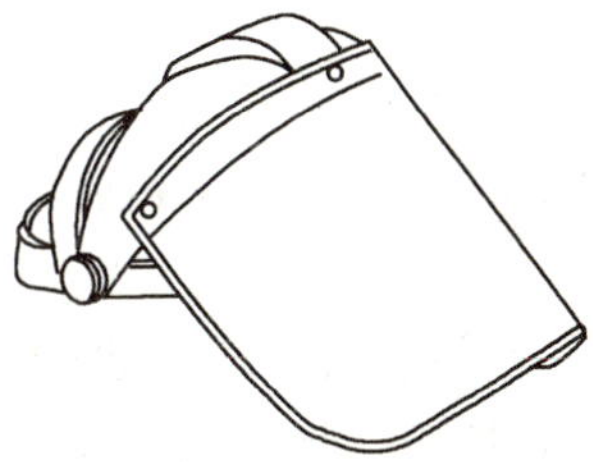

图1-25　安全面具

注意：在摘下护目镜时，要闭上眼睛，防止粘在护目镜外的金属颗粒掉进眼睛里。

②听觉的保护。汽车修理厂是个噪声很大的场所，各种设备（如冲击扳手、空气压缩机、砂轮机、发动机等）都有很大噪声。短时的高噪声会造成暂时性听力丧失，但持续的较低噪声则更有害。

常见的听力保护装备有耳罩和耳塞，噪声极高时可同时佩戴。一般在钣金车间必须佩戴耳罩或耳塞。

③手的保护。手是身体经常受伤的部位之一，保护手要从两方面着手：一是不要把手伸到危险区域，如发动机前部转动的传动带区域、发动机排气管道附近等；二是必要时戴上防护手套。不同的场合需要不同的防护手套，做金属加工有劳保安全手套，接触化学品有橡胶手套。是否需要戴手套取决于工作的类型，工作在有旋转的地方就不应戴手套，如使用砂轮机、台钻等设备时不能戴手套，以免手套卷入旋转的部分导致手部的伤害。

④衣服、头发及饰物。宽松的衣服、长袖子、领带都容易卷进旋转的机器中，所以在修理厂中，首先一定要穿合体的工作服，最好是连体工作服，外套、工装裤也可以，这些比平时衣着安全多了，如果戴领带要把它塞到衬衫里。

衣兜里不要装有工具、零部件等，特别是较尖锐的东西，否则容易伤到自身或车辆。工作时不要戴手表或其他饰物，特别是金属饰物，在进行电气维修时可能导入电流而烧伤皮肤，或导致电路短路而损坏电子元件或设备。

在工厂内要穿劳保鞋，可以保护脚面不被落下的重物砸伤，且劳保鞋的鞋底是防油、防滑的。长发很容易被卷入运转的机器中，所以长发一定要扎起来，并戴上帽子。常见的个人安全防护设备如图1-26所示。另外，在搬举重物时应采用如图1-27所示的方式进行，以免损伤身体。

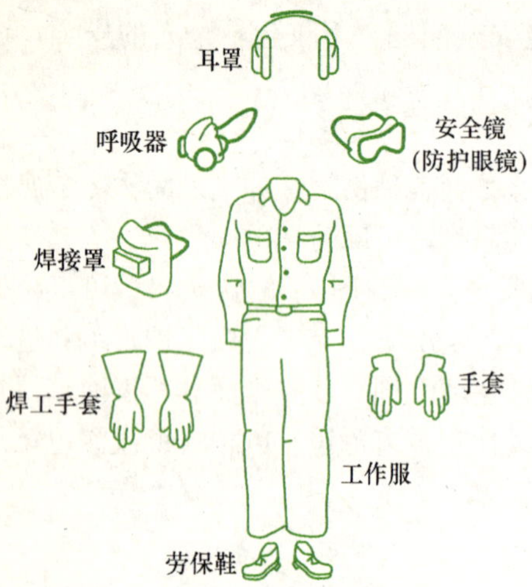

图1-26 常见的个人安全防护设备

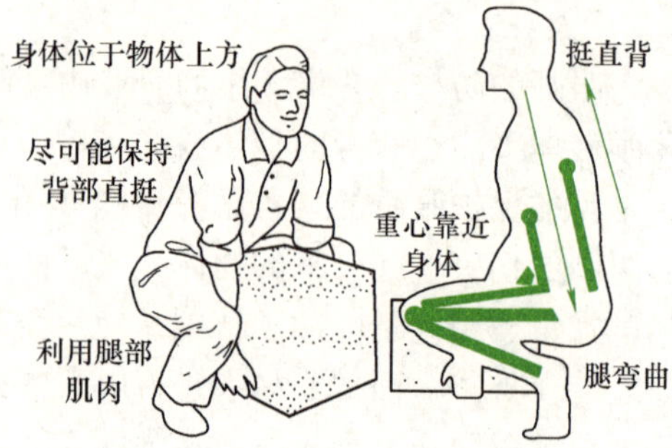

图1-27 搬运重物

2）工具和设备安全。手动工具看起来是安全的，但使用不当也会导致事故，如用一字螺钉旋具代替撬棍，导致旋具崩裂、损坏，飞溅物打伤自己或他人，扳手从油腻的手中滑落，掉到旋转的元件上，再飞出来伤人等。另外，使用带锐边的工具时，锐边不要对着人。传递工具时要将手柄朝向对方。

所有的电气设备都要使用三相插座，搭铁线要安全搭铁，电缆或装配松动应及时维护；所有旋转的设备都应有安全罩，以减小部件飞出伤人的可能性。

在进行电子系统维修时，应断开电路的电源，方法是断开蓄电池的负极搭铁线，这不仅保护人身安全，还能防止对电气的损坏。

许多维修工序需要将车升离地面，在升起车辆前应确保汽车已被正确支承，并应使用安全锁以免汽车落下。用千斤顶支起汽车时应当确保千斤顶支承在汽车底盘大梁或较结实的部分。

注意：在升起汽车时要先看维修手册，找到正确的支承点，错误的支承点不仅危险，而且会破坏汽车的结构。

工具和设备都要定期检查和保养。

使用压缩空气时，应非常小心，不要将压缩空气对着自己或别人，不要对着地面、设备、车辆乱吹。压缩空气会撕裂鼓膜，造成失聪，损伤肺部或伤及皮肤，被压缩空气吹起的尘土或金属颗粒会造成皮肤、眼睛损伤。

3）车辆安全。客户的车辆一定不要私自使用，否则有可能给个人和企业带来不良的影响。

另外，不能乱动客户车内的物品，如果维修需要而对车辆的某些设置进行了改变，要在交车前恢复原有设置，如座椅的位置、转向盘的位置、收音机的设置等。

（2）整洁、有序的工作 整洁、有序体现在三个方面：一是员工穿戴整洁；二是对车辆爱护，保持车辆的整洁；三是工作场所的整洁有序。

1）穿戴整洁。员工要穿戴干净的工作服、帽子和劳保鞋；头发利落整洁；另外，不能戴手表、戒指等首饰，应戴无扣腰带，口袋内要有干净的抹布。

2）爱护车辆 。维修工作前要将座椅套、转向盘套、地板垫、翼子板罩和前罩装好，要小心驾驶客户的车辆，在客户车内不能吸烟，不要使用客户的音响设备或车内电话，不要在车内放置工具、零件等非客户用品。

3）工作场所的整洁有序。在工作时要保持工作场所的地面、工作台、工具箱、仪器设备等整洁有序，无用的东西及时拿走。

（3）高效、可靠的工作　高效的工作需要做好必要的准备工作，如要事先确认库存有所需的零部件，根据维修工单去工作，避免出错，对工作做好规划，在一个工位要完成尽量多的工作等。工作场所的整洁有序是高效工作的前提。

要遵循维修手册的要求，并使用正确的工具、设备和仪器才能保证可靠的工作。

（4）按时完成工作　一定要按时完成维修工作，如果提前完成，要再检查一次是否完成所有的工作，并告知调度/维修经理；如果不能按时完成，也要告知调度/维修经理。如果发现车辆还存在不包括在维修工单内的维修工作，也要向调度/维修经理请示，并由业务接待及时与客户沟通。

（5）后续工作　维修工作完成后，一定要重视后续工作。如要确保车辆与刚接车时一样清洁，将座椅、转向盘和反光镜恢复到接车时的位置，将更换的零件按客户的要求放到指定的位置，并完成维修工单的填写工作等。

3. 日常安全守则

1）工具不使用时应保持干净并放到正确的位置。

2）各种设备和工具要及时检查和保养。

3）手上应避免沾有油污，以免工具滑落。

4）起动发动机的车辆应保证驻车制动正常。

5）不要在车间内乱转。

6）在车间内起动发动机要保持通风良好。

7）在车间内穿戴、着装要合适，并佩戴必要的装备，如手套、护目镜、耳塞等。

8）不要将压缩空气对着人或设备吹。

9）尖锐的工具不要放到口袋里，以免扎伤自己或划伤车辆。

10）安全通道上不要放工具、设备和车辆等。

11）正确地使用工具。

12）手、衣服、工具应远离旋转设备或部件。

13）开车进出车间时要格外小心。

14）在极疲劳或消沉时不要工作，这种情况会降低注意力，有可能对自身或他人造成伤害。

15）如果不知道车间设备如何使用，应先向知晓的人请教，以便得知正确、安全的使用方法。

16）用举升器或千斤顶升起车辆时一定要按正确的规程操作。

17）应知道车间灭火器、医疗急救包、洗眼处的位置。

知识与能力拓展

传动系统的发展和现状

汽车传动系统，是从简单的侧链传动，到手动变速器，再到自动变速器的发展历程。其中自动变速器是车辆传动发展的高级阶段。自动变速器的种类很多，主要有液力自动变速器（AT）、电控机械式自动变速器（AMT）以及无级自动变速器（CVT）。现代汽车的传动系统包括离合器、变速器、传动轴、主减速器、差速器及半轴等部分。

现阶段各种传动特点：

1）机械传动：机械传动的最大特点是效率高，每对齿轮之间的传动效率达0.99，行星齿轮传动效率为0.97，一般机械传动的总效率在0.85~0.95范围内。然而，它的传动性能较差，尤其是与转矩储备系数较小的发动机匹配时需要频繁换档。为解决这个问题，机械传动需要通过改善发动机性能（例如配用转矩性能好的燃气轮机），或者在传动装置中加入液力变矩器。

2）液力传动：传动系统中加入液力变矩器后效率下降，其原因在于液力变矩器的效率比较低，在0.85左右。液力变矩器工作时油温升高需要散热，冷却系统要消耗功率。但是液力变矩器的采用不仅可能减轻驾驶人的操作强度和提高车辆加速性，而且可以提高传动机件的寿命。

保持液力传动的优点和克服效率低的缺点的途径是适时闭锁变矩器，使车辆在高速行驶时呈机械传动工况。

3）液力机械传动：双流液力传动和双流液力机械传动的区别在于前者的转向功率和变速功率在变矩器后分流，而后者在变矩器前分流。

由于液力机械传动的转向功率在变矩器前分流，所以变速分流功率受变矩器影响，使转向半径变得不稳定，但液力机械式传动装置的效率较高。

4）液压机械传动：因为液压机械传动使用液压泵和液压马达传递发动机的部分功率，可以无级地改变传动比，使发动机功率得到比较充分的利用，从而提高了车辆的机动性。液压部分和机械部分功率配置合理时可以得到较高的传动效率。

然而，液压机械传动装置受液压泵和液压马达传递功率能力的限制，目前一般传递功率小于450kW，大功率的液压机械传动装置仍在研制中。此外，液压机械传动装置的制造工艺要求高、成本昂贵，是当前不能广泛应用的原因之一。

5）电力传动：电力传动的特性比其他传动更为理想，布置和操作也方便，但其体积大、质量大。

案例剖析

奥迪A6轿车变速器入档冲击的故障案例分析

1. 故障现象

一辆奥迪A6行驶了20万km左右，该车出现原地踩制动踏板挂入R位和D位时严重冲击现象，同时出现仪表板档位无显示（即不知挂在哪个档位，全部呈现红色）、起步无力和不换档故障。

2. 故障检测与排除

维修人员接车后验证故障现象确实如车主所述。使用大众检测仪 V. A. G1552 进行检测，在变速器系统中存在一个故障码 DTC18233，其含义为压力控制阀 3-N217 对正极短路。将故障码清除后，档位指示立即正常。但将点火开关关掉，再进行起动时故障依旧，仍然显示故障码 DTC18233，说明变速器确实存在故障，于是维修人员准备参照电路图进行测量。在将其把变速器 ECU 从乘客侧地毯下拿出来时，发现 ECU 盒里进水了，将变速器 ECU 打开也没发现任何问题。把 ECU 吹干后，装上试车，故障依旧。

维修人员按照电路图进行电路测量，测得 4 个压力电磁阀阻值为 7.0Ω，3 个换档电磁阀阻值为 30Ω 左右，一切正常。现在只能怀疑 ECU 了，因手头无同型号 ECU 进行替换试验，而且 ECU 价格不菲，不敢轻易下结论。当时厂里有一辆 2.4L 奥迪车，将其变速器 ECU 拆下后，发现 ECU 型号不一样，2.4L 奥迪车的 ECU 型号为 480927156 AL，2.8 奥迪车的 ECU 型号为 480927156 AT，只是最后一位字母不同，插头一模一样，估计可以使用。于是装上后试车，故障依旧，但显示的故障码是 18034（含义为发动机与变速器 ECU 互不兼容）和故障码 18141（含义为 Tiptronic 手动换档开关，倒退——F189 对地短路）。

在进行 ECU 匹配后故障码 18034 可以清除掉，而故障码 18141 始终清除不掉。经分析，维修人员认为 ECU 可能与 Tiptronic（手动换档开关）不匹配，而设置故障码 18141 或许是 ECU 本身有一故障。对于故障码 18233 却没有记录，说明其电路没问题。综合考虑因变速器 ECU 被水浸泡过，于是断定变速器 ECU 损坏。更换新的 ECU，输入通道号 0 6 0，做自适应匹配后，故障消失。

但 ECU 盒里的水是从哪来的呢？车主确认该车没有被水浸泡过，而且驾驶人侧地毯下面是干的，只能怀疑该车空调系统排水不畅。将杂物箱拆下，打开空调果然发现水从排水管道溢出来，说明排水口堵塞，用硬钢丝将空调排水管口疏通后装车，经长时间试车，故障彻底排除。

3. 故障分析

此车故障来自于空调系统。由于排水不畅，使变速器 ECU 进水损坏，记忆压力控制阀 3-N217 故障，一旦 ECU 监控到电控故障，ECU 将中断所有电磁阀的通信，并指令变速器以固定档位（4 档）锁档行驶，同时也由于油压调节电磁阀不工作（系统工作油压即为油泵油压），因此变速器就会出现不换档起步无力和挂入动力档冲击的现象。

课后思考

1. 汽车维修的基本流程是什么？
2. 维修人员的头发、服饰、衣着需要注意哪些问题？

学习情境2 汽车离合器的检测与修复

车辆不能起步或起步困难，加速不良，严重时发出焦臭味，可考虑离合器打滑故障。汽车起步行驶时车身抖动，应该首先考虑离合器片是否不平，压盘是否有开裂、变形等故障。要解决这些故障，首先需要掌握和了解汽车离合器的特点、结构和工作原理以及检测和维修。

学习单元1 汽车离合器的认识

学习目标

1. 能够熟练认知汽车离合器各部分的构造、作用和分类。
2. 理解汽车离合器的工作原理。
3. 熟练掌握汽车离合器的拆装过程。

任务载体

一辆带有液压操纵装置离合器的轿车，行驶里程为95000km。车辆行驶过程中车主听见车辆前部偶尔有打滑声，特别是在重载起步和加速时响声更明显，伴有焦煳味。车主将车送往4S店后，经检查怀疑是离合器及其操纵机构存在问题。

技能操作

桑塔纳2000轿车离合器的拆装

1. 离合器的拆卸和分解

当离合器出现故障时，应进行修理。修理离合器时，应先拆下变速器，然后再拆离合器。现以桑塔纳2000GLs、GLi型轿车离合器为例说明离合器的拆卸和分解。

（1）离合器总成的拆卸与分解　离合器的拆卸与分解如图2-1所示。

①在离合器盖与飞轮上做装配记号。

②以对角拧松并拆下压盘与飞轮的固定螺栓，取下压盘总成、离合器从动盘。

③在离合器盖与压盘之间及膜片弹簧之间做对合标记，进行分解。

④拆下膜片弹簧装配螺栓，将压盘及膜片与离合器盖分离。

（2）分离叉轴拆卸　分离叉轴的拆卸如图2-1所示。

①松开螺栓，拆下驱动臂。

②拆下分离轴承。

③松开螺栓，取下分离轴承导向套、橡胶防尘套和回位弹簧。

④用尖嘴钳取出卡簧和分离轴承后，分离叉轴即可取出。

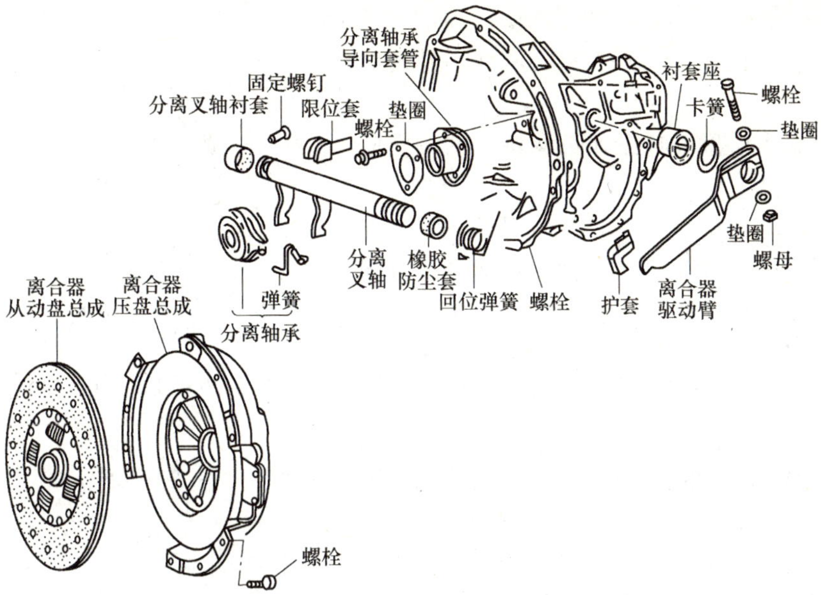

图 2-1　离合器的拆卸与分解

（3）离合器踏板装置的分解　离合器踏板装置的分解如图 2-2 所示。

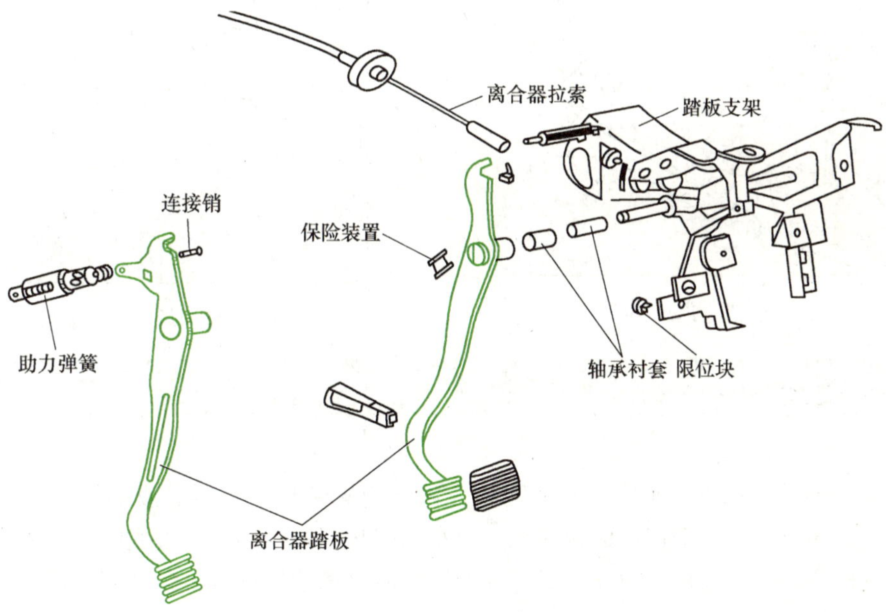

图 2-2　离合器踏板装置的分解

2. 离合器的安装

离合器的装配应大致按拆卸的相反顺序进行，但同时还应注意以下几点。现以桑塔纳 2000GLs、GLi 型轿车离合器为例说明离合器的安装。

1）离合器盖与压盘及膜片弹簧的对台标记要对齐。

2）各支点和轴承表面以及分离轴承（轴承和套都是钢制的）在组装时应涂以锂基润滑脂，原厂规定用白色的 ET-NrAOS12600005 号润滑剂。

3）离合器从动盘有减振弹簧保持架的一面应朝向压盘方向安装。

4）安装离合器压盘总成时，需用导向定位器或变速器输入轴进行中心定位，使从动盘与压盘同心。如图 2-3 所示，这样才便于安装输入轴。

5）压盘需与飞轮接触才可紧固螺栓，紧固时应按对角线方向逐渐拧紧，紧固力矩为 25N·m。

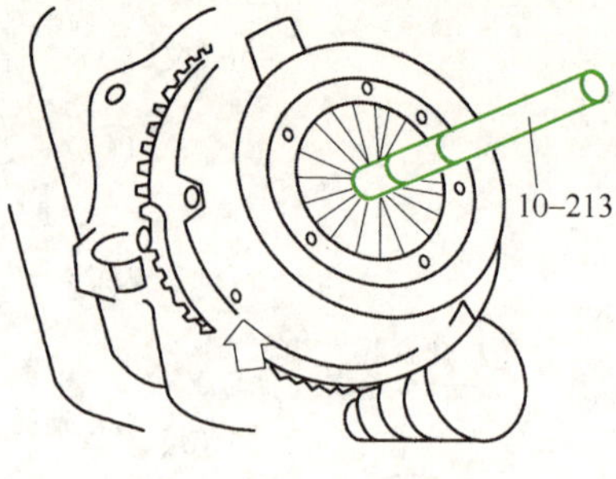

图 2-3　用专用工具 10-213 将从动盘定位

6）分离叉轴两端衬套必须同心（图 2-1）。

7）离合器驱动臂的安装位置需与固定拉索螺母架距离：$a=(200\pm5)$mm（图 2-4）。

8）应将离合器踏板的自由行程调到 15mm。

9）安装橡胶防尘套时，先将压簧推入分离轴承；再将挡圈预压至尺寸 $A=18$mm 锁死，如图 2-5 所示。分离轴承锁紧力矩为 15N·m。

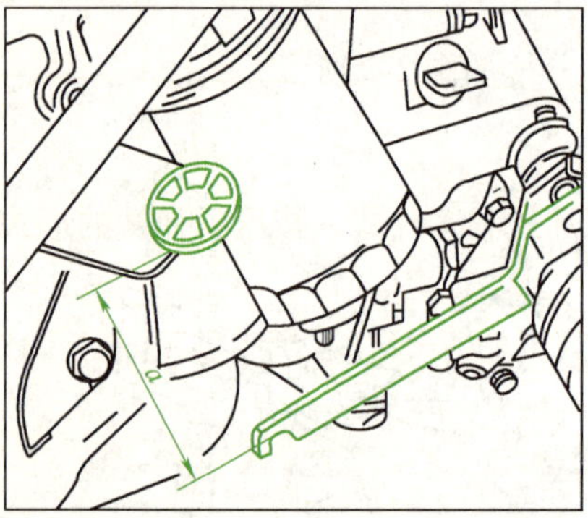

图 2-4　驱动臂的安装位置

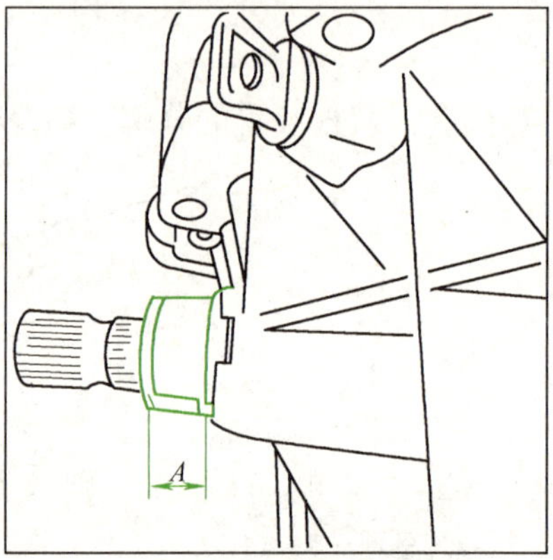

图 2-5　分离轴承挡圈安装尺寸

知识链接

1. 离合器的作用与要求

离合器位于发动机和变速器之间的飞轮壳内，用螺钉将离合器总成固定在飞轮后平面上，离合器的输出轴即是变速器的输入轴。汽车从起步到行驶的整个过程中，驾驶人可根据需要踏下或松开离合器踏板，使发动机与变速器暂时分离或逐渐接合，以切断或传递发动机向变速器输入的动力。

（1）离合器的功用

1）保证汽车平稳起步。起步时利用离合器暂时将发动机和变速器分离，然后在逐渐加大节气门的同时，使离合器逐渐接合。由于离合器的主动部分与从动部分存在着滑磨的现象，在保持发动机不致熄火的情况下，经离合器传出的转矩由零逐渐增大，使汽车的驱动力也逐渐增大，直到大于行驶阻力时，汽车由静止状态逐渐加速，汽车便能平稳地起步。

2）保障换档时工作平顺。在汽车行驶过程中，经常换用不同的变速器档位，以适应不断变化的行驶条件。如果没有离合器将发动机与变速器暂时分离，那么原来啮合的传力齿轮将因载荷没有卸除，其啮合齿面间的压力很大，难于分开。而另一对待啮合的齿轮，因二者圆周速度不等，将难于啮合；即使强行进入啮合也会产生很大的齿端冲击，容易损坏机件。利用离合器使发动机和变速器暂时分离后进行换档，则原来啮合的一对齿轮因载荷卸除，其啮合齿面间的压力大大减小，就容易分开。而待啮合的另一对齿轮，由于主动齿轮与发动机分开后转动惯量很小，采用合适的换档动作就能使待啮合的齿轮圆周速度相等或接近相等，从而避免或减轻齿轮间的冲击。

3）防止传动系统过载。当传动系统内载荷超过摩擦力所能传递的转矩时，离合器的主、从动部分就会自动打滑，因而达到了防止传动系统过载的作用。

（2）对离合器的要求　根据离合器的功用，它应满足下列主要要求：

1）保证传递发动机输出的最大转矩而不打滑。

2）主、从动部分分离应迅速、彻底，接合应平顺、柔和。

3）具有良好的热稳定性，保证离合器工作可靠。

4）离合器从动部分的质量要尽可能小，以减小换档时齿轮的冲击。

5）操纵轻便，以减轻驾驶人的疲劳强度。

2. 离合器的分类

离合器的结构形式有多种，按传递力矩方式的不同可分为摩擦式、液力式和电磁式。

（1）摩擦式　离合器的主、从动元件间，利用摩擦力传递力矩是目前应用最广泛的一种形式。

摩擦式离合器按从动盘的数目可分为单片式、双片式和多片式，按压紧弹簧的形式及布置形式可分为周布螺旋弹簧式、中央弹簧式、膜片弹簧式和斜置弹簧式等，按操纵机构可分为机械式（杆式和绳式）、液压式、气压式和空气助力式等。

（2）液力式　离合器的主、从动元件间，利用液体介质传递力矩，这种形式常用于高级轿车、大型公共汽车和载重汽车。

（3）电磁式　离合器的主、从动元件间，利用电磁力的作用来传递力矩。

摩擦式离合器的种类虽多，但其组成与工作原理基本相同，都是由主动部分、从动部分、压紧装置和操纵机构四部分组成。下面以摩擦片式离合器为例介绍其结构。

1）摩擦片式离合器的结构。图2-6为摩擦片式离合器的基本组成和工作原理示意图。离合器的主动件有飞轮、压盘和离合器盖。离合器盖用螺钉固定于飞轮b，压盘边缘处的凸起部分伸入离合器盖的窗孔中，并可沿窗口做轴向移动。

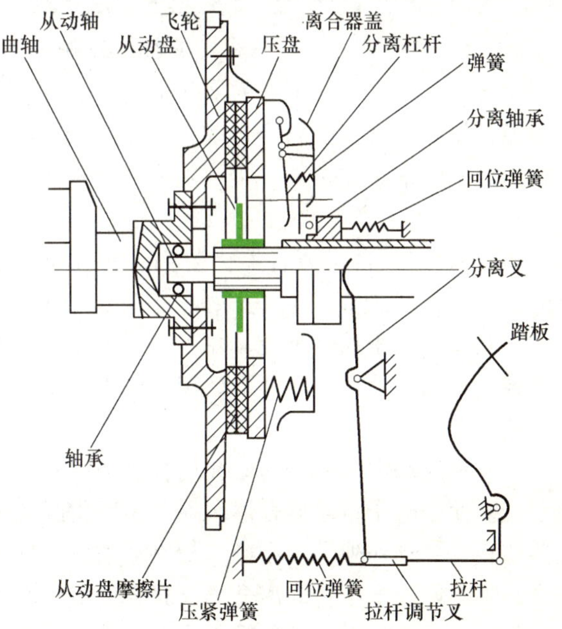

图2-6　摩擦片式离合器的基本组成和工作原理示意图

飞轮与曲轴固定在一起，这样，只要曲轴旋转，发动机动力便可通过飞轮、离合器盖带动压盘一起转动。装在压盘和飞轮之间的双面带摩擦片的从动盘，通过滑动花键套装在从动轴（即变速器的输入轴）上，组成了与变速器相连的从动部分。从动轴前端通过轴承支承于曲轴后端的中心孔内。若干个压紧弹簧装在离合器盖和压盘之间，并沿圆周方向均匀分布，是把压盘、飞轮与从动盘互相压紧的压紧装置。分离杠杆中部铰接于离合器盖的支架上，其外端则铰接于压盘上。弹簧的作用是使分离杠杆消除因支承处存有间隙前后旷动而产生的噪声。分离轴承压装在分离套筒上，分离套筒套在从动轴的轴套上。分离叉是中部带支点的杠杆，拉动分离叉下端便可通过分离轴承、分离杠杆向右（后）拉动压盘，从而解除压盘对从动盘的压力。

2）摩擦片式离合器的工作原理。

①接合状态：当离合器接合时，压紧弹簧将压盘、飞轮及从动盘互相压紧。发动机的转矩经飞轮、离合器盖、压盘、从动盘摩擦片、从动盘传至从动轴（即变速器输入轴）。

②分离状态：当踩下踏板时，拉杆拉动分离叉外端向右（后）移动，分离叉内端则通过分离轴承推动分离杠杆的内端向左移动，分离杠杆的外端便拉动压盘向右移动，使其在进一步压缩压紧弹簧的同时，解除对从动盘的压力，于是离合器的主、从动部分处于分离状态而中断动力的传递。

③接合过程：当需要重新恢复动力传递时，缓慢地抬起离合器踏板，使从动盘压向飞轮的压力逐渐增加，相应地摩擦力矩也就逐渐增大。当从动盘和飞轮接合还不紧密（踏板未松完）时，两者尚未同步旋转，离合器的主、从动部分处于有相对滑磨的状态，此阶段称为半联动。随着从动盘和飞轮接合紧密程度的逐步增加，两者转速趋于一致，直至离合器完全接合停止滑磨为止，离合器接合过程结束。

知识与能力拓展

EZmatic 电子自动离合器

由韩国登宝株会社生产的 EZmatic 电子自动离合器，于 1994 年研发成功，是针对手动档车型开发的一套智能离合器控制系统，其实现了手动档经济性和自动档便利性的有机结合，自诞生以来销往了欧、美、亚洲等十余个国家和地区，目前市面销售的是其第五代产品。

EZmatic 电子自动离合器主要由主控 ECU、执行器、排档头、手/自切换开关、线束、紧固件、油管（油离式）、总泵（油离式）、拉索（拉索式）、传感器等部件组成，如图 2-7 所示。其安装在手动档车上，并不需要改变原车的结构。其主要特点是操作简便、省油、爆发力强、制动不熄火、陡坡不溜车。适用车型包括各种手动档的轿车、面包车、越野车、轻型载货汽车等。

由于不改动原车的变速器和离合器，因此并不影响原车手动档的操作，也不影响原车其他系统。使用电子自动离合器，除了不用脚踩离合器踏板，通过变速杆上的按钮取代脚踩离合器踏板这个动作外，其余操作与手动档车一样有换档动作，一样要通过节气门来进行油离配合。如不使用电子自动离合器，只要把电子开关关上，脚踏离合器仍旧和原来一样发挥作用，与普通手动档汽车的驾驶方式没有任何区别。

EZmatic 电子自动离合器的工作原理如图 2-7 所示。

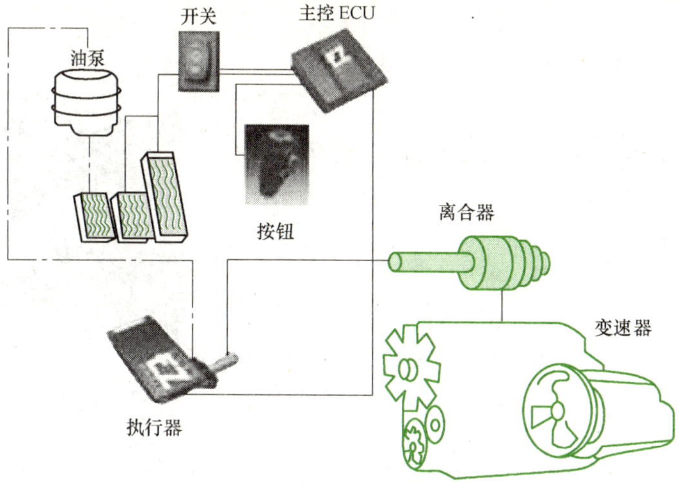

图2-7　EZmatic电子自动离合器的工作原理

EZmatic电子自动离合器的工作原理是通过ECU对离合器进行控制，配合节气门完成油离配合。ECU可以根据车速、发动机转速、各踏板位置、按钮等传感信号，结合人的操作意图，计算出离合器的最佳接合时间与速度。发出指令驱动执行装置，达到离合器压盘分离或接合的目的。其使用方法如下：

1. 起步时

1）确认档位是否在空档位置，按下手/自动切换开关，打开自动离合器系统，点火起动车辆。

2）踩下制动踏板（也可以不踩加速踏板，但建议不这样操作），将变速杆推入1档或倒档，松开制动踏板，车辆起步后，踩加速踏板可加速行驶。

2. 行驶中

1）车辆行驶过程中，在换档时必须遵循以下过程操作：松开节气门，按下换档按钮挂档，松开按钮后踩加速踏板加速。

2）行驶途中，按下换档按钮即可进行加减档操作。

3）在换档过程中，主控ECU将采集各种车辆行驶信息，确定离合器分离或接合的速度。

3. 停车时

1）在行驶过程中，踩制动踏板停车，车辆无论处于什么档位都不会熄火（注：这点最吸引人）。

2）在挂档状态下踩制动踏板，当速度降到20km/h（可设定）以下时，执行器会根据ECU指令分离离合器，使车辆停稳不会熄火。

4. 手/自动切换开关的使用方法

1）车辆在停车状态下，必须将档位置于空档位置后才可进行切换，以防熄火。

2）车辆在行驶中，通过手/自动切换开关可以进行手动与自动状态切换。

3）当离开车辆时，将手/自动切换开关切换到手动状态。

4）油离式离合器的车辆，若在自动状态下误踩离合器踏板时，系统会发出报警声并自动恢复到手动状态。此时必须将手/自切换开关拨到O档位，报警声方可消除，继续使用自动离合器重新打开手/自切换开关即可。

5. 坡起按钮的使用方法

1）当车辆坡路起步时，踩住制动踏板，挂入1档后按下坡起按钮（图2-8）2～3s后（能明显感觉到车身抖动），松开制动踏板并快速踩加速踏板，车辆起步后松开坡起按钮正常行驶即可（倒车时，操作方法相同）。

2）由于坡起按钮的频繁使用会加大离合器片的磨损，因此在平坦的路面或小坡度路面起步时无须使用此按钮。

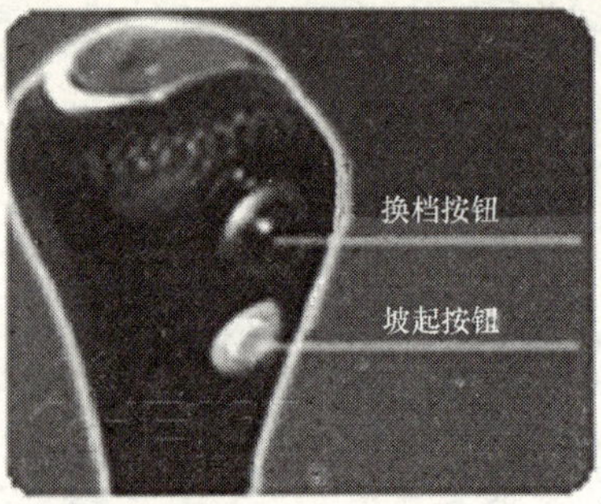

图2-8　换档按钮和坡起按钮

案例剖析

离合器分离不彻底的故障案例分析

故障现象： 一辆东风汽车，在发动机怠速时经常熄火，调高怠速后有所好转；变速器挂档困难，常伴有齿轮发响；在平路行驶而且未拉紧驻车制动手柄时，汽车有爬行感；如果强行挂上档，应立即加大节气门，否则发动机会熄火。

故障分析与排除： 关闭发动机，检查离合器踏板自由行程，检查结果为正常。踩下离合器踏板，感觉自如，说明操纵机构无卡滞。打开离合器盖，将离合器踏板踩到底，用螺钉旋具试拨从动盘，但不能转动，说明这时离合器没有完全分离。进一步检查发现一个分离杠杆调整螺钉在浮动销处折断，导致离合器分离时压盘与从动盘不能彻底分开。更换分离杠杆调整螺钉，调整分离杠杆高度值至一致。

课后思考

1. 离合器的结构和作用是什么？
2. 总结电子离合器的特点。

学习单元2　汽车离合器及其操纵机构的检测与修复

学习目标

1. 理解汽车离合器及其操纵机构的构造和特点。
2. 能对离合器的常见故障进行检修。

任务载体

汽车在使用一定周期后，应及时对离合器进行检查和维护，以保证离合器的正常工作。如果没有及时维护，则可能会出现离合器分离不彻底的现象。当发动机在怠速时，踩下离合器踏板，挂档有齿轮撞击声，且难以挂入；如果勉强挂上档，则在离合器踏板尚未完全放松时，发动机熄火。根据离合器的结构特点分析离合器分离不彻底的故障现象，主要故障原因涉及离合器踏板自由行程、分离杠杆高度、从动盘等几个方面。

技能操作

离合器的常见检查项目

1. 离合器储液罐液面高度的检查

检查主缸储液罐内离合器液（制动液）面的高度，如果低于“MAX”的标记，则应补加，并要进一步检查离合器液压操纵机构是否有泄漏的部位。

2. 离合器液压操纵机构泄漏检查

液压操纵机构泄漏检查主要是检查主缸与油管、工作缸与油管及油封等部位是否有离合器液的痕迹。

3. 离合器分离杠杆内端面高度的调整

离合器分离杠杆内端面高度的调整是在踏板自由行程调整之前，将四个分离杠杆内端的后端面调整到与飞轮端面相平行的同一平面内。否则，在离合器分离和接合过程中，压盘会出现歪斜，导致分离不彻底和汽车起步时发生颤抖现象。调整方法是拧动分离杠杆支承柱上的调整螺钉。

4. 离合器踏板自由行程的检查与调整

踏板自由行程过大或没有都将引起离合器的分离不彻底、传力打滑等现象，从而影响离合器的正常工作。它的调整主要是靠拧动分离杠杆前部的调整螺母来改变分离杠杆的有效长度，以调整离合器踏板自由行程的大小。将调整螺母拧入，分离杠杆的内端与分离轴承之间的间隙减小，则自由行程减小，反之则自由行程增大。

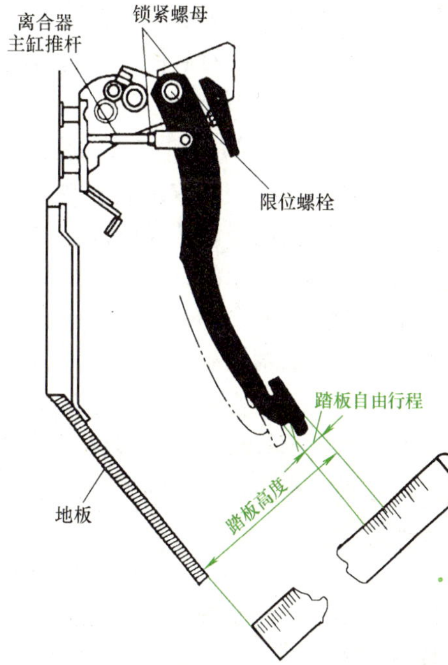

图2-9　离合器踏板高度、踏板自由行程的检查及其调整

踏板自由行程的检查如图2-9所示，用一个直尺抵在驾驶室的地板上，先测量踏板完全放松时的高度，再用手轻按踏板，当感到阻力增大时再测量踏板高度，两次测量的高度差即为踏板的自由行程。

踏板自由行程的调整如图2-9所示，液压式操纵机构一般是调整主缸推杆的长度，先将主缸推杆锁紧螺母旋松，然后转动主缸推杆，从而调整踏板自由行程，调整后应将锁紧螺母旋紧。

有些车辆的操纵机构具有自调装置，如捷达乘用车，可以免除离合器踏板自由行程的调整。

5. 离合器液压系统中空气的排出

离合器液压操纵系统在经过检修之后，管路内可能进入空气，在添加制动液时也可能使液压系统中进入空气。空气进入后，由于缩短了主缸推杆行程即踏板工作行程，从而使离合器分离不彻底。因此，液压系统检修后或怀疑液压系统进入空气时，就要排除液压系统中的空气。排除方法如下：

1）将主缸储液罐中的制动液加至规定高度，升起汽车。

2）在工作缸的放气阀上安装一软管，接到一个盛有制动液的容器内。

3）排空气需要两个人配合工作，一人慢慢地踏离合器踏板数次，感到有阻力时踏住不动，另一人拧松放气阀直至制动液开始流出，然后再拧紧放气阀。

4）按上述方法连续操作几次，直到流出的制动液中不见气泡为止。

5）空气排除干净之后，需要再次检查及调整踏板自由行程。

6）再次检查主缸储液罐液面高度，必要时再次添加。

6. 离合器踏板高度的调整

踏板高度如图2-9所示，一般轿车应为170~190mm。其调整方法是拧松锁紧螺母，转动踏板高度调整螺钉，使踏板高度达到规定值，然后锁死锁紧螺母即可。

7. 离合器主要零部件的检修

（1）飞轮摆差的检查　如果飞轮摆差过大就会影响离合器的正常工作。在大修发动机时应检查一下飞轮摆差，看是否在规定范围内。一般它的最大值不得超过0.2mm，如果超过这个范围，则应进行修理或更换，并且要注意修理或更换后需对曲轴总成做动平衡试验。它的检查可用一个带架的百分表进行端面测试，如图2-10所示。

（2）从动盘的检修　从动盘是传递动力的主要部件，它的损坏频率也是相当高的。为了减缓从动盘的磨损，延长其使用寿命，在使用中需注意正确的操作方法。在正常使用下摩擦片的磨损是比较缓慢的，而不正确的使用和调整不当会加快摩擦片的磨损，甚至会烧焦、开裂。从动盘的损坏形式有很多种，总结起来主要有以下几个方面：摩擦片磨薄、开裂、烧焦、沾有油污、铆钉松动或断裂、从动盘钢片翘曲、减振弹簧损坏、从动盘毂损坏及从动盘端面不平等。

1）摩擦片厚度检查。摩擦片磨损后，其厚度不得小于规定值。如图2-11所示，用游标卡尺测量摩擦片表面及铆钉头的深度，这个深度最小极限值为0.3mm，如果超过此值，就要更换摩擦片。

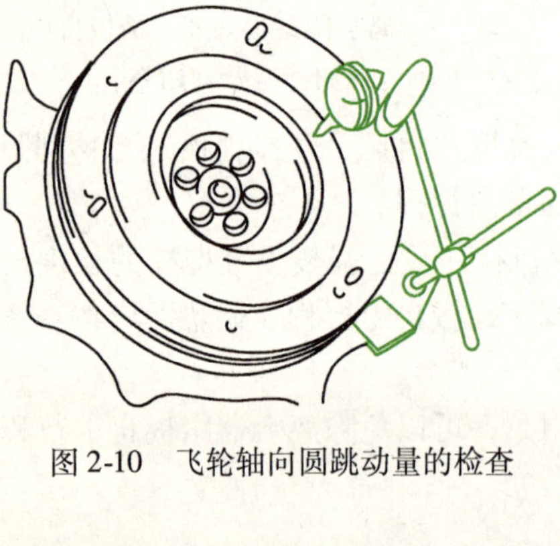

图2-10　飞轮轴向圆跳动量的检查

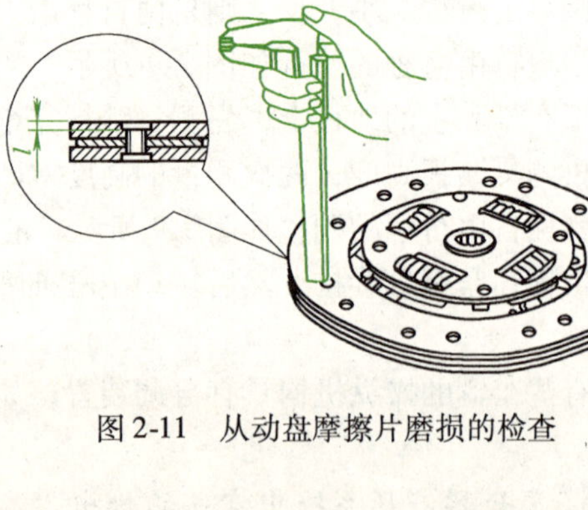

图2-11　从动盘摩擦片磨损的检查

2）从动盘轴向圆跳动检查。如图2-12所示，用一个带架的百分表在距外缘2.5mm处进行测量，其最大值不得超过0.4mm。如果超过此值，就要用校正扳手加以校正，或更换一个新的从动盘，如图 2-13 所示。

图 2-12　从动盘轴向圆跳动量的检查

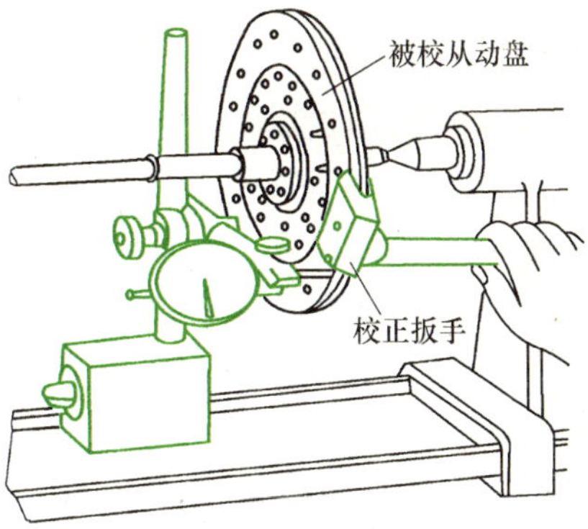

图 2-13　离合器从动盘的校正

（3）压盘的检修　压盘的损伤主要是刮伤、不平或烧蚀等。对于轻度刮伤或烧蚀可以进行光磨修复，对于刮伤比较严重或变形的要予以更换。压盘的平面度检查方法如图 2-14 所示，其最大值不得大于 0.1mm，当离合器压盘损坏不能使用时，需更换压盘。首先用钻床将固定离合器盖上的传动片的铆钉钻掉，使离合器盖与压盘分离，更换新压盘时要在压盘与离合器盖之间接触部位涂上一层润滑脂，然后用专用螺栓将压盘与离合器盖之间按规定力矩拧紧，再进行铆接即可。

（4）膜片弹簧与螺旋弹簧的检查　离合器上的膜片弹簧或螺旋弹簧因长期受载荷作用容易产生疲劳，会产生弹性减弱、折断和弯曲等现象，从而影响离合器的正常工作。膜片弹簧要对其弯曲进行校正，同时还要测量膜片弹簧与分离轴承端的磨损深度和宽度，测量方法如图 2-15 所示。桑塔纳轿车离合器膜片弹簧的磨损深度不得超过 0.3mm，否则应更换。螺旋弹簧的磨损深度不得超过 0.3mm，否则应更换。螺旋弹簧要对其自由高度进行测量，测量方法是将螺旋弹簧放置在一个水平地方，用直角尺测量其自由长度（图 2-15），当其超过允许范围要进行更换。

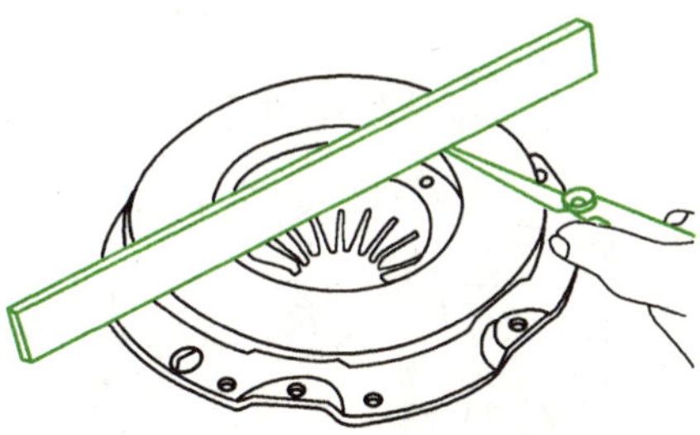

图 2-14　离合器压盘的平面度检查方法

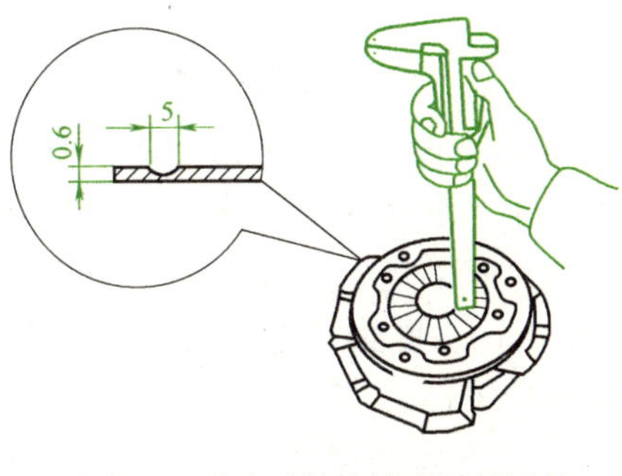

图 2-15　膜片弹簧内端磨损的测量

知识链接

1. 离合器及其操纵机构的认识

离合器的操纵机构是驾驶人使离合器分离，又使之柔和接合的一套机构，它起始于离合器踏板，终止于分离杠杆。

按照分离离合器时所需操纵能源的不同，离合器操纵机构可分为人力式和助力式，人力式又可分为机械式和液压式；助力式又可分为气压助力式和弹簧助力式。人力式操纵机构是以驾驶人作用在踏板上的力作为唯一的操纵能源。助力式操纵机构除了驾驶人的力之外，一般主要以其他形式的能源作为操纵能源。

2. 离合器及其操纵机构的检修

现以桑塔纳2000系列轿车离合器操纵机构为例说明离合器操纵机构的维修。

（1）离合器分离轴承的检查　分离轴承的检查如图2-16所示，用手转动分离轴承，应灵活自如，没有过大的噪声和阻力。分离轴承为封闭式，不能拆卸清洗或充加润滑剂，若损坏必须更换。

（2）离合器踏板衬套的检修　若衬套与踏板轴间隙过大，应从踏板上冲出衬套并更换。压入衬套时，先将橡胶衬套压入离合器踏板，并涂以无酸润滑剂，然后将塑料套（内衬套）压入使其与导管长的一端平齐。

（3）离合器分离叉轴衬套的磨损检查　若离合器分离叉轴衬套与离合器分离叉轴的间隙过大，应更换衬套。

（4）离合器拉索的检查　如图2-17所示，检查离合器的拉索内线，若有断股、开焊应更换。用拉索注油器套住拉索内线，用油壶向拉索注油器加油后，再旋动注油器螺栓，将润滑油压入拉索内，并保证拉索内线应在外皮内滑动自如。

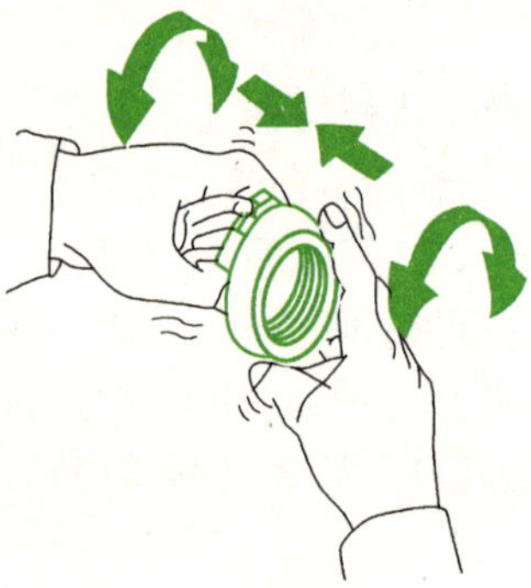

图2-16　分离轴承的检查

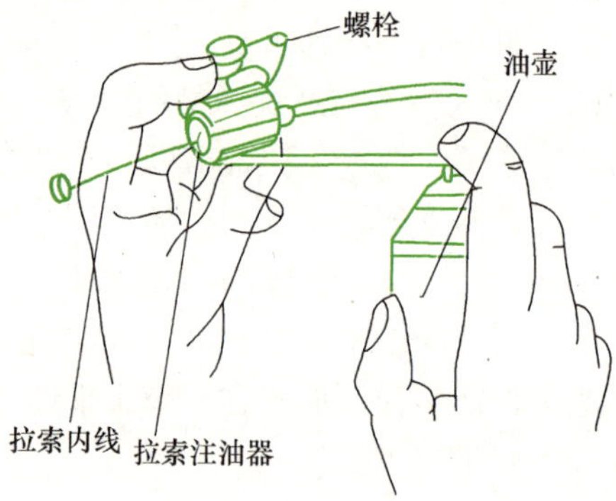

图2-17　离合器拉索的注油

（5）离合器主缸、工作缸的检修　主缸和工作缸是离合器液压操纵系统的主要部件，其工作性能的好坏直接影响离合器的工作性能。当出现缸筒内壁磨损超过0.125mm、活塞与缸筒的间隙超过0.20mm、皮圈老化及回位弹簧失效等情况时，应更换相应零件。

（6）离合器踏板高度与自由行程的调整　用直尺测量离合器踏板的高度应为130～140mm，踏板自由行程为15～20mm。

对于机械式离合器踏板的自由行程是通过绳索外套上的调整螺母改变绳索长度来进行调整，如图2-18所示。如不符合要求，可能是驱动臂变形或分离叉轴安装不当，可松开螺栓重新调整。

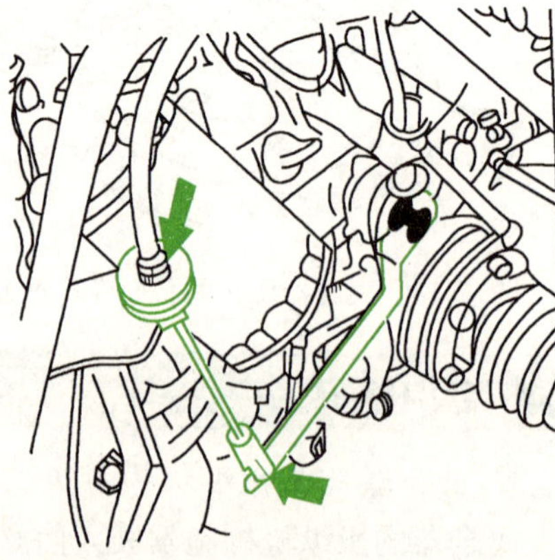

图2-18　调整离合器踏板的自由行程

对于液压式离合器踏板的自由行程可通过转动 U 形叉达到，调整好后将锁紧螺母拧紧。踏板在静止位置时，不应与踏板支架触碰，调整后应使离合器踏板高于制动踏板 10mm。当 U 形叉调整正确，但离合器踏板不能正常回位时，其主要原因为液压系统中有空气或离合器踏板在支架上安装过紧。

知识与能力拓展

汽车双离合器在国内市场的发展前景

汽车变速系统技术整体上是由手动换档向自动换档发展，尤其是现阶段高速发展的计算机技术应用于换档变速系统，使汽车自动变速技术得到了快速的发展。

近年来，汽车自动变速器主要有三种形式：电控机械式自动变速器（AMT）、无级自动变速器（CVT）和液力机械式自动变速器（AT）。在电控机械式自动变速器领域，近年来又出现了一种新的变速传动方式，即双离合器式自动变速器（Dual Clutch Transmission，DCT），由于它既继承了 AMT 和手动变速器的结构简单、安装空间紧凑、重量轻、传动效率高、制造成本低等许多优点，又融合了 AT 不间断动力、迅速平稳换档的良好特点，很快便成了业界研究开发的新热点。DCT 将会在一定程度上改变现有的变速器市场格局。未来几年，全球轻型车变速器市场的竞争将在 AT、CVT 和 DCT 之间展开。

1. 双离合器变速器技术发展历史及应用现状

双离合器变速器（DCT）的概念到目前已经有六七十年的历史。早在 1939 年，德国的 Kégresse. A 第一个申请了双离合器变速器的专利，提出了将手动变速器分为两部分的设计概念，一部分传递奇数档，另一部分传递偶数档。且其动力传递通过两个离合器联结两根输入轴，相邻各档的被动齿轮交错与两输入轴齿轮啮合，配合两个离合器的控制，能够实现在不切断动力的情况下转换传动比，从而缩短换档时间，有效提高换档品质。该变速器曾经在载货汽车上进行过试验，限于当时的控制技术，这种变速器并没有投入批量生产。随后在 20 世纪 80 年代，保时捷也发明了专用于赛车的双离合器变速器（PDK），但也未能将 DCT 技术投入批量生产。

1985 年，大众公司在奥迪 Sport Quattro S1 赛车上采用了双离合器变速器技术，但直到 20 世纪 90 年代末随着电子技术的迅速发展，双离合器控制技术才逐渐得以成熟，大众汽车公司和博格华纳首先携手合作生产将它放置在量产主流车型——奥迪车上，并给它命名为直接换档变速器 Direct-Shift Gearbox（DSG），并于 2002 年首次向世界展示了这一技术创新。2003 年推出了六档 DSG 变速器，成为首个提供双离合器系统的整车厂。2006 年，大众又率先在奥迪 TT 3. 2 车型上应用了 DSG，随后 DSG 产品陆续配套到大众捷达、大众途安、大众第五代高尔夫、大众宝来、奥迪 A3、奥迪 TT、Seat、Skoda 等众多车型。目前已创下超过 100 万件的销售纪录。随后大众公司又发布了一款最新研制的七档 DSG，代号为 DQ200。它使用了一对干离合器片代替了原来六档 DSG 的液体调节双离合器片，其换档效率和动力传递有了明显的提升。

在大众 DSG 问世后，沃尔沃公司和宝马公司也相继投入双离合器变速器的阵营，以相似的概念推出各自的变速器产品。宝马公司发布了 DKG 七档双离合器变速器的研发成果，并决定将该技术最先在宝马 M3 车系中使用，称为 M-DCT。宝马七档自动变速器和大众最新的七档自动变速器最大的区别就是 M-DCT 双离合器采用湿式离合器，而大众的双离合器采用干式离合器。

菲亚特自主研发的双离合器变速系统已于2009年发布。这套变速器被命名为C635，现已配备在菲亚特多款车型上，包括Grande Punto，Bravo和阿尔法罗密欧的一些车上。

上汽自主品牌汽车——荣威已使用与博格华纳合作的带DSG的车型。荣威750 1.8T和荣威W261均是搭载博格华纳DSG技术的车型。

总之，虽然大众等厂家各自推出了双离合器变速器，但是核心的双离合控制模块均来自美国博格华纳公司。

2. DCT在国内市场的前景分析

由于DCT是基于平行轴式手动变速器发展而来的，因此它在继承了手动变速器传动效率高、安装空间紧凑、质量轻、价格低等优点的同时，又具有自动变速器起步和换档品质优良的特性，具有广阔的发展前景和推广应用的显著优势，主要表现在如下几个方面：

1）DCT几乎不受传递功率的限制，可以广泛应用于各种车辆。

2）DCT的生产成本低。

3）由于DCT是基于手动变速器发展而来的，动力传递仍然是依靠离合器和齿轮，因此复杂程度低。国内的齿轮传动零部件制造技术比较成熟，大多数变速器生产厂家有一定的技术基础，为发展DCT技术提供了条件。

4）DCT的生产装置可通过对现有的手动档变速器生产线稍加改造便可使用，因此对于手动变速器生产厂产品升级过程周期短、新增投资较少、生产继承性好。

5）由于变速器的需求范围很广，DCT技术（齿轮传动技术+自动控制技术）的应用将不仅只限于汽车变速器，在其他运输机械行业，也能产生同样应用的效应。

我国汽车工业起步较晚，现阶段的生产线也多以生产手动档变速器为主，在自动变速器正处于高增长期的今天，国产汽车的自动变速器主要还是在依靠进口，因此发展DCT产品对提高我国自动变速器的自主开发能力必将会产生积极的推动作用，同时也会与我国工业基础相适应。

案例剖析

离合器异常响声的故障案例分析

故障现象：一辆韩国现代Sonata轿车，行驶中底盘出现异响。驾驶人反映加速或保持加速踏板不动时一切正常，但在收加速踏板滑行或发动机制动期间，便发出“咯啦、咯啦”的撞击声。

故障分析与排除：用举升机支起车身，四轮离地进行模拟试验，感觉声响是从变速驱动桥的差速器部位传出的，类似轴承磨损发出的噪声。拆下变速器并分解，取出差速器总成，检查轴承与座圈未发现划痕和斑点。用手拨动行星齿轮轴，能感觉出有约0.10mm的径向移动量，而两个半轴齿轮则有约1.0mm的轴向移动量。但通过其与行星齿轮之间的啮合面来看，配合间隙却是极佳的。经综合分析，认为差速器总成良好。用手转动分离轴承，有“沙沙”的摩擦声，决定更换。而后又检查了离合器片、离合器压板、两个半轴的内外球笼，均未发现异常现象。

如果只是分离轴承磨损，那么它所发出的噪声应出现在踩下离合器踏板阶段，不可能在行驶中收加速踏板时才产生，这说明并未找到真正的故障点。重新检查离合器片，按铆钉目前的磨耗深度，确实可以继续使用，但仔细观察，发现从动盘钢片与从动盘毂之间有一小条打击的亮印，用手握住摩擦片，另一只手转动从动盘毂，发现已经严重松旷。

从动盘钢片和从动盘毂通过减振弹簧弹性地连接在一起，盘毂夹在钢片和减振盘之间，并且其中夹有摩擦片。钢片和减振盘用铆钉铆接，中间预留出一定距离，使盘毂可做稍许的相对转动。当整个离合器受转矩时，则通过摩擦片首先传到钢片和减振盘，再经弹簧传递给盘毂，此时弹簧被压缩，以此来吸收所受的冲击，并利用钢片和减振盘之间、盘毂和摩擦片之间的摩擦来消耗转矩振动的能量，使振动迅速衰减。

因为发动机传到汽车传动系统中的转矩是周期性地不断变化的，这就使传动系统产生转矩振动，若频率与传动系统自振频率吻合，即导致共振。减振弹簧不仅缓和冲击载荷，也可降低自振频率，避免共振产生。而本车的减振弹簧因频繁操作离合器，高温退火而缩短，失去了弹性连接与减振的作用。收油滑行时，转矩则由车轮经传动系统传至发动机，发动机制动，从动盘钢片与盘毂之间因作用力的变向，相对反转一个角度，便出现打击现象，而且因周期性的转矩变化，就会产生类似轴承磨损的“咯啦、咯啦”的声响。

更换了离合器片与分离轴承后，故障排除。

课后思考

1. 分析离合器的自由行程过大或过小有什么影响。
2. 离合器常见的检查项目有哪些？

学习情境3 汽车手动变速器的检测与修复

手动变速器在工作时出现不正常的响声，且响声明显加大的现象，如发出单调频率的响声、发出金属的干摩擦声以及不均匀的碰撞声等，通常还伴随异常振动、异响，并且在变速器操纵手柄上也能感觉到振动，甚至麻手等现象。手动变速器换档困难则多是操纵机构润滑不良，变速拨叉变形、锁簧过硬、锁球损伤，同步器的故障引起的。

学习单元1 汽车手动变速器的认识

学习目标

1. 了解手动变速器组成、分类及功用。
2. 掌握桑塔纳2000系列轿车五档手动变速器壳体的拆洗步骤。

任务载体

一辆桑塔纳2000轿车，装用手动五档变速器。行驶中出现漏油现象，且出现换档困难等现象。为了解决故障现象，需要将变速器从车上拆下来进行分解。本单元主要介绍桑塔纳2000五档手动变速器壳体的拆卸。

技能操作

桑塔纳2000系列轿车五档手动变速器壳体的拆卸

变速器壳体分解图如图3-1所示。

1. 变速器壳体的拆卸

1）拆卸变速器，将其固定在支架上，如图3-2所示。

2）将变速器的油全部放光。

3）拆下变速器的后盖、轴承支座。

4）拆下离合器的分离叉轴。

5）旋下加油螺塞，拆下差速器。

6）拆下输入轴的密封圈，密封圈一经拆卸，就应更换，如图3-3所示。

7）小心取下输入轴的挡油圈，如图3-4所示。

8）取下输入轴的滚针轴承，如图3-5所示。

9）取下输出轴的前轴承外圈，如图3-6所示。

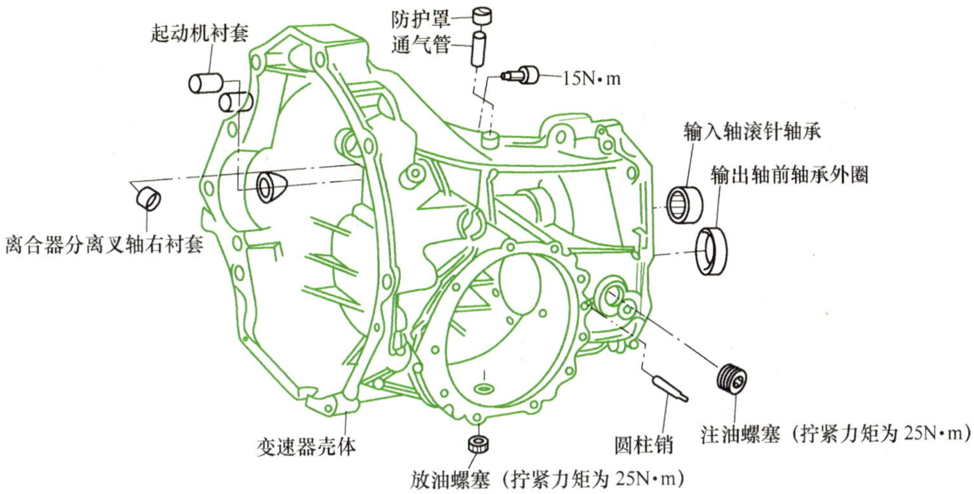

图 3-1　变速器壳体分解图

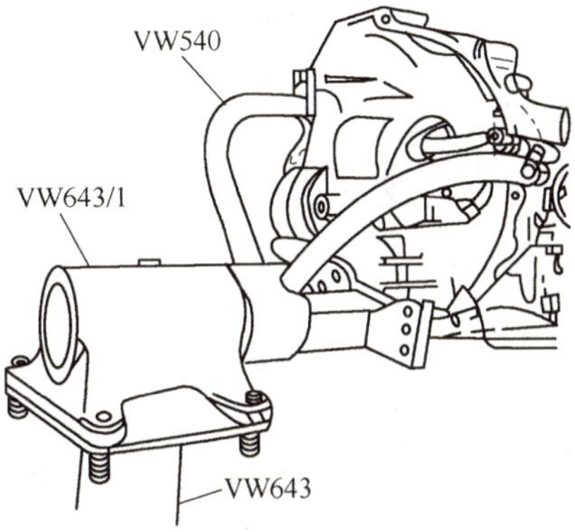

图 3-2　变速器固定在支架上

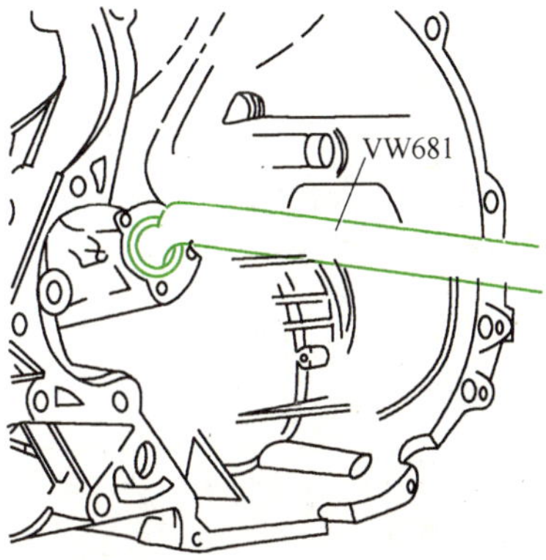

图 3-3　拆下输入轴的密封圈

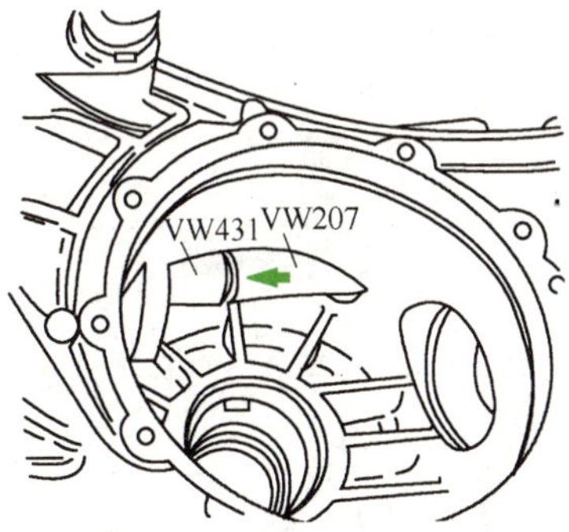

图 3-4　取下输入轴的挡油圈

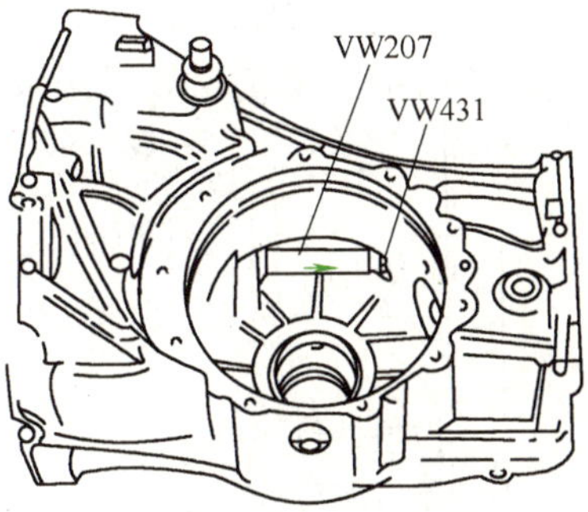

图 3-5　取下输入轴的滚针轴承

2. 变速器后盖的拆卸

1）拆下变速器后盖的固定螺栓，取下后盖轴承盖（一经拆卸就应更换），并锁住输入轴，如图 3-7 所示。

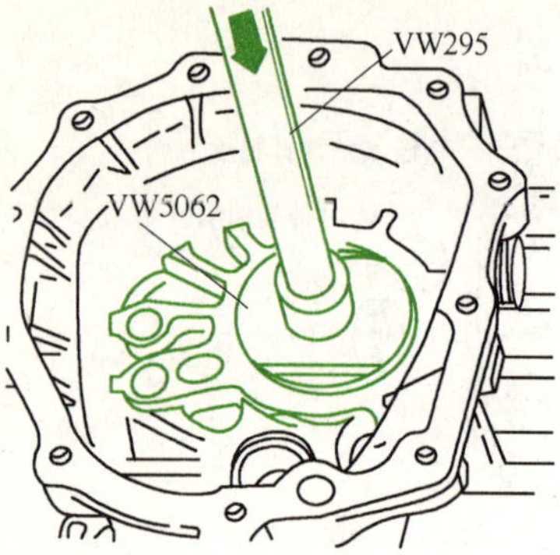

图 3-6　取下输出轴的前轴承外圈

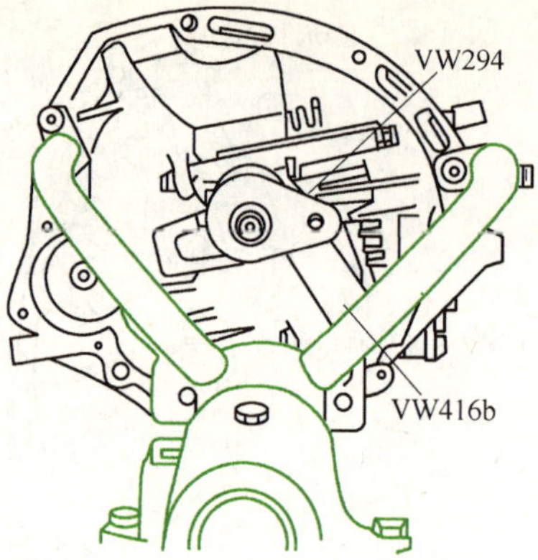

图 3-7　拆下变速器的后盖

2）拆下输入轴的固定螺栓，如图 3-8 所示。

3）拆下变速器后盖的固定螺栓，取下后盖。如有轴承防护罩，需小心取下，并重新装在轴承上，如图 3-9 所示。

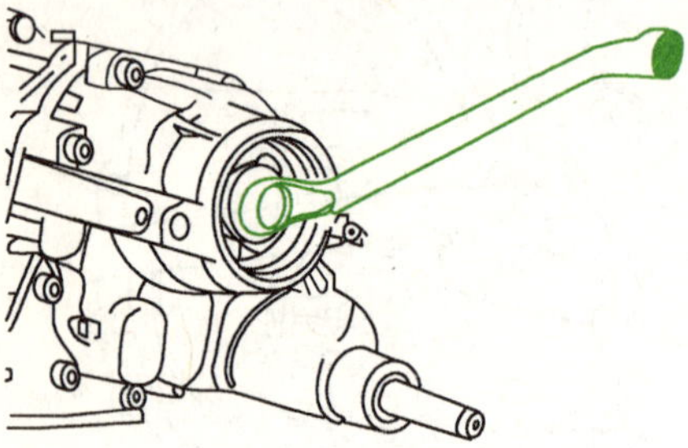

图 3-8　拆下输入轴的固定螺栓

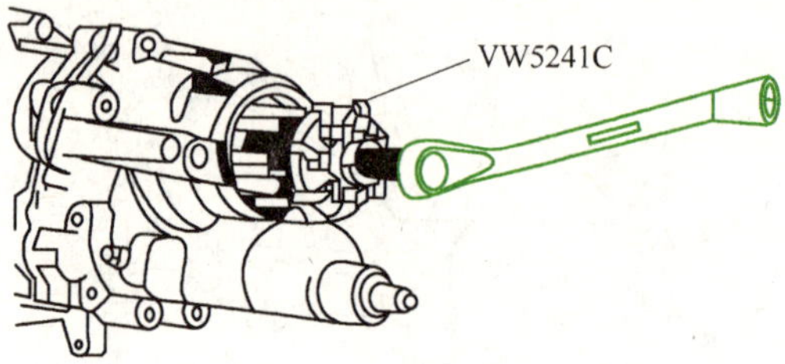

图 3-9　拆下变速器后盖的固定螺栓

3. 取出输入轴后轴承

1）拆下后盖内变速杆的密封圈。

2）拆下内变速杆的衬套，如图 3-10 所示。

3）取下挡油圈，如有必要可用水泵钳帮助拆卸，如图 3-11 所示。

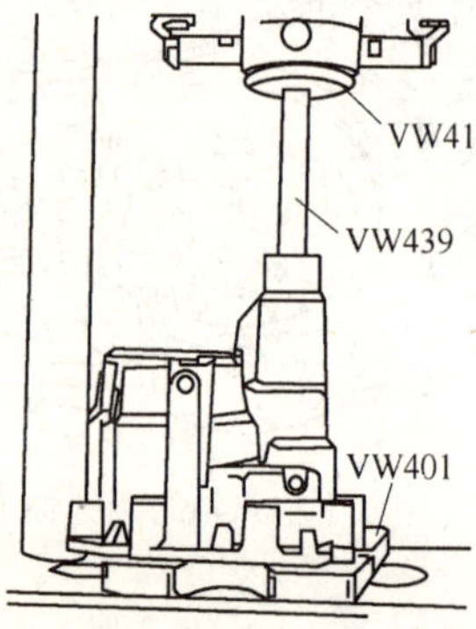

图 3-10　拆下内变速杆的衬套

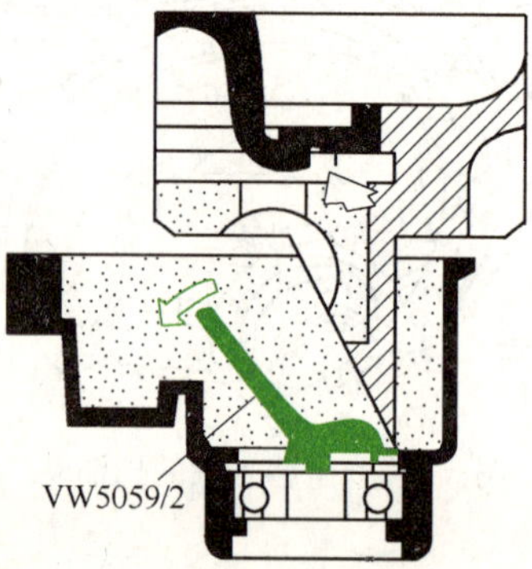

图 3-11　取下挡油圈

4）拆下锁环及输入轴的后轴承，如图 3-12 所示。

4. 取下变速器轴承支座

1）拆下变速器后盖。

2）拆下一档和二档拨叉的锁销，接着把拨叉向左转动。

3）挂入二档，边转边拉下拨叉轴，如图3-13所示。

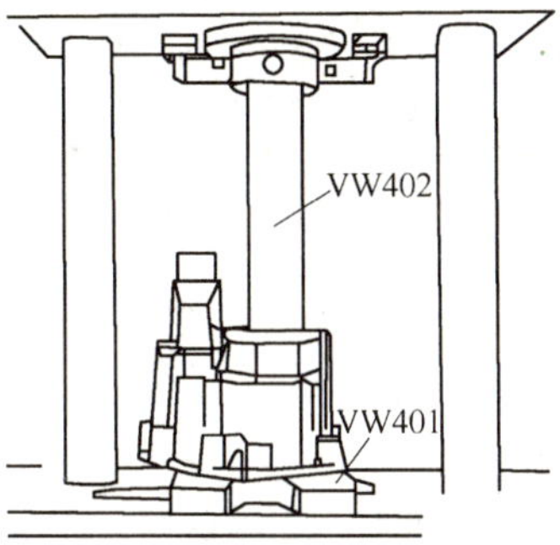

图3-12　拆下锁环及输入轴的后轴承

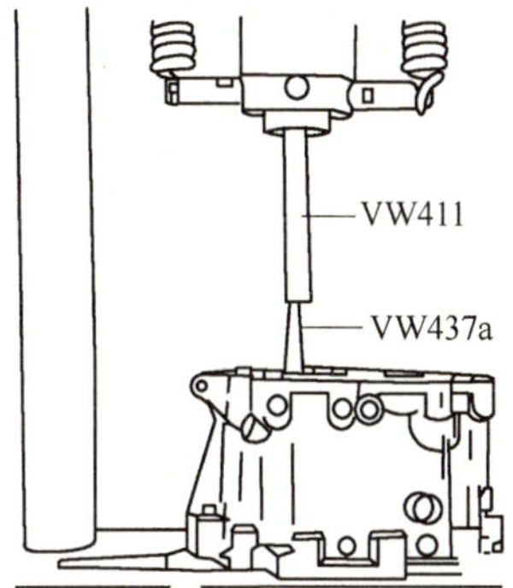

图3-13　拉下拨叉轴

4）取下一档和二档的拨叉。

5）取出锁销，取下拨叉轴和五档齿轮的套管。

6）取下同步器和输入轴的五档齿轮，如图3-14所示。

7）拆下五档齿轮滚针轴承内圈和固定垫圈，如图3-15所示。

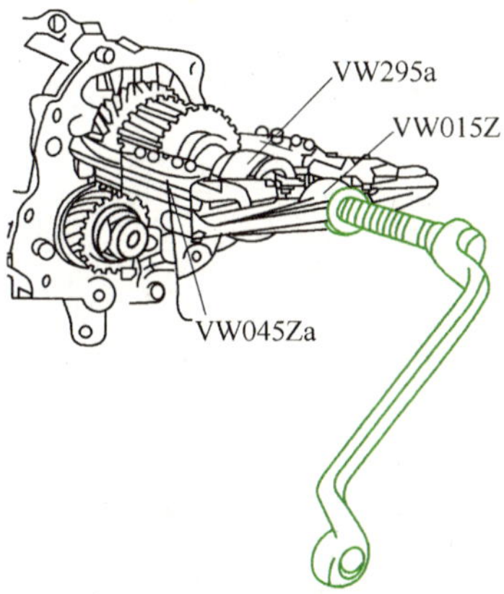

图3-14　取下同步器和输入轴的五档齿轮

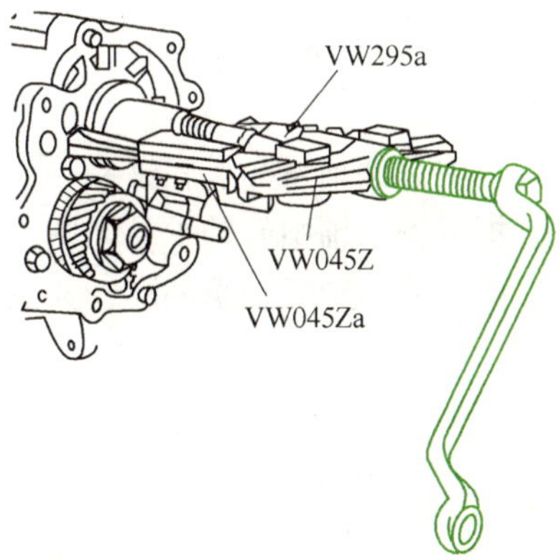

图3-15　拆下五档齿轮滚针轴承内圈和固定垫圈

8）挂上一档，锁住输入轴，取下输出轴的五档齿轮紧固螺母，如图3-16所示。

9）拆下五档齿轮，如图3-17所示。

10）分开导向锁（不用取下），拆下轴承支座，如图3-18所示。

11）取下三档和四档拨叉的锁销和拨叉轴。

12）拆下倒档自锁装置及倒档拨叉轴。

13）拆下输入轴和输出轴，输出轴的外后轴承也在这次操作中取下，如图3-19所示。

14）取出倒档轴、齿轮和倒档传动臂。

15）取下输出轴后轴承的止动环。

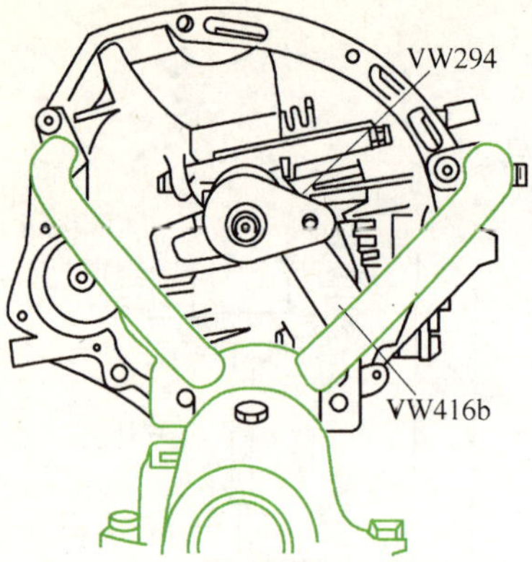

图3-16 取下输出轴的五档齿轮紧固螺母

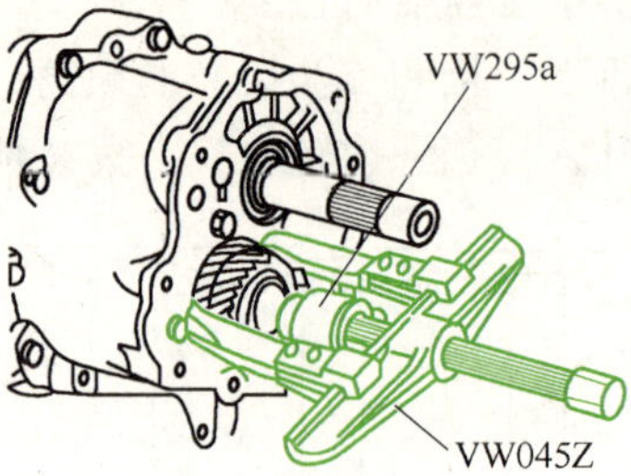

图3-17 拆下五档齿轮

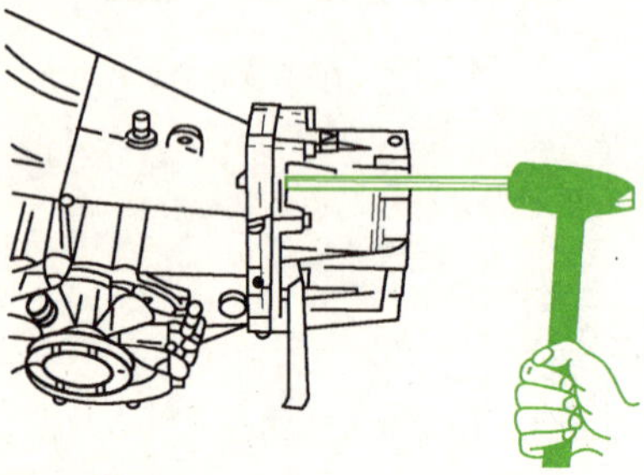

图3-18 拆下轴承支座

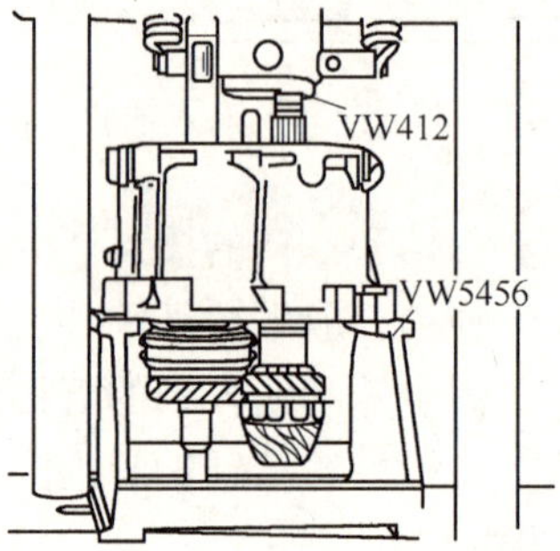

图3-19 拆下输入轴和输出轴

16）取下拨叉轴衬套、互锁销。

17）拆下输入轴中间轴承，如图3-20所示。

18）拆下输出轴后轴承外圈，如图3-21所示。

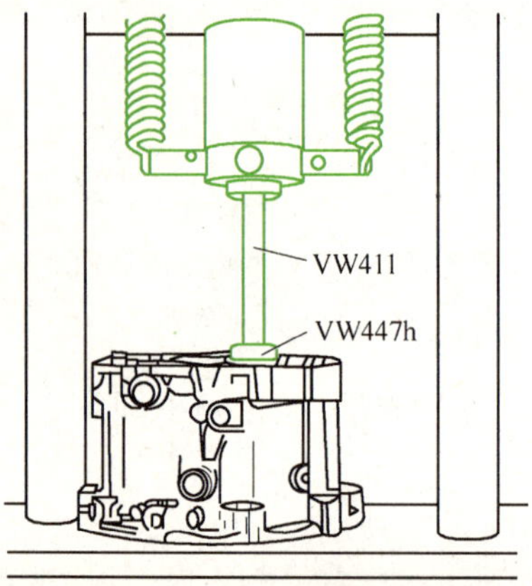

图3-20 拆下输入轴中间轴承

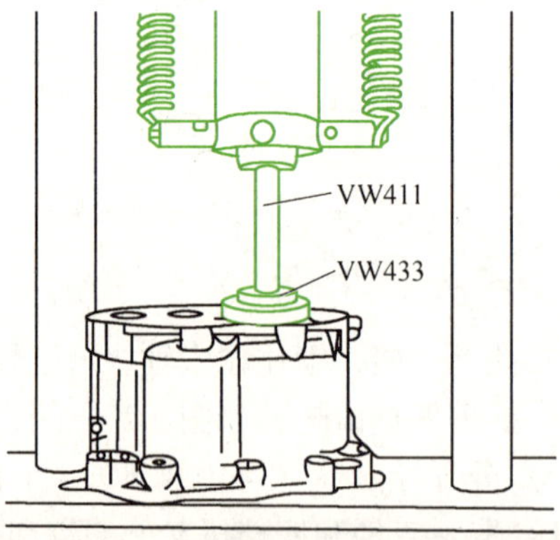

图3-21 拆下输出轴后轴承外圈

19）钻一个6mm的螺纹，用螺栓将堵塞拆下，拆下自锁弹簧和分离套筒（只要变速器的罩盖更换了，就必须计算输出轴调整垫片S3厚度），如图3-22所示。

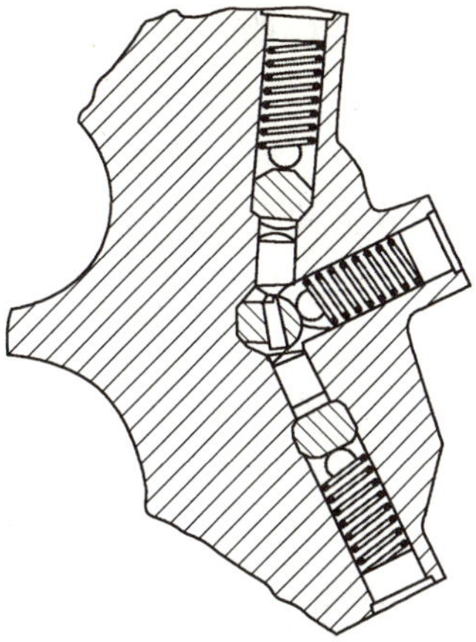

图3-22　拆下自锁弹簧和分离套筒

知识链接

1. 汽车手动变速器的组成与分类

（1）手动变速器的组成　变速器由传动机构和变速机构组成，可制成单独变速机构或与传动机构合装在同一壳体内。传动机构大多用普通齿轮传动，也有的用行星齿轮传动。普通齿轮传动变速机构一般用滑移齿轮和离合器等。滑移齿轮分为多联滑移齿轮和变位滑移齿轮。用多联滑移齿轮变速，轴向尺寸大；用变位滑移齿轮变速，结构紧凑，但传动比变化小。离合器分为啮合式和摩擦式。用啮合式离合器时，变速应在停车或转速差很小时进行；用摩擦式离合器可在运转中任意转速差时进行变速，但承载能力小，且不能保证两轴严格同步。为克服这一缺点，在啮合式离合器上装摩擦片，变速时先靠摩擦片把从动轮带到同步转速后再进行接合。行星齿轮传动变速器可用制动器控制变速。

（2）手动变速器的分类

1）按传动比变化的方式分为有级式、无级式和综合式。

①有级式：有级式变速器应用最广泛，它采用齿轮传动，具有若干个定值传动比。

按所用的齿轮轮系不同分为轴线固定式变速器（普通齿轮变速器）和轴线旋转式变速器（行星齿轮变速器）两种。

目前，轿车和轻、中型货车的变速器传动比通常有3～5个前进档和1个倒档。

在重型汽车用的是组合式变速器，采用更多档位，一般是由两个变速器组合而成的。

②无级式：无级式变速器的传动比在一定的范围内可以按无限多级变化。常见的有电力式和液力式（动液式）两种。

电力式在传动系统中也有广泛采用的趋势，其变速传动部件为直流串励电动机。

液力式的传动部件是液力式变矩器。

③综合式：综合式变速器是指由液力式变矩器和齿轮式有级变速器组成的液力机械式变速器。其传动比可以在最大值和最小值之间的几个间断范围内做无级变化，目前的应用较为广泛。

2）按操纵方式分为强制操纵式、自动操纵式和半自动操纵式。

①强制操纵式变速器靠驾驶人直接操纵变速杆换档，为大多数汽车所采用。

②自动操纵式变速器的传动比选择（换档）是自动进行的。驾驶人只需操纵加速踏板，即可控制车速。

③半自动操纵式变速器有两种形式：一种是常见的几个档位自动操纵，其余的档位则由驾驶人操纵；另一种是预选式，即驾驶人预先用按钮选定档位，在踩下离合器踏板或松开加速踏板时，接通一个电磁装置或液压装置来换档。

3）按使用方法分为手动变速器（MT）、自动变速器（AT）、手自一体变速器、无级变速器（CVT）、双离合器变速器和EMT、AMT序列变速器等。

2. 手动变速器的功用与要求

（1）变速器的功用

1）改变传动比。扩大驱动轮的转矩和转速的变化范围，以适应经常变化的行驶条件，如起步、加速、上坡等，使发动机在有利的工况下工作。

2）在发动机的旋转方向不变的前提下，使汽车能倒退行驶。

3）利用空档，中断动力传递，以使发动机能够起动，怠速，并便于变速器的换档或进行动力输出。

（2）变速器操纵机构的要求　为了保证变速器的可靠工作，变速器操纵机构应能满足以下要求：

1）挂档后应保证接合套与接合齿圈的全部套合（或滑动齿轮换档时，全齿长都进入啮合）。在振动等条件影响下，操纵机构应保证变速器不自行挂档或自行脱档，为此在操纵机构中应设有自锁装置。

2）为了防止同时挂上两个档而使变速器卡死或损坏，在操纵机构中应设有互锁装置。

3）为了防止在汽车前进时误挂倒档，导致零件损坏，在操纵机构中应设有倒档锁装置。

知识与能力拓展

齿轮油的选择

齿轮油是指用于汽车机械变速器、驱动桥齿轮和传动机构的润滑油。它是以精制润滑油为基础油，加入抗氧化、防腐蚀、防锈、消泡、耐压抗磨等多种添加剂调和而成，因此，具有良好的润滑性能。它与其他的润滑油一样，具有减摩、冷却、清洗、密封、防锈和降低噪声等作用，但其工作条件与发动机润滑油不一样，因此对性能的要求也不一样。

1. 齿轮油的基本性能

（1）齿轮油的使用要求　齿轮油应具有良好的润滑性能、较高的挤压性，具有适当的黏度（比发动机润滑油高）和较好的黏温特性，具有较好的低温流动性，具有较好的防腐性和抗氧化安定性，还应具有良好的抗泡性。

（2）对齿轮油的性能要求　对齿轮油的性能要求主要有黏度、黏温特性和抗磨性等几项指标。齿轮油的黏度应使得传动机构工作时消耗于油内摩擦的能量很少，同时又能保证齿轮及轴承摩擦面不发生擦伤及噪声，油封及接合面不漏油。

抗磨性是指油品能在运动部件间保持油膜，防止金属与金属直接接触的能力。齿轮油极压抗磨性可用油的负荷承载能力来评定。

车辆齿轮油其他性能指标的意义与发动机润滑油相同或类似，这里不再叙述。

2. 齿轮油的选用原则

通常按说明书的要求，选择相应标号的齿轮油，还可以参照下列原则选油。

（1）根据季节选择齿轮油的标号（黏度级）　齿轮油的标号75W、80W、85W、90和140号分别适用于最低气温为-40℃、-26℃、-12℃、-10℃、-10℃的地区，应对照当地最低气温适当选择。由于进口品牌的齿轮油在国内的大量生产和销售，现在市场上出售的齿轮油基本上都使用国际标号，即ASE黏度分级标号和API质量分级标号。

旧牌号国产齿轮油与SAE规格、API规格对应关系及使用范围，见表3-1。

表3-1　国产齿轮油与进口齿轮油的对应关系

国产齿轮油	使用范围	相对应的SAE规格（按黏度分类）	相对应的API规格（按质量分类）
20号普通齿轮油	冬季使用于一般汽车的齿轮传动装置	SAE90	GL-2
30号普通齿轮油	长江以南地区全年，长江以北地区夏季，使用于一般汽车的齿轮传动装置	SAE40	GL-2
22号渣油型双曲线油	冬季使用于具有准双曲面齿轮传动装置的汽车上	SAE90	GL-3

（2）根据齿轮类型和工况选择齿轮油（使用级）　对于一般工作条件下的弧齿锥齿轮主减速器（驱动桥）、变速器和转向器可选用普通车辆齿轮油；主减速器是准双曲面齿轮的，必须根据工作条件选用中负荷车辆齿轮油或重负荷车辆齿轮油。具体选择方法，可参考表3-2。

表3-2　汽车齿轮油的选择

使用性能级别选择		黏度级别（或牌号）的选择	
性能级别	齿轮类型、工作条件和示例	黏度级别	使用气温范围
普通车用齿轮油（GL-3）	工作条件缓和的弧齿齿轮主减速器、变速器和转向器（解放CA1091驱动桥、变速器）	90	-10℃以上地区全年通用
		80W/90	-30℃以上地区全年通用
		85W/90	-20℃以上地区全年通用
中负荷车用齿轮油（GL-4）	工作条件一般（齿间压力在3000MPa，齿间滑移速度在8mm/s以下）的准双曲面齿轮主减速器（东风EQ1090）或要求使用GL-4齿轮油的进口汽车	90（旧18号）	-10℃以上地区全年通用
		旧7号严寒区曲线齿轮油	-43℃以上严寒区冬季
		85W/90	-20℃以上地区全年通用
重负荷车用齿轮油（GL-5）	工作条件苛刻的准双曲面齿轮主减速器（丰田皇冠等进口轿车）或要求使用GL-5齿轮油的进口汽车	90	10℃以上地区全年通用
		140（旧26号）	重负荷、炎热夏季用
		85W/90	-20℃以上地区全年通用

3. 选择齿轮油的注意事项

（1）不要混淆发动机润滑油和齿轮油的SAE黏度分类标号　在标准中为避免混淆，规定为高的黏度标号用在齿轮油上，低的黏度标号用于发动机润滑油，但对于旧牌号齿轮油的分级号较低。应注意齿轮油和发动机黏度级别并无联系，同型号不能互用。切不可将齿轮油当发动机润滑油使用，否则，发动机将会引起烧瓦、拉缸和烧结活塞顶等严重事故。

（2）不能降级或升级使用齿轮油　如使用CL-4级别的准双曲面齿轮，由于轴间滑动非常大，承受的负荷也非常大，普通齿轮油无法保持正常的油膜，如果在其间使用了普通的齿轮油（CL-3），准双曲面齿轮将会很快损坏。馏分型准双曲面齿轮油的颜色一般为黄绿色到深绿色及深棕红色等，其他齿轮油的颜色一般为深黑色，使用时注意区别。也不宜滥用准双曲面齿轮油来代替普通齿轮油，否则会造成变速器齿轮的腐蚀性磨损和不必要的经济损失。必须根据齿轮传动的特点，选用性能使用级别合适的齿轮油。

（3）不要误认为高黏度齿轮油的润滑性好　使用黏度标号太高的齿轮油，将会使燃油消耗显著增加，特别是对高级轿车影响更大，尽量使用合适的多级齿轮油。

（4）加油量应适当　油量应适当，不能过多也不能过少。过多不仅会增加搅油阻力和燃油消耗，而且有可能齿轮油经后桥壳混入制动毂造成制动失灵；过少会使润滑不良，温度过高，加速齿轮磨损。齿轮油面一般应加到与齿轮箱加油口下缘平齐，且应经常检查各齿轮油箱是否渗漏，并保持各油封、垫片的完好。

（5）合理使用齿轮油　齿轮油的使用寿命较长，如使用单级油，在换季维护时换用不同的黏度标号。放出的油如不到换油期限，可在再次换油时加车使用。旧油应妥善保管，严防水分、机械杂质和废油污染。

（6）适时换油　应按规定换油指标换用新油，无油质分析手段时，可按规定期限换油。汽车制造厂推荐的期限为30000～48000km。换油时，应趁热放出旧油，并将齿轮和齿轮箱清洗干净后方可加入新油，加油应防止水分和杂质混入。

（7）齿轮油使用禁忌　在使用中，严禁向齿轮油中加入柴油等进行稀释，也不要因冬季起步困难而烘烤驱动桥、变速器，以免齿轮油严重变质。如果出现这种情况，应用低黏度的多级齿轮油。

案例剖析

手动变速器漏油的故障案例分析

故障现象：一辆捷达轿车，装用五档手动变速器，变速器三档的同步器齿环因磨损更换后，便出现了变速器漏油现象。同时，行驶中从五档换入四档十分困难。

故障分析与排除：经过检查发现，漏油部位是右半轴油封。因为档位也有问题，于是将变速器从车上拆下来进行分解，更换了四档的同步器齿环，同时更换了左、右两侧的半轴油封，装复后试车，虽然四档好挂了，但在行驶过程中从四档降至三档时，又出现了换档难的现象。更换了两个半轴法兰盘及右侧的油封支架，将此前更换的三、四档的同步器齿环均换成原厂的，同时又更换了差速器轴承，但行驶不久便故障如故。无奈，再次分解变速器，仔细检查每一个部件，发现变速器两个壳体的接合面上有一层近1mm厚的纸制垫片，进而发现五档的同步器滑套错装在了三、四档的同步器骨架上。将纸制垫片抛弃不用，直接用密封胶密封变速器壳体，把五档同步器滑套与三、四档同步器滑套回到正确位置，变速器重新装好后，经过几天的试车，变速器各档操纵自如，故障完全排除。

该车变速器在维修中，由于修理人员粗心，自己动手做的壳体衬垫过厚，致使差速器的轴承间隙过大，半轴法兰盘的轴向跳动量也就过大，导致半轴油封屡次更换都会漏油。又因为五档同步器与三、四档同步器的外形上无太大差别，但三、四档的同步器滑套的两侧都有坡口，而五档同步器滑套只有一侧有坡口，当错把五档的同步器滑套装在三、四档的同步器骨架上时，没有坡口的一侧就会出现换档困难的故障。

课后思考

1. 根据实物指出汽车手动变速器的结构组成和作用。
2. 能说出桑塔纳手动变速器的特点。

学习单元2　汽车手动变速器的操纵机构的检修

学习目标

1. 了解变速器操纵机构的工作原理。
2. 掌握变速器操纵机构的基本结构。
3. 掌握桑塔纳2000轿车五挡变速器操纵机构的拆装和检修。
4. 掌握手动变速器常见故障的诊断与排除方法。

任务载体

如果汽车手动变速器的操纵机构出现卡滞，将导致驾驶人不能准确可靠地使变速器挂入所需要的任一档位工作，常发生齿轮撞击声。如果出现这种情况，还会影响变速器的传动机构的正常工作，影响换档平顺性。如果手动变速器出现操纵机构卡滞，应及时进行检修或更换。

技能操作

桑塔纳2000轿车五档手动变速器操纵机构分解

以桑塔纳2000轿车五档手动变速器的操纵机构为例进行介绍，图3-23所示为桑塔纳2000轿车五档手动变速器操纵机构分解图。

1. 变速器操纵机构的调整

挂入一档，将上变速杆向左推至缓冲垫处，慢慢松开上变速杆，上变速杆应朝右返回5～10mm，挂入五档。将上变速杆向右推至缓冲垫处，慢慢松开上变速杆，上变速杆应朝左返回5～10mm。当上变速杆朝一档和五档压去时，上变速杆大致返回同样的距离，如有必要，可通过移动变速杆支架的椭圆形孔进行调整。检查各档齿轮啮合是否平滑，如果啮合困难，要进行调整。将上变速杆置于极限位置上，旋松夹箍的螺母，移动上变速杆，要求下变速杆在连接时自由滑动。取下换档手柄和防尘罩，将变速杆支架孔与变速杆罩壳的孔对准，并旋紧螺栓。用专用工具VW5305/7进行安装，将其嵌入变速杆支架前孔中，将上变速杆放在“C”位置上，如图 3-24 所示。

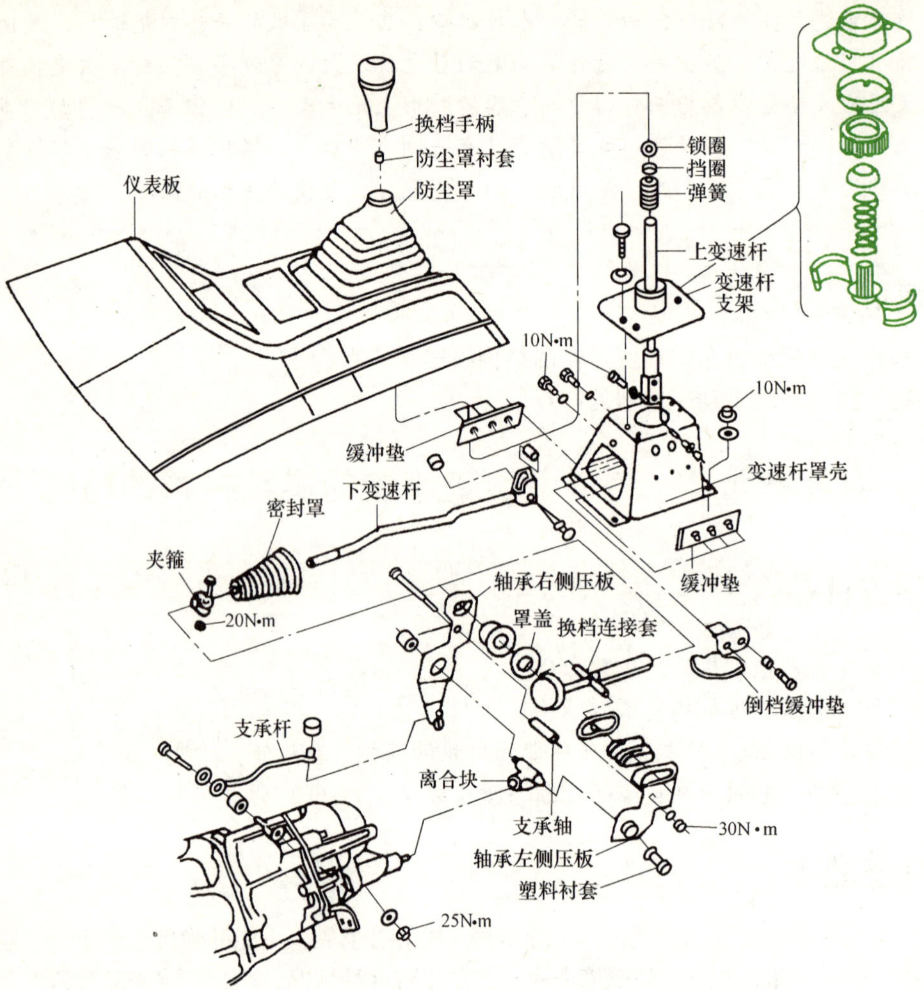

图 3-23　桑塔纳 2000 轿车五档手动变速器操纵机构分解图

轻轻地旋紧下面的螺栓，将专用工具 VW5305/7 固定好。将上变速杆放到最右面，直至缓冲垫，旋紧定位器螺栓。将上变速杆放在“B”位置上，如图 3-25 所示。

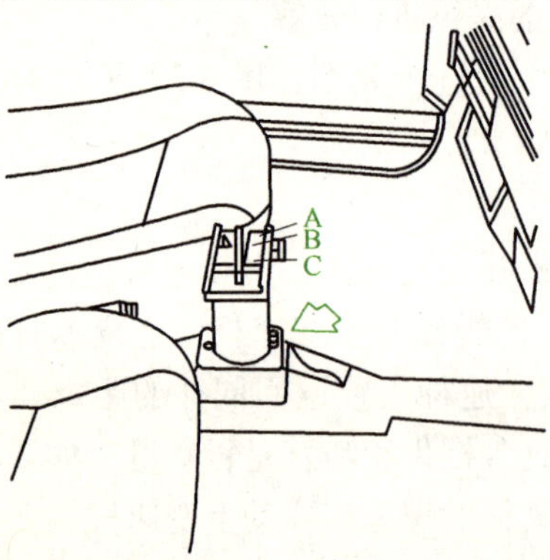

图 3-24　将上变速杆放在“C”位置上

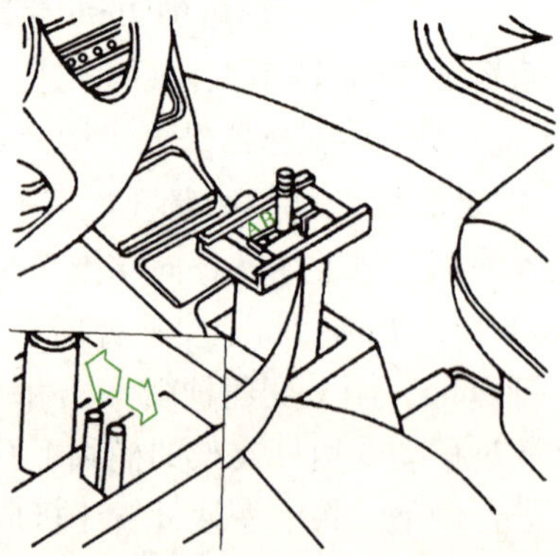

图 3-25　将上变速杆放在“B”位置上

用 20N · m 的力矩旋紧夹箍螺母，取下专用工具 VW5305/7，挂入一档，将上变速杆向左压到底，松开上变速杆，由于弹簧的作用上变速杆返回到右边。挂入五档，将上变速杆向右压到底，松开上变速杆，由于弹簧的作用上变速杆返回到左边。先后挂入所有的档位，特别要注意倒档的锁止功能。最后，装上仪表板、防尘罩和换档手柄。

2. 变速器操纵机构的拆装

拆装时要参看图 3-23。

1）上变速杆的拆卸。拆下换档手柄，取下防尘罩和仪表板。拆下固定在上变速杆的弹簧、锁圈（注意锁圈一经拆卸就要更换），取下挡圈和弹簧。拆下变速杆支架，并拆下变速控制器罩壳，使上、下变速杆脱离。

2）上变速杆的安装。上变速杆的安装按照与拆卸相反的顺序进行，但应注意以下事项：检查所有零件的完好情况，更换已经损坏的零件；润滑衬套和挡圈；调整上变速杆；用密封胶固定换档手柄。

3）变速杆支架的拆卸。取下换档手柄和防尘罩。拆下锁圈、挡圈和弹簧。拆下变速杆支架的固定螺栓，取下变速杆支架。变速杆支架只有加润滑油时才分解，一旦发现任何零件损坏，就要全部更换。

4）变速杆支架的安装。用润滑脂润滑变速杆支架内部件，装上变速杆支架，螺栓不用旋紧，将变速杆支架上的孔与变速器操纵机构罩壳上的孔对准，用 10N · m 的力矩旋紧螺栓。装上弹簧挡圈和新的锁圈，检查各档的啮合情况，最后，装上防尘罩和换档手柄。

知识链接

1. 手动变速器操纵机构的组成

（1）变速器操纵机构的功用　变速器操纵机构应保证驾驶人能准确可靠地使变速器挂入所需要的任一档位工作，并可随时使之退入空档，从而改变变速器的工作状态。

（2）变速器操纵机构的分类与组成　根据其变速与变速器的相互位置不同，变速器操纵机构可分为直接操纵式和远距离操纵式两种类型。直接操纵式变速器操纵机构的变速杆及所有换档操纵装置都设置在变速器盖上。远距离操纵式由于变速器的安装位置离驾驶人座体较远，为此在变速器之间加装了一套传动杆件，构成远距离操纵的形式。

1）直接操纵式变速器。操纵机构的变速杆及所有换档操纵装置都设置在变速器盖上，如图 3-26 所示。驾驶人可直接操纵变速杆来拨动变速器盖内的换档操纵装置换档，它由变速杆、拨叉、拨叉轴及安全装置组成，具有换档位置容易确定、换档快、换档平稳等优点。大多数轿车、越野车、长头货车的变速器都采用这种操纵形式。

图 3-26　直接操纵式换档机构

2）远距离操纵式。如图 3-27 所示，变速器的安装位置离驾驶人座体较远，为此在变速杆与变速器之间加装了一套传动杆件，构成远距离操纵的形式，用于平头车、后置发动机汽车等。它具有变速杆占据驾驶室空间小，乘坐方便等优点。

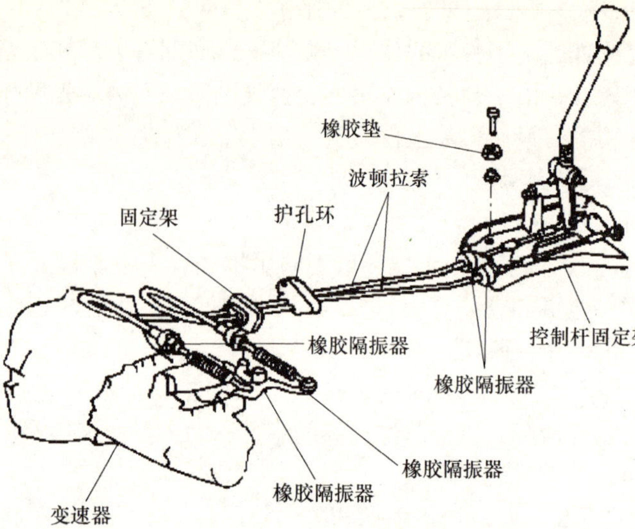

图 3-27 远距离操纵式换档机构

2. 典型手动变速器操纵机构的特点

(1) 换档拨叉机构 图 3-28 所示为六档变速器操纵机构的结构示意图。变速杆的上部为驾驶人直接操纵的部分，且伸到驾驶室内，其中间通过球节支承在变速器盖顶部的球座内，变速杆能够以球节为支点前后左右摆动。变速杆的下端球头插在叉形拨杆的球座内。杆由换档轴支承在变速器盖顶部支承座内，可随轴向前后滑动或绕轴线转动，其下端的球头则伸入到拨块的顶部凹槽中。拨块分别与相应的拨叉轴固定在一起，四根拨叉轴的两端支承在变速器盖上相应的孔中，可以轴向滑动；四个拨叉的上端通过螺钉固定在拨叉轴上（其中三、四档拨叉的上端与拨块制成一体，顶部制有凹槽），各拨叉的下端的叉口则分别卡在相应档位的接合套（包括同步器的接合套或滑动齿轮的环槽）内。图 3-28 所示位置变速器处

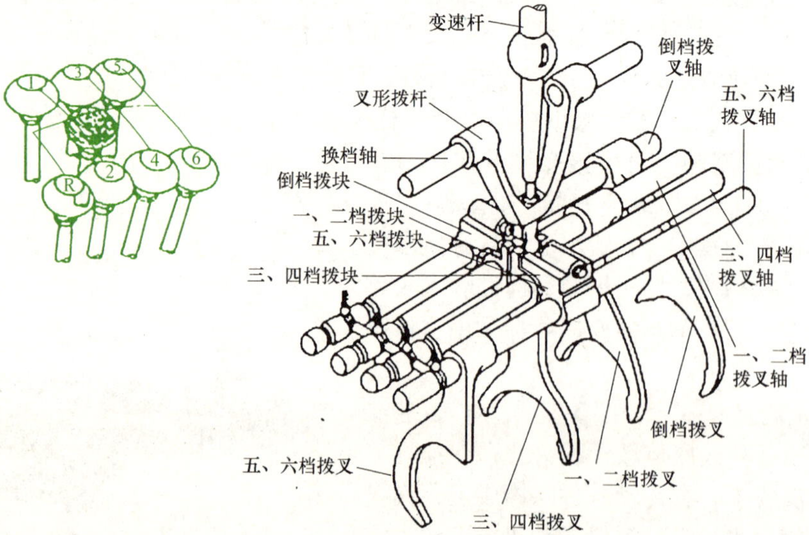

图 3-28 六档变速器操纵机构的结构示意图

于空档，各个拨叉轴和拨块都处于中间位置，变速杆及叉形拨杆均处于正中位置。当变速器要换档时，驾驶人首先向左右横向摆动变速杆，使叉形拨杆下端球头置于所选档位拨块的凹槽内，然后再向前或向后纵向摆动变速杆，使叉形拨杆下端球头通过拨块带动拨叉轴及拨叉向前或向后移动，从而可实现换档。

各种变速器由于档位数量及档位排列位置不同，其拨叉和拨叉轴的数量及排列位置也不相同。例如，上述的六档变速器的六个前进档用了三根拨叉轴，倒档独立使用了一根拨叉轴，共有四根拨叉轴；而五档变速器具有三根拨叉轴，其二、三档和四、五档各占一根拨叉轴，一档和倒档共用一根拨叉轴。

（2）换档锁止装置

1）自锁装置。如图 3-29 所示，自锁装置由自锁钢球 1 和自锁弹簧 2 组成。每根拨叉轴的上表面沿轴向分布有三个凹槽。当任意一根拨叉轴连同拨叉轴向移到空档或某一工作档位的位置时，必有一个凹槽正好对准自锁钢球。于是自锁钢球在弹簧压力下嵌入该槽内，拨叉轴的轴向位置即被固定，从而拨叉连同滑动齿轮（或接合套）也被固定在空档或某一工作档位置，不能自行脱出。当需要换档时，驾驶人需通过变速杆对拨叉和拨叉轴施加一定的轴向力，克服弹簧的压力将自锁钢球由拨叉轴的凹槽中挤出推回孔中，拨叉轴和拨叉方能再进行轴向移动。拨叉轴上相邻凹槽之间的距离，等于为保证全齿宽上啮合或是完全退出啮合拨叉及其轴所必需的移动距离。

2）互锁装置。图 3-30 所示的互锁装置由互锁钢球和互锁顶销组成。

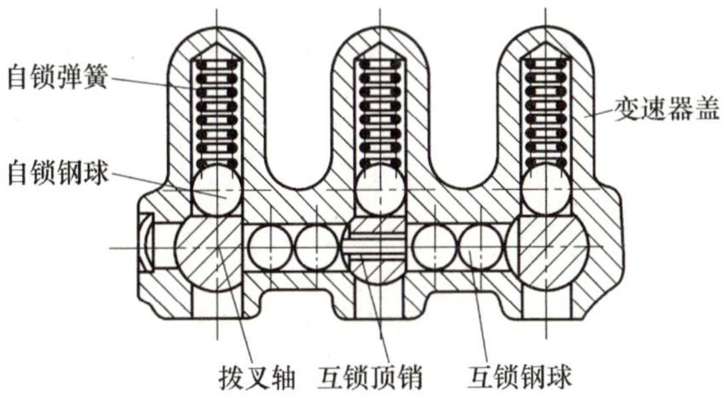

图 3-29　变速器的自锁装置

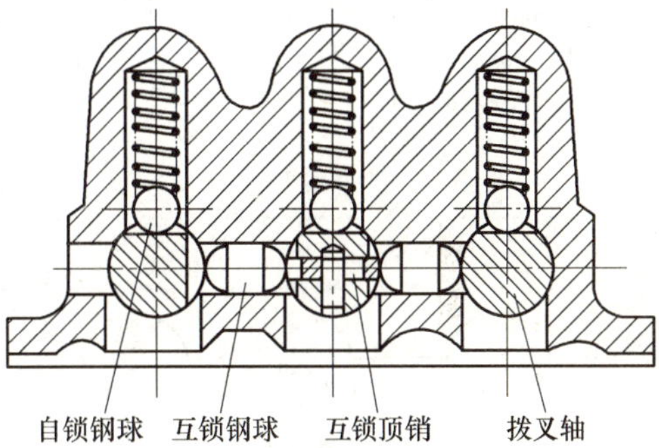

图 3-30　变速器的互锁装置

互锁原理：每根拨叉轴朝向互锁钢球的侧表面上均制出一个深度相等的凹槽。任一拨叉轴处于空档位置时，其侧面凹槽都正好对准互锁钢球。两个互锁钢球的直径之和正好等于相邻两轴表面之间的距离加上一个凹槽的深度。中间拨叉轴上两个侧面凹槽之间有孔相通，孔中有一根可以滑移的互锁顶销，销的长度等于拨叉轴的直径减去一个凹槽的深度。

工作情况：如图 3-31 所示，当变速器处于空档时，所有拨叉轴的侧面凹槽同互锁钢球、互锁顶销都在一条直线上。当移动中间拨叉轴 3 时（图 3-31a），拨叉轴 3 两侧的内钢球从其侧凹槽中被挤出，而两外钢球 2 和 4 分别嵌入拨叉轴 1 和 5 的侧面凹槽中，因而将拨叉轴 1 和 5 刚性地锁止在其空档位置。若欲移动拨叉轴 5 时，互锁钢球 4 便从拨叉轴 5 的凹槽中被挤出，同时通过互锁顶销 6 和其他钢球将拨叉轴 3 和 1 均锁止在空档位置。由此可知，互锁装置的作用是当驾驶人用变速杆推动某一拨叉轴时，自动将其他所有拨叉轴锁止在空档。

北京 BJ2020 型汽车的变速器有三个前进档和一个倒档，故操纵机构中只有两套拨叉和拨叉轴，因而其自锁装置和互锁装置在结构上可以合而为一（图 3-32）。两个空心锁销套在锁止弹簧的两端。两个锁销长度之和 $2a$ 等于两个拨叉轴表面间距离 c 加上一个凹槽深度 b。其工作原理同上所述。

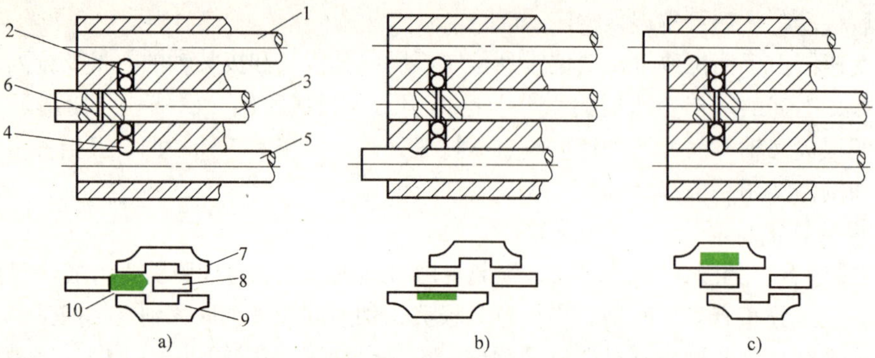

图 3-31　变速器的互锁装置工作情况示意图

1、3、5—拨叉轴　2、4—互锁钢球　6—互锁顶销　7、8、9—拨叉　10—变速杆下端球头

（3）倒档锁止装置　图 3-33 所示为五档变速器中常用的倒档锁装置。它是由一档、倒档拨块中的倒档锁销及倒档锁弹簧组成的。因此，当驾驶人要挂一档或倒档时，必须用较大的力使变速杆的下端压缩倒档锁弹簧，将倒档锁销推向右方后，才能使变速器下端进入倒档拨块的凹槽内，以拨动一档、倒档拨叉轴而挂入一档或倒档。只要换入倒档，其拨叉轴就接通装在变速器壳上的倒档开关，警告灯亮、报警器响（有的汽车仪表盘上有倒档指示灯），有效地防止误挂倒档。

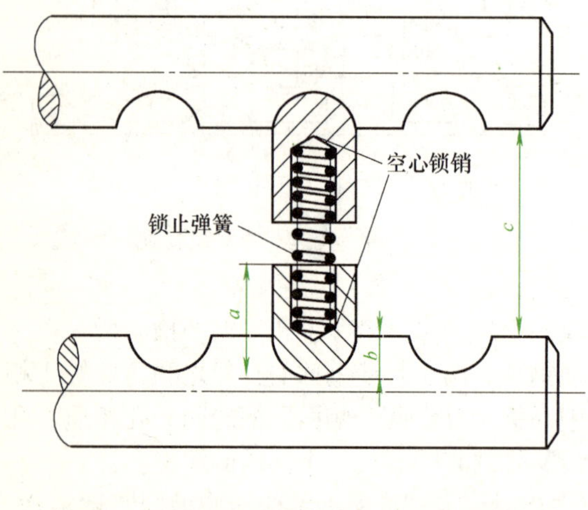

图 3-32　北京 BJ2020 型汽车变速器的锁止装置

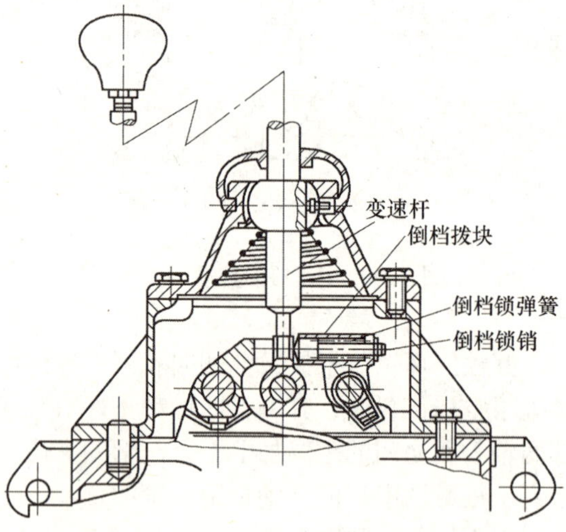

图 3-33　五档变速器中常用的倒档锁装置

知识与能力拓展

手动变速器的正确使用方法及注意事项

轿车手动变速器大多为四档或五档有级式齿轮传动变速器，并且通常带同步器，优点为换档方便、噪声小。手动变速器在日常使用过程中驾驶人应注意以下几点：

1）换档前应将离合器踩到底，操纵变速杆时动作要轻快、准确、柔和，不可用力过猛，也不要硬拉硬推，使齿轮发响，以免变速器操纵机构受损。行驶中，不要长时间将手放在变速杆上，否则会造成变速器换档拨叉过早磨损。挂倒档时要在汽车停止状态下进行，有些车还需要压缩倒档弹簧或提起倒档提钮；同样在倒车后，要使车辆前进，也应先将车停稳。

2）运行中换档必须选好换档时机。增档前，应首先进行汽车加速，当车速升高到一定值时，及时挂入高速档；降档时，当车速降到一定值时，方可挂入低速档。在确保发动机动力能够满足的情况下，应尽量使用高速档，以减轻机件的磨损和降低油耗。

3）严禁在空档熄火状态下强行挂档起动发动机，或在车速太低时挂入高速档以及车速过高时换到低速档，以免损坏变速器内运动组件和发动机。

案例剖析

手动变速器操纵机构的故障案例分析

故障现象：一辆捷达Gix汽车，行驶里程为1500km，行驶过程中出现异响且换档困难。

故障分析与排除：倒车时从变速器部位发出“哒、哒”的异响声，车辆处于前进档时也有该响声，只不过不如倒档明显。经分解变速器，可以看到倒档齿轮啮合啮入侧齿轮有被打坏的现象，一、二档同步器的倒档齿轮及输入轴的倒档齿轮也有损坏。更换损坏零件装复后异响消失。

课后思考

1. 如果手动变速器的自锁和互锁装错，有什么影响？
2. 如何调整变速器操纵机构？

学习单元3　汽车手动变速器变速传动机构的检修

学习目标

1. 掌握二轴式变速器变速传动机构的结构。
2. 学会分析二轴、三轴手动变速器各档动力传动路线。
3. 掌握桑塔纳2000轿车二轴五档变速器的拆装和检修。

任务载体

二轴式变速器用于发动机前置前轮驱动的汽车，一般与驱动桥（前桥）合称为手动变速驱动桥。目前，我国常见的国产轿车均采用这种变速器，如桑塔纳、捷达、富康、奥迪等。变速传动机构是变速器的主体，它的主要作用是改变转矩的大小和方向，一旦手动变速器传动机构出现故障，会使汽车出现换档困难，应及时进行检修。

技能操作

发动机纵向布置的二轴式变速器的拆装

变速传动机构包括输入轴、输出轴及其上的齿轮。输入轴和输出轴的分解图分别如图3-34和图3-35所示。

1）整套齿轮的拆卸。拆卸变速器，拆下变速器后盖，拆下轴承支座，拆下整套齿轮。

2）输入轴的拆卸。拆下四档齿轮的卡环，取下四档齿轮、四档同步环和四档齿轮的滚针轴承，拆下同步器齿环。取下三、四档同步器、三档同步环和三档齿轮，取下三档齿轮的滚针轴承，取下输入轴的中间轴承内座圈。

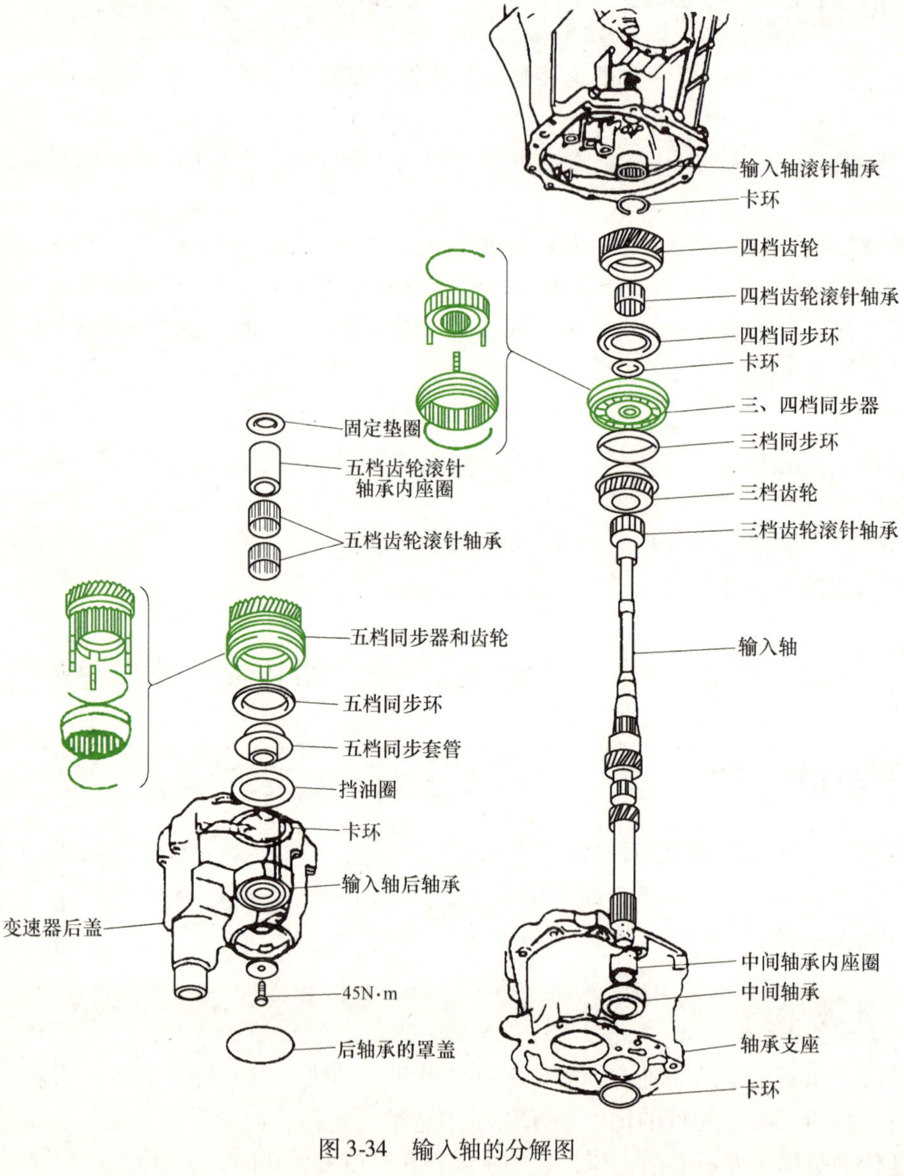

图3-34　输入轴的分解图

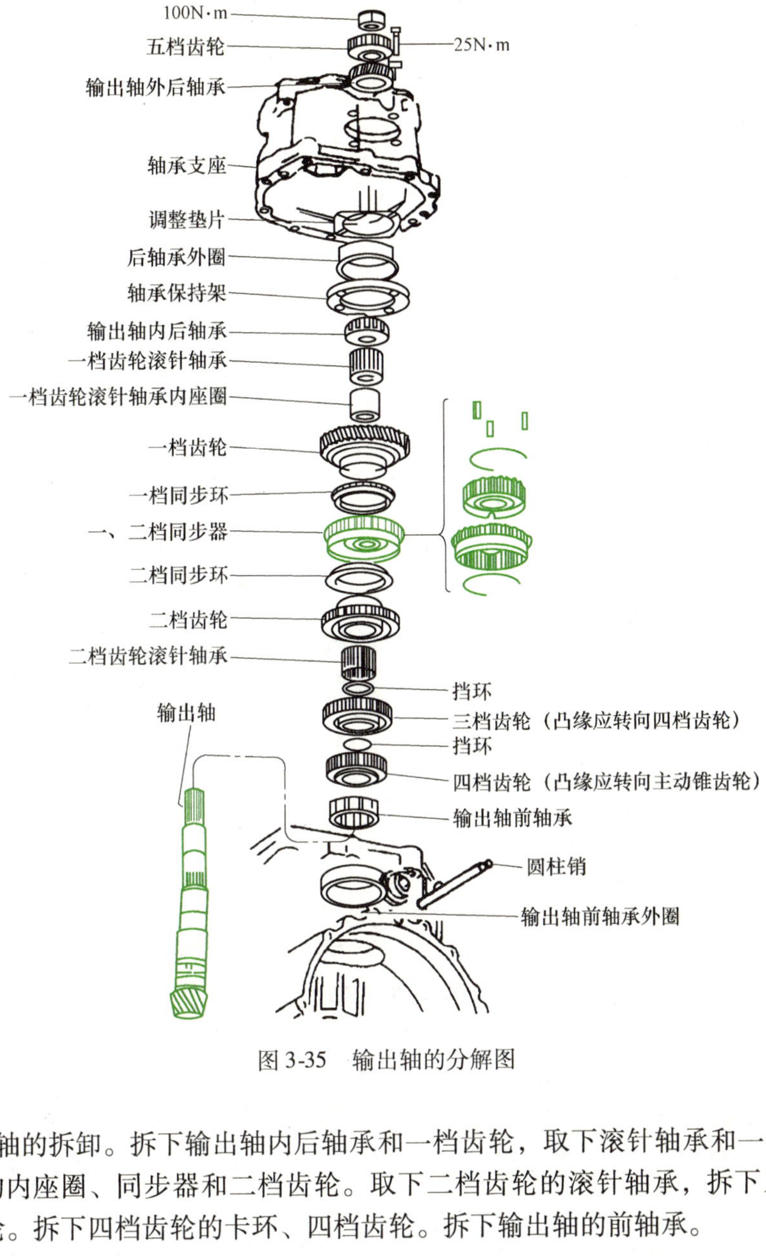

图 3-35　输出轴的分解图

3）输出轴的拆卸。拆下输出轴内后轴承和一档齿轮，取下滚针轴承和一档同步环，取下滚针轴承的内座圈、同步器和二档齿轮。取下二档齿轮的滚针轴承，拆下三档齿轮的卡环、三档齿轮。拆下四档齿轮的卡环、四档齿轮。拆下输出轴的前轴承。

4）检修。

①检查所有齿轮和轴承的损坏情况。齿面有轻微斑点，在不影响使用的情况下可以用磨石修磨。当齿厚磨损超过 0.2mm，齿长磨损超过原齿长的 15%，或斑点面积超过齿面的 15% 以上时，则应更换齿轮。装好滚针轴承和内座圈后，用百分表检查齿轮与内座圈之间的间隙，如图 3-36 所示。标准间隙为 0.009～0.060mm，极限间隙为 0.15mm，超过极限应更换轴承（注意：齿轮应成对更换）。

②检查输入轴和输出轴不应有裂纹，轴颈及花键不应有严重磨损，轴上的齿轮不应有断齿和严重磨损，否则应更换。检查轴的径向圆跳动，如图 3-37 所示，不应超过 0.05mm，否则应更换或校正。

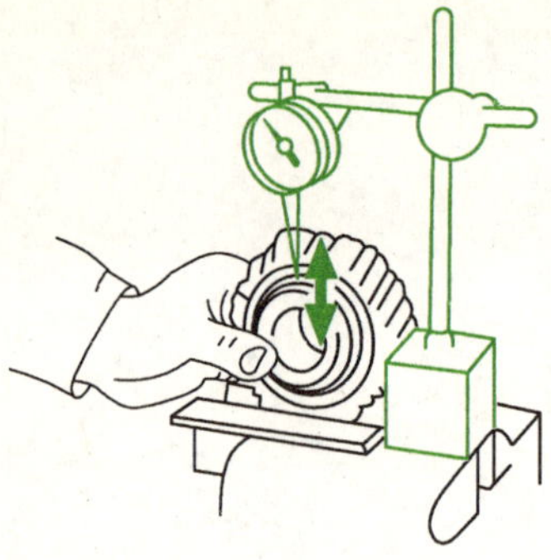

图 3-36　用百分表检查齿轮与内座圈之间的间隙

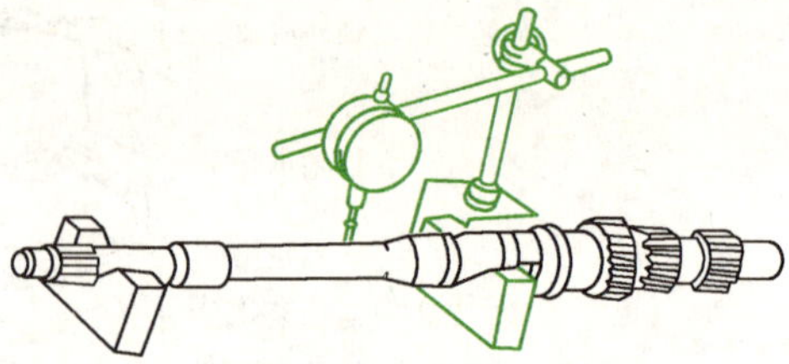

图 3-37　检查轴的径向圆跳动

③检查同步器。将同步环压在各自齿轮的锥面上，按压转动同步环时要有阻力，用塞尺测量环齿与轮齿之间的间隙 a，如图 3-38 所示。间隙 a 的规定值见表 3-3，如果不符合规定，应更换同步环。

图 3-38　检查同步器间隙

表 3-3　同步器环齿与轮齿之间的间隙 a

（单位：mm）

同步环	间隙 a	
	新的零件	磨损的限度
一档、二档	1.10 ~ 1.17	0.05
三档、四档	1.35 ~ 1.90	0.05
五档	1.10 ~ 1.70	0.05

5）装配。装上中间轴承的内座圈。将预先润滑过的三档齿轮滚针轴承装上，把油槽转向二档齿轮。组装三、四档同步器。装上三档齿轮和三、四档同步器，装上卡环。装上同步环、滚针轴承和四档齿轮，再装卡环。用 2kN 的力将三档齿轮、同步器和四档齿轮紧压卡环上，把总成固定好。将前轴承装在输出轴上，并装上四档齿轮。用手扶住前轴承，齿轮有凸缘的一边应朝向轴承。用卡环将四档齿轮固定好，卡环的厚度有 2.35mm、2.38mm、2.41mm、2.44mm、2.47mm 等几种。安装三档齿轮，凸缘应朝向四档齿轮。用塞尺测量卡环的厚度，根据测量结果，选择适当的卡环装上。安装滚针轴承、齿轮和二档同步环。装配一、二档同步器。装上一、二档同步器，同步器壳体的槽应朝一档齿轮。装上一档齿轮滚针轴承的内座圈。装上一档同步环、一档齿轮、一档齿轮滚针轴承。装上内后轴承，将输入轴和输出轴装在轴承支座上，将轴承支座装在变速器壳体上。将变速器后盖装在变速器轴承支座上。

知识链接

1. 手动变速器的变速机构组成

前置发动机有纵向布置和横向布置两种形式，与其配用的二轴式变速器也有两种不同的结构形式。当发动机纵置时，主减速器为一对锥齿轮（如奥迪 100、桑塔纳 2000 轿车），如图 3-39 所示；当发动机横置时，主减速器采用一对圆柱齿轮（如捷达轿车），如图 3-40 所示。

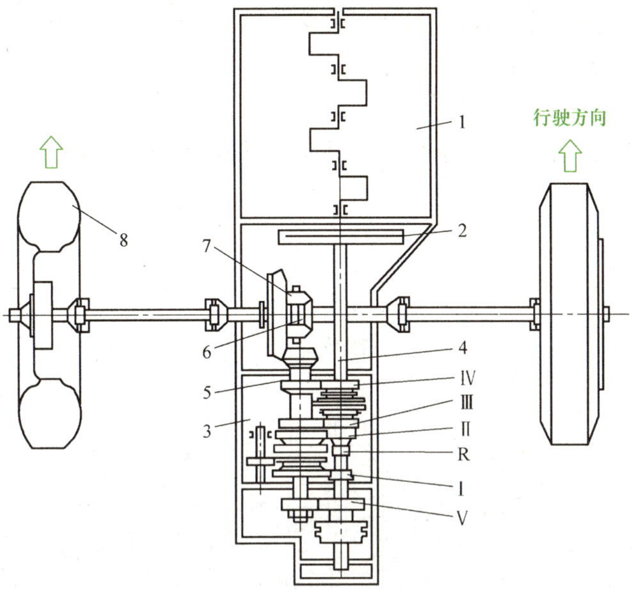

图 3-39　发动机纵置的二轴式变速器传动示意图（桑塔纳 2000 轿车）

1—纵置发动机　2—离合器　3—变速器　4—变速器输入轴　5—变速器输出轴（主减速器主动锥齿轮轴）
6—差速器　7—主减速器从动锥齿轮　8—前轮
Ⅰ、Ⅱ、Ⅲ、Ⅳ、Ⅴ— 一、二、三、四、五档齿轮　R—倒档齿轮

图 3-40 所示为发动机横置的二轴式变速器传动示意图。该变速器的变速传动机构有输入轴和输出轴，二轴平行布置，输入轴也是离合器的从动轴，输出轴也是主减速器的主动锥齿轮轴。该变速器具有五个前进档和一个倒档，全部采用锁环式惯性同步器换档。输入轴上有一至五档主动齿轮，其中一、二档主动齿轮与轴制成一体，三、四、五档主动齿轮通过滚针轴承空套在轴上。输入轴上还有倒档主动齿轮，它与轴制成一体。三、四档同步器和五档同步器也装在输入轴上。输出轴上有一至五档从动齿轮，其中一、二档从动齿轮通过滚针轴承空套在轴上，三、四、五档齿轮通过花键套装在轴上。一、二档同步器也装在输出轴上。

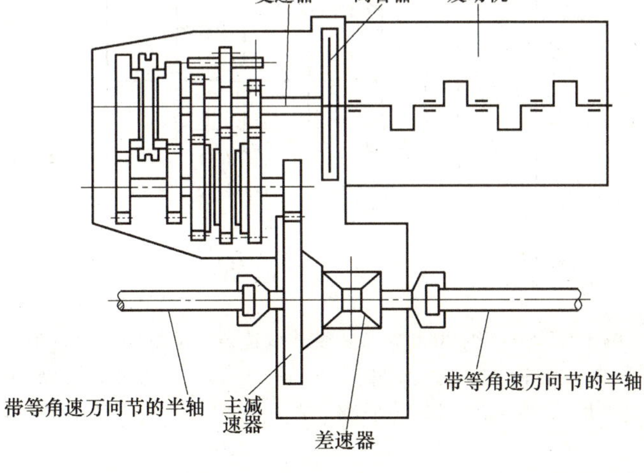

图 3-40　发动机横置的二轴式变速器传动示意图（捷达轿车）

在变速器壳体的右端还装有倒档轴，上面通过滚针轴承套装有倒档中间齿轮。

2. 典型手动变速器变速机构的特点

（1）发动机纵向布置的二轴式变速器

1）结构。图3-41、图3-42所示分别为桑塔纳2000轿车二轴式变速器传动机构的结构图和示意图。

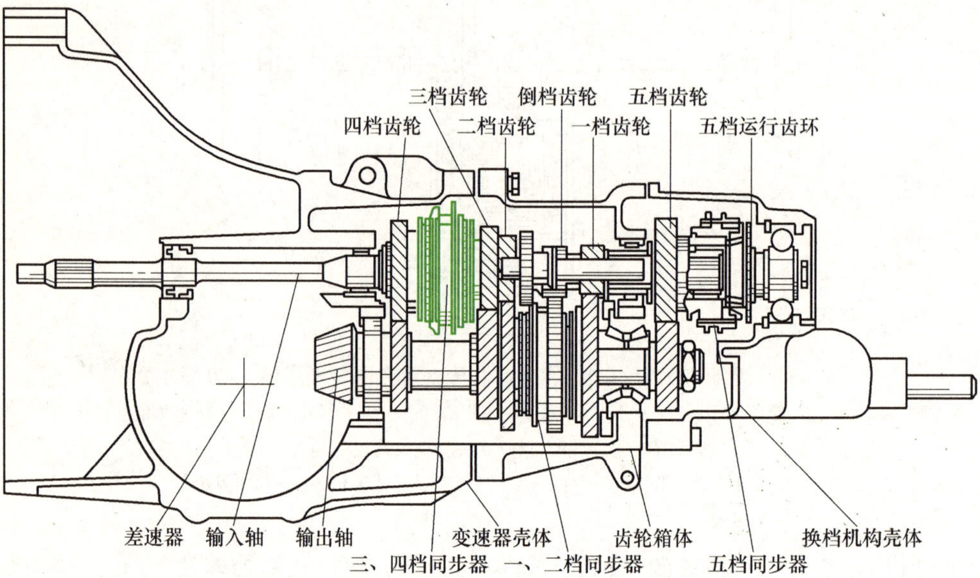

图3-41　桑塔纳2000轿车二轴式变速器传动机构的结构图

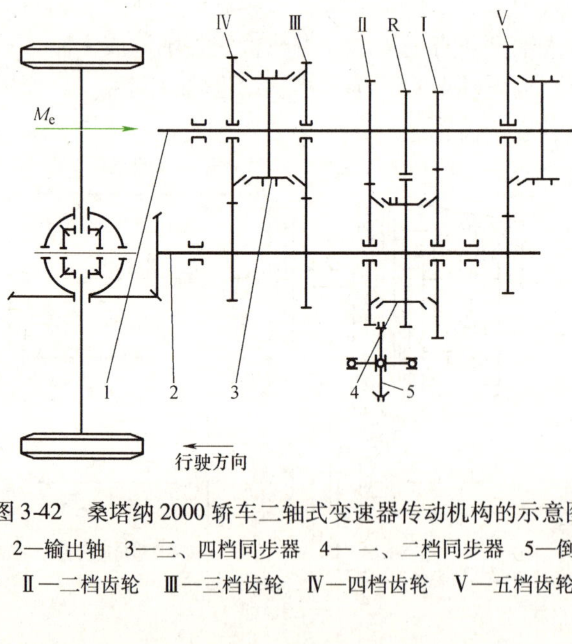

图3-42　桑塔纳2000轿车二轴式变速器传动机构的示意图

1—输入轴　2—输出轴　3—三、四档同步器　4—一、二档同步器　5—倒档中间齿轮

Ⅰ—一档齿轮　Ⅱ—二档齿轮　Ⅲ—三档齿轮　Ⅳ—四档齿轮　Ⅴ—五档齿轮　R—倒档齿轮

2）各档动力传动路线。各档动力传动路线见表3-4。

表 3-4　桑塔纳 2000 轿车变速器动力传动路线

档位	动力传动路线
一	变速器变速杆从空档向左、向前移动，实现： 动力→输入轴→输入轴一档齿轮→输出轴一档齿轮→输出轴一、二档同步器→输出轴→动力输出
二	变速器变速杆从空档向左、向后移动，实现： 动力→输入轴→输入轴二档齿轮→输出轴二档齿轮→输出轴一、二档同步器→输出轴→动力输出
三	变速器变速杆从空档向前移动，实现： 动力→输入轴→输入轴三、四档同步器→输入轴三档齿轮→输出轴三档齿轮→输出轴→动力输出
四	变速器变速杆从空档向后移动，实现： 动力→输入轴→输入轴三、四档同步器→输入轴四档齿轮→输出轴四档齿轮→输出轴→动力输出
五	变速器变速杆从空档向右、向前移动，实现： 动力→输入轴→输入轴五档同步器→输入轴五档齿轮→输出轴五档齿轮→输出轴→动力输出
倒	变速器变速杆从空档向右、向后移动，实现： 动力→输入轴→输入轴倒档齿轮→倒档轴倒档齿轮→输出轴倒档齿轮→输出轴→动力反向输出

（2）发动机横向布置的二轴式变速器

1）结构。发动机横向布置的二轴式变速器结构如图 3-43 所示，所有前进档齿轮和倒档齿轮都采用常啮合斜齿轮，并采用锁环式同步器换档。

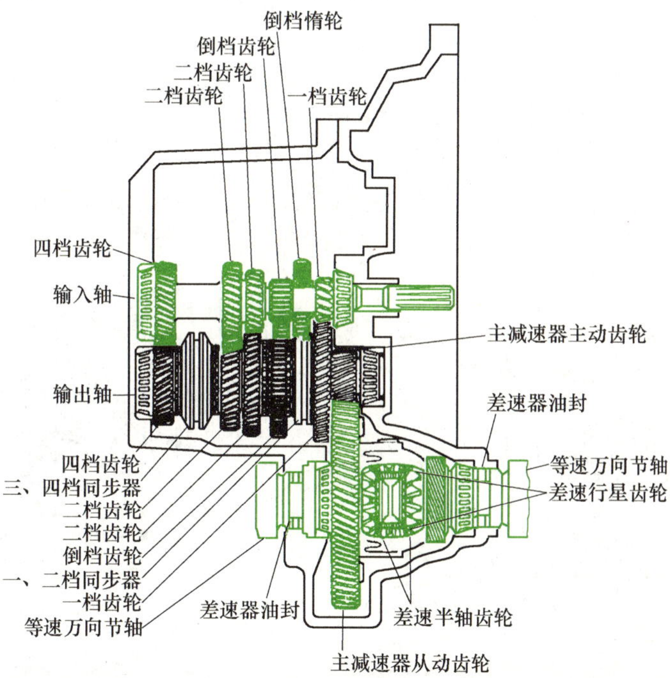

图 3-43　发动机横向布置的二轴式变速器结构

2）各档动力传动路线。

①一档。如图 3-44 所示，一、二档同步器使一档齿轮与主减速器主动齿轮轴接合，将

变速齿轮锁定到主减速器主动齿轮轴上。输入轴齿轮的一档主动齿轮顺时针转动，逆时针地驱动一档从动齿轮和主减速器主动齿轮轴，顺时针驱动主减速器从动齿轮。

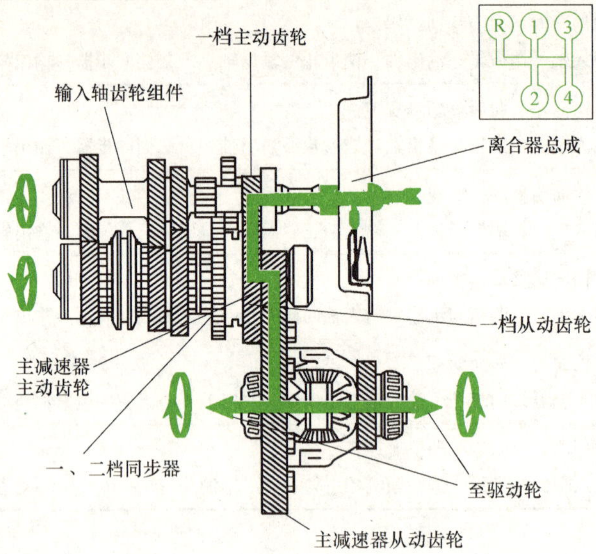

图3-44　一档动力传动路线

②二档。从一档向二档换档时，一、二档同步器分离一档从动齿轮，并接合二档从动齿轮，动力传动路线如图3-45所示。

③三档。当二档同步器接合套返回空档后，将三、四档同步器锁定到主减速器主动齿轮轴上的三档齿轮上，动力传动路线如图3-46所示。

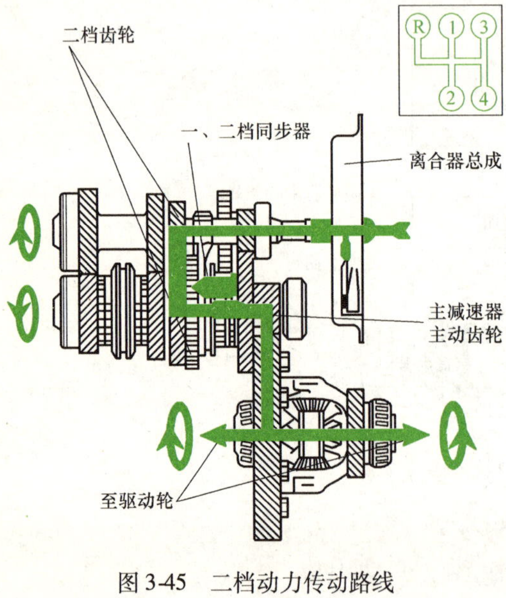

图3-45　二档动力传动路线

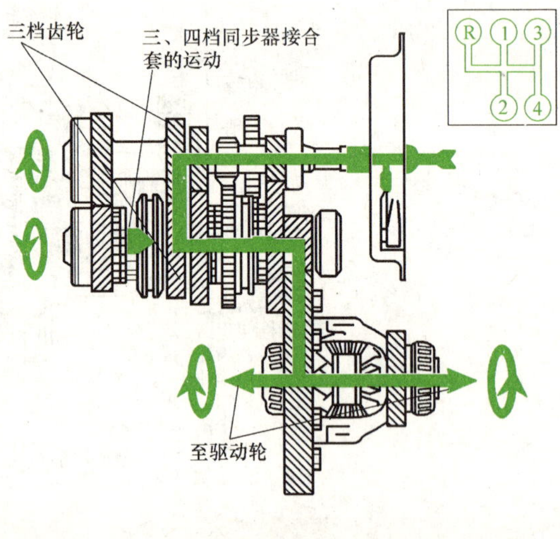

图3-46　三档动力传动路线

④四档。将三、四档同步器接合套从三档齿轮移开，移向四档齿轮，将其锁定在主减速器主动齿轮轴上，动力传动路线如图3-47所示。

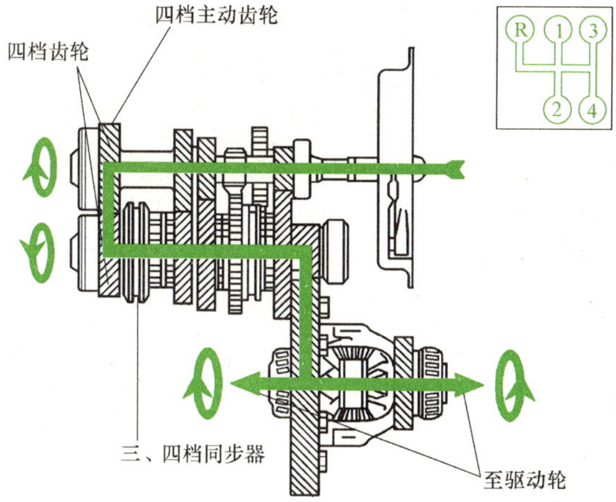

图 3-47　四档动力传动路线

⑤倒档。当变速杆位于倒档时，倒档惰轮换入与倒档主动齿轮和倒档从动齿轮啮合。倒档从动齿轮同时又是一、二档同步器接合套，同步器接合套带有沿其外缘加工的直齿。倒档惰轮改变变速齿轮的转动方向，汽车就可以倒车，动力传动路线如图 3-48 所示。

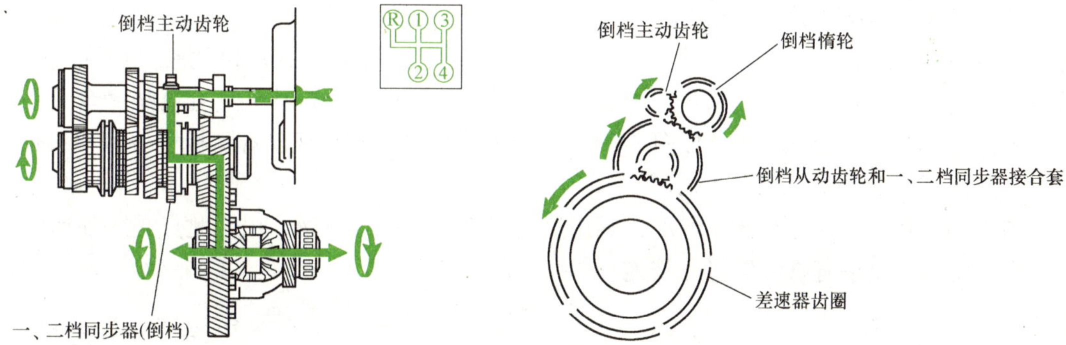

图 3-48　倒档动力传动路线

知识与能力拓展

同　步　器

1. 功用

同步器的功用是使接合套与待啮合的齿圈迅速同步，缩短换档时间；且防止在同步前啮合而产生换档冲击。

2. 无同步器的换档过程

以无同步器五档变速器的四、五档互换为例进行介绍，如图 3-49 所示为其结构简图，采用接合套进行换档。

（1）低档换高档（四档换五档）　当变速器在四档工作时，接合套与二轴四档齿轮上的接合齿圈啮合，两者接合齿圆周速度 $v_3=v_4$。欲换入五档时，驾驶人先踩下离合器踏板，离合器分离，再通过变速操纵机构将接合套左移，处于空档位置。此时仍是 $v_3=v_4$，因二轴四档齿轮的转速低于一轴常啮合齿轮的转速，圆周速度 $v_4<v_2$，所以在换入空档的瞬间，$v_3<$

v_2，为避免齿轮冲击，不应立即换入五档，应先在空档停留片刻。在空档位置时，变速器输入轴各零件已与发动机中断了动力传递且转动惯量较小，再加上中间轴齿轮有搅油阻力，所以 v_2 下降较快，如图3-50a所示；而整个汽车的转动惯性大，导致接合套（与第二轴转速相同）的圆周速度 v_3 下降慢，因图3-50a中两直线 v_3、v_2 的倾斜度不同而相交，交点即为同步状态（$v_3=v_2$），此时将接合套左移与一轴常啮合齿轮上的齿圈啮合挂入五档，不会产生冲击。但自然减速出现同步的时刻太晚，应在摘下四档后，立即抬起离合器踏板，利用发动机怠速工况迫使一轴更快地减速，v_2 下降较快，如图3-50中虚线所示，同步点出现得早，缩短了换档时间。

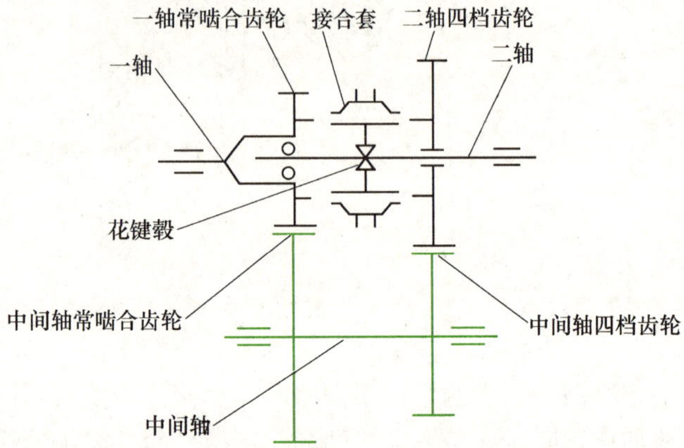

图3-49　无同步器五档变速器的四、五档结构简图

（2）高档换低档（五档换四档）　变速器在五档工作时以及由五档换入空档的瞬间，接合套与一轴常啮合齿轮接合齿圈圆周速度相同，即 $v_3=v_2$，因 $v_2>v_4$，故 $v_3>v_4$，如图3-50b所示。但在空档时 v_4 下降得比 v_3 快，即 v_4 与 v_3 不会出现相交点，不可能达到自然同步状态，所以驾驶人应在变速器退回空档后，立即抬起离合器踏板，同时踩下加速踏板，使发动机连同离合器从动盘和一轴都从 B 点开始加速，让 $v_4>v_3$，如图3-50b中虚线所示，再踩下离合器踏板稍等片刻，$v_3=v_4$（同步点 A），即可换入四档。

图3-50b中还有一次同步时刻 A'，利用这一点来缩短换档时间，由于此点是踩加速踏板过程中出现的，要求有熟练的操作技能。

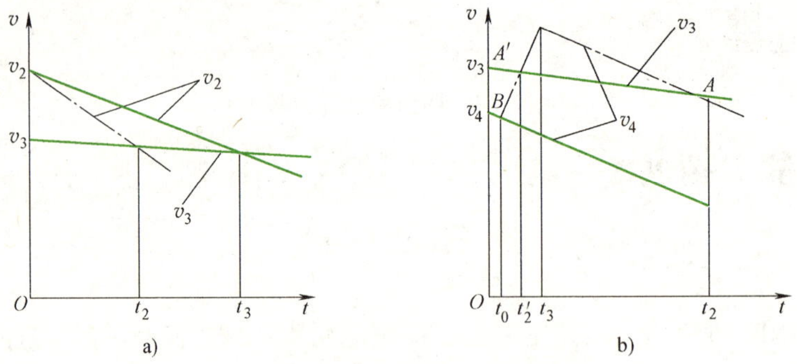

图3-50　无同步器的换档过程

a）低档换高档　b）高档换低档

由此可见，欲使无同步器变速器换档时不产生换档冲击，需采取较复杂的操作，不仅易使驾驶人产生疲劳，且易降低齿轮的使用寿命。

3. 同步器的检修

（1）锁环式同步器的检修　锁环式同步器的损伤表现在锁环、滑块、接合套、花键毂和花键齿。锁环内锥面和滑块凸台的磨损都会破坏换档过程的同步作用；锁环、接合套锁止角的磨损，会使同步器失去锁止作用，这都会出现换档困难，发出机械撞击噪声。

锁环的检验方法是将同步器锁环压在换档齿轮的端面上，检查摩擦效能，并用塞尺测量锁环和换档齿轮端面之间的间隙。解放CA1091变速器的标准间隙是1.2~1.8mm，磨损极限是0.30mm；奥迪、桑塔纳的标准间隙是1.1~1.9mm，磨损极限是0.5mm。超过此极限值时，应更换。

同步器滑块顶部凸台磨损出现沟槽，必须更换。否则，会使同步作用减弱。

锁环上滑块槽的磨损、滑块支承弹簧断裂，弹力不足以及接合套和花键毂的磨损都会使换档困难。

（2）锁销式同步器的检修　锁销式同步器零件的主要损伤有锥盘的变形，锥环锥面、锁销、传动销磨损等。

锥盘的变形是由于换档操作不当、冲击过猛，使锥盘外张，摩擦角变大造成同步效能降低。锥环锥面上的螺纹槽磨损严重，使摩擦系数过低，甚至两者端面接触，使同步作用失效。EQ1090型汽车变速器同步器锥环锥面上的螺纹槽的深度是0.4mm。若锥环因磨损使锥环锥盘的端面接触时，可用车削锥环端面修复，但车削总量不能大于1mm；若锥环锥面上的螺纹槽的深度小于0.1mm，应更换同步器总成。换用新总成时，可保留原来的锥盘，但两者的端面间隙不得小于3mm。

同步器的锁销、传动销松动或有散架，锁止角异常磨损，都会使同步器失效，应换用新同步器。

案例剖析

手动变速器打齿的故障案例分析

故障现象：一汽-大众装备02K手动变速器的捷达车，出现倒档齿轮打齿的现象。

故障分析与排除：通过分析知道，车辆在前进时，未完全停止而挂入倒档或离合器未完全踩下就挂倒档。由于客户操作不当，导致倒档齿轮打齿。通常，在车辆完全停稳后并完全踩下离合器挂入倒档过程中，倒档齿轮与传动齿轮处于相对静止。正常在倒档行车时，倒档齿与传动齿是处于完全接合的位置。因此，如果是倒档齿质量问题，应是整个齿部一起被打掉。最终，经拆解后更换倒档齿及相关的故障元件解决故障。

课后思考

1. 汽车手动变速器传动机构出现卡滞后对汽车有什么影响？
2. 如果没有同步器，变速器的换档过程是怎样的呢？

学习情境4　汽车自动变速器的检测与修复

自动变速器能根据汽车的运行工况和道路条件自动变换传动比。电控自动变速器具有提高传动效率、降低油耗、改善换档舒适性、行驶平稳性以及延长变速器使用寿命等优点。自动变速器的电子控制系统包括传感器、电子控制单元（ECU）和执行器三部分，其组成框图如图4-1所示。自动变速器电子控制单元通过传感器（如节气门位置传感器、车速传感器等）将节气门开度、汽车车速转变为电信号并输入ECU，ECU再根据内存程序，通过电磁阀控制换档执行元件的动作实现换档。由于电子控制自动变速器能在一定范围内实现自动换档，并且具有操作轻便、换档平稳、换档精度高、过载保护等优点，因此越来越多的轿车甚至货车都安装了自动变速器。

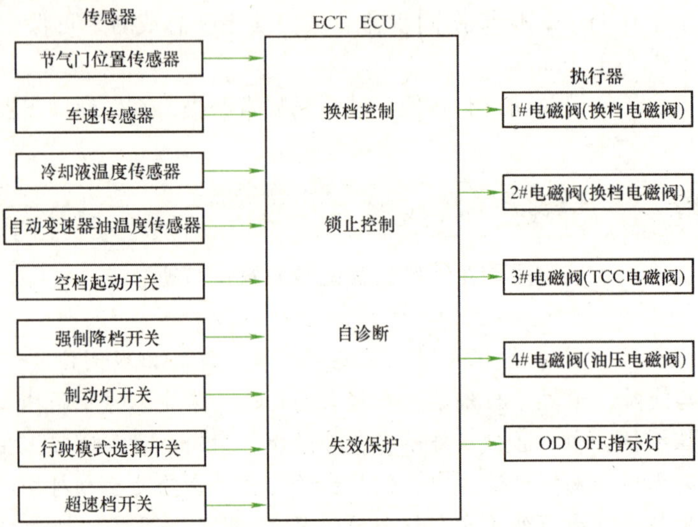

图4-1　电子控制系统组成框图

学习单元1　汽车自动变速器的认识

学习目标

1. 掌握电控自动变速器的结构与组成。
2. 掌握自动变速器的拆装过程。
3. 能正确操作自动变速器的变速杆。

任务载体

自动变速器是一种可以在车辆行驶过程中自动改变齿轮传动比的汽车变速器。具有操作容易、驾驶舒适、能减少驾驶人疲劳的优点，已成为现代轿车配置的一种发展方向。装有自动变速器的汽车能根据路面状况自动变速、变矩，驾驶人可以全神贯注地注视路面交通而不会被换档搞得手忙脚乱。

技能操作

A341E 自动变速器拆卸与分解

A341E 和 A342E 自动变速器是日本丰田汽车公司专门为雷克萨斯 LS400 豪华轿车开发的一种高性能电子控制自动变速器。该自动变速器采用了特大流量的带有锁止离合器的液力变矩器，它的行星齿轮变速器采用由三个行星排组成的四档辛普森式行星齿轮变速器，有十个换档执行元件。自动变速器的电液式控制系统和发动机控制系统共用一个 ECU。

1. A341E 自动变速器的拆装注意事项

自动变速器的加工精度和配合精度都很高，正确地拆卸、装复和调整都非常重要，特别是对精密元件的检修，不能乱扔乱放、任意调换，因此在检修自动变速器时应注意以下事项：

1）在进行拆卸之前，应对自动变速器外部进行彻底清洗，防止自动变速器内部零件被灰尘或其他杂质污染。

2）拆卸应在干净的工作区内进行；应用尼龙布把零件擦净，禁止使用一般棉丝。

3）当拆卸零件时，应按顺序排放在零件架上，这样才能保证按正确的位置装复。

4）所有零件在检查和重新装配之前都要进行仔细清洗。

5）密封衬垫、密封圈和密封环一经拆卸都应更换。

6）阀体内装有许多精密的零件，在对它们进行拆卸和检修时，需要特别小心，防止弹簧、节流球阀和小零件丢失或散落。

7）在装配之前，给所有零件涂一层自动变速器油（ATF），密封环和密封圈上可涂凡士林，切记不要使用任何一种润滑脂。

2. 自动变速器从车上的拆卸过程

拆卸自动变速器必须按正确的步骤进行，以免损坏自动变速器。在拆卸自动变速器之前，应关闭汽车的点火开关，拆下蓄电池负极电缆，放掉自动变速器油，然后按下列步骤进行。

当确定自动变速器有故障，必须进行拆卸检修时，需要把自动变速器从车上拆卸下来，如图 4-2 所示，其正确的拆卸步骤如下：

（1）拆卸附件

1）拧松节气门拉索调整螺母，从托架上拆下拉索套管，拆卸与节气门摇臂连接的自动变速器节气门拉索，拆下自动变速器上的所有线束插头，拆除车速表软轴、液压油加油管、散热器油管、变速杆与电控阀摇臂的连接杆等所有与自动变速器连接的零部件。

2）拆去排气管中段，拆除自动变速器下方的护罩、护板等。

3）将传动轴各凸缘做好装配标记，松开传动轴与自动变速器输出轴的连接螺栓，拆下传动轴。

4）撬开发动机后部的检修孔盖，转动曲轴，逐个拆卸飞轮与液力变矩器的连接螺栓。

5）拆卸起动机。

6）拆下自动变速器与车架的连接支架，用千斤顶托住自动变速器。

7）拆下自动变速器和飞轮壳的连接螺栓，将液力变矩器和自动变速器一同抬下。在抬下自动变速器时，应扶住液力变矩器，以防止滑落。

8）将自动变速器放在固定架或工作台上。

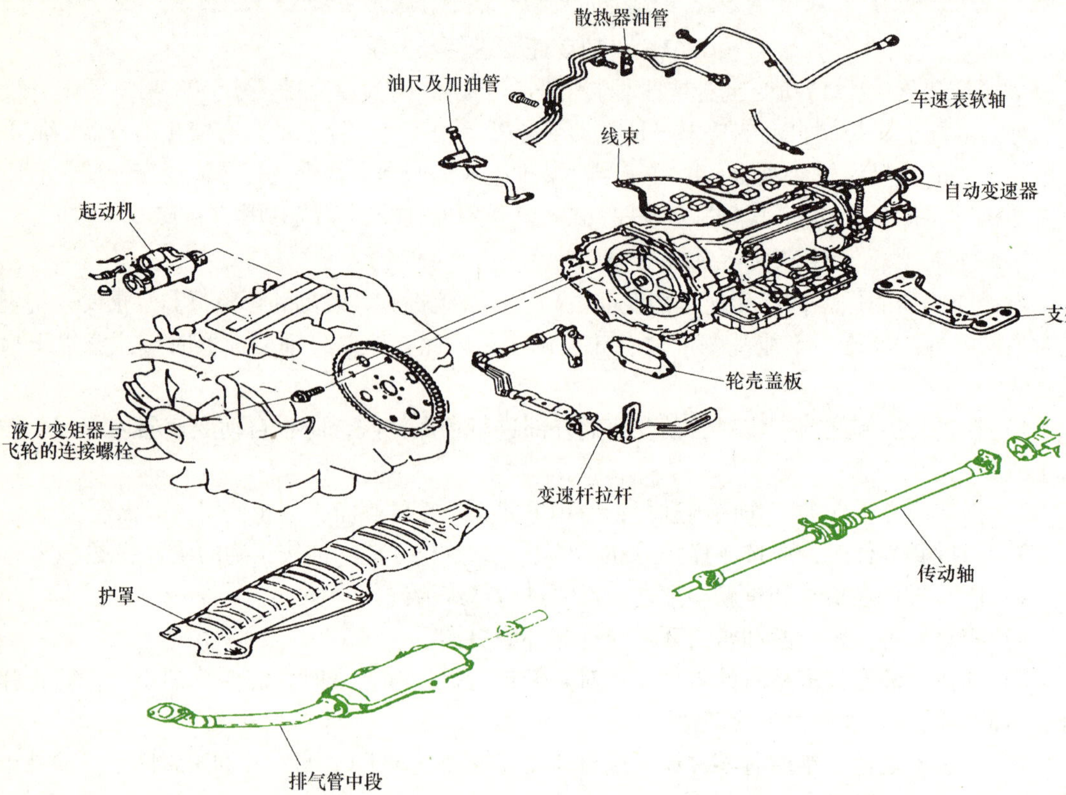

图4-2　自动变速器的拆卸

在拆卸前驱自动变速器时，应先拆除自动变速器上方的有关部件，如蓄电池、空滤器、进气管等，同时还应拆下左右前轮和半轴，如图4-3所示。用专用支架将发动机吊住，然后用千斤顶顶住自动变速器，松开自动变速器与发动机的连接螺栓，将自动变速器和液力变矩器一同拆下。

3. 自动变速器的分解

自动变速器的分解方法与步骤因自动变速器型号的不同而略有不同。下面以日本雷克萨斯LS400轿车的A341E和A342E自动变速器为例，介绍自动变速器的分解过程，其他型号自动变速器的分解均可参照进行。

（1）拆卸自动变速器前后壳体、油底壳及阀板（图4-4）

1）清洁自动变速器外部。

2）拆除所有安装在自动变速器壳体上的零部件，如加油管、空档起动开关、车速传感器、输入轴传感器等。

3）从自动变速器前方取下液力变矩器。

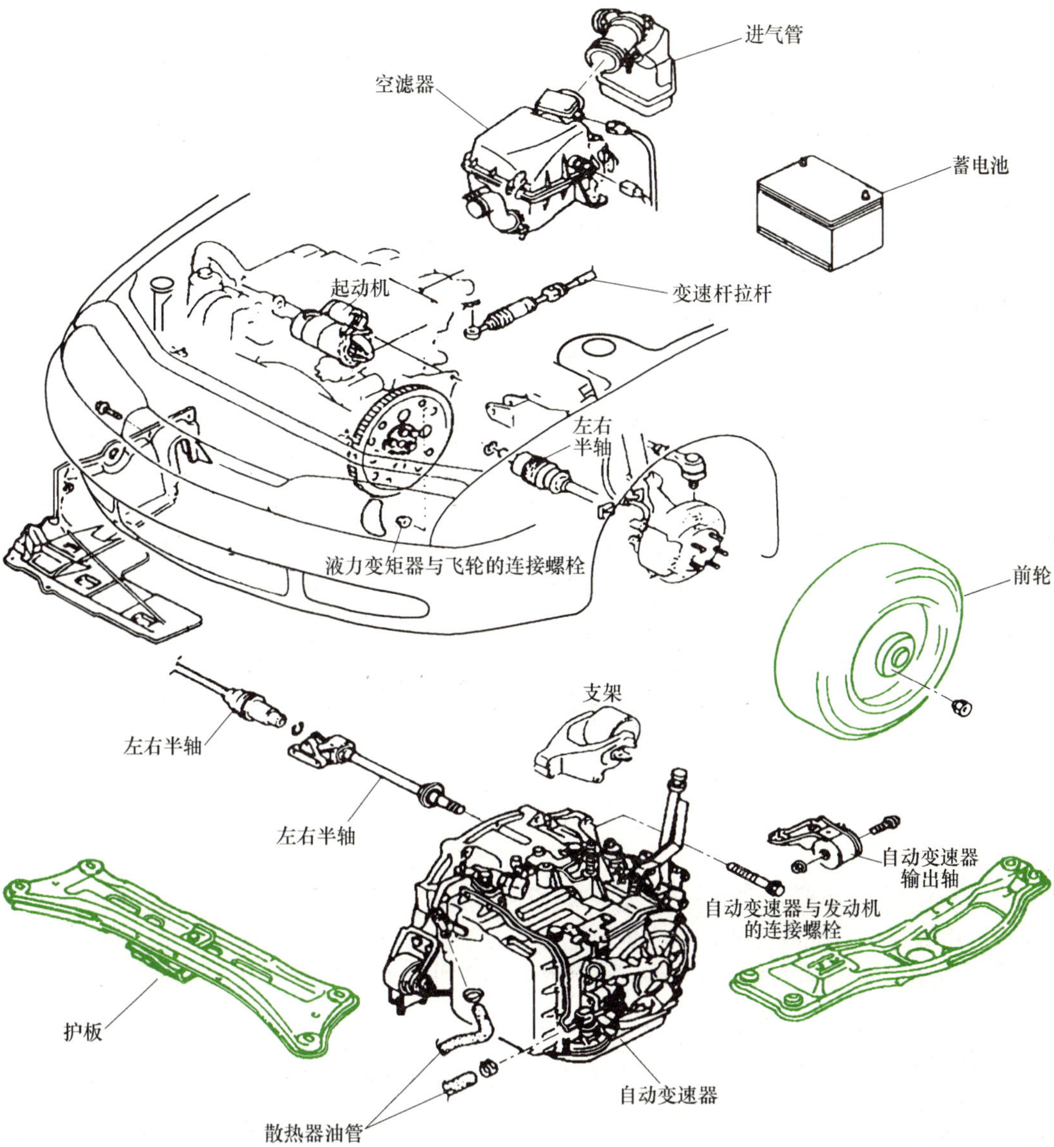

图4-3　拆卸前驱自动变速器的附件

4）松开紧固螺栓，拆下自动变速器前端的液力变矩器壳。

5）拆除输出轴凸缘和自动变速器后端壳，从输出轴上拆下车速传感器的感应转子。

6）拆下油底壳。拆下19个油底壳连接螺栓后，用维修专用工具的刃部插入变速器与油底壳之间，小心切开所涂密封胶，不要损坏油底壳凸缘。

7）检查油底壳中的颗粒。拆下磁铁，观察收集的金属颗粒，若是钢（磁性）性材料，则说明轴承、齿轮和离合器钢片存在磨损；若是黄铜（非磁性）材料，则说明是衬套磨损。

8）拆下连接在阀板上的所有线束插头。

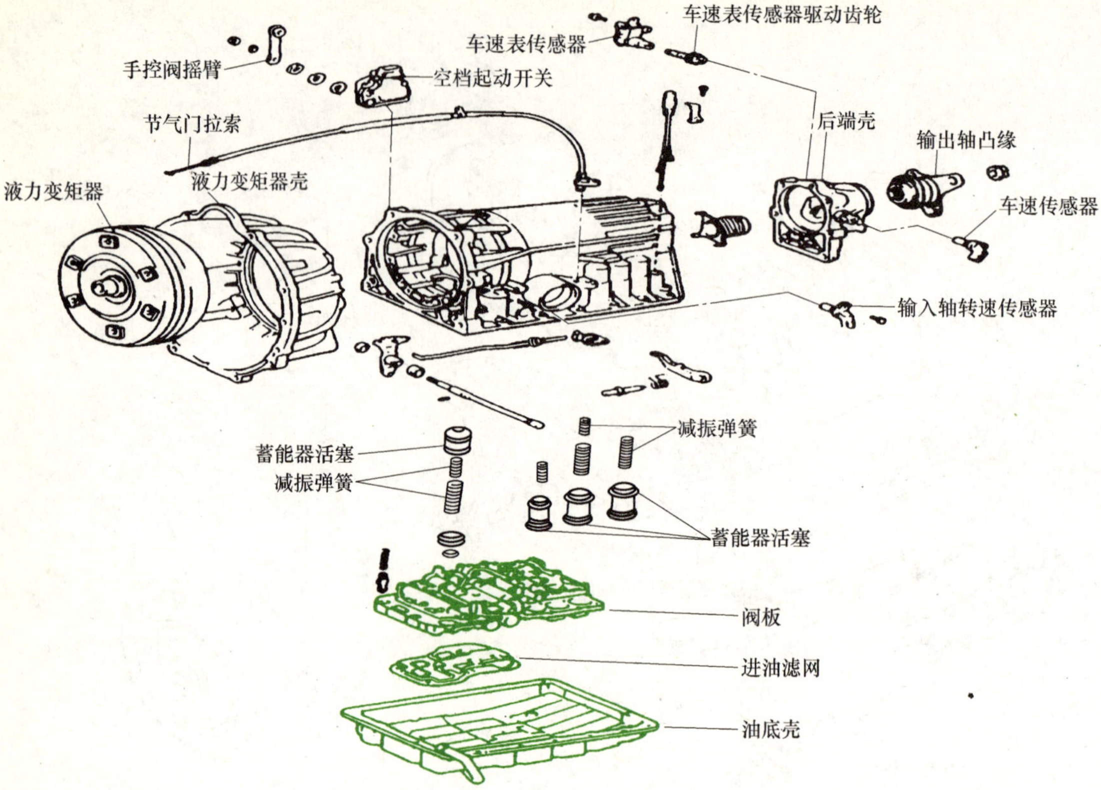

图 4-4　A341E 自动变速器的分解（一）

9）拆下四个电磁阀，拆下与节气门阀连接的节气门拉索。

10）用螺钉旋具把液压油管小心地撬起取下。

11）松开进油滤网与阀板之间的固定螺栓，从阀板上拆下进油滤清器。

12）拆下阀板与自动变速器壳体之间的连接螺栓，如图 4-5 所示，取下阀板总成。阀板上的螺栓除了一部分是固定在变速器壳体上之外，还有许多是上下阀板之间的连接螺栓。在拆卸阀板总成时，应对照该车型的维修手册，认准阀板与自动变速器之间的固定螺栓。若没有维修手册，则在拆卸阀板时，应先松开阀板四周的固定螺栓，再检查阀板总成是否松动，若未松动，可将阀板中间的固定螺栓逐个松开少许，直至阀板松动为止，即可找出阀板上所有固定在自动变速器壳体上的螺栓。

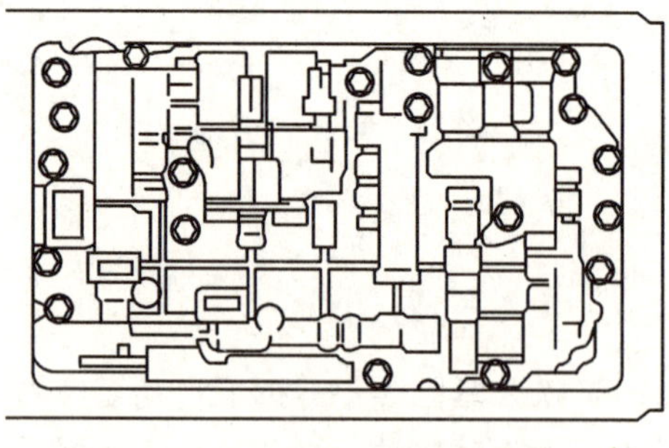

图 4-5　阀板与自动变速器壳体之间的连接螺栓

阀板总成以整体结构装在自动变速器下部，是重要部件，又有精密的配合偶件，稍有差错，就会影响自动变速器的正常工作，所以不要轻易分解。

13）取出自动变速器壳体油道中的止回阀和弹簧，如图 4-6a 所示。

14）取出自动变速器壳体油道中的蓄能器活塞，方法是：用手指按住蓄能器活塞，从蓄能器活塞周围相应的油孔中吹入压缩空气，如图4-6b所示，将蓄能器活塞吹出。

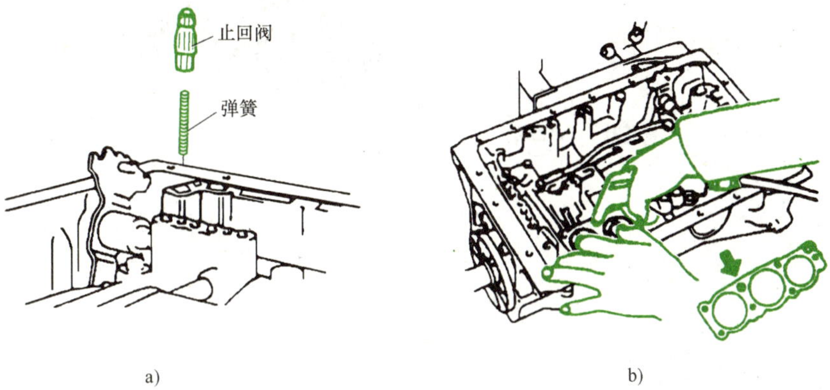

图4-6　取出止回阀和蓄能器活塞

15）拆下手控阀拉杆和停车闭锁爪，必要时也可拆下手控阀操纵轴。

（2）拆卸油泵总成

1）拆下油泵固定螺栓。

2）用专用拉具拉出油泵总成。

（3）分解行星齿轮变速器

1）从自动变速器前方取出超速行星架和超速（直接）离合器组件及超速齿圈，如图4-7所示。

2）拆卸超速制动器。用螺钉旋具拆下超速制动器卡环，取出超速制动器钢片和摩擦片。拆下超速制动器毂的卡环，松开壳体上的固定螺栓，用拉具拉出超速制动器毂，如图4-8a所示。

3）拆卸二档强制制动带活塞。从外壳上拆下二档强制制动带液压缸缸盖卡环，用手指按住液压缸缸盖，从液压缸进油孔中吹入压缩空气，将液压缸缸盖和活塞吹出，如图4-8b所示。

4）取出中间轴，拆下高、倒档离合器和前进离合器组件。

5）拆卸二档强制制动带销轴，取出制动带。

6）拆卸前行星排。取出前齿圈，将自动变速器立起，用木块垫住输出轴，拆下前行星架上的卡环，如图4-9所示，并拆卸前行星架和行星齿轮组件。

7）取出前后太阳轮组件和低档单向离合器。

8）拆卸二档制动器。拆下卡环，取出二档制动器的所有摩擦片、钢片及活塞衬套。

9）拆卸输出轴，后行星排和低、倒档制动器组件。拆下卡环，取出输出轴，后行星排，前进单向离合器，低、倒档制动器和2档制动器毂组件。

在分解自动变速器时，应将所有组件和零件按分解顺序依次排放，以便于检修和组装，要特别注意各个止推垫片、推力轴承的位置，不可错乱。

各种车型的后驱动自动变速器基本上都可参考上述顺序和方法进行分解。

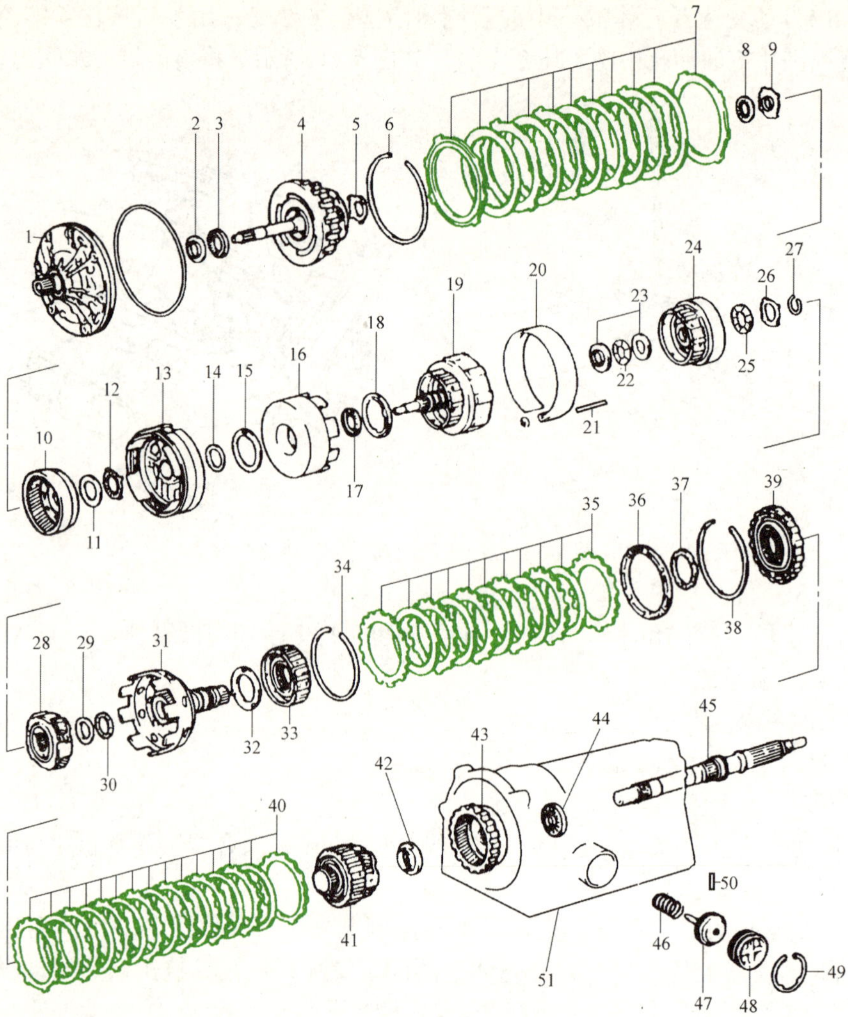

图 4-7　A341E 和 A342E 自动变速器的分解（二）

1—油泵　2 、5、9、11、14、23、26、29—止推垫片　3、8、12、17、22、25、30、42、44—推力轴承　4—超速行星架和超速离合器组件　6、27、34、38、49—卡环　7—超速制动器钢片和摩擦片　10—超速齿圈　13—超速制动器毂　15、18、32、37—尼龙止推垫圈　16—高、倒档离合器组件　19—前进档离合器组件　20—二档强制制动带　21—制动带销轴　24—前齿圈　28—前行星架　31—前后太阳轮组件　33—二档单向离合器　35—二档制动器摩擦片和钢片　36—活塞衬套　39—二档制动器毂　40—低、倒档制动器摩擦片和钢片　41—后行星架和行星齿轮组件　43—后齿圈　45—输出轴　46—弹簧　47—二档强制制动带活塞　48—二档强制制动带液压缸缸盖　50—超速制动器毂进油孔油封　51—变速器壳体

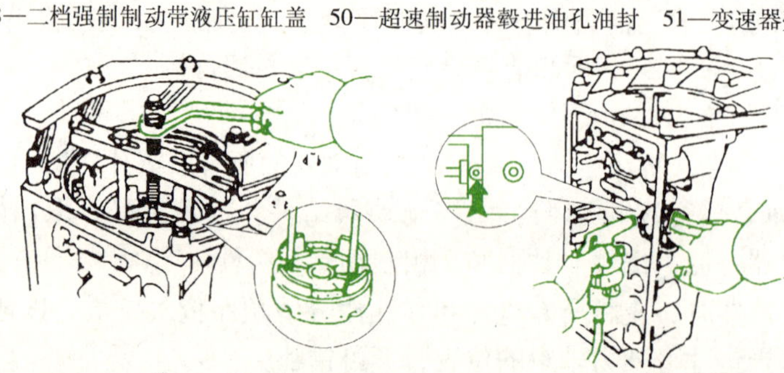

图 4-8　超速制动器鼓和二档强制制动带活塞的拆卸

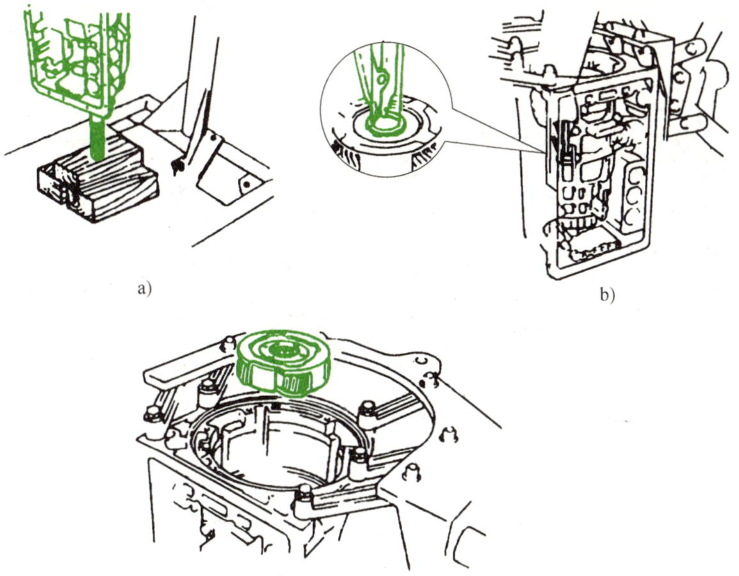

a)　　b)　　c)

图 4-9　前行星排的拆卸

a）立起自动变速器　b）拆下卡环　c）拆卸前行星架

知识链接

1. 自动变速器的组成与作用

不同的生产厂商和不同的汽车制造厂采用不同型号的自动变速器，不同型号的自动变速器其结构虽然有所不同，但各部件的基本功能及工作原理都基本相同，自动变速器由外部操作系统、液力传动装置、机械传动机构、油路控制系统和电路控制系统五大系统构成，如图 4-10 所示。要充分发挥自动变速器的功能，这些系统就必须协调一致，正确地进行工作。为全面理解自动变速器的运作，就要充分理解这些系统的基本作用，这一点非常重要。

A341E 和 A342E 自动变速器是日本丰田汽车公司专门为雷克萨斯 LS400 豪华轿车开发的一种高性能电子控制自动变速器，如图 4-10 所示。该自动变速器采用了特大流量的带有锁止离合器的液力变矩器，它的行星齿轮变速器采用由三个行星排组成的四速辛普森式行星齿轮变速器，有十个换档执行元件。其行星齿轮机构换档执行元件的结构和布置方式以及换档执行元件的数量，在不同档位的接合情况与 A340E 自动变速器完全相同。

在电控系统中使用四个电磁阀，两个用于换档控制，一个用于锁定控制，另一个用于油压控制。用于油压控制的油压电磁阀是线性脉冲式电磁阀，用于控制前进档减振器活塞背压。在换档过程中根据 ECU 信号开启泄油口，降低减振器活塞的背压，以减缓换档执行元件的油压增长速度，减小换档冲击。

电控系统还增加了输入轴转速传感器，它能更精确地测定转速，使换档过程更加精确。例如，线性脉冲式锁定电磁阀控制锁定离合器的接合力，使接合过程更加柔和，减小接合时的冲击力。

A341E 和 A342E 自动变速器的差别仅在于超速行星排齿轮参数和超速档传动比不同，其他方面完全相同。

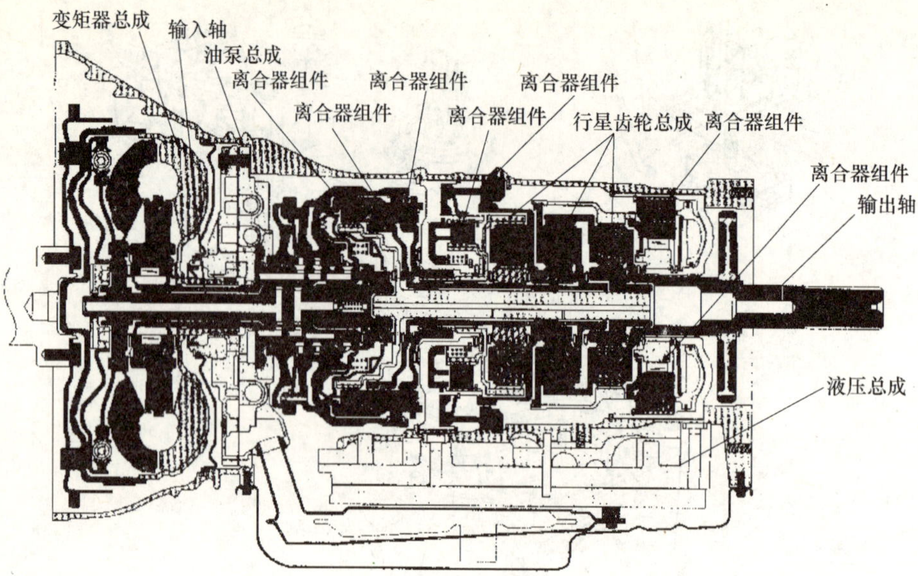

图 4-10　自动变速器的构成

常见的组成部分有液力变矩器、行星齿轮机构、离合器、制动器、油泵、滤清器、管道、控制阀体、速度调压器等。按照这些部件的功能，可将它们分成液力变矩器、变速齿轮机构、供油系统、自动换档控制系统和换档操纵机构五大部分。

（1）液力变矩器　液力变矩器位于自动变速器的最前端，安装在发动机的飞轮上，其作用与采用手动变速器的汽车中的离合器相似。它利用油液循环流动过程中动能的变化将发动机的动力传递至自动变速器的输入轴，并能根据汽车行驶阻力的变化，在一定范围内自动地、无级地改变传动比和力矩比，具有一定的减速增矩功能。

（2）变速齿轮机构　自动变速器中的变速齿轮机构所采用的形式有普通齿轮式和行星齿轮式两种。采用普通齿轮式的变速器，由于尺寸较大，最大传动比较小，只有少数车型采用。目前绝大多数轿车自动变速器中的齿轮变速器采用的是行星齿轮式。

变速齿轮机构主要包括行星齿轮机构和换档执行器两部分。

行星齿轮机构是自动变速器的重要组成部分之一，主要由太阳轮、内齿圈、行星架和行星齿轮等元件组成。行星齿轮机构是实现变速的机构，速比的改变是通过以不同的元件做主动件和限制不同元件的运动而实现的。在速比改变的过程中，整个行星齿轮组还存在运动，动力传递没有中断，因而实现了动力换档。

换档执行器主要是用来改变行星齿轮中的主动元件或限制某个元件的运动，改变动力传递的方向和速比，主要由多片式离合器、制动器和单向超越离合器等组成。离合器的作用是把动力传给行星齿轮机构的某个元件使之成为主动件。制动器的作用是将行星齿轮机构中的某个元件抱住，使之不动。单向超越离合器也是行星齿轮变速器的换档元件之一，其作用和多片式离合器及制动器基本相同，也是用于固定或连接几个行星排中的某些太阳轮、行星架和齿圈等基本元件，让行星齿轮变速器组成不同传动比的档位。

（3）供油系统　自动变速器的供油系统主要由油泵、油箱、滤清器、调压阀及管道所组成。油泵是自动变速器最重要的总成之一，它通常安装在变矩器的后方，由变矩器壳后端的轴套驱动。在发动机运转时，不论汽车是否行驶，油泵都在运转，为自动变速器中的变矩器、换档执行器、自动换档控制系统部分提供一定油压的液压油。油压的调节由调压阀来实现。

（4）自动换档控制系统　自动换档控制系统能根据发动机的负荷（节气门开度）和汽车的行驶速度，按照设定的换档规律，自动地接通或切断某些换档离合器和制动器的供油油路，使离合器接合或分开、制动器制动或释放，以改变齿轮变速器的传动比，从而实现自动换档。

自动变速器的自动换档控制系统有液压控制和电液压（电子）控制两种。

液压控制系统是由阀体和各种控制阀及油路所组成的，阀门和油路设置在一个板块内，称为阀体总成。不同型号的自动变速器阀体总成的安装位置有所不同，有的装置于上部，有的装置于侧面，纵置的自动变速器一般装置于下部。

在液压控制系统中，增设控制某些液压油路的电磁阀，就成了电气控制的换档控制系统。若这些电磁阀是由电子计算机控制的，则成为电子控制的换档系统。

（5）换档操纵机构　自动变速器的换档操纵机构包括手动选择阀的操纵机构和节气门阀的操纵机构等。驾驶人通过自动变速器的操纵手柄改变阀板内的手动阀位置，控制系统根据手动阀的位置及节气门开度、车速、控制开关的状态等因素，利用液压自动控制原理或电子自动控制原理，按照一定的规律控制齿轮变速器中的换档执行器的工作，实现自动换档。

2. 自动变速器的型号含义

自动变速器的型号主要代表了如下内容：

变速器的性质主要指是自动变速器还是手动变速器，一般用字母“A”表示自动变速器，用字母“M”表示手动变速器。

1）自动变速器的生产公司。例如，德国ZF公司生产的自动变速器，其型号前面大多为“ZF”字样。

2）驱动方式。驱动方式主要表明是前驱动还是后驱动。一般用字母“F”表示前驱动，字母“R”表示后驱动，但也有特别情况，如丰田公司则用数字表示驱动方式，一部分四轮驱动车辆在型号后面附字母“H”或“F”表示。

3）前进变速档位数。前进变速档位数主要是表示自动变速器前进档的变速比个数，用数字表示。

4）控制类型。控制类型主要说明变速器是电控、液控，还是电液控制，电控一般用字母“E”表示，液控一般用字母“H”表示，电液控制一般用字母“EH”表示。

5）改进序号。改进序号表示自动变速器是否在原变速器的基础上做过改进。

6）额定驱动力矩。在通用与宝马等汽车公司自动变速器型号中有额定驱动力矩的参数。

知识与能力拓展

1. 自动变速器型号举例

下面对几个公司的自动变速器型号做具体说明。

（1）宝马ZF4HP22-EH　系列号码分别表示：ZF公司生产，档位数4，控制类型“H”（液控），齿轮类型“P”（行星类）和额定力矩为22N·m，系列号码的末尾“E”或“EH”分别表示电控或电液控制类型的变速器。

（2）丰田自动变速器型号识别 丰田自动变速器型号可分为两大类：一类为型号中除字母外有两位阿拉伯数字，另一类为型号中除字母外有三位阿拉伯数字。

1）型号中有两位阿拉伯数字，如A40、A40D、A42DL、A43DL、A44DL、A45DL、A45DF、A43D等。字母A代表自动变速器，若左起第一位阿拉伯数字分别为“1”“2”“5”，则表示该自动变速器为前驱动车辆用，即自动变速器内含主减速器与差速器，称为自动传动桥。若左起第一位阿拉伯数字分别为“3”“4”，则表示该自动变速器为后驱动车辆用，左起第二位阿拉伯数字代表生产序号。后附字母的含义如下：“H”或“F”表示该自动变速器用于四轮驱动车辆；“L”表示该自动变速器有锁止离合器；“E”表示该自动变速器为电控式，同时带有锁止离合器；若无“E”，则表示为全液控自动变速器。

2）型号中有三位阿拉伯数字，如A130L、A131（L）、A140L、A240L、A241L、A243L、A442F、A340E、A340H、A340F、A341F、A140E、A141E、A240E、A241E、A540E和A540H等。字母A表示自动变速器，左起第一位阿拉伯数字及后附字母的解释同上，左起第二位阿拉伯数字代表该自动变速器前进档的个数，左起第三位阿拉伯数字代表生产序号。

3）特别说明。上述各型自动变速器中，A340H、A340F、A540H型自动变速器，其后面均省略了“E”，均为电控自动变速器，带锁止离合器。A241H、A440F、45DF型自动变速器，其后面均省略了“L”，但均带有锁止离合器。若改进后的自动变速器，只增加了锁止离合器或增加了驱动轮的个数，其余未做改动，则只在原型号后面加注L、F、H，原型号不变。

（3）克莱斯勒自动变速器新型号识别 1992年，克莱斯勒公司开始执行一套新的自动变速器识别型号，这套系统是由四个字母组成的识别系统，每个字母代表自动变速器的一个特性。第一个字母代表自动变速器前进档档数，第二个字母代表输入转矩容量。从0～2（从轻负荷至重负荷）是乘用车用的，从0～7是载货汽车用的。第三个字母表示车辆是前轮驱动还是后轮驱动，以及发动机在驱动系统中的位置。R代表后轮驱动车辆，L代表发动机纵置的前轮驱动车辆，A代表四轮驱动车辆。第四个字母代表自动变速器的控制类型。E表示电控，H表示液控。在这以后的几年，克莱斯勒公司的自动变速器既可以根据旧的型号识别，也可以根据新的型号识别。

（4）通用自动变速器型号识别 该公司自动变速器的型号主要有4T60E、4L60E等，从型号上便可以知道此自动变速器的一些特点。第一位阿拉伯数字表示前进档传动比的个数，如上面的4表示四速，即有四个前进传动比；第二位字母表示驱动方式，上面的T表示自动变速器为横置，L表示自动变速器为后置后驱动式；第三、四位数字表示自动变速器的额定驱动力矩；第五位字母表示控制类型，E表示自动变速器为电子控制。

2. 主要识别方法

（1）自动变速器铭牌识别法 在很多自动变速器壳体上都有一个小金属铭牌，上面一般标有自动变速器生产公司名称、型号、生产序号代码、液力变矩器规格等内容，因此，可以很方便地通过这一铭牌来对自动变速器型号进行识别。例如，丰田A341E自动变速器在铭牌栏中的字符为03-41LE，宝马轿车自动变速器的铭牌上直接标有ZF4HP-22或ZF5HP-18。

图4-11所示为4L30E自动变速器的铭牌识别。图4-12所示为通用4T60E自动变速器的铭牌识别。

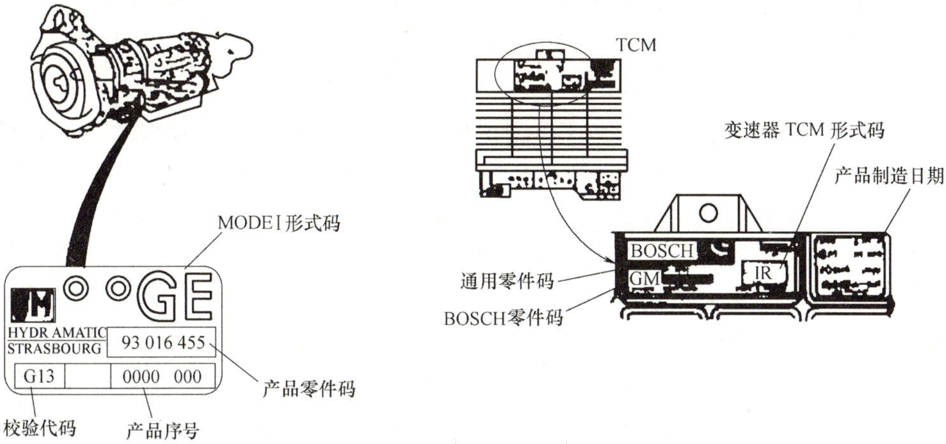

图 4-11　4L30E 自动变速器的铭牌识别

（2）汽车铭牌识别法　一部分汽车在发动机舱内、驾驶室内、门柱等位置有汽车铭牌，这些铭牌上一般有生产厂商名称、汽车型号、车身型号、底盘型号、发动机型号、变速器型号、出厂编号等内容。通过汽车铭牌上的内容可对自动变速器的型号进行识别，图 4-13 所示为丰田汽车铭牌识别，在变速器型号这一栏内有自动变速器的型号。

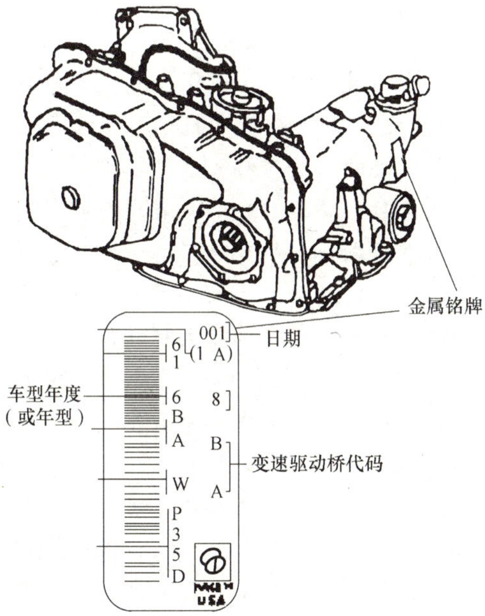

图 4-12　通用 4T60E 自动变速器的铭牌识别

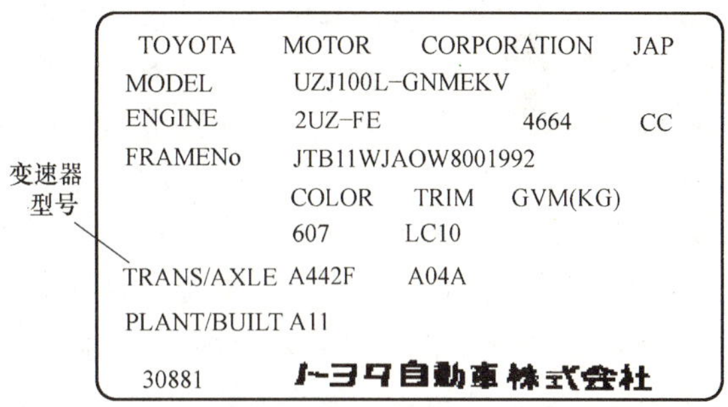

图 4-13　丰田汽车铭牌识别

（3）壳体标号识别法　一部分自动变速器的壳体和油底壳等部位，在生产时将型号留在上面，因此可以很直观地识别出自动变速器的型号。例如，福特公司的 AXOD 自动变速器，在其端部的阀体油底壳上冲压有很大的“AXOD”字符。

（4）奔驰自动变速器型号识别方法　奔驰汽车的自动变速器为其下属公司生产，其型号以数字代码的形式表示。其号码刻在自动变速器壳体侧部，油底壳接合面上面一点的部位。在这个部位有一长串字符号，其中“722×××”的6位字符即为自动变速器的型号。

（5）零部件特征识别法　自动变速器的型号就像人的名字，在交流中用来代表该物。人们常用一些外号来代指某人，因此在汽车工程中也常用一些有特征的部件来代指某一装置。为了区分与识别一些自动变速器的型号，常用其具有特殊形状及特征的集滤器、油底壳、油底壳密封垫、电磁阀个数及导线端子等进行区分与识别。

（6）自动变速器结构特征识别法　除了可以用上述的零部件特征对自动变速器进行识别区分外，还可以根据自动变速器的一些独特结构特征来对自动变速器进行识别区分。比如油底壳在上方的日产千里马 RE4F04A 自动变速器，有一大一小两个油底壳的宝马或欧宝 4L30E 自动变速器，有加长壳体的奔驰 S320 轿车的 722、502 五速自动变速器，外部有电磁阀体的克莱斯勒 41TE（A604）自动变速器，油底壳在前侧的马自达 626 轿车 GF4A-EL 自动变速器等。

案例剖析

日产公爵轿车在行驶过程中加速时打滑的故障案例分析

故障现象：一辆日产公爵轿车（发动机型号为 VG30E 型），在行驶过程中加速时感到自动变速器有点打滑。

故障分析与排除：首先检查 ATF（自动变速器油）的数量，没有发现问题，但润滑油很脏，有一种奇怪的气味。然后做失速试验，各档位都能升到 3000r/min，与修理说明书的数据对比，高了 400r/min 左右。拆下自动变速器油底壳，里面堆积了相当多的磨下来的金属粉末，大概是自动变速器内部离合器之类的零件磨损了。

这种情况下，需要对自动变速器进行详细检查。将自动变速器分解，发现直接档离合器制动毂表面已经变色，可明显看出已经烧了。接着看到前进档离合器、倒档离合器以及制动带等都磨损了。其中直接档离合器情况最为严重，制动毂内的主动片和从动片都烧坏了，根本分离不开。这样一来，即使不加油压，离合器也会处于动作状态。

为了给需要更换的零件做便签，确认自动变速器的标牌（与阻燃开关共同固定的铝标牌），在与修理说明书核对时发现自动变速器的型号与发动机的型号不匹配。自动变速器与发动机的匹配关系见表 4-1。从表中可以看出，每一种自动变速器都与一种发动机 TB 匹配，这与发动机的排量和有无涡轮增压器有关。但是这辆车的自动变速器与发动机匹配有错误。产生故障的自动变速器应与 2L 带涡轮增压器的发动机相匹配，但该车配的却是 3L 不带涡轮增压器的发动机，估计过去曾经更换过自动变速器总成（安装尺寸相同）。

表 4-1　自动变速器与发动机的匹配关系

自动变速器型号	发动机型号	自动变速器型号	发动机型号
X8575	VG20E(2L 不带涡轮增压器)	X8573	VG30E(3L 不带涡轮增压器)
X8577	VG20E-T(2L 带涡轮增压器)		

对两种自动变速器进一步详细比较，不仅齿轮变速比不同，而且离合器和制动器容量、控制阀以及液力变换器（自注：变矩器）也都不同。按这种匹配方法，自动变速器承受过大的力矩，离合和制动容量不足。若发动机负荷较小，自动变速器的能力还可以应付；若发动机负荷超过自动变速器的容量极限，则肯定打滑了。从车辆整体上看，也显得不和谐、不自然，乘坐感觉当然也不舒服。

因为自动变速器与发动机不匹配，即使进行修理，也不能再往这辆车上装了，所以只能更换一台与本车相匹配的自动变速器，更换后故障完全消失了。

课后思考

1. 丰田 A341E 自动变速器的结构特点是什么？
2. 根据所学内容，参考相关资料，分析大众 DSG 02E 的结构特点。

学习单元2　行星齿轮机构的故障检修

学习目标

1. 熟悉辛普森行星齿轮机构和拉维娜行星齿轮机构的特点。
2. 能正确检修丰田 A341E 自动变速器的行星齿轮机构。

任务载体

自动变速器的变速机构建立在齿轮传动原理基础上，它包括齿轮和轴以及为变速器提供各种传动比的变速执行元件多片离合器、制动箍带、伺服油缸和单向离合器等部件。行星齿轮机构在绝大多数的自动变速器中被广泛使用，但日本本田公司的变速机构采用平行轴斜齿轮布置。

变速机构可以提供不同的传动比，在整个驱动范围内，为汽车的动力性和经济性的提高创造了条件。齿轮传动的变速器的传动比都是有级的，传动比可以由驾驶人手动选择或由液压控制系统通过变速执行元件的作用和释放自动选择。行星齿轮机构一旦出现故障，将会使汽车自动变速器出现打滑，影响汽车的动力性和经济性。

技能操作

A341E 自动变速器行星齿轮机构的检修

以丰田四档辛普森行星齿轮 A341E 为例，介绍其行星齿轮机构的检修。

（1）超速行星排、单向离合器的分解与检查（图 4-14）

（2）超速单向离合器锁止方向的检查（图 4-15）　检查超速单向离合器的锁止方向，应使该单向离合器外圈（行星架）相对于内圈（超速离合器毂）在逆时针方向（由自动变速器前方看，下同）锁止，在顺时针方向可以自由转动。

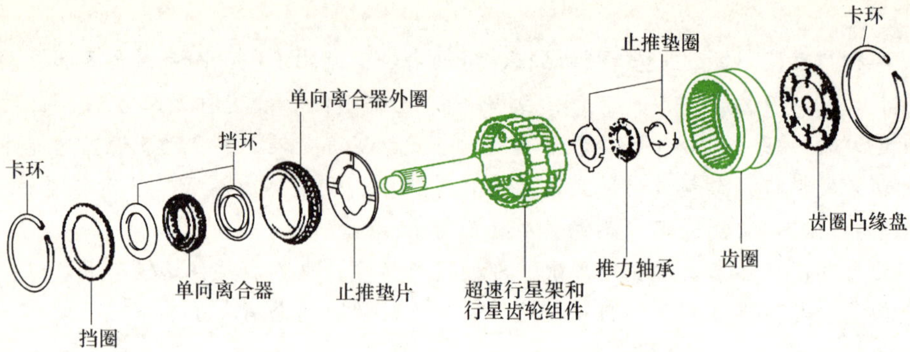

图4-14 超速行星排、单向离合器的分解与检查

(3) 二档单向离合器锁止方向的检查 用左手握住太阳轮驱动毂，右手转动二档单向离合器 F_1 外圈，检查二档单向离合器的锁止方向，如图4-16所示，应使外圈相对于内圈在逆时针方向锁止，在顺时针方向可以自由转动。

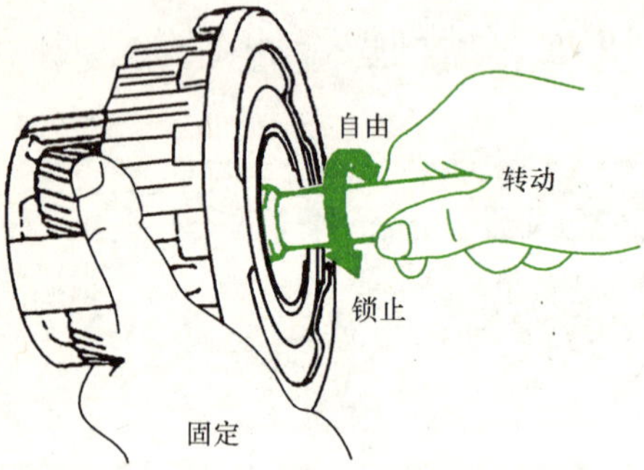

图4-15 超速单向离合器锁止方向的检查

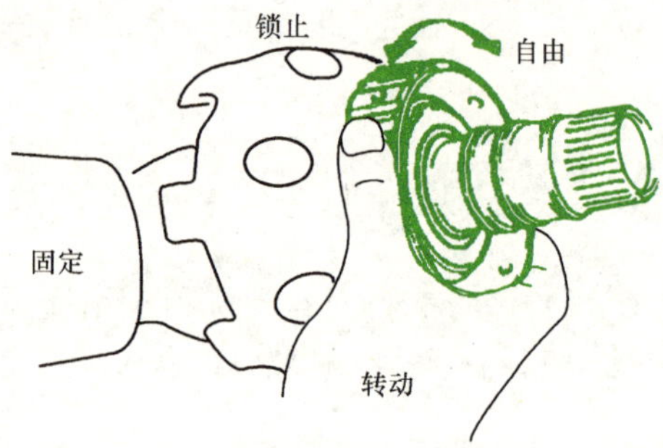

图4-16 二档单向离合器锁止方向的检查

(4) 前行星排和二档单向离合器的分解（图4-17）

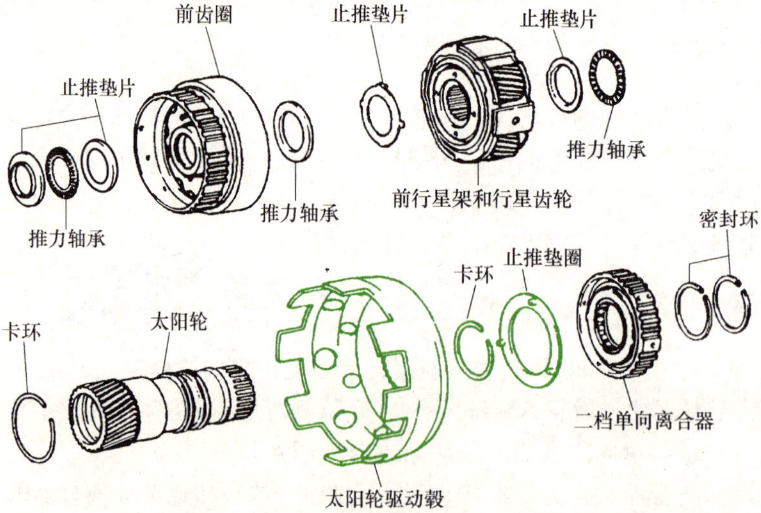

图4-17 前行星排和二档单向离合器的分解

（5）后行星排、低档单向离合器的分解（图4-18）

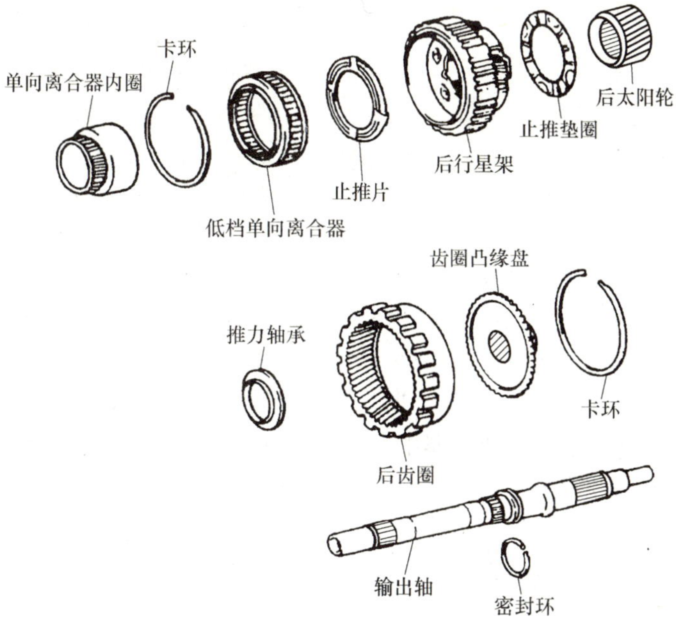

图4-18　后行星排、低档单向离合器的分解

（6）低档单向离合器锁止方向的检查（图4-19）　按图所示方法，用左手握住后行星架，右手转动低档单向离合器内圈，检查其锁止方向，应使内圈相对于外圈在顺时针方向锁止，在逆时针方向可以自由转动。

（7）行星排的单向离合器的检验（图4-20）

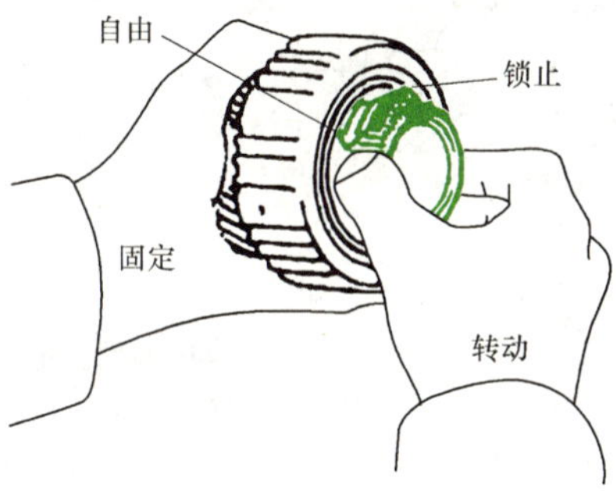

图4-19　低档单向离合器锁止方向的检查

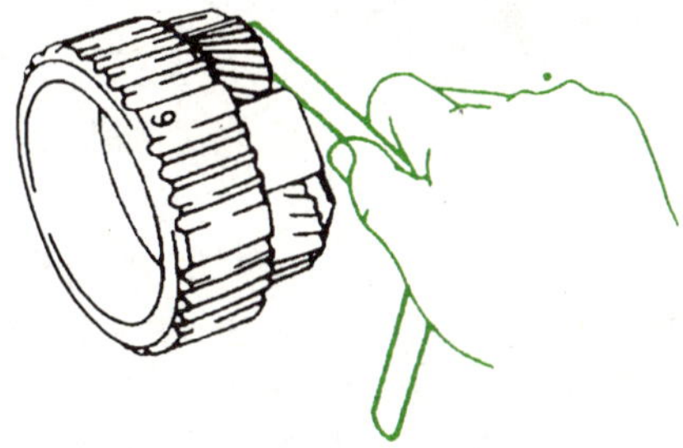

图4-20　行星排的单向离合器的检验

1）检查太阳轮、行星齿轮、齿圈的齿面，如有磨损或疲劳剥落，应更换整个行星排。

2）检查行星齿轮与行星架之间的间隙，其标准间隙为0.2～0.6mm，最大不得超过1.0mm，否则应更换止推垫片或行星架和行星齿轮组件。

3）检查太阳轮、行星架、齿圈等零件的轴颈或滑动轴承处有无磨损，如有异常，应更换新件。

4）检查单向离合器，如滚柱破损、滚柱保持架断裂或内外圈滚道磨损起槽，应更换新件。如果在锁止方向上出现打滑或在自由转动方向上存在卡滞现象，也应更换新件。

（8）行星排和单向离合器的装配

1）将行星排和单向离合器的所有零件清洗干净，涂上少许ATF，按分解相反的顺序进行装配。

2）装好单向离合器之后，应再次检查，保证其锁止方向正确，在自由转动方向上转动灵活。

知识链接

1. 辛普森行星齿轮机构

辛普森式（Simpson）行星齿轮变速器是在自动变速器中应用最广泛的一种行星齿轮变速器，它是由美国福特公司的工程师H. W. 辛普森发明的，下面以四档辛普森行星齿轮变速器为例介绍其结构组成及动力传递路线。

（1）结构、组成　图4-21、图4-22所示为四档辛普森行星齿轮变速器的结构简图和元件位置图。四档辛普森行星齿轮变速器由四档辛普森行星齿轮机构和换档执行元件两大部分组成。其中四档辛普森行星齿轮机构由三排行星齿轮机构组成，前面一排为超速行星排，中间一排为前行星排，后面一排为后行星排，之所以这样命名是由于四档辛普森行星齿轮机构是在三档辛普森行星齿轮机构的基础上发展起来的，沿用了三档辛普森行星齿轮机构的命名。输入轴与超速行星排的行星架相连，超速行星排的齿圈与中间轴相连，中间轴通过前进档离合器或高、倒档离合器与前、后行星排相连。前、后行星排的结构特点是，共用一个太阳轮，前行星排的行星架与后行星排的齿圈相连并与输出轴相连。

注意：不同厂家的四档辛普森行星齿轮变速器的元件位置稍有不同。

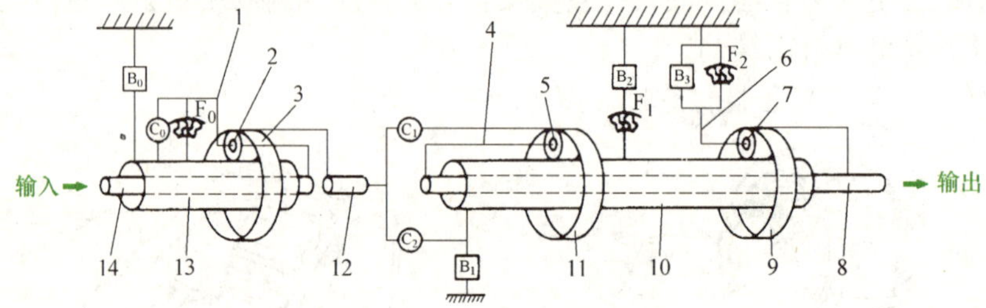

图4-21　四档辛普森行星齿轮变速器的结构简图

1—超速(OD)行星排行星架　2—超速(OD)行星排行星轮　3—超速(OD)行星排齿圈　4—前行星排行星架　5—前行星排行星轮　6—后行星排行星架　7—后行星排行星轮　8—输出轴　9—后行星排齿圈　10—前后行星排太阳轮　11—前行星排齿圈　12—中间轴　13—超速(OD)行星排太阳轮　14—输入轴　C_0—超速档(OD)离合器　C_1—前进档离合器　C_2—高、倒档离合器　B_0—超速档(OD)制动器　B_1—二档滑行制动器　B_2—二档制动器　B_3—低、倒档离合器　F_0—超速档(OD)单向离合器　F_1—二档(一号)单向离合器　F_2—低档(二号)单向离合器

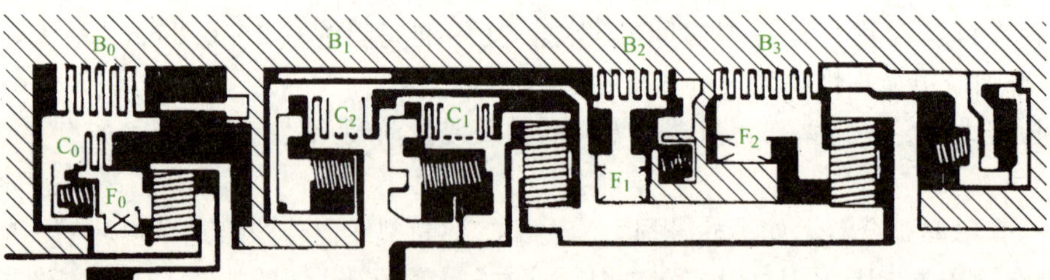

图4-22　四档辛普森行星齿轮变速器的元件位置图

（2）各执行元件的功能　执行器包括三个离合器、四个制动器和三个单向离合器共十个元件，具体的功能如下：

1）超速档（OD）离合器 C_0，连接超速行星排太阳轮与超速行星排行星架。

2）前进档离合器 C_1，连接中间轴与前行星排齿圈。

3）高、倒档离合器 C_2，连接中间轴与前后行星排太阳轮。

4）超速档（OD）制动器 B_0，制动超速行星排太阳轮。

5）二档滑行制动器 B_1，制动前后行星排太阳轮。

6）二档制动器 B_2，制动 F_1 外座圈，当 F_1 也起作用时，可以防止前后行星排太阳轮逆时针转动。

7）低、倒档离合器 B_3，制动后行星排行星架。

8）超速档（OD）单向离合器 F_0，连接超速行星排太阳轮与超速行星排行星架。

9）二档（一号）单向离合器 F_1，当 B_2 工作时，防止前后行星排太阳轮逆时针转动。

10）低档（二号）单向离合器 F_2，防止后行星排行星架逆时针转动。

（3）各档传动路线　在变速器各档位时，换档执行元件的动作情况见表4-2。

表4-2　各档位时换档执行元件的动作情况

变速杆位置	档位	换档执行元件										发动机制动
		C_0	C_1	C_2	B_0	B_1	B_2	B_3	F_0	F_1	F_2	
P	驻车档	○										
R	倒档	○		○				○	○			
N	空档	○										
D	一档	○	○						○		○	
	二档	○	○				○		○	○		
	三档	○	○	○			○		○			
	四档（OD档）		○	○	○		○					
二	一档	○	○						○		○	
	二档	○	○			○	○		○	○		○
	三档*	○	○	○			○		○			○
L	一档	○	○					○	○		○	○
	二档*	○	○			○	○		○	○		○

注：＊表示只能降档不能升档。

○表示换档元件工作或有发动机制动。

1）D位一档。如图4-23所示，D位一档时，C_0、C_1、F_0、F_2 工作。C_0 和 F_0 工作将超速行星排的太阳轮和行星架相连，此时超速行星排成为一个刚性整体，输入轴的动力顺时针传到中间轴。C_1 工作将中间轴与前行星排齿圈相连，前行星排齿圈顺时针转动驱动前行星排行星轮，前行星排行星轮即顺时针自转又顺时针公转，前行星排行星轮顺时针公转则输出轴也顺时针转动，这是一条动力传动路线。由于前行星排行星轮顺时针自转，则前后行星排太阳轮逆时针转动，再驱动后行星排行星轮顺时针自转，此时后行星排行星轮在前后行星排太阳轮的作用下有逆时针公转的趋势，但由于 F_2 的作用，使得后行星排行星架不动。这样顺时针转动的后行星排行星轮驱动齿圈顺时针转动，从输出轴也输出动力，这是第二条动力传动路线。

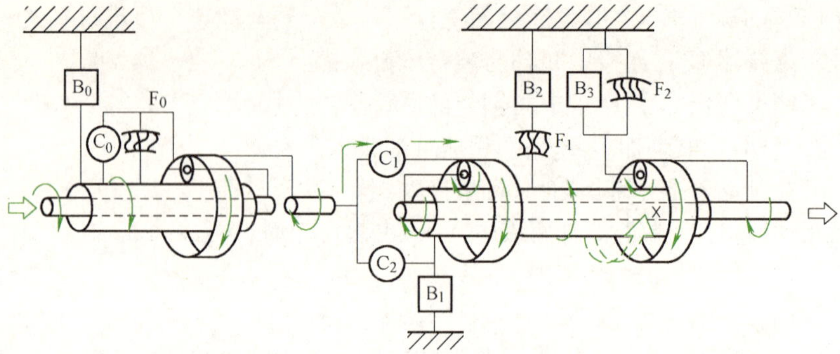

图 4-23　D 位一档动力传递路线

2）D 位二档。如图 4-24 所示，D 位二档时，C_0、C_1、B_2、F_0、F_1 工作。C_0 和 F_0 工作如前所述直接将动力传给中间轴。C_1 工作，动力顺时针传到前行星排齿圈，驱动前行星排行星轮顺时针转动，并使前后太阳轮有逆时针转动的趋势，由于 B_2 的作用，F_1 将防止前后太阳轮逆时针转动，即前后太阳轮不动。此时，前行星排行星轮将带动行星架也顺时针转动，从输出轴输出动力。后行星排不参与动力的传动。

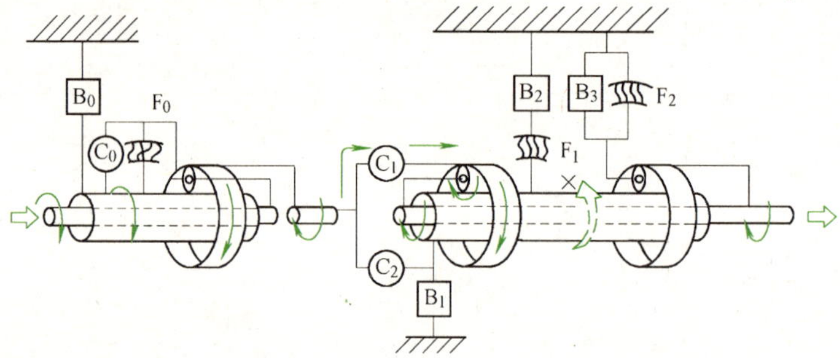

图 4-24　D 位二档动力传递路线

3）D 位三档。如图 4-25 所示，D 位三档时，C_0、C_1、C_2、B_2、F_0 工作。C_0 和 F_0 工作如前所述直接将动力传给中间轴。C_1、C_2 工作将中间轴与前行星排的齿圈和太阳轮同时连接起来，前行星排成为刚性整体，动力直接传给前行星排行星架，从输出轴输出动力，此档为直接档。

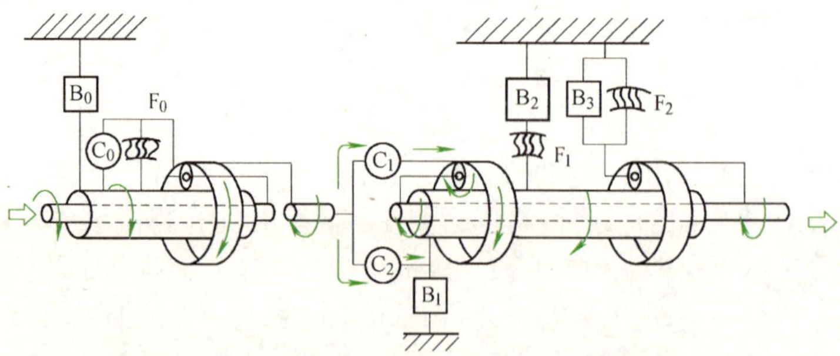

图 4-25　D 位三档动力传递路线

4）D位四档。如图4-26所示，D位四档时，C_1、C_2、B_0、B_2工作。B_0工作，将超速行星排太阳轮固定。动力由输入轴输入，带动超速行星排行星架顺时针转动，并驱动行星轮及齿圈都顺时针转动，此时的传动比小于1。C_1、C_2工作使得前后行星排的工作同D位三档，即处于直接档，所以整个机构以超速档传递动力。B_2的作用同前所述。

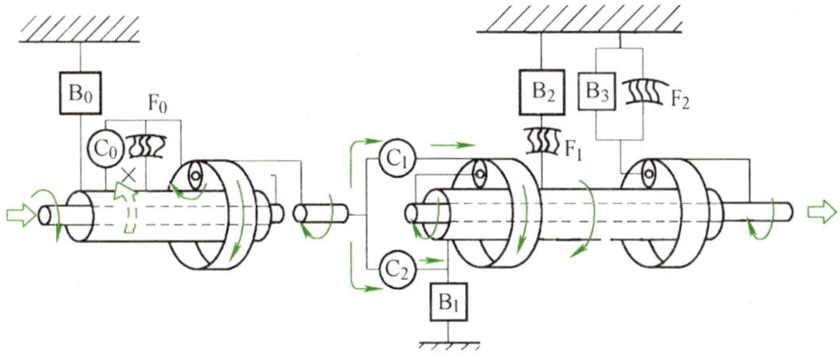

图4-26　D位四档动力传递路线

5）二位一档。二位一档的工作与D位一档相同。

6）二位二档。如图4-27所示，二位二档时，C_0、C_1、B_1、B_2、F_0、F_1工作。动力传递路线与D位二档时相同。区别只是由于B_1的工作，使得二位二档有发动机制动，而D位二档没有，此档为高速发动机制动档。

发动机制动是指利用发动机怠速时的较低转速以及变速器的较低档位来使较快的车辆减速。D位二档时，如果驾驶人抬起加速踏板，发动机进入怠速工况，而汽车在原有的惯性作用下仍以较高的车速行驶。此时，驱动车轮将通过变速器的输出轴反向带动行星齿轮机构运转，各元件都将以相反的方向转动，即前后太阳轮将有顺时针转动的趋势，F_1不起作用，使得反转的动力不能到达发动机，无法利用发动机进行制动。而在二位二档时，B_1工作使得前后太阳轮固定，既不能逆时针转动也不能顺时针转动，这样反转的动力就可以传到发动机，所以有发动机制动。

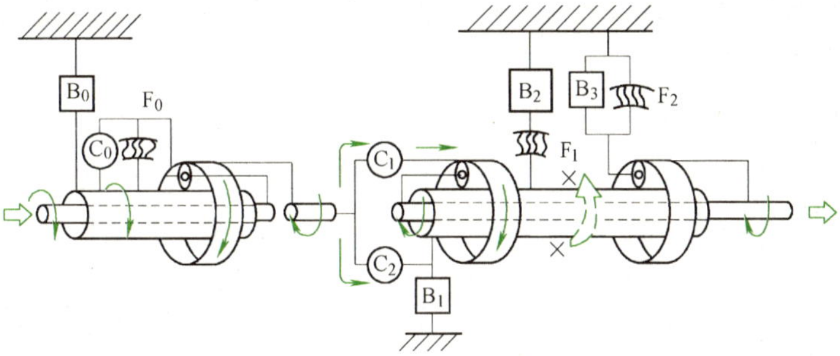

图4-27　二位二档动力传递路线

7）二位三档。二位三档的工作与D位三档相同。

8）L位一档。如图4-28所示，L位一档时，C_0、C_1、B_3、F_0、F_2工作。动力传递路线与D位一档时相同。区别只是由于B_3的工作，使后行星排行星架固定，有发动机制动，原因同前所述，此档为低速发动机制动档。

9）L位二档。L位二档的工作与二位二档相同。

10）R位。如图4-29所示，倒档时，C_0、C_2、B_3、F_0工作。C_0和F_0工作如前所述直

接将动力传给中间轴。C_2 工作将动力传给前后行星排太阳轮。由于 B_3 工作，将后行星排行星架固定，使得行星轮仅相当于一个惰轮。前后行星排太阳轮顺时针转动驱动后行星排行星架逆时针转动，进而驱动后行星排齿圈也逆时针转动，从输出轴逆时针输出动力。

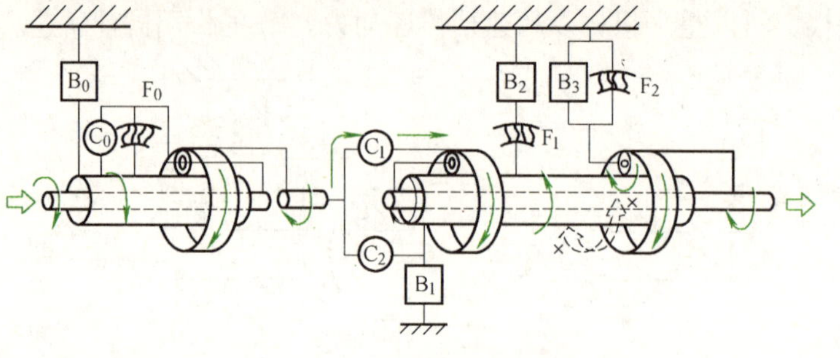

图 4-28　L 位一档动力传递路线

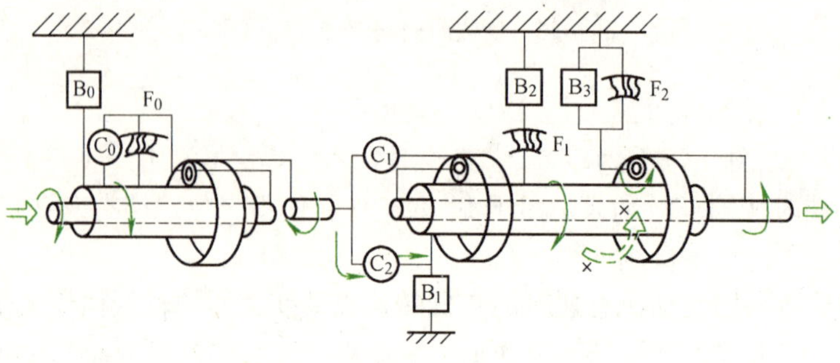

图 4-29　R 位动力传递路线

11）P 位（驻车档）。变速杆置于 P 位时，一般自动变速器都是通过驻车锁止机构将变速器输出轴锁止实现驻车。如图 4-30 所示，驻车锁止机构由输出轴外齿圈、锁止棘爪、锁止凸轮等组成。锁止棘爪与固定在变速器壳体上的枢轴相连。当变速杆处于 P 位时，与变速杆相连的手动阀通过锁止凸轮将锁止棘爪推向输出轴外齿圈，并嵌入齿中，使变速器输出轴与壳体相连而无法转动，如图 4-30a 所示。当变速杆处于其他位置时，锁止凸轮退回，锁止棘爪在回位弹簧的作用下离开输出轴外齿圈，锁止撤销，如图 4-30b 所示。

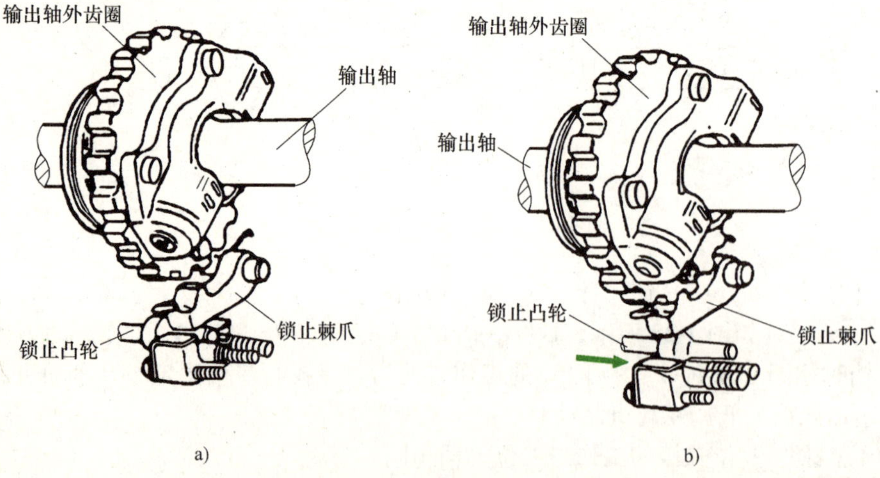

图 4-30　驻车锁止机构

通过分析各档位换档执行元件的工作情况及各档位动力传递路线，可以得出以下结论：

如果 C_1 故障，则自动变速器没有前进档，即将变速杆置于 D 位、二档或 L 位时车辆都无法起步行驶，但对于倒档没有影响。

如果 C_2 故障，则自动变速器没有三档，倒档也将没有。

如果 B_2 或 F_1 故障，则自动变速器没有 D 位二档，但对于二位二档没有影响。

如果 B_3 故障，则自动变速器没有倒档。

如果 F_0 故障，则自动变速器三档升四档时会产生换档冲击。这是由于三档升四档时，相当于由 C_0 切换到 B_0，但 C_0、B_0 有可能同时不工作。此时负荷的作用将使超速行星排的齿圈不动，如果没有 F_0，在行星架的驱动下太阳轮将顺时针超速转动，当 B_0 工作时产生换档冲击。

如果 F_2 故障，则自动变速器没有 D 位一档和二位一档，但对于 L 位一档没有影响。换档时，单向离合器是自动参与工作的，所以只考虑离合器和制动器的工作即可。D 位一档升 D 位二档是 B_2 工作，D 位二档升 D 位三档是 C_2 工作，D 位三档和 D 位四档互换，相当于 C_0 和 B_0 互换。

如果某档位的动力传递路线上有单向离合器工作，则该档位没有发动机制动。

辛普森行星齿轮机构在自动变速器中被广泛使用，日本丰田的自动变速器几乎都采用这种结构，如 Toyota A140E、A240E、A241E、A340 和 A350 等型号的自动变速器。

2. 拉维娜式行星齿轮机构

（1）结构　图 4-31 所示为拉维娜式行星齿轮机构的结构，它由双排的行星齿轮机构组成。具有大、小两个太阳轮、三个长行星轮和三个短行星轮并共用同一行星架，仅有一个齿圈并和输出轴连接。**拉维娜式行星齿轮机构可以组成三个前进档及一个倒档。**它的前排是一个简单行星齿轮机构，而后排则是一个双行星轮的齿轮机构。

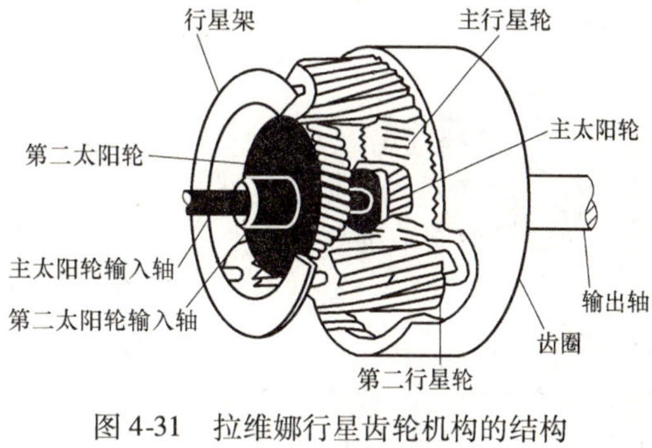

图 4-31　拉维娜行星齿轮机构的结构

（2）各执行元件的功能　图 4-32 所示为拉维娜式行星齿轮机构和变速执行元件之间的关系。该机构的变速执行元件有五件，前多片离合器 C_1、后多片离合器 C_2、前制动带 B_1、后制动带 B_2 和单向离合器 F_1。当多片离合器、制动带和单向离合器起作用时具有以下效果：

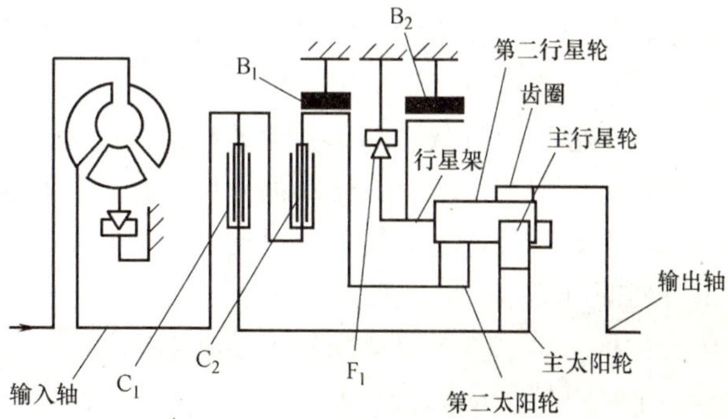

图 4-32　拉维娜行星齿轮机构和变速执行元件之间的关系

C_1—前多片离合器　C_2—后多片离合器

B_1—前制动带　B_2—后制动带　F_1—单向离合器

1）前多片离合器 C_1 作用，把来自输入轴（涡轮轴）的输入动力接到后排主太阳轮。

2）后多片离合器 C_2 作用，把来自涡轮轴的输入动力接到前排第二太阳轮。

3）前制动带 B_1 作用，固定第二太阳轮不动，结果第二行星轮围绕第二太阳轮外缘转动，行星齿轮机构起作用。

4）后制动带 B_2 作用，固定行星架不动，结果行星轮仅作为过渡轮，它绕自己轴线转动。

5）单向离合器 F_1 作用，固定行星架不动，使单向离合器在逆时针转动时有自行锁止的功能。它具有后制动带作用时的同样功能。

（3）动力流分析　为了进一步理解拉维娜式行星齿轮机构各档传动比是如何实现的，驱动力和动力流是如何通过各种齿轮部件的，下面进行各档位的动力流分析。表4-3列出了变速执行元件状态和档位间的关系，拉维娜式行星齿轮机构变速执行元件工作规律。

表4-3　拉维娜行星齿轮机构变速执行元件工作规律

变速杆位置	档位	变速执行元件				
		C_1	C_2	B_1	B_2	F_1
D	一档	●				●
	二档	●		●		
	三档	●	●			
R	倒档		●		●	
S、L或二、一	一档	●			●	
	二档	●		●		

注：●表示接合、制动或锁止。

1）一档。变速杆位于D位置，多片离合器 C_1 作用，主太阳轮是驱动件。单向离合器 F_1 作用并将行星架固定。机构动力流：主太阳轮传到主行星轮，再传到第二行星轮，然后到齿圈，最后传给输出轴。

在这里，两个长短行星轮仅起过渡轮的作用，改变了输入动力的旋转方向，对机构的速比没有影响。因为多了一个过渡的行星轮，则发动机和输出轴旋转方向相同。一档速比仅取决于齿圈和主太阳轮齿数之比。

当主太阳轮顺时针方向转动时，第二行星轮最终带动齿圈也朝顺时针方向转动，此时，齿圈给行星架的反作用的力矩，使行星架产生逆时针转动的趋势，由于单向离合器 F_1 逆时针转动锁止，则使行星架固定。

当汽车处于滑行状态时，由驱动轮逆向输入的动力带动齿圈顺时针高速旋转，通过第二行星轮对行星架产生顺时针转动的作用力矩，与此同时，主太阳轮仍有来自发动机的怠速动力带动使其顺时针低速旋转，但最终使行星架脱离单向离合器的锁止，顺时针自由空转，这就是一档的汽车滑行。当驱动轮的转速低于某一值时，行星架又重新被单向离合器 F_1 锁止，汽车滑行状态结束，又重新恢复驱动状态。

为了在一档传动比状态下能够实现发动机制动，可将变速杆置于低档（L或一）位置。此时若处在一档，则多片离合器 C_1 和后制动带 B_2 同时作用，并将行星架固定。这种情况下的动力流和变速杆置于D位是完全相同的，但汽车在下坡时，驱动轮可以通过行星齿轮机构反向带动发动机，利用发动机怠速运转阻力实现发动机制动。

2）二档。多片离合器 C_1 和前制动带 B_1 同时作用，主太阳轮仍然是驱动件，第二太阳轮被后制动带固定。动力流从主太阳轮传到主行星轮，然后传到第二行星轮，由于第二太阳轮被固定，第二行星轮只能在行星架的顺时针转动的基础上实现顺时针自转，最后带动齿圈旋转，齿圈带动输出轴转动，其转动方向和发动机转动方向一致。输出轴是减速运动。

这时二档的输出轴转速比一档转速高，这是因为齿圈的转动同时由第二行星轮自转和行星架公转共同带动。二档传动比的计算比一档复杂，它涉及前后两排行星机构的齿轮齿数，二档的传动比仍大于 1。输出轴依旧是减速运动。

这种拉维娜式行星齿轮机构，处在二档传动比状态时，驱动轮逆向传入的动力，始终和发动机相连，因此只能实现发动机制动，而不存在汽车滑行，不管变速杆置于 D 位或一档位置。

3）三档。多片离合器 C_1 和多片离合器 C_2 同时作用，主太阳轮和第二太阳轮同时作为驱动件带动第二行星轮转动。此时第二行星轮不可能产生两种方向的旋转，整个机构锁止，相互间合成一个整体，因此就出现了直接档，传动比 1∶1。前面曾提到，行星齿轮机构任意两元件同速同方向，就产生直接档。在这里就是主太阳轮和第二太阳轮同速同方向，产生直接档的效果。

4）倒档。多片离合器 C_2 和后制动带 B_2 同时作用，第二太阳轮作为驱动件，行星架被后制动带固定。动力流从涡轮输出轴经多片离合器 C_2 传给第二太阳轮做顺时针转动，并带动第二行星轮逆时针转动。由于行星架固定不动，第二行星轮只能自转并带动齿圈逆时针转动。输出轴的转动方向与发动机的转动方向相反，提供倒档。倒档传动比是齿圈和第二太阳轮齿数之比，传动比大于 1。输出轴是一种减速运动。

上面介绍的拉维娜式行星齿轮机构是一种原型，它仅有三个前进档，而且只有一档存在汽车滑行。目前的自动变速器以四个前进档居多，在拉维娜式行星齿轮机构的原型上通过再增加一排行星齿轮机构或增加变速执行元件，实现四个前进档，并且使二档也存在汽车滑行和发动机制动两种状态。

目前采用拉维娜式行星齿轮机构的有韩国 Hyundai（现代）A4AF、A4BF（同 Chrysle 克莱斯勒 KM175、KM176）、日本马自达 FA4A-EL 和 GF4A-EL、德国大众 096 和 097 型等自动变速器。

知识与能力拓展

DSG 的结构与工作原理

1. DSG 的结构

DSG 主要由多片湿式双离合器、三轴式齿轮变速器、自动换档机构、电子控制液压控制系统组成。其中核心的部分是双离合器和三轴式齿轮变速器，如图 4-33 所示。

DSG 有两根同轴心的输入轴，输入轴 1 装在输入轴 2 里面。输入轴 1 和离合器 1 相连，输入轴 1 上的齿轮分别和一档齿、三档齿、五档齿相啮合；输入轴 2 是空心的，和离合器 2 相连，输入轴 2 上的齿轮分别和二档齿、四档齿、六档齿相啮合；倒档齿轮通过中间轴齿轮和输入轴 1 的齿轮啮合。也就是说，离合器 1 负责一档、三档、五档和倒档，在汽车行驶中一旦用到上述档位中任何一档，离合器 1 是接合的；离合器 2 负责二档、四档和六档，当使用二、四、六档位中的任意一档时，离合器 2 接合，如图 4-34 所示。

图 4-33　DSG 变速器解剖图

DSG 的多片湿式双离合器的结构和液压式自动变速器中的离合器相似，但是尺寸要大很多。利用液压缸内的油压和活塞压紧离合器，油压的建立是由 ECU 指令电磁阀来控制的，两个离合器的工作状态是相反的，不会发生两个离合器同时接合的情形。

DSG 的档位转换是由档位选择器来操作的，档位选择器实际上是个液压马达，推动拨叉就可以进入相应的档位，由液压控制系统来控制它们的工作。在液压控制系统中有六个油压调节电磁阀，用来调节两个离合器和四个档位选择器中的油压压力，还有五个开关电磁阀，分别控制档位选择器和离合器的工作。

2. DSG 的工作原理

DSG 的工作过程比较特别，在一档起步行驶时，动力传递路线如图 4-34 中直线和箭头所示，离合器 1 接合，通过输入轴 1 到一档齿轮，再输出到差速器。同时，图中虚线和箭头

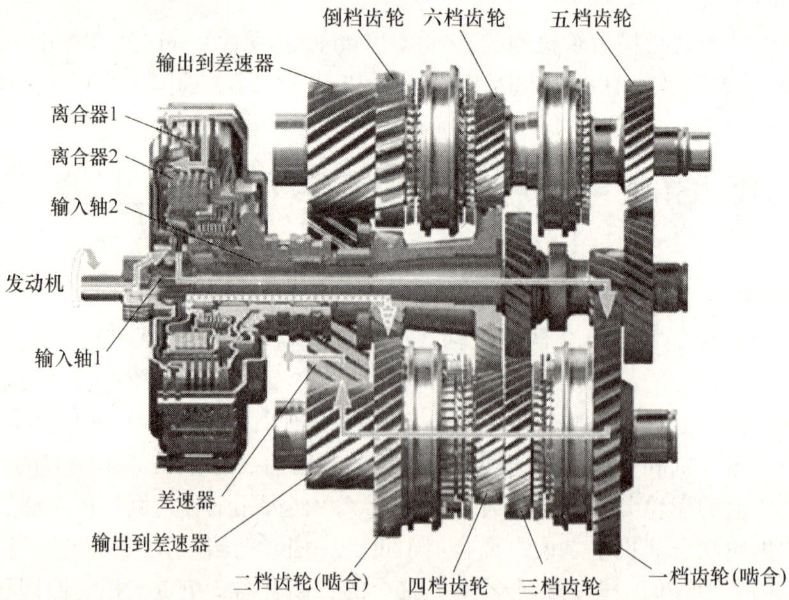

图 4-34　DSG 在一档时的动力传递路线

所示的路线是二档时的动力传输路线，由于离合器 2 是分离的，这条路线实际上还没有动力在传输，是预先选好档位，为接下来的升档做准备的。当变速器进入二档后，退出一档，同时三档预先接合，如图 4-35 中动力传递路线所示。所以在 DSG 的工作过程中总是有两个档位是接合的，一个正在工作，另一个则为下一步做好准备。

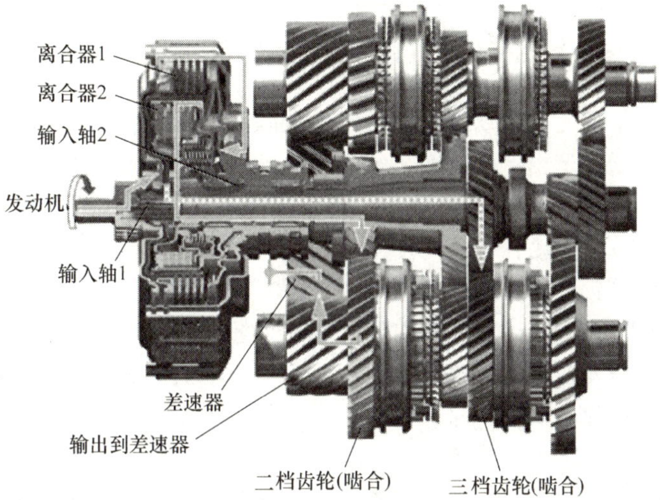

图 4-35　DSG 变速器在二档时的动力传递路线

DSG 在降档时，同样有两个档位是接合的，如果四档正在工作，则三档作为预选档位而接合。DSG 的升档或降档是由 ECU 进行判断的，踩加速踏板时，ECU 判定为升档过程，做好升档准备；踩制动踏板时，ECU 判定为降档过程，做好降档准备。

一般变速器升档总是一档一档地进行的，而降档经常会跳跃地降档，DSG 在手动控制模式下也可以进行跳跃降档，例如，从六档降到三档，连续按 3 下降档按钮，变速器就会从六档直接降到三档，但是如果从六档降到二档时，变速器会降到五档，再从五档直接降到二档。在跳跃降档时，如果起始档位和最终档位属于同一个离合器控制，则会通过另一个离合器控制的档位转换一下；如果起始档位和最终档位不属于同一个离合器控制，则可以直接跳跃降至所定档位。

当切换到手动模式时，驾驶人可以利用变速杆或转向盘上的换档拨片进行序列式的手动换档，换档过程离合器的操作完全交由 DSG ECU 控制，驾驶人无须分神。因为采用双离合器技术，换档时的动力空隙便得以解决，加速表现比手动变速器来得更快。如果驾驶人想要得到更舒适的驾驶享受，驾驶人大可将变速杆推入 D 位，便可当成一般的自动变速器使用，轻松自在。而自动档的控制模式除了一般的 D 位外，它更提供一个 S 位供驾驶人选择，为驾驶带来更高转数及更高速度之间自动换档。

另一功能则是转向盘上的换档拨片，不论在行驶中使用手动模式，还是在 D 位或 S 位的自动换档模式，驾驶人只需轻轻拨动转向盘上的换档拨片，DSG 便会立即切换至手动模式并进行换档程序，无须利用变速杆拨入手动模式才可做出换档，方便快捷。由于没有液力变矩器的缓冲，换档加速不像传统自动变速器那般柔和，因此适用于注重加速度和操控性的跑车，而不适用于注重舒适性的豪华房车。

目前，大众及大众集团旗下的众多品牌车型都采用了先进的DSG技术，如大众高尔夫GTI、奥迪TT、奥迪A3（在奥迪TT、A3中称为S-tronic变速器），同样超级跑车布加迪-威龙EB16.4装备的也是更为先进的七档DSG。可见DSG具有反应灵敏、加速迅猛、动力输出连续同时能耗损失小、燃油经济型出色等众多优点，而且其技术仍在改进更趋完美，DSG必将受到汽车厂商和消费者越来越多的关注。

案例剖析

自动变速器打滑的故障案例分析

故障现象：丰田ES300轿车，A540E型自动变速器，该车在D位前进时，车速不能随节气门加大而随之增速，并且逐渐下降，有打滑现象。

故障分析与排除：经拆解一组摩擦片已烧坏，变速器有焦味，更换摩擦片试车正常。但经行驶1500km后又出现打滑现象，解体检查，还是同一组摩擦片烧坏。经仔细检查，发现油管有一处凹陷。故障就是由于油管凹陷造成压力不足，离合器打滑发热引起的。更换凹陷的油管，故障排除。

课后思考

1. 丰田辛普森行星齿轮机构有什么特点？
2. DSG与自动变速器相比，有什么特点？

学习单元3　制动器的故障检修

学习目标

1. 掌握自动变速器制动器的工作原理。
2. 学会检修自动变速器的制动器。

任务载体

行星齿轮变速器的换档执行元件中的制动器能够约束行星齿轮机构的某一元件，只有约束某一元件才能实现动力的传递与输出。制动器的正常工作需要有自动变速器的油压来保证，一旦制动器出现故障，将会使自动变速器出现打滑等故障，应及时进行检修。

技能操作

A341E自动变速器制动器的检修

1. 制动器的分解

以丰田四档辛普森行星齿轮A341E为例，介绍其制动器的检修。

（1）超速制动器B_0组件的分解（图4-36）

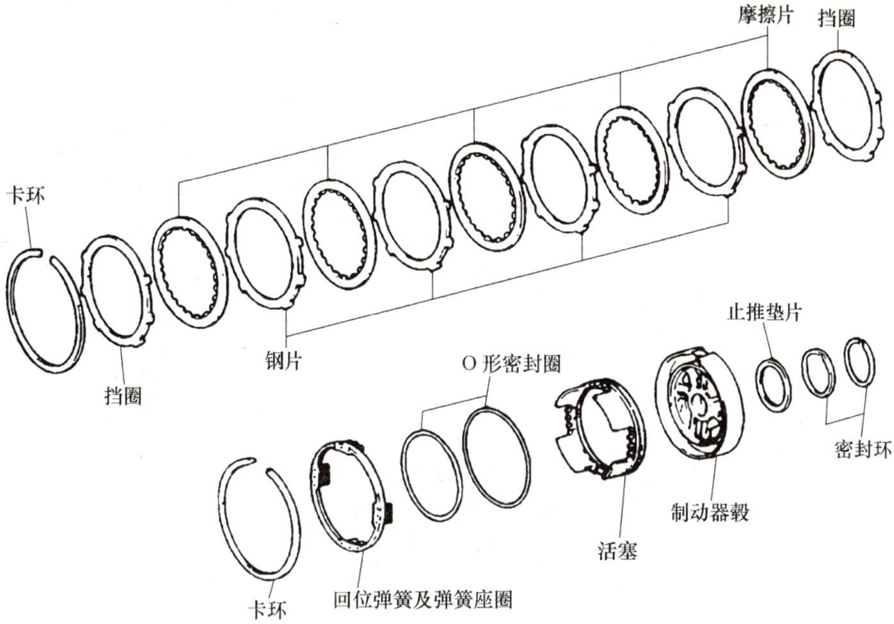

图4-36　超速制动器B_0组件的分解

（2）超速制动器的分解（图4-37）

1）使用专用工具，将活塞回位弹簧座圈压下，用螺钉旋具拆下卡环，取出回位弹簧和弹簧座圈，如图4-37a所示。

2）将超速制动器毂装在高、倒档离合器上，按图4-37b所示方法向油道内吹入压缩空气，取出活塞。

3）拆下活塞内外圆上的O形密封圈（图4-37c）及制动器毂后端轴颈上的密封环和推力轴承座。

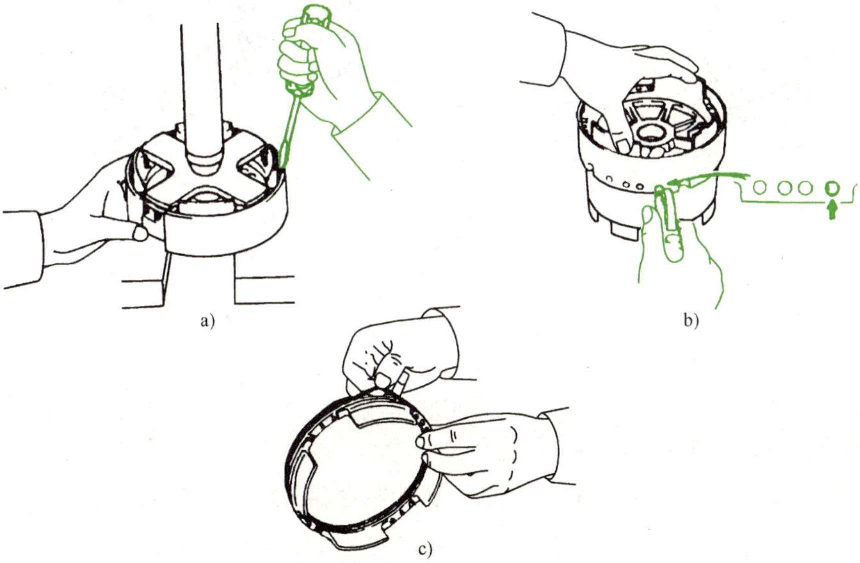

a)　b)　c)

图4-37　超速制动器的分解

（3）二档制动器 B_2 组件的分解（图4-38）

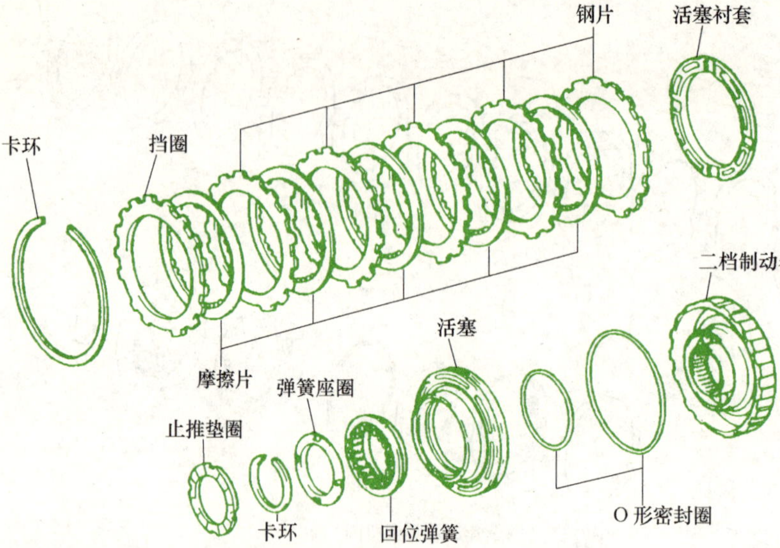

图4-38　二档制动器 B_2 组件的分解

（4）二档制动器 B_2 的分解（图4-39）

1）使用专用工具，将二档制动器活塞回位弹簧座圈压下，用螺钉旋具或卡环钳拆下卡环，取出回位弹簧及弹簧座圈，如图4-39a所示。

2）按图4-39b所示方法向二档制动器毂外圆上的油孔内吹入压缩空气，取出活塞。

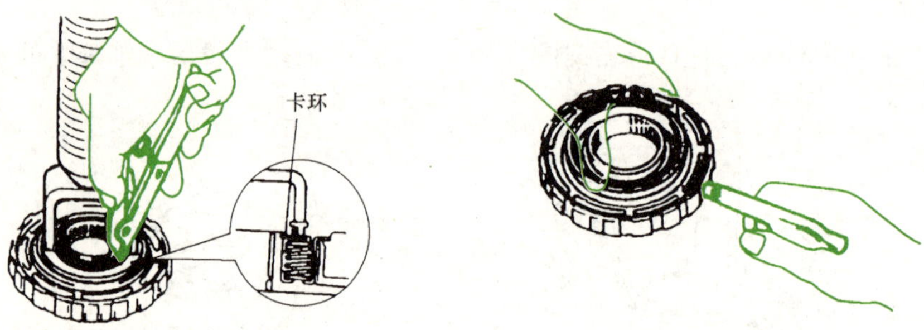

a)　　b)

图4-39　二档制动器 B_2 的分解

（5）低、倒档制动器 B_3 组件的分解（图4-40）

（6）低、倒档制动器 B_3 的分解（图4-41）

1）使用专用工具，将自动变速器壳内的低、倒档制动器活塞的回位弹簧座圈压下，用螺钉旋具或卡环钳拆下卡环，如图4-41a所示。

2）按图4-41b所示方法向壳体上的低、倒档制动器进油孔内吹入压缩空气，取出大活塞。

3）用专用工具取出回位滑套和小活塞，如图4-41c、d所示。

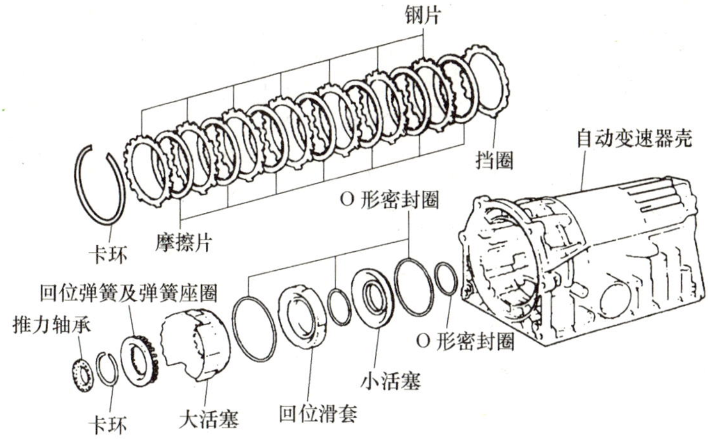

图 4-40　低、倒档制动器 B_3 组件的分解

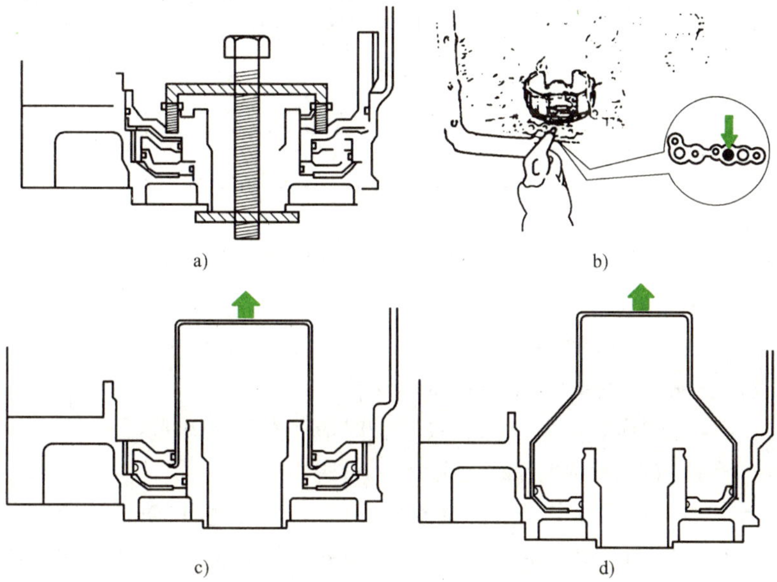

图 4-41　低、倒档制动器 B_3 的分解

2. 制动器的检验和装配

(1) 制动器的检验

1) 对于片式制动器，检验的方式与离合器大致相似，检查制动器的摩擦片，如有烧焦、表面粉末冶金层脱落或翘曲变形，应更换。许多自动变速器的摩擦片表面上印有符号，若这些符号已被磨去，说明摩擦片已磨损至极限，应更换。也可以测量摩擦片的厚度，若小于极限厚度，则应更换。检查钢片，如有磨损或翘曲变形，应更换。

2) 对于带式制动器，检查制动带内表面，如有烧焦、表面粉末冶金层脱落或表面符号已被磨去，应更换，如图 4-42 所示。检查制动器伺服机构部件有无磨损和划痕，检查制动器的活塞，其表面应无损伤或拉毛，其液压缸内表面应无损伤或拉毛，如有异常，应更换新件。

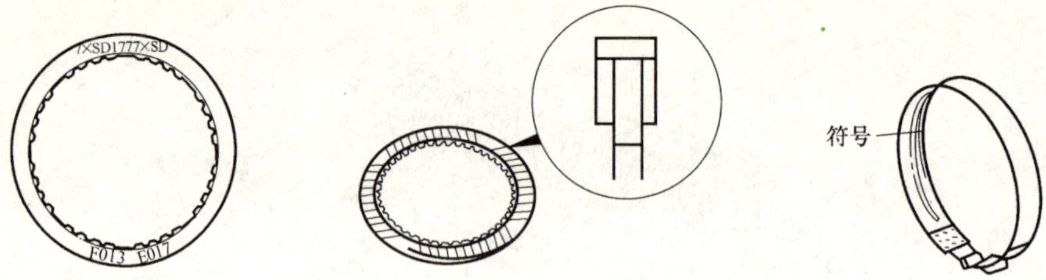

a)　　　　b)　　　　c)

图 4-42　摩擦片和制动带的检查

3）检查挡圈的摩擦面，如有磨损，应更换。

4）测量活塞回位弹簧的自由长度，并与表 4-4 比较。若弹簧的自由长度过小或有变形，应更换新弹簧。

表 4-4　A341E 和 A342E 自动变速器的制动器检修标准

制动器的名称	代　号	弹簧自由长度标准/mm	自由间隙/mm
超速档制动器	B_0	17.23	1.85～2.05
二档强制制动器	B_1	24.35	2.0～3.0
二档制动器	B_2	19.64	0.63～1.98
低、倒档制动器	B_3	12.90	0.70～1.22

5）更换所有制动器液压缸活塞上的 O 形密封圈及轴颈上的密封环，新的密封圈或密封环应涂上少许 ATF 后装入。

（2）制动器的装配　在装配制动器之前，应将所有零件用清洁的煤油清洗干净，油道、单向阀孔等处要用压缩空气吹净，不能被脏物堵住。

按照与分解相反的顺序装配制动器，在装配时应注意以下几点：

1）装配前应在所有配合零件表面上涂少许 ATF。

2）更换摩擦片时，应将新的摩擦片放在干净的 ATF 中浸泡 30min 后安装。

3）安装回位弹簧座圈的卡环时安装要到位，应确认卡环已落在弹簧座圈上的凸爪内。

4）每个制动器装配后，都应检查活塞的工作是否正常。可按照分解时的方法，向油道内吹入压缩空气，检查活塞能否移动，将钢片和摩擦片压紧。对于带式制动器，则看制动器毂是否能把制动带包紧。若吹入压缩空气后活塞不能移动，应检查漏气的部位，分解修复后再重新安装。

5）用塞尺测量制动器的自由间隙，若自由间隙不符合标准（表 4-4），可采用更换不同厚度挡圈的方法来进行调整。

知识链接

1. 制动器的功用和种类

制动器在自动变速器中起制动约束的作用，它将行星齿轮机构中某一元件与变速器的壳体相连，使该元件被约束制动而固定。

在液力自动变速器中，制动器主要有两种形式：一种是圆盘式多片湿式制动器，另一种是带式制动器。

由于带式制动器占有空间尺寸小，容易布置，过去常采用。但片式制动器的接合平稳性比带式制动器易于控制，基于性能上的要求，并且通过增减片数，可以适应于不同排量的发动机，因而近年来应用日趋广泛。

2. 制动器的结构及检修

（1）圆盘式多片湿式制动器　多片湿式制动器（图4-43）实际上与多片式离合器具有相同的结构，其主要的区别在于离合器的壳体是一个主动件，而制动器的壳体和油缸是固定不转动的。当多片湿式制动器的压板和摩擦片处于接合状态时，即对于摩擦片所连接的构件起制动约束的作用。

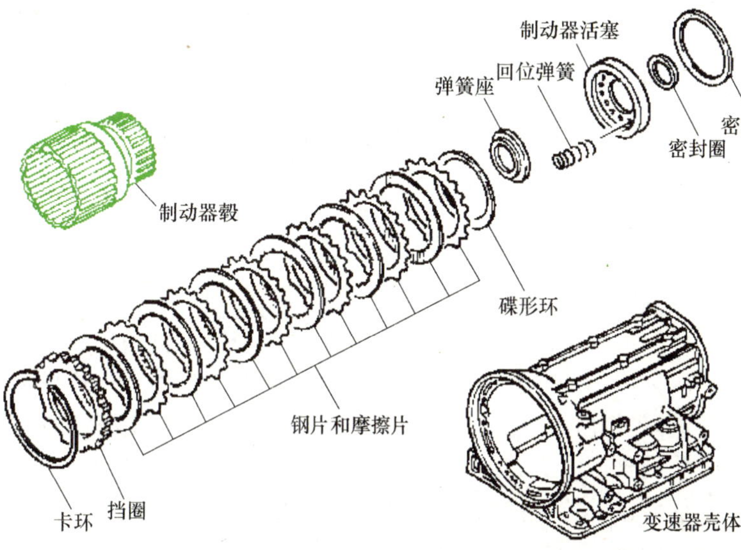

图4-43　多片湿式制动器

多片湿式制动器由制动器毂、制动器活塞、回位弹簧、制动器摩擦片、制动器钢片等组成。制动器摩擦片通过内花键齿与制动器毂的外花键齿相连，是主动件；而制动器的钢片则通过花键齿安装在固定于变速器壳体上的制动器鼓内花键齿上，或直接安装在变速器壳体上的内花键齿圈中，是固定不动的元件。

多片湿式制动器的工作原理和多片式离合器的工作原理基本上相同。当液压油进入活塞缸时，活塞在缸体内移动，促使制动器的摩擦片与钢片接触，在两片之间产生高摩擦力，与行星排的某一基本元件连接的制动器毂就被固定，即不能旋转；当液压油从活塞缸排出时，回位弹簧将活塞复位至原始位置，导致制动器脱开，制动器毂便可以自由旋转。

片式制动器在使用中，不但规定了制动器片允许间隙和最大间隙，而且有的还规定了制动器片的最小厚度。当某一摩擦片的厚度小于规定值时必须更换。当摩擦片单片厚度尚未小于允许值，而总间隙超过允许值时，应通过选装压板来调整，使间隙满足规定要求。即使同一公司生产的结构形式基本相同的液力自动变速器，由于使用条件不同，其间隙也会有明显的差别。

（2）带式制动器　带式制动器是将内侧粘有摩擦材料的制动带卷绕在制动器毂上，又称为制动带。它主要由制动器毂、制动带、液压缸及活塞组成，如图 4-44 所示。制动带绕在制动器毂的圆周上，制动器毂与行星机构一同旋转。制动带的一端用销钉固定在变速器壳体上，而另一端与制动缸活塞接触。活塞通过内外弹簧安装在连杆上，一般备有两种长度的连杆，以便能够调整制动带和制动器毂之间的间隙。

带式制动器在工作过程中，当 ATF 施加于活塞时，活塞在缸体内移至左端，压缩外弹簧，带动连杆移动，推动制动带的一端，因为制动带的另一端固定在变速器壳体上，制动带的直径即减小，因此，制动带夹持制动器毂，此时制动器毂以高速旋转，制动带受到来自制动器毂的旋转反作用力，如图 4-45 所示。如果活塞和连杆为固定连接的整体结构，这个反作用力会使活塞产生振动，为了防止这种状况，活塞是通过内弹簧安装在连杆上。当制动带受到反作用力时，连杆被推回压缩内弹簧以缓冲这个反作用力。液压油在缸内压力升高，活塞和连杆继续压缩外弹簧，在缸体内移动使制动带收缩，均匀夹持制动器毂。当连杆不能在缸体内移动时，缸体内的油压继续升高，压缩内、外弹簧推动活塞移动，至活塞与连杆垫片接触时，活塞直接推动连杆，制动带便以更大的力夹持制动器毂，此时，在制动带和制动器毂之间产生更高的摩擦力，以促使制动器毂被固定，起制动的作用。当液压油从缸体内排出时，活塞和连杆被外弹簧推回，因此，制动器毂释放。

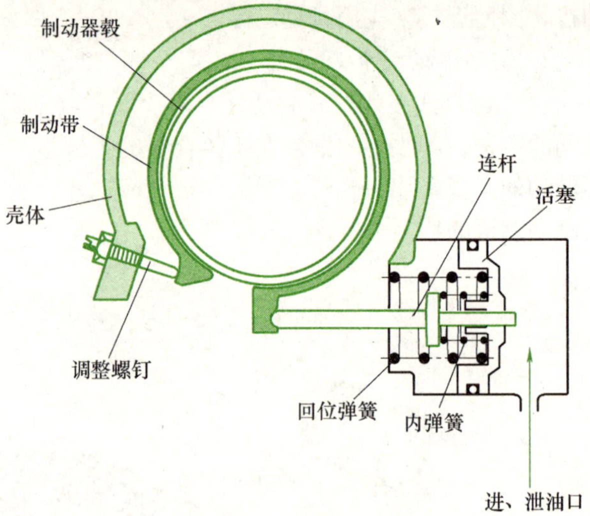

图 4-44　带式制动器的结构

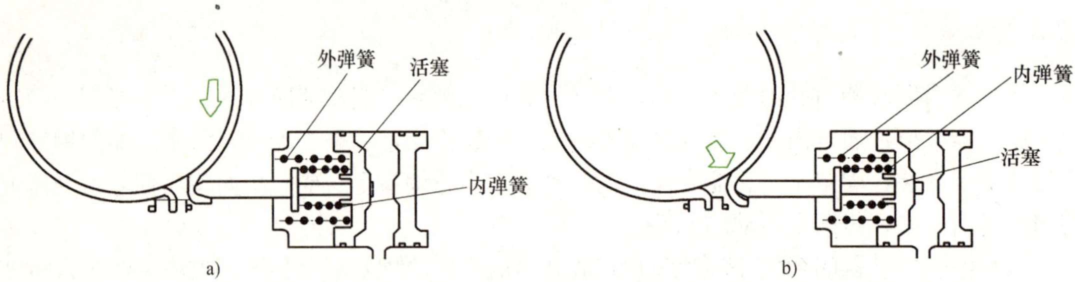

图 4-45　带式制动器的工作原理

a）当液压油施加于活塞时　b）当制动带受到反作用力时

（3）检修　检查制动带是否有破裂、过热、不均匀磨损、表面剥落等情况，如果有任何一种，制动带都应更换。

检查制动器毂表面是否有污点、划伤、磨光和变形等缺陷。

制动器装配后要调整工作间隙，原理与离合器间隙的调整是一样的。方法是：将调整螺钉上的锁紧螺母拧松并退回大约五圈，然后用扭力扳手按规定转矩将调整螺钉拧紧，再按维修手册的要求将调整螺钉退回一定圈数，最后用锁紧螺母紧固。

知识与能力拓展

无级变速器（CVT）

无级变速器（Continuously Variable Transmission，CVT）与有级式的主要区别在于：它的速比不是间断的，而是一系列连续的值，譬如可以从3.455一直变化到0.85。CVT结构比传统自动变速器简单，体积更小，它既没有手动变速器的众多齿轮副，也没有自动变速器复杂的行星齿轮组，它主要靠主、从动轮和金属带或滚轮转盘来实现速比的无级变化。

其原理与普通的变速器一样，大小不一的几组齿轮在操控下有分有合，形成不同的速比，像自行车的踏板经大小轮盘与链条带动车轮以不同的速度旋转。由于不同的力度对各组齿轮产生的推力大小不一，致使变速器输出的转速也随之变化，从而实现不分档次的徐缓转动。

CVT采用传动带和可变槽宽的棘轮进行动力传递，即当棘轮变化槽宽时，相应改变驱动轮与从动轮上传动带的接触半径进行变速，传动带一般用橡胶带、金属带和金属链等。CVT是真正无级化了，它的优点是重量轻、体积小、零件少，与AT比较具有较高的运行效率，油耗较低。但CVT的缺点也是明显的，就是传动带很容易损坏，不能承受较大的载荷，只能限用于在1L排量左右的低功率和低转矩汽车，因此在自动变速器中占有率约4%以下。近年来经过各大汽车公司的大力研究，情况有所改善，CVT将是自动变速器的发展方向。

国内目前有多款车型装备了CVT，如东风日产天籁、轩逸、奇骏等全系列车型，一汽大众奥迪，广汽本田飞度，南汽菲亚特西耶那、派力奥，奇瑞旗云等。

1. 钢带式CVT

这种CVT是带轮和钢带的组合，取代常规的齿轮装置传递动力。主要部件包括主动轮组、从动轮组、金属带和液压泵等基本部件。

金属带由两束金属环和几百个金属片构成。主动轮组和从动轮组都由可动盘和固定盘组成，与油缸靠近的一侧带轮可以在轴上滑动，另一侧则固定。可动盘与固定盘都是锥面结构，它们的锥面形成V形槽来与V形金属传动带啮合。发动机输出轴输出的动力首先传递到CVT的主动轮，然后通过V带传递到从动轮，最后经减速器、差速器传递给车轮来驱动汽车。工作时通过主动轮与从动轮的可动盘做轴向移动来改变主动轮、从动轮锥面与V带啮合的工作半径，从而改变传动比。可动盘的轴向移动量是由驾驶人根据需要通过控制系统调节主动轮、从动轮液压泵油缸压力来实现的。由于主动轮和从动轮的工作半径可以实现连续调节，从而实现了无级变速。

在金属带式无级变速器的液压系统中，从动油缸的作用是控制金属带的张紧力，以保证来自发动机的动力高效、可靠地传递。主动油缸控制主动锥轮的位置沿轴向移动，在主动轮组金属带沿V形槽移动，由于金属带的长度不变，在从动轮组上金属带沿V形槽向相反的方向变化。金属带在主动轮组和从动轮组上的回转半径发生变化，实现速比的连续变化。

汽车开始起步时，主动轮的工作半径较小，变速器可以获得较大的传动比，从而保证驱动桥能够有足够的转矩来保证汽车有较高的加速度。随着车速的增加，主动轮的工作半径逐渐减小，从动轮的工作半径相应增大，CVT的传动比下降，使得汽车能够以更高的速度行驶。

2. 滚轮转盘式CVT

滚轮转盘式CVT可用来传递更大的功率和转矩，适用于较大排量的汽车上，如图4-46

所示。这种 CVT 使用转盘和滚轮的接合传递驱动转矩并改变传动比。它通过移动动力滚轮改变传动比，输入转盘给动力滚轮及时施加作用力，所以这种 CVT 对传动比变化的反应比钢带式 CVT 更快，从而实现驾驶人加速器输入的传动比线性变化。此外，与钢带式 CVT 类似，传动比的连续改变使驾驶人享受到无缝平顺换档，没有任何换档冲击。

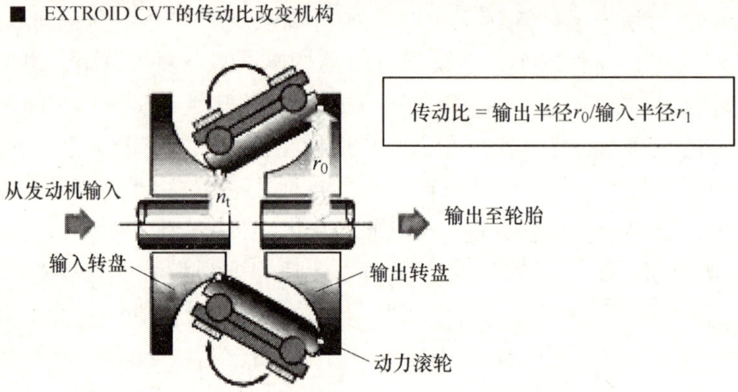

图 4-46　滚轮转盘式 CVT

发动机动力传递到一个输入转盘，输入转盘的旋转运动把动力传递到滚轮，再经滚轮传递到输出转盘。通过连续改变动力滚轮的倾斜角度，CVT 执行平顺而连续的传动比变化。输入转盘和动力滚轮之间接触点画圆的大小以及输出转盘和动力滚轮之间接触点画圆的大小根据动力滚轮倾斜角度的变化而变化。圆的大小比值对应输入转盘和输出转盘的转速比，转速比等于传动比。

当输出转盘的圆较大时，输出转盘的旋转比输入转盘慢，这相当于传统变速器的低档。反之，当输出转盘的圆较小时，输出转盘的旋转比输入转盘快，这相当于传统变速器的高档。

动力滚轮支承在耳轴的上方和下方，总成与液压伺服活塞连接，可以上下移动，如图 4-47 所示。

动力滚轮的这种构造可以使各个滚轮绕着耳轴旋转。

当动力滚轮的轴线通过转盘中心时，不会产生动力滚轮的倾斜力。因此，既然动力滚轮倾斜保持不变，就没有改变传动比。

由于转盘高速旋转，动力滚轮只要向上或向下移动 0.1 ~ 1.0mm，就可以倾斜。这就使 EXTROID CVT 即时响应传动比改变的指令，导致特别快速的传动比变化。

动力滚轮的倾斜角度由液压机构进行操纵。尽管通过倾斜动力滚轮改变传动比，但并没有直接给动力滚轮加力。相反，使用转盘产生的力使动力滚轮倾斜，当动力滚轮从中心轴垂直移动时，转盘就使动力滚轮倾斜。由于转盘高速旋转，转盘产生的力使动力滚轮移动和受力最小时就立刻倾斜，因此，能够快速感觉到传动比变化明显。当驾驶人的加速器输入时，就可以线性加速和减速。

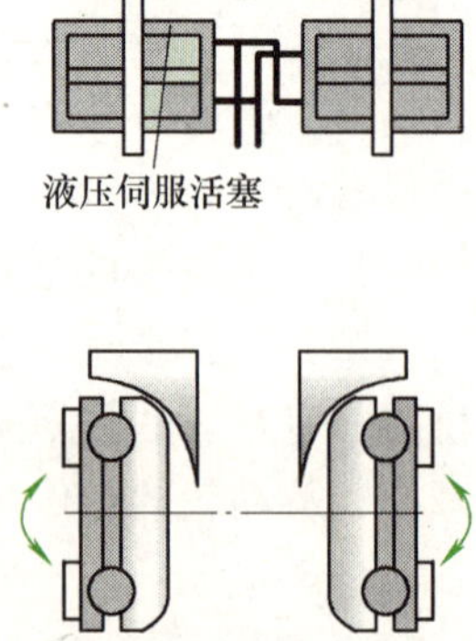

图 4-47　动力滚轮构造

3. CVT 的特点

它突出的特点就是没有传统自动变速器换档时会出现的顿挫感，加速连续性更好，燃油经济性也更高。目前它还有许多不完善的地方，所以目前市场上搭配 CVT 变速器的车型不多。

特点：无级变速器系统是由两组变速轮盘和一条传动带组成的，要比传统自动变速器结构简单，体积更小。另外，它可以自由改变传动比，从而实现全程无级变速，使汽车的车速变速平稳，没有传统变速器换档时那种顿挫的感觉。

优点：驾驶平顺性、加速性、经济性以及排放性都较好。CVT 最大优点就是无级控制输出的速比，在行驶中达到行云流水的感觉，没有换档的感觉，加速也会比自动变速器快。由于行驶中减少了转速的不必要波动，对省油也大有好处。

缺点：技术还不完善；价格较高，维修成本较高。

案例剖析

自动变速器打滑的故障案例分析

故障现象：一辆俊杰轿车，采用的是电控液动的自动变速器，这辆车在行驶至6万km时，发现倒档反应很慢，挂入倒档时要过6~8s才能起步，甚至有时打滑不能起步，挂档冲击力很大，在前进档行驶时，升档也有冲击过大的现象。

故障分析与排除：该车自动变速器的控制系统是：它的控制模块通过监控液压控制单元、车速传感器、多功能开关、节气门位置传感器、发动机转速传感器、换档锁止电磁阀、数据传输接线器、电路控制开关、低速档开关、起动机保持继电器、制动开关等信号，来确定自动变速器的换档数据与换档品质。

该车自动变速器的机械结构主要由一个行星齿轮组、三个离合器、两个制动器及一个单向轮组成，其中行星齿轮组是由一个小太阳轮、一个大太阳轮、三个行星齿轮架及齿圈组成的。变速器在工作时，阀体通过油压控制离合器、制动器的动作，以完成液力变矩器和行星齿轮组之间的动力传输。

根据客户的故障描述，通过路试和检测并进行数据流分析与系统原理分析。先用ECU检测仪测试，发现系统中有打滑故障和油温过高现象。然后又进行了油压系统检测，将汽车在举升机上举起，把油压表接到变速器油压测试口上，起动发动机，并把档位挂到D位，怠速时压力为2.5~2.8kg，在发动机转速为2000r/min时压力为4~4.5kg；将档位挂到倒档，怠速时压力为6~8kg，在发动机转速为2000r/min时油压为10~12kg。综上显示，系统压力偏低。根据路试现象及油压测试记录可基本认定为变速器机械故障，因此把ATF放掉，拆下油底壳查看，发现ATF有摩擦片烧蚀气味，油底壳内有金属粒杂物，可以确定里面有摩擦片烧坏和轴承磨损现象，需要通过对变速器的解体来进一步修理。解体后果然发现第三、四档离合器摩擦片烧蚀，倒档制动器摩擦片和钢片都已烧坏变形，倒档制动器活塞被轴承碎片夹破，行星架里的小太阳轮与大太阳轮倒档制动器总成等部件磨损不能再使用，需要更换。

然后又进行了故障技术分析，认为该变速器的故障主要是由于变速器内油温过高引起机件磨损加快，使传动机构的润滑效果下降，导致传动机构过早磨损，在行星齿轮机构发生异常磨损，附近的离合器和制动器发生工作不良，造成系统漏油、油压过低，使前进档和倒档摩擦片烧蚀。

课后思考

1. 丰田A341E自动变速器的行星齿轮机构中的制动器如果出现故障，对自动变速器有什么影响？

2. 与自动变速器相比，CVT有哪些优缺点？

学习单元4　离合器的故障检修

学习目标

1. 掌握自动变速器离合器的基本组成和工作原理。
2. 能正确进行自动变速器离合器的检修。

任务载体

自动变速器的动力传递需要离合器进行连接和动力传递，由于离合器结构和特点不同，在自动变速器的行星齿轮机构上，分别使用了不同类型的离合器。离合器一旦出现故障，应及时检修，避免出现自动变速器打滑等故障。

技能操作

A341E自动变速器离合器的检修

1. 离合器的分解

（1）超速档离合器（C_0）的分解

1）从超速行星架和超速档离合器组件上取下超速档离合器C_0，如图4-48所示。

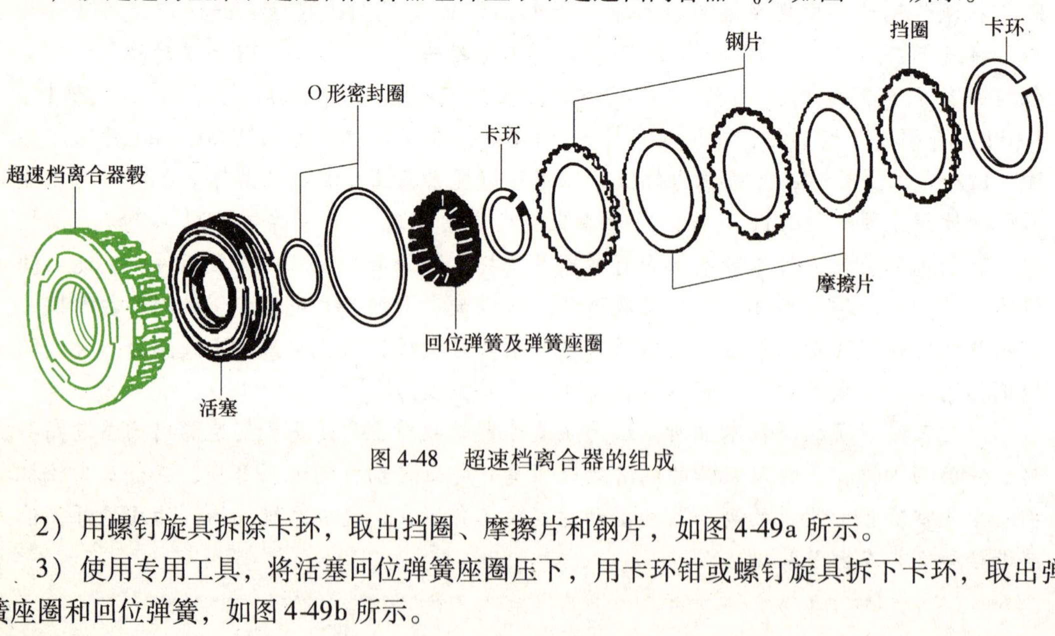

图4-48　超速档离合器的组成

2）用螺钉旋具拆除卡环，取出挡圈、摩擦片和钢片，如图4-49a所示。

3）使用专用工具，将活塞回位弹簧座圈压下，用卡环钳或螺钉旋具拆下卡环，取出弹簧座圈和回位弹簧，如图4-49b所示。

4）先将油泵装在液力变矩器上，再将超速档离合器装在油泵上，按图4-49c所示方法向油道内吹入压缩空气，取出活塞。

5）拆下活塞上的O形密封圈。

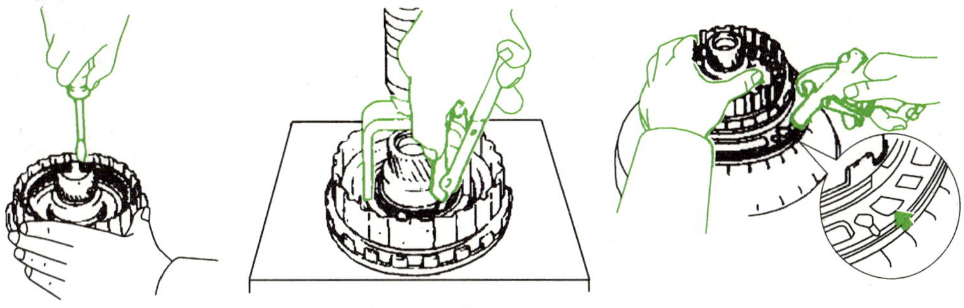

图4-49　超速档离合器的分解

（2）前进档离合器（C_1）的分解　前进档离合器的零、部件组成如图4-50所示。

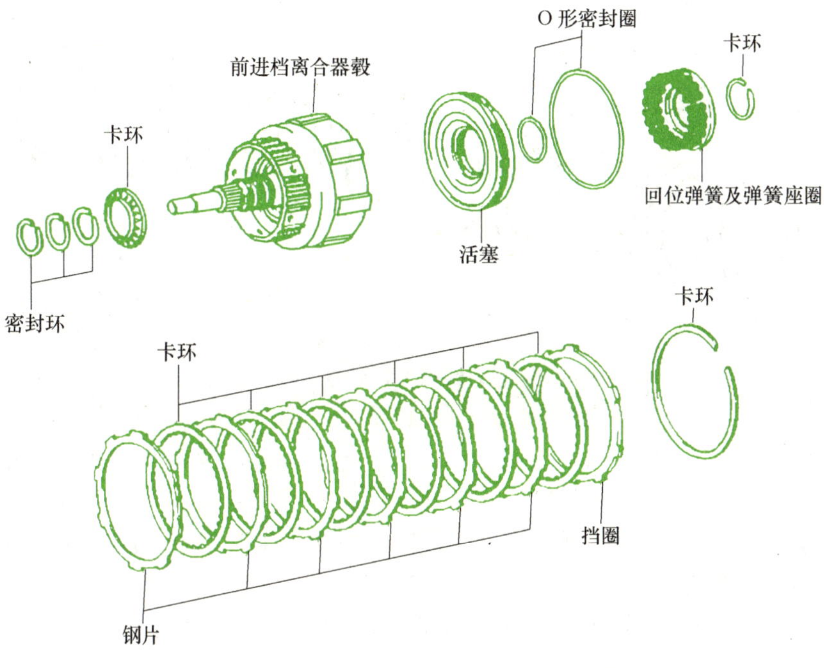

图4-50　前进档离合器的零部件组成

1）用螺钉旋具拆下卡环，取出前进档离合器的挡圈、摩擦片和钢片，如图4-51a所示。

2）使用专用工具，将前进档离合器活塞回位弹簧座圈压下，用卡环钳或螺钉旋具拆下卡环，取出回位弹簧及弹簧座圈，如图4-51b所示。

3）将前进档离合器装在超速档制动器毂上，按图4-51c所示方法向油道内吹入压缩空气，取出前进档离合器活塞。

4）取下活塞内、外圈上的两个O形密封圈及前进档离合器毂前端轴颈上的密封环。

（3）高、倒档离合器（C_2）的分解　高、倒档离合器的零部件组成如图4-52所示。

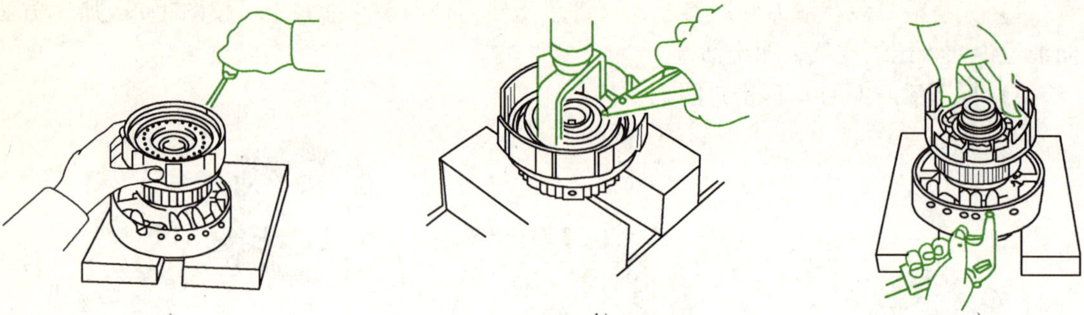

图 4-51　前进档离合器的分解

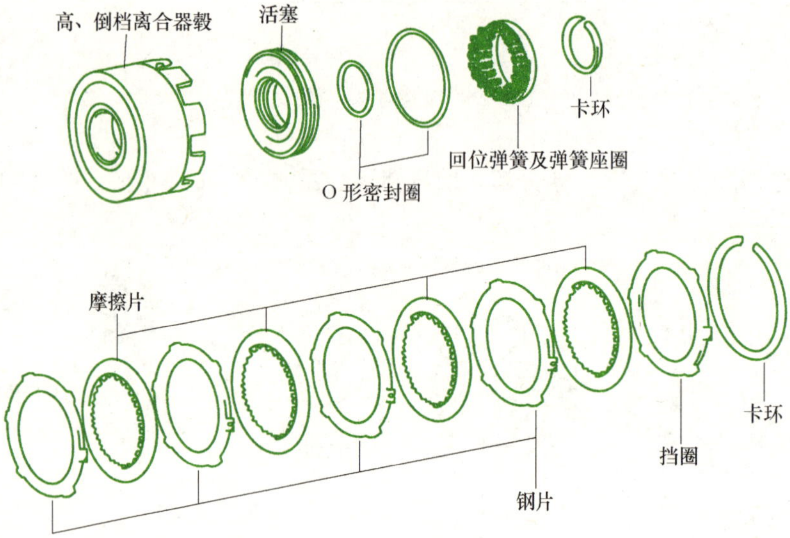

图 4-52　高、倒档离合器的零部件组成

1）用螺钉旋具拆下卡环，取出高、倒档离合器的挡圈、摩擦片和钢片，如图 4-53a 所示。

2）使用专用工具，将高、倒档离合器活塞回位弹簧座圈压下，用卡环钳或螺钉旋具拆下卡环，取出回位弹簧及弹簧座圈，如图 4-53b 所示。

3）将高、倒档离合器装在超速档制动器毂上，按图 4-53c 所示方法向油道内吹入压缩空气，取出活塞。

4）取下活塞内、外圈上的两个 O 形密封圈。

2. 离合器的检验和装配

1）检查离合器的摩擦片，如有烧焦、表面粉末冶金层脱落或翘曲变形，应及时更换。许多自动变速器的摩擦片表面上印有符号，若这些符号已被磨去，说明摩擦片已磨损至极限，应更换。也可以测量摩擦片的厚度，若小于极限厚度，则应更换。

2）检查钢片，如有磨损或翘曲变形，应更换。

3）检查挡圈的摩擦面，如有磨损，应更换。

4）检查离合器和制动器的活塞，其表面应无损伤或拉毛，否则应更换新件。

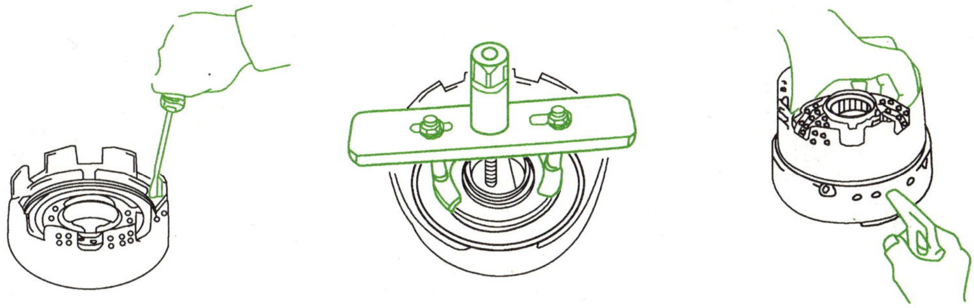

a)　　b)　　c)

图 4-53　高、倒档离合器的分解

5）检查离合器活塞上的单向阀，其球阀应能在阀座内活动自如，用压缩空气或煤油检查单向阀的密封性，如图 4-54 所示，从液压缸一侧向单向阀内吹气，密封应良好，如有异常，应更换活塞。

6）检查离合器毂，其液压缸内表面应无损伤或拉毛，与钢片配合的花键槽应无磨损。如有异常，应更换新件。

7）测量活塞回位弹簧的自由长度，并与表 4-5 比较。若弹簧的自由长度过小或有变形，应更换新弹簧。

8）更换所有离合器液压缸活塞上的 O 形密封圈及轴颈上的密封环，新的密封圈或密封环应涂上少许液压油后装入。

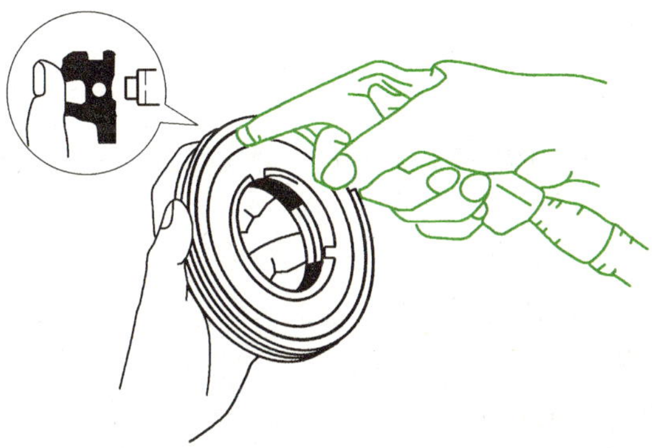

图 4-54　离合器活塞单向阀密封性的检查

9）在装配离合器之前，应将所有零件用清洁的煤油清洗干净，油道、单向阀孔等处要用压缩空气吹净，不能被脏物堵住。

表 4-5　A341E 和 A342E 自动变速器的离合器检修标准

离合器的名称	代　号	弹簧自由长度标准/mm	自由间隙/mm
超速档离合器	C_0	15.8	1.45 ~ 1.70
前进档离合器	C_1		0.70 ~ 1.00
高、倒档离合器	C_2	24.35	1.37 ~ 1.60

10）按照与分解相反的顺序装配各个离合器和制动器，在装配时应注意以下几点：

①装配前应在所有配合零件表面上涂少许 ATF。

②更换摩擦片时，应将新的摩擦片放在干净的液压油中浸泡 30min 后安装。

③安装回位弹簧座圈的卡环时，应确认卡环已落在弹簧座圈上的凸爪内，保证安装到位，如图 4-55a 所示。

④摩擦片和钢片要按拆卸时的顺序交错排列，摩擦片和钢片原则上没有方向性，正反面都可安装。在安装挡圈时，有台阶的一面应朝上，让平整的一面与摩擦片接触，如图 4-55b 所示。

有碟形环的离合器应将碟形环放置在下边第一片的位置上，使之与活塞接触，并使碟形环的凹面向上，如图 4-55c 所示。

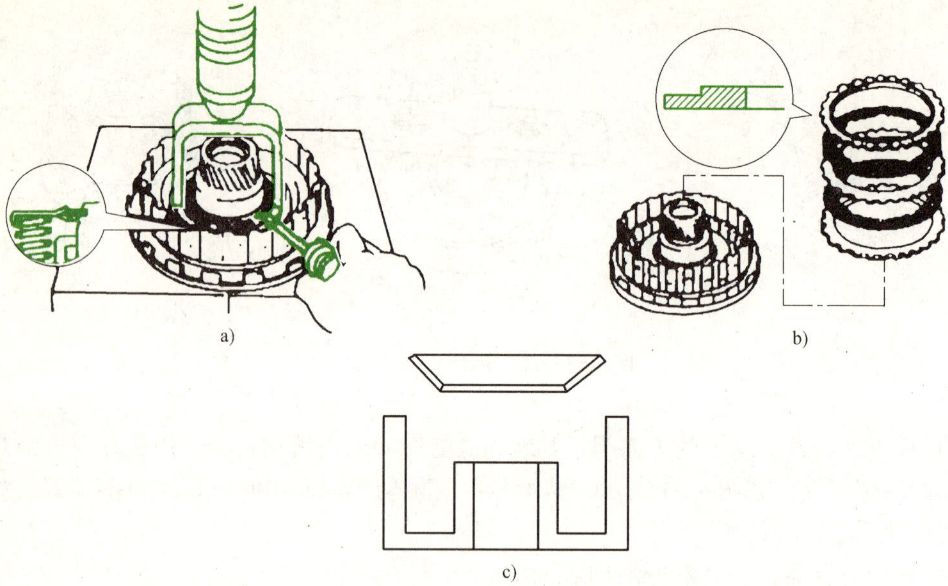

图 4-55　离合器的装配

⑤每个离合器装配后，都应检查活塞的工作是否正常。可按照分解时的方法，向油道内吹入压缩空气，检查活塞能否向上移动，将钢片和摩擦片压紧，如图 4-56a 所示。若吹入压缩空气后活塞不能移动，应检查漏气的部位，分解修复后再重新安装。

⑥用塞尺测量离合器的自由间隙，如图 4-56b 所示，也可按图 4-56c 所示方法，用千分表测量离合器的自由间隙，若自由间隙不符合标准，见表 4-5，可采用更换不同厚度挡圈的方法来调整。

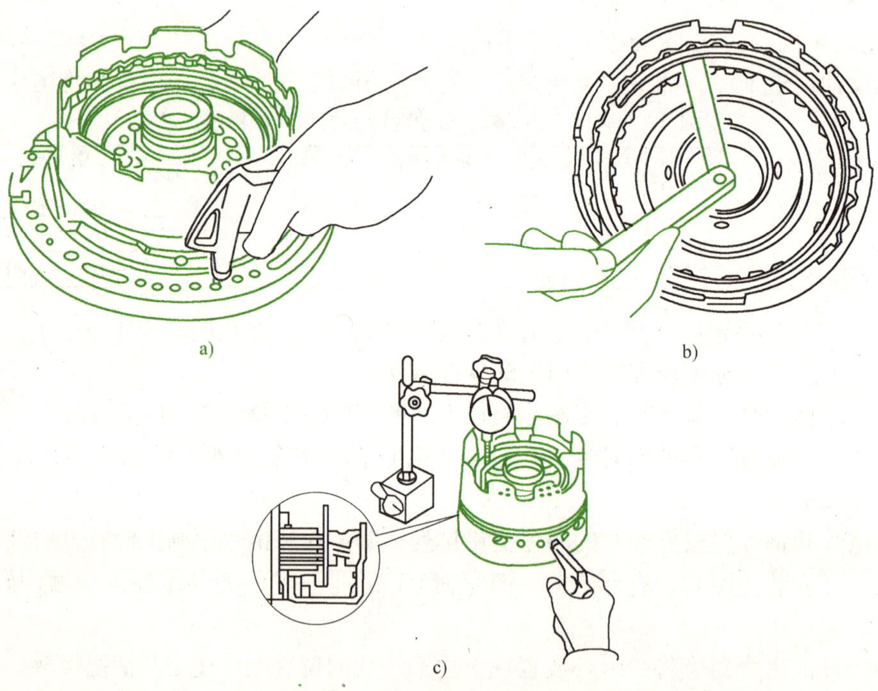

图 4-56　离合器装配后的检查

3. 单向离合器的检验和装配

见前面关于行星齿轮机构的故障检修。

知识链接

1. 离合器的功用和种类

离合器用于连接行星齿轮变速器的输入轴和行星排的某个基本元件，或者把行星排的某两个基本元件连接起来，成为一个整体传递动力，主要有多片离合器、单向离合器和超越离合器等类型。

2. 离合器的结构及检修

离合器是自动变速器最重要的换档执行元件，A341E 自动变速器的离合器是湿式多片离合器，并由离合器毂、离合器活塞、回位弹簧、弹簧座、钢片、摩擦片、调整垫片、离合器毂和密封圈组成，如图 4-57 所示。

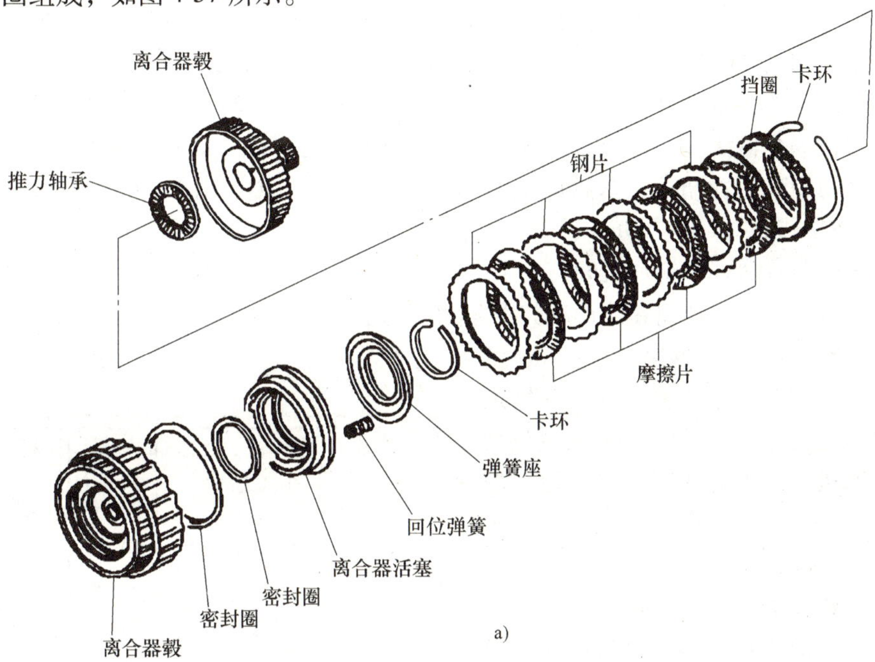

a)

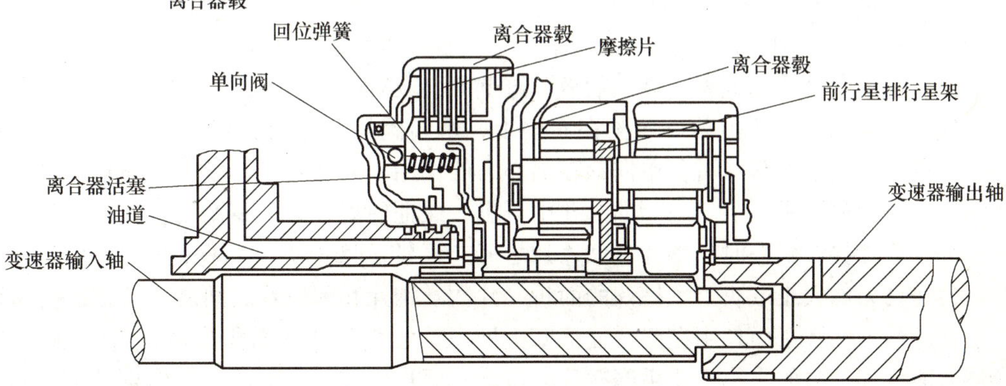

b)

图 4-57　离合器

a）离合器组成　b）离合器工作原理图

离合器活塞安装在离合器鼓内。它是一种环状活塞，由活塞内、外圈上的两个O形密封圈密封，使它和离合器鼓形成一个封闭的环状液压缸，通过离合器鼓内轴颈上的进油孔和控制油道相连通。钢片和摩擦片交错排列，两者统称为离合器片。钢片外花键齿安装在离合器鼓的内花键齿圈上，它可沿齿圈键槽轴向移动；摩擦片由它的内花键齿与离合器毂的外花键齿连接，也可沿键槽轴向移动。摩擦片的两面均为摩擦系数较大的铜基粉末冶金层或合金纤维层。

离合器鼓或离合器毂分别以一定的方式和变速器输入轴或行星排的某个基本元件相连接，一般离合器鼓为主动件，离合器毂为从动件。由控制阀控制的液压油进入离合器液压缸时，作用在离合器活塞上的液压油的压力推动活塞，使它克服回位弹簧力而移动，把所有钢片和摩擦片压紧在一起；钢片和摩擦片之间的摩擦力使离合器鼓和离合器毂连接成为整体，而与离合器鼓和离合器毂连接的输入轴或行星排的基本元件也被连接在一起，这时离合器处在接合状态。

当液压控制系统把作用在离合器液压缸内的液压油解除后，离合器活塞在回位弹簧作用下压回液压缸的底部，这时液压油从进油孔排出。这时钢片和摩擦片分离，它们之间无作用力，离合器鼓和离合器毂可以朝不同的方向或以不同的转速旋转，离合器处于分离状态。离合器分离后，离合器活塞和离合器片或离合器片与卡环之间有一定的轴向间隙，以保证钢片和摩擦片之间无任何轴向力，这种间隙称为离合器自由间隙。间隙大小可用挡圈的厚度调整，一般这种间隙为0.5~2.0mm。

有些离合器在活塞和钢片之间有一个碟形环，碟形环有一定的弹性，它可以减缓离合器接合时的冲击。离合器挡圈和碟形环如图4-58所示。

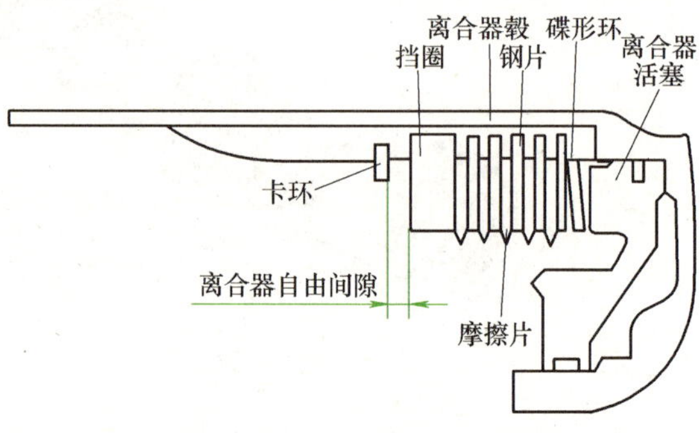

图4-58 离合器挡圈和碟形环

当离合器分离时，液压缸内仍有少量液压油。由于离合器鼓随变速器输入轴或行星排某一元件一同旋转，残留在液压缸内的液压油在离心力的作用下会被甩向液压缸外缘处，并在该处产生油压。如果离合器鼓转速很高，这一压力可能推动离合器活塞压向离合器片，使离合器处于半接合状态，会使钢片和摩擦片之间接触而发生磨损，影响离合器的寿命。为防止这种情况发生，在离合器活塞或离合器鼓的液压缸壁面上设有一个单向阀。当液压油进入液压缸时，单向阀钢球在油压的推动下压紧在阀座上，单向阀处在关闭状态，保证了液压缸的密封；当液压缸内的油压解除后，单向阀在离心力的作用下离开阀座，使单向阀开启，残留的液压油在离心力的作用下从单向阀的阀孔中流出，保证使离合器分离彻底。

当离合器在接合状态时，钢片和摩擦片之间有足够的摩擦力，以保证传递动力不打滑。离合器传递动力的大小取决于摩擦片的面积、片数及钢片和摩擦片之间的压紧力；钢片和摩擦片之间压紧力的大小由作用在离合器活塞上液压油压力和活塞面积决定。当压力一定时，离合器所能传递动力的大小主要由摩擦片的数量和面积决定。一般离合器摩擦片的片数为2~6片，钢片片数应等于或多于摩擦片的片数，以保证每个摩擦片的两面都有钢片。生产厂家通过增减离合器摩擦片的片数来组成不同型号的自动变速器，以满足不同排量车型需要。

在这种情况下，减少或增加摩擦片的片数，要相应减少或增加钢片的片数或增减调整片的厚度，以保持离合器有一定的自由间隙。

（1）多片离合器　多片离合器的功能之一是进行动力切换，变速器的输入动力来自变矩器涡轮轴，为了实现档位状态的变化，必须要把输入动力接通到行星齿轮机构的某一主动件上，比如把动力接通到太阳轮，但在另一档位又必须把同一输入动力接通至行星架。接通输入动力和机构中某一构件的桥梁就是多片离合器，通过多片离合器，既可以把传动路线导通，也可将其断开。

多片离合器的功能之二是固定行星齿轮机构的某一构件，在这种情况下又把它称为制动器。在日本丰田公司制造的自动变速器中，其行星齿轮机构的变速执行元件中没有制动带，取而代之的是多片离合器。把多片离合器的一端和机构中的某一构件连接，而另外一端则和变速器壳体连接。

图4-59所示的为多片离合器组件，它包括一些带有摩擦材料的盘片和一些钢制盘片，摩擦片和钢片交替地安装在离合器毂内。摩擦片的工作面上有粗糙的摩擦材料，而钢片表面光滑，没有摩擦材料。油压通过离合器毂内的活塞作用，把摩擦片和钢片紧压在一起，使离合器处于接合状态。如果油压被消除，则回位弹簧使活塞回位，而使离合器处于分离状态。通常两组片子中摩擦片的内缘有内花键，而钢片的外缘有外花键，钢片的外花键和主动轴的离合器毂的内花键相配合，摩擦片的内花键则和从动轴的外花键相配合。当离合器接合时，主动件通过多片离合器把动力传递给被动件。当油压作用在活塞上时，每一组片子的正压力都是相等的，片子数越多，油压越高，离合器可传递负荷的能力也越大。

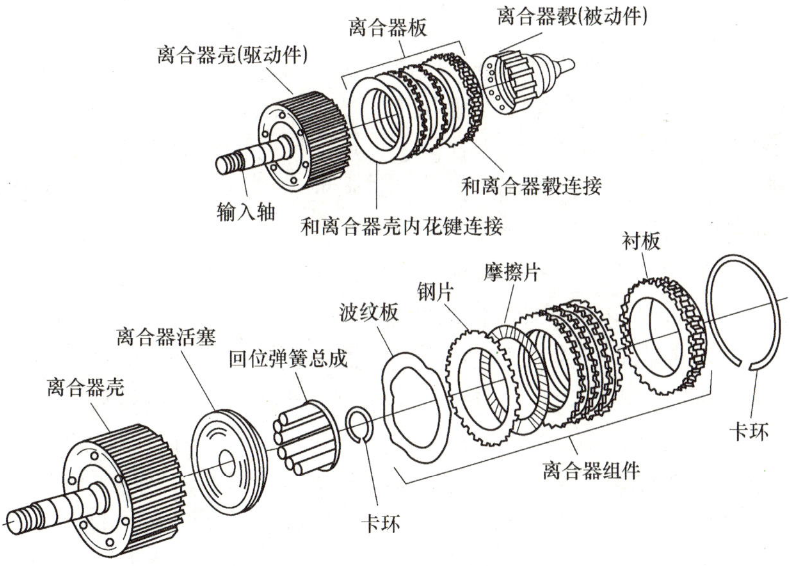

图4-59　多片离合器组件

多片离合器还包括一个或多个回位弹簧、回位弹簧座、油封、一个或多个压盘和挡圈。对多片离合器分离状态时的摩擦片和钢片的间隙，不同型号的自动变速器的标准不尽相同，通常在1.8~2.2mm范围内。由于在接合过程中存在片间滑磨，间隙变大也在情理之中，当间隙超过设定的极限间隙后，换档过程的时间将会延长，严重时将会引起发动机“飞车”或“掉速”现象，产生换档冲击。过量的片间滑转，会引起钢片表面的高温烧蚀现象，烧蚀后的钢片会引起变形和表面硬度退化，既加速磨损又影响力矩的传递能力。钢片烧蚀一般是由于负载过大，活塞作用油压不足以把钢片和摩擦片压紧（锁止）而引起的。

当多片离合器分离时，停止向活塞供给油压，并将其排泄。活塞在回位弹簧的作用下返回初始位置，使主、从动片让出间隙，从而使其分离。当处于分离状态时，为了解除活塞上的残留油压，在离合器上设置一个离心式单向阀，通过离心力把单向阀打开，使部分残留油压迅速地从这里泄出，防止片间的拖滞现象发生。当活塞作用油压时，单向阀自行关闭，保证足够压力使多片离合器接合，如图 4-60 所示。

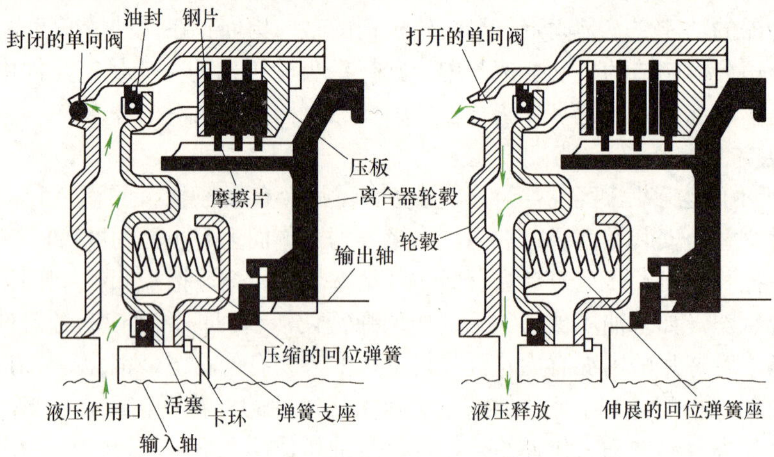

图 4-60　多片离合器的作用和释放

离合器的活塞回位弹簧通常有三种：中央一个大螺旋弹簧，周边布置几个小螺旋弹簧，一个碟形弹簧。其中周边布置几个小螺旋弹簧的结构是最多的。设置回位弹簧的目的是让活塞回位，但并非弹簧力越大越好，因为在活塞作用油压时，其中一部分作用力要抵消在弹簧预紧力上，弹簧回位力越大，活塞作用油压要抵消的力也越大，其结果使离合器片间的正压力减弱，影响力矩传递能力。这就是经常在一些弹簧座上缺少几个弹簧的原因。出厂时活塞回位弹簧力已进行测试，使弹簧力既可保证活塞彻底回位，同时又避免弹簧回位力过大。

（2）单向离合器和超越离合器　自动变速器中单向离合器是一种固定装置，它的功能和制动带相似。制动带能够在两个方向锁止制动器毂旋转，而单向离合器只能在单个方向锁止，在另一个方向则能自由转动。单向离合器的内、外圈中有一件是直接和壳体固定的，另外一件则和行星齿轮机构的某一构件连接。在自动变速器中常用的单向离合器有两种不同的形式，分别是滚柱式单向离合器和凸块式单向离合器，如图 4-61 所示。

滚柱式单向离合器利用弹簧把滚柱固定在离合器内、外座圈之间的适当位置。外座圈的内表面有若干个凸轮状缺口，滚柱在弹簧力的作用下，使其介于内座圈和缺口表面之间。当某一座圈固定，而另一座圈以一定方向转动时，滚柱楔紧在缺口滚道的狭窄端，则旋转座圈也锁止。当该座圈朝相反方向旋转时，滚柱朝缺口滚道较宽端运动，滚柱和缺口滚道无楔紧趋势，该座圈能自由转动。凸块式单向离合器包括内、外座圈和介于座圈间的 8 字形的金属凸块。当其中一个座圈固定，而另一个座圈往某一方向旋转时，其结果使 8 字形凸块竖起，楔紧内外座圈表面，则旋转座圈锁止。当该座圈以相反方向旋转，使凸块倒下，没有楔紧内外座圈表面的趋势，那么该座圈可以自由转动。

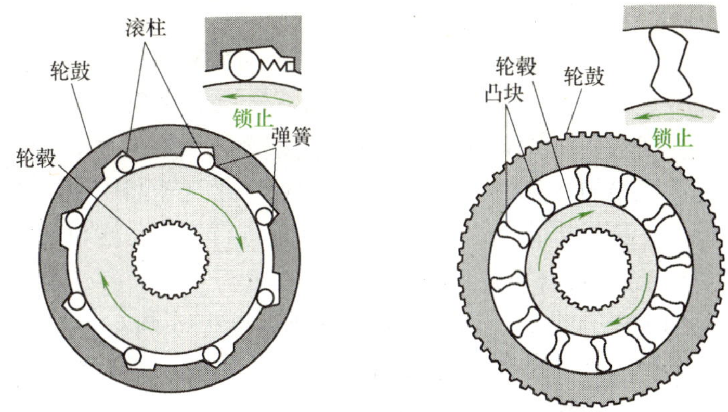

a)　　　　　　b)

图 4-61　两种结构的单向离合器

a）滚柱式单向离合器　b）凸块式单向离合器

超越离合器尽管结构形式和单向离合器完全相同，但它的作用方式有较大区别。超越离合器的内外座圈分别和运动的部件相连，它的所谓“锁止”或“超越”不仅取决于内外座圈的旋转方向，而且取决于内、外座圈的相对速度。超越离合器一般安装位置是介于输入动力和行星齿轮机构某构件之间，其功能类似于多片离合器，但多片离合器的接合与释放借助于活塞上的作用油压，而超越离合器是纯机械控制，图 4-62 所示为超越离合器在内外座圈不同速度下离合器的锁止和超越状态。当内座圈转速大于外座圈转速时，则离合器超越，即内外座圈各自按原有转速旋转，相互间无干扰。当内座圈转速小于外座圈转速时，则离合器锁止。注意上述判定条件都是图示的结构所决定的。假若 8 字形凸块倒向另外一个方向（即把离合器水平旋转 180°），上述的结果正好都相反。

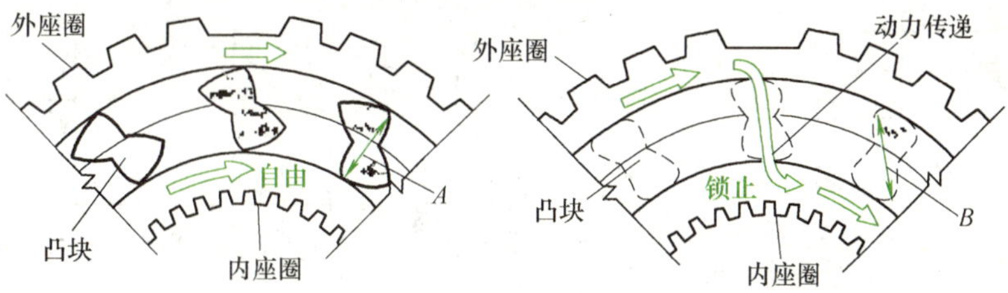

内座圈转速>外座圈转速　　　　内座圈转速<外座圈转速

图 4-62　超越离合器在内、外座圈不同速度下离合器的锁止和超越状态

知识与能力拓展

大众的 DSG 02E

DSG（Direct Shift Gearbox）中文表面的意思为“直接换档变速器”，DSG 有别于一般的半自动变速器系，它基于手动变速器而不是自动变速器，因此，它也是 AMT（机械式自动变速器）的一员。

DSG 是目前世界上很先进的变速器，最大的特点在于它采用了双离合器。大众 02E 是六速自动和 Tiptronic 模式，由 BORG WARNER 为大众集团开发的，从 2003 年 7 月开始投产，在帕萨特、高尔夫、途安和捷达等车上使用，新款奥迪 TT 和奥迪 A3 也有使用，但奥迪叫它 STRONIC。

从原理上来说，DSG 02E 采用了两个功能完整的手动齿轮箱的形式。它们并排连接，共用一个差速器（两个齿轮箱放在一个壳子里）。发动机转矩由两个变速器通过两个离合器来分摊。一个齿轮箱选择偶数档位，而另一个齿轮箱选择奇数档位。每个档位都配有一个传统的同步器和一个手动齿轮箱的变速杆，这和普通的 VW 手动变速器中使用的相同。变速杆可以互相独立地变换档位，这意味着档位可以不受限制地进行选择，这包括从偶数档转换到偶数档，以及从奇数档转换到奇数档的操作。

DSG 02E 的组成如图 4-63 所示。DSG 的运行原理如图 4-64 所示。

图 4-63　DSG 02E 的组成

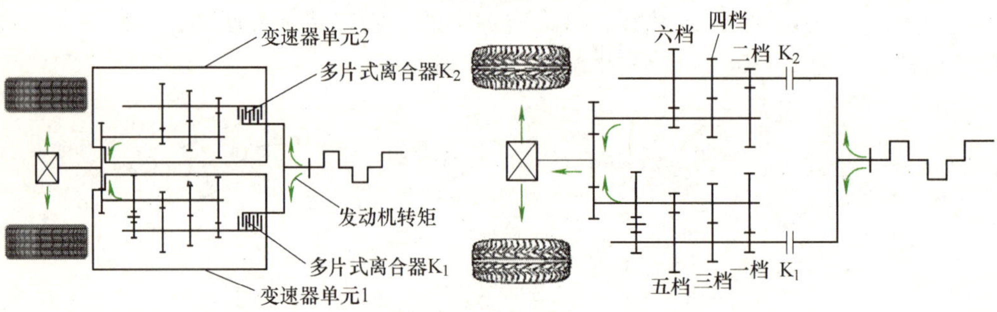

图 4-64　DSG 的运行原理

案例剖析

自动变速器某一档位无动力输出的故障案例分析

故障现象：某车采用四档辛普森自动变速器，由于 B_3 损坏而造成无 R 位，经拆检修复后，反而出现 D 位和二位均无动力输出。

故障分析与排除：初步判断为 C_1 和 F_2 故障。先进行试车看有无 R 位和 L 位。将变速杆置于 R 位，动力输出正常，说明油压正常，排除了由于油压低导致 C_1 工作不正常的可能。再将变速杆置于L位，动力输出正常，由此可以判断故障是由于F_2所致。

当变速杆在动力档时，变速器都是在一档起步，当F_2有故障时，变速杆在D位和二档时没有一档，而L位由于有B_3工作，可以起到F_2的作用，即防止后排行星架逆时针转动，所以有一档。

经拆检后发现F_2装反了，这是由于上次维修时工作人员的失误所造成的。重新安装F_2后故障消除。

课后思考

1. 自动变速器的离合器和单向离合器能否互换？为什么？
2. 总结一下，CVT和自动变速器相比有什么优缺点？

学习单元5　液力变矩器的故障检修

学习目标

1. 掌握自动变速器液力变矩器的基本组成和工作原理。
2. 能正确进行液力变矩器的检修。

任务载体

轿车自动变速器的液力变矩器外壳都是采用焊接式的整体结构，不可分解。液力变矩器内部除了导轮的单向离合器和锁止离合器压盘之外，没有互相接触的零件，因此在使用中基本上不会出现故障，液力变矩器的维修工作主要是清洗和检查。

技能操作

液力变矩器的检查与清洗

1. 液力变矩器的检查

1）检查液力变矩器外部有无损坏和裂纹、轴套外径有无磨损、驱动油泵的轴套缺口有无损伤，如有异常，应更换液力变矩器。

2）检测单向离合器。如图4-65所示，装上维修专用工具，使其贴合在液力变矩器毂缺口和单向离合器的外座圈中，转动驱动杆，检查单向离合器工作是否正常，在逆时针方向转动时应锁住，而在顺时针方向应能自由转动。如有异常，说明单向离合器损坏，应更换液力变矩器。

3）测量传动板偏摆并检测齿圈。安装百分表，测量传动板偏摆，其最大偏摆量不超过0. 20mm。

4）测量液力变矩器轴套偏摆。暂时将液力变矩器装在传动板上，安装百分表，如图4-

66所示。如偏摆量超过0.30mm，可通过重新调整液力变矩器的安装方位进行校正，并在校正后的位置上做一记号，以保证安装正确。若无法校正，应更换液力变矩器。

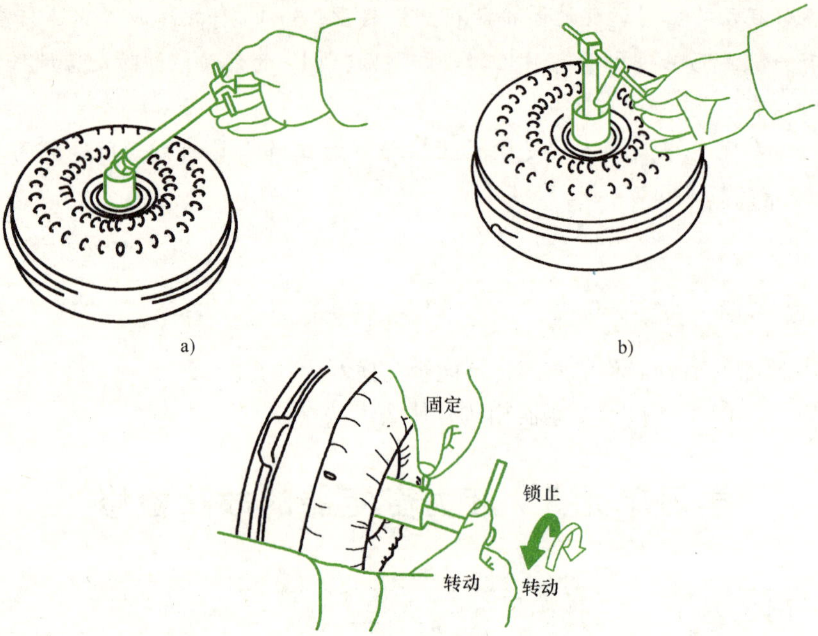

图4-65　检测单向离合器

5）检查液力变矩器的安装情况。用卡尺和直尺测量液力变矩器安装面至自动变速器壳体正面的距离，应为17.1mm。若距离小于标准值，则应检查是否由于安装不当所致。

2. 液力变矩器的清洗

1）倒出液力变矩器中残余的液压油。

2）向液力变矩器内加入2L干净的液压油，摇动液力变矩器，以清洗其内部，然后将液压油倒出。

3）再次向液力变矩器内加入2L干净的液压油，清洗后倒出。

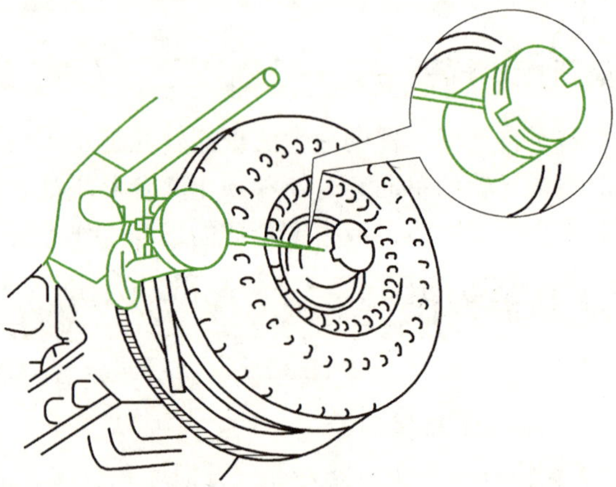

图4-66　测量液力变矩器轴套偏摆量

知识链接

1. 液力变矩器的组成

液力变矩器由泵轮、涡轮和导轮三个基本元件组成。如图4-67所示，一般变矩器的壳焊接成不可拆分的整体，三个元件装在这个封闭的壳体内，称为变矩器总成。变矩器壳体用螺栓与发动机飞轮连接在一起，壳体内焊有泵轮叶片。把花键涡轮与齿轮变速器的输入轴相连。导轮位于泵轮和涡轮之间，与泵轮和涡轮保持一定的轴向间隙，并通过导轮固定套固定在变速器壳体上。泵轮、涡轮和导轮三者之间没有机械联系。为保证液压油的良好循环，泵轮、涡轮和导轮的叶片都弯曲成一定的弧度并径向倾斜排列。壳体与泵轮随发动机转动，作为发动机的动力输入，壳体内充满液压油。

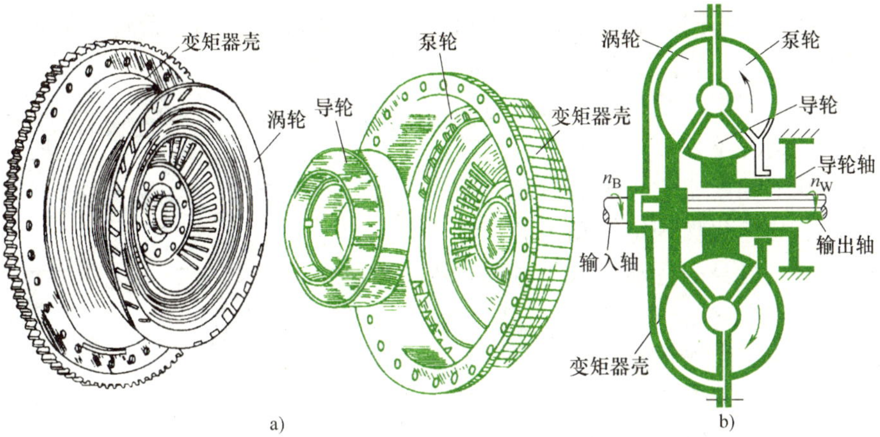

图 4-67　液力变矩器的组成

2. 液力变矩器的工作原理

（1）动力的传递　当液力变矩器工作时，壳体内充满 ATF，发动机带动壳体旋转，壳体带动泵轮旋转，泵轮的叶片将 ATF 带动起来，并冲击到涡轮的叶片；如果作用在涡轮叶片上的冲击力大于作用在涡轮上的阻力，涡轮将开始转动，并使机械变速器的输入轴一起转动。由涡轮叶片流出的 ATF 经过导轮后再流回到泵轮，形成如图 4-68 所示的循环流动。

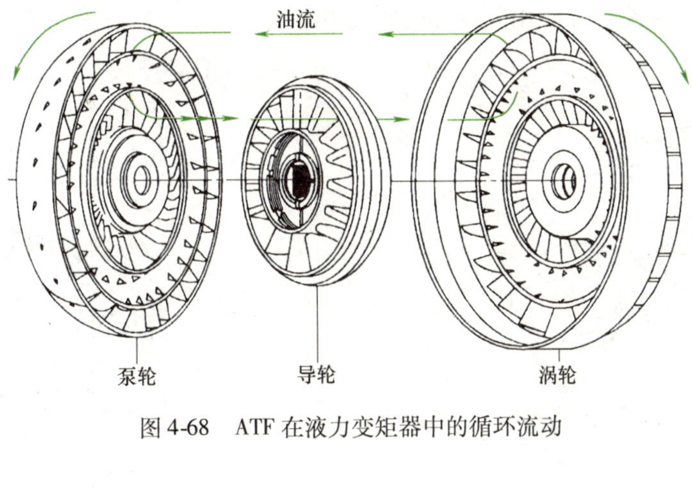

图 4-68　ATF 在液力变矩器中的循环流动

具体来说，上述 ATF 的循环流动是两种运动的合运动。当液力变矩器工作，泵轮旋转时，泵轮叶片带动 ATF 旋转起来，ATF 绕着泵轮轴线做圆周运动；同样随着涡轮的旋转，ATF 也绕着涡轮轴线做圆周运动。旋转起来的 ATF 在离心力的作用下，沿着泵轮和涡轮的叶片从内缘流向外缘。当泵轮转速大于涡轮转速时，泵轮叶片外缘的液压大于涡轮叶片外缘的液压。因此，ATF 在做圆周运动的同时，在上述压差的作用下由泵轮流向涡轮，再流向导轮，最后返回泵轮，形成在液力变矩器环形腔内的循环运动。

（2）转矩的放大　在泵轮与涡轮的转速差较大的情况下，由涡轮甩出的ATF以逆时针方向冲击导轮叶片，如图4-69所示，此时导轮是固定不动的，因为导轮上装有单向离合器，它可以防止导轮逆时针转动。导轮的叶片形状使得ATF的流向改变为顺时针方向流回泵轮，即与泵轮的旋转方向相同。泵轮将来自发动机和从涡轮回流的能量一起传递给涡轮，使涡轮输出转矩增大。液力变矩器的转矩放大倍数一般为2.2左右。

液力变矩器的变矩特性只有在泵轮与涡轮转速相差较大的情况下才成立，随着涡轮转速的不断提高，从涡轮回流的ATF会按顺时针方向冲击导轮。若导轮仍然固定不动，ATF将会产生涡流，阻碍其自身的运动。为此绝大多数液力变矩器在导轮机构中增设了单向离合器，也称为自由轮机构。当涡轮与泵轮转速相差较大时，单向离合器处于锁止状态，导轮不能转动。当涡轮转速达到泵轮转速的85%～90%时，单向离合器导通，导轮空转，不起导流的作用，液力变矩器的输出转矩不能增加，只能等于泵轮的转矩，此时称为耦合状态。

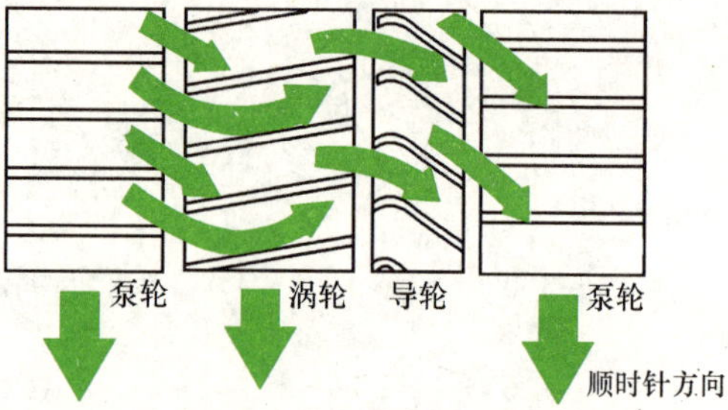

图4-69　液力变矩器转矩放大原理

液力变矩器的工作原理可以通过一对电扇的工作来描述。如图4-70所示，将电扇A通电，将气流吹动起来，并使未通电的电扇B也转动起来，此时动力由电扇A传递到电扇B。为了实现转矩的放大，在两台电扇的背面加上一条空气通道，使穿过电扇B的气流通过空气通道的导向，从电扇A的背面流回，这会加强电扇A吹动的气流，使吹向电扇B的转矩增加。即电扇A相当于泵轮，电扇B相当于涡轮，空气通道相当于导轮，空气相当于ATF。

液力变矩器的液流如图4-71所示，由图可以看出，涡轮回流的ATF经过导轮叶片后改变流动方向，与泵轮旋转方向相同，从而使液力变矩器具有转矩放大的功用。

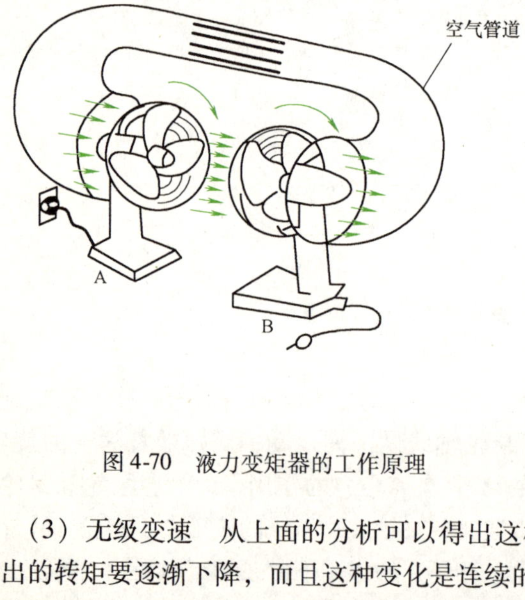

图4-70　液力变矩器的工作原理

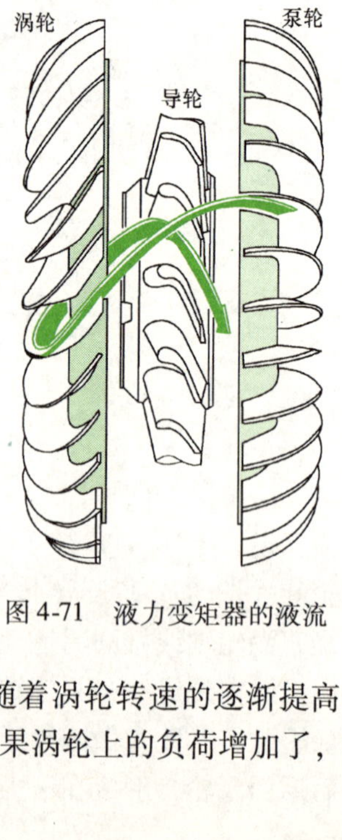

图4-71　液力变矩器的液流

（3）无级变速　从上面的分析可以得出这样的结论：随着涡轮转速的逐渐提高，涡轮输出的转矩要逐渐下降，而且这种变化是连续的。同样，如果涡轮上的负荷增加了，涡轮的转速要下降，而涡轮输出的转矩增加正好适应负荷的增加。

知识与能力拓展

液力自动变速器控制技术

液力自动变速器的基本形式是液力变矩器与动力换档的旋转轴式机械变速器串联。因它具有对外负载良好的自动调节和适应性，使车辆起步平稳、加速均匀，其减振作用降低了传动系统的动载和扭振，延长了传动系统的使用寿命，提高了乘坐舒适性、行驶安全性、通过性以及车辆的平均速度。自动变速器的效率低于机械变速器一直是困扰其发展的一个重要原因。为解决这个问题，液力自动变速器历经采用多元件工作轮液力变矩器、闭锁离合器，增加行星齿轮变速器档位、电子控制等多种方法，使之综合经济性能得到提高。其中最有效的是最近十年来，在控制方面大量应用电子技术，使液力自动变速器的性能上了一个新的台阶。这方面的主要工作有换档点的控制、变矩器闭锁离合器的控制和换档质量的控制等。

一个典型的液力自动变速器控制系统如图4-72所示，主要包括输入信号传感器及开关、电子控制单元和输出执行器件。传感器有与电子燃油喷射发动机控制系统共用的发动机转速、负荷、温度传感器，测量变速器输出转速的传感器以及变速杆位置、换档模式、强制低档开关等。电子控制单元由I/O接口、CPU和存储器（RAM/ROM）组成，其作用是决定最佳档位及变矩器是否闭锁，而动作的实现则依靠电磁液压阀。

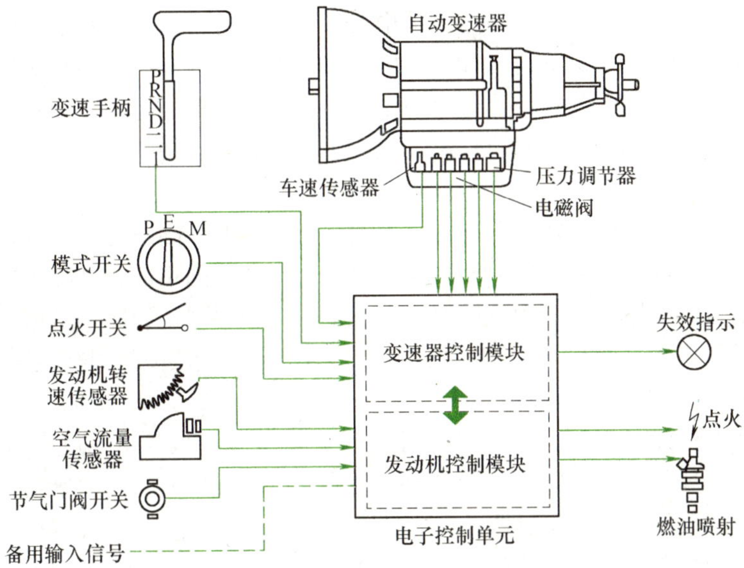

图4-72　液力自动变速器控制系统

1. 换档点的控制

换档点是变速器输出转速、发动机负荷、变速杆位置开关和换档模式开关的函数。例如驾驶人可以将变速杆置于D位和选取E（经济）模式，则换档点由图4-73所示的换档图所决定。图中横坐标为变速器输出转速（相当于车速），纵坐标为发动机节气门开度（相当于负荷），图中曲线1-2、2-3、3-4对应于升档时的换档点，而曲线4-3、3-2、2-1对应于降档时的换档点。当车速增加时，只要发动机负荷和变速器输出转速所决定的工况点向右越过了相应的升档曲线，变速器自动升一档。而车速下降时，只要发动机负荷和变速器输出转速所决定的工况点向左越过了相应的降档曲线，变速器自动降一档。由曲线形状可看出，发动机负荷大，升档或降档时的车速相应也就越高，以保证汽车大负荷低档行驶时的动力性。因控制单元存储器空间的限制，换档图中的升降档曲线不像液压控制方式那样，曲线呈连续光滑形状，而往往呈阶状。

2. 闭锁离合器的控制

为提高自动变速器的效率，可对液力变矩器实施闭锁，闭锁工作由闭锁离合器来完成，它受发动机负荷、输出转速、档位和换档模式共同控制。

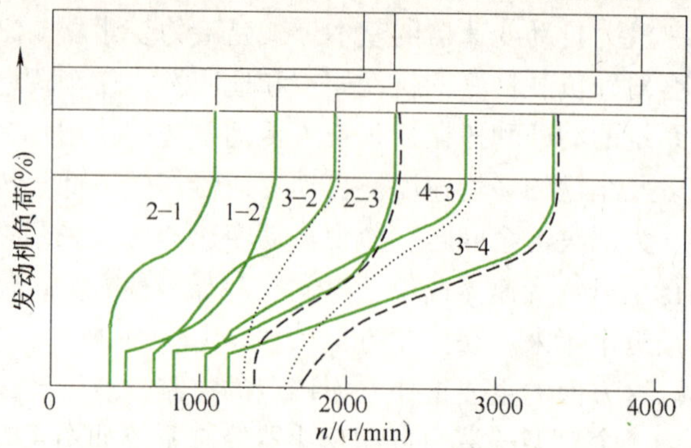

图 4-73　自动变速器换档图

对闭锁离合器均采用电子控制的方法，即由电磁感应式传感器提供变速器输出转速信号，节气门位置开关提供发动机负荷信号，再加上变速杆位置和模式开关信号，一并传给控制单元进行处理和控制。执行元件包括开关式电磁阀及脉冲式电磁阀，后者主要是控制闭锁离合器活塞作用油压大小，以改善由液力传动转到机械传动的舒适性。闭锁离合器的锁止虽在各档都可进行，但实际上仅限于在三档和四档。当发动机负荷和变速器输出转速所决定的工况点向右越过了虚线，闭锁离合器锁止，从液力传动转入机械传动。而由于车速下降或发动机负荷增加的原因，当发动机负荷和变速器输出转速所决定的工况点向左越过了点线，则闭锁离合器分离，由机械传动变为液力传动。但在两种传动工况转变过程中，由于转速比的变化引起所传递转矩产生一个阶跃，使得传动系统出现动载，影响乘坐舒适性。因此，闭锁工况点的选取成为关键问题。

采用脉冲式电磁阀可以很好地解决这个问题。脉冲式电磁阀由电磁线圈、衔铁和阀芯等组成，其作用是控制油路中油压的大小。与普通开关式电磁阀不同之处在于控制脉冲式电磁阀工作的电压信号不是恒定不变的电压信号，而是一个频率固定的脉冲电压信号。电磁阀在脉冲电压信号的作用下不断地开启和关闭泄油孔。ECU 通过改变脉冲的宽度，或者说每个脉冲周期内电流接通和断开的时间比例，即为占空比（定义为在一个脉冲周期内，通电的时长为 A，断电的时长为 B，则占空比 $=A/(A+B)\times100\%$，故其变化范围为 0～100%）来改变电磁阀开启和关闭的时间比例，而达到控制油路压力的目的。占空比越大，经电磁阀泄出的液压油就越多，油路压力就越低；反之，占空比越小，油路压力就越高。

为了利用液力变矩器传力柔和的特点，在换档时也可短时间地分离闭锁离合器，使液力变矩器起作用。

3. 换档质量的控制

换档质量主要取决于行星齿轮啮合时的平顺性。图 4-74 所示为行星齿轮变速器简图，二档由前行星排的高速档与后行星排的一档组合而得，需参加工作的操纵元件为 C_2、B_0 和 F_2。三档是由前行星排的低速档与后行星排的二档组合而成的，需参加工作的操纵元件为 C_0、C_1、B_2、F_0 和 F_1。当二档换至三档时必须使两个行星排在相反方向上保持同步，也就是说变速器由二档换至三档时，前行星排必须升档，而后行星排必须降档，两者需同时进行，这里的关键是制动器 B_0 的放松和 B_2 的接合要同时进行，否则就造成换档干涉或动力短时间中断。

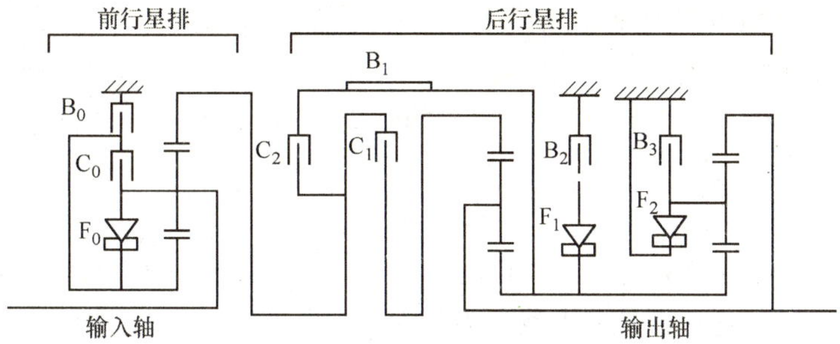

图4-74　行星齿轮变速器简图

目前常用三种措施来改善换档质量：一是换档时对发动机实施减小转矩控制；二是主油压调节控制；三是在换档时短时间地分离闭锁离合器，使液力变矩器工作，起到柔和传递动力的作用。下面主要介绍前两种措施。

发动机减小转矩控制就是减小发动机所产生的转矩。控制带负荷升档时发动机转矩的目的，是为了减少换档时摩擦元件所耗散的能量。它靠减少换档同步期间发动机所产生的转矩来实现，而不需要中断动力。控制带负荷降档时发动机转矩的目的，是为了抑制换档过程中由单向离合器和摩擦元件所产生的颤抖。减小发动机转矩通常的方法是延迟点火时间。

有发动机转矩控制和没有控制条件下升档时车辆纵向加速度有以下变化。没有发动机转矩控制时，为了将离合器滑移时间控制在500ms内，需在滑移期间增大转矩，这将在换档结束时引起大的转矩跳跃，造成纵向加速度变化，影响舒适性。如果滑移时间相同而将发动机转矩减小50%，并明显地减少离合器油压，则换档期间的加速度与换档前的水平差不多，换档结束时转矩的跳跃也小，这就使换档质量得到改善，并减小了相同时间内摩擦元件的负荷。

主油压调节控制的目的是使相关换档摩擦元件的工作油压与变速器输入转矩准确地匹配。具体做法是将工作油压分成两部分：一部分是固定不变的基础压力，另一部分是可由电液调节阀调节的压力。而通过发动机空气进气量、发动机转速、变矩器转速比等参数，可以精确计算变速器输入转矩。从而在不同档位时，可根据其工况来调节压力参数。另一种做法就是对换档离合器的油压采用闭环控制，使输入轴的角加速度在规定范围内。

为了使行星齿轮变速器平稳地从二档换到三档，可采用监测前后两个行星排换档过程，实时地精确控制制动器 B_0 和 B_2 的油压。

如丰田公司的A350型自动变速器，它的前行星排太阳轮的转速（即制动器 B_0 的转速）被作为自动变速器输入轴的转速信号，由输入转速传感器采集。另外，增加一个传感器用于测量后行星排太阳轮的转速（即制动器 B_2 的转速）。当从二档换向三档时，必须对制动器 B_0 的油缸加压，而对制动器 B_2 的油缸泄压。在传统的液压控制系统中，制动器 B_0 和 B_2 的油缸都接至蓄能器，而蓄能器的油压是由ECU控制的脉冲式电磁阀调节，因此，只要蓄能器背压变化，制动器 B_0 和 B_2 的油压就会变化，故不能对二者进行独立控制。如将油路做适当改动，当变速器从二档换至三档时，蓄能器从制动器 B_0 的回油路中切断，同时制动器 B_0 的油压转由变矩器闭锁离合器的脉冲式电磁阀控制（此时闭锁离合器锁止阀处关断状态，闭锁离合器不工作），从而可对制动器 B_0 和 B_2 进行单独控制。B_2 的油压开始上升，转矩传

递从单向离合器 F_2 逐渐转到制动器 B_2。当 F_2 对转矩传递的作用完全失去时，后行星排开始换档，制动器 B_0 的油压开始调节，前后行星排同时换档，前行星排已完成换档，而后行星排还在继续换档。这样，由于对油压进行了精确控制，换档时间短，且输出轴的转矩动载小，实现了平稳换档。

4. 其他控制技术的应用

在现代自动变速器中还应用了一些其他控制技术，主要有以下两种：

（1）适应性控制　适应性控制大致分为两种：动态控制和稳态控制。

动态控制主要用于监控换档时的传动比，如上所述用于精确控制换档油压。稳态控制主要是考虑执行元件摩擦片材料的摩擦系数发生变化时带来的影响。第一是温度的影响，这可在自动变速器油箱中安装液压油温度传感器，使材料的摩擦系数随油温升高而变化的因素能在 ECU 控制程序中加以修正。第二是摩擦系数降低的影响。摩擦系数降低有两方面的原因，首先是可能的泄漏，离合器的泄漏会造成容量下降，引起摩擦片打滑、发热，进而使摩擦系数进一步降低；其次是自然磨损。通用公司 4T－80E 自动变速器所采用的方法是：当一个档位状态确定后，监控齿轮传动比，如果不是所要求的传动比，通过 ECU 和调节器使油压进一步升高，直至得到该传动比。这个调节程序对传动比的偏离非常灵敏，可以起到保护自动变速器的作用，也使得油泵能在最小所需压力下工作，有利于提高经济性。

（2）模糊控制　模糊控制不依赖于系统精确的数学模型，它采用的探索式控制规则本质上是线性的，而且模糊控制对过程参数改变不敏感，这对于经常在不同工况下工作的自动变速器来说是非常重要的。运用模糊理论进行控制的关键是模糊控制器的设计。模糊控制器是模拟人类控制特征的一种语言控制器，其设计主要包括模糊控制器的结构选择、模糊规则的选取、确定模糊控制器模糊化和解模糊方法及模糊控制器输入和输出变量的论域等，核心是模糊规则的选取。

近几年，国外一些大汽车公司将模糊控制理论运用于自动变速器，以汽车车速和发动机负荷作为模糊控制器的基本输入参量，以抑制换档时产生的动载为输出参量，兼考虑发动机油耗、排放和路况等因素，对自动变速器的换档时机进行控制。

三菱公司新的自动变速车“FuzzyShift4AT”在自动变速系统中加入了“模糊控制”的概念，变速器内的 ECU 会根据收集到的行驶状况信息，通过模糊逻辑判断后，自动选择最适当的换档方式。

案例剖析

液力变矩器的故障案例分析

故障现象：一辆捷达都市先锋 AT 轿车，行驶里程为 5.1 万 km。车主反映该车起步困难，发动机加速不良，而且燃油消耗较大。

故障分析与排除：对该车进行路试，将变速杆分别置于二档、三档和 D 位，踩下加速踏板，发现车速表与发动机转速表上升速度不对应。在变速杆置于一档和 R 位时，汽车要加大节气门才能正常起步。维修人员认为该车故障原因是液力变矩器中固定导轮的单向离合器打滑。

为了进一步确定故障原因，对自动变速器进行失速试验。拉紧驻车制动器，将制动踏板踩到底，为了保证安全，可用木楔块将四个车轮的前后卡住。在发动机运转的情况下，分别将变速杆置于一档、二档、三档、D位和R位，使变速器油温升至50～80℃正常范围。猛踩加速踏板至节气门全开，迅速读出发动机失速时的转速（试验时应注意，每次试验的持续时间不能超过5s，而且两次试验间隔时间至少为15s，以防止自动变速器油液温度过高），在三档和D位失速时的发动机转速分别为800～900r/min、1200～1300r/min，维修手册上的标准数值一般为2000r/min左右，看来失速状态下的转速明显偏低。

为了验证发动机的加速性能，把变速杆置于N位，发动机运转至正常温度后，迅速踩下加速踏板，发动机转速上升迅速，声音洪亮，说明发动机加速性能良好。至此，可以确定故障原因为液力变矩器中支承导轮的单向离合器打滑。由于没有维修液力变矩器的设备，所以只能更换液力变矩器。更换液力变矩器后试车，故障排除。

课后思考

1. 液力变矩器的作用是什么？
2. 液力变矩器的检查内容有哪些？

学习单元6　自动变速器电控系统的检测与修复

学习目标

1. 掌握自动变速器主要传感器的安装位置和作用。
2. 掌握自动变速器主要传感器的分类、结构和工作原理。
3. 查阅维修手册完成主要传感器的检修。
4. 查阅维修手册完成主要换档电磁阀的检修。

任务载体

一辆威驰轿车，有时出现不升档故障，使用故障诊断仪检测为偶发性故障。读取数据流发现自动变速器车速显示始终为零，判断为电子控制系统中车速传感器故障。检查电路并重新安装车速传感器后，故障消失。

技能操作

自动变速器电控系统的检修

1. 节气门位置传感器（TPS）的检修

（1）检查传感器电阻　点火开关关闭，拔下传感器插接器插头，用万用表的欧姆档测量各端子之间的电阻值，标准值见表4-6。如果电阻值不正常，应更换节气门位置传感器。

表4-6　节气门位置传感器各端子之间的电阻值

节气门开度	V_{TA}-E 端子/kΩ	IDL-E 端子/Ω	V_C-E 端子
全开	0.2～0.8	0	固定值
全闭	2.8～8.0	∞	固定值
从全闭到全开	连续逐渐增大	∞	固定值

（2）检查传感器电压　打开点火开关，但不起动发动机。用万用表的电压档测量各端子之间的电压，标准值见表4-7。如果电压值不正常，应更换节气门位置传感器。

表4-7　节气门位置传感器各端子之间的电压值

节气门开度	V_{TA}-E 端子/V	IDL-E 端子/V	V_C-E 端子/V
全开	0.7	低于1	5
全闭	3.5～5.0	4～6	5
从全闭到全开	连续逐渐增大	4～6	5

（3）节气门位置传感器的调整方法

1）关闭点火开关，退回节气门开度调整螺钉，松开节气门拉索，使节气门在自由状态下处于关闭位置，然后再将节气门拉索在自由状态下与节气门轴连接起来。

2）拧回节气门开度调整螺钉，使其刚好与节气门开度限位挡片接触，然后在螺钉与挡片间插上0.3mm的塞尺，使节气门微开。

3）松开节气门位置传感器的固定螺钉，逆时针慢慢旋转节气门位置传感器，并用万用表欧姆档测量怠速开关的导通情况。此时怠速开关应断开，然后再慢慢顺时针旋转节气门位置传感器，使其怠速开关刚刚接通为止，然后拧紧紧固螺钉。

4）将发动机起动，温度正常后调整怠速。若发动机怠速运转平稳，收加速踏板工作正常，过渡平顺，则调整结束。

2. 磁电式车速传感器（VSS）的检修

（1）外观检查　检查转子是否有断齿、脏污等情况。

（2）检查转子齿顶与传感器之间的间隙　用标准间隙厚度的塞尺插入转子齿顶与传感器之间，如果感觉阻力合适表明间隙符合标准，如果阻力大说明间隙过小，如果没有阻力说明间隙大。

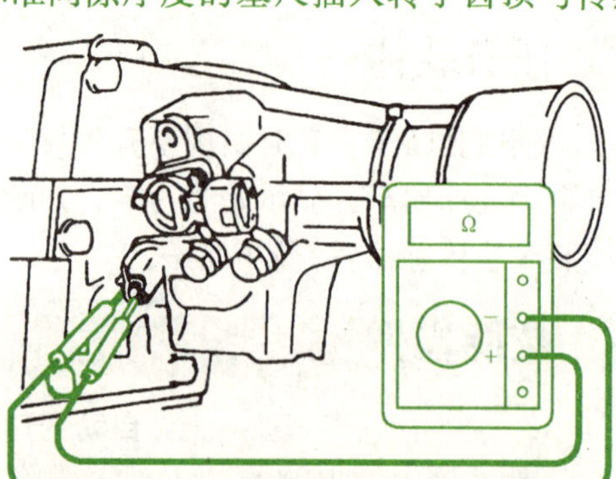

图4-75　传感器电磁线圈电阻的测量

（3）检查电磁线圈电阻　关闭点火开关，拔下传感器插头，用欧姆表测量电磁线圈电阻，如图4-75所示。不同车型自动变速器的车速传感器线圈电阻不同，一般为几百欧姆到几千欧姆。

（4）传感器输出脉冲的测量　用千斤顶将汽车一侧的驱动轮顶起，使变速杆位于N位，用手转动悬空的驱动轮，同时用万用表测量车速传感器两接线柱之间有无脉冲感应电压。若在转动车轮时传感器有脉冲输出，说明其工作正常，否则应更换传感器。测量输入轴转速传感器输出脉冲时，应将传感器拆下，用一根铁棒或一块磁铁迅速靠近或离开传感器，如图4-76所示。同时用万用表测量传感器两接线柱之间有无脉冲感应电压，如果没有感应电压或感应电压很微弱，说明传感器有故障，应更换。

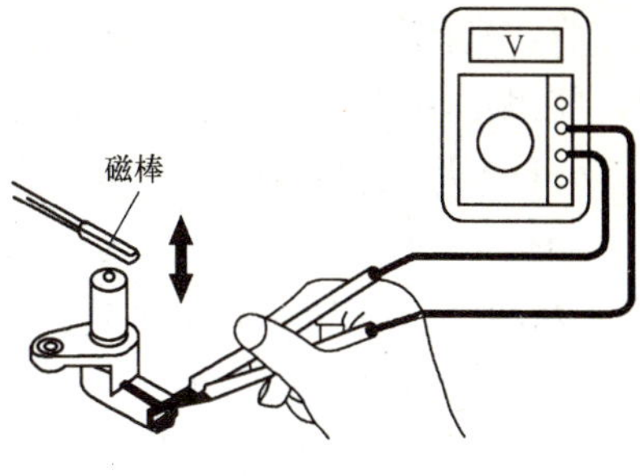

图4-76　输入轴转速传感器输出脉冲的测量

3. 霍尔效应式转速传感器的检修

当霍尔效应式转速传感器发生故障时，将引起发动机无法起动工作，运转不稳，易发生熄火。

霍尔效应式转速传感器可按以下方法检测：

1）接通点火开关，用电压表检测电源输入脚与搭铁之间的电压值，此值应为12V。

2）接通点火开关，将电压表的正表笔测传感器的信号输出脚，负表笔测搭铁，起动发动机，其输出脉冲电压值应在规定范围内。例如大众公司的轿车，其输出信号电压值应在0~2V范围内摆动，其电源输入值应为12V，起动电动机起动时为8~11V。

3）将分电器盖拆下，接通点火开关，手拿一个金属片，在点火开关接通后，把金属片在霍尔元件及永久磁铁之间的气隙中连续地插入与拔出，观察中央高压线是否有高压产生，否则应检查点火线圈、点火模块、霍尔传感器、ECU及电路。检测方法同车速传感器。

4. 冷却液温度传感器的检修

检测冷却液温度传感器的主要内容是检测输入的电源电压值及温度传感器在各种温度下的电阻值和输出的电压值。为此，可按以下方法检查：

1）拔下传感器插头，打开点火开关，用电压表测量ECU的电源输入脚的电压值，然后与有关资料对比，此值一般均为5V。

2）起动发动机，在发动机各种温度下，用电压表测量ECU的电源输入脚与搭铁脚间的电压值，此值与标准值对比。

3）关闭点火开关，拔下温度传感器插头，用欧姆表测量冷却液温度传感器在各种温度下的电阻值，然后与有关资料对比。

4）检查冷却液温度传感器回路是否有断路、接触不良或短路故障。

综上可见，当检查冷却液温度传感器时，主要是检查供给传感器的电源电压，其次是检查随温度变化的电阻，其值因车型不同而异。美国通用车系和美国福特车系冷却液温度传感器电阻随温度变化的情况，见表4-8。其他车系具体可查找说明书进行对比。

表4-8　冷却液温度传感器阻值随温度变化情况

车系	温度/℃	阻值/kΩ	车系	温度/℃	阻值/kΩ
美国通用	4	7.5	美国福特	10	58.75
	20	3.4		20	37.3
	38	1.8		30	24.27
	70	0.45		40	16.15
	100	0.18		60	7.7
				80	3.84

5. 档位开关的检修

将手动阀摇臂拨至各个档位，用万用表测量档位开关线束插座内各插孔之间的导通情况。将测量结果与标准进行比较，如果不符，应重新调整档位开关。

6. OD 开关的检修

当按下 OD 开关（ON）时，OD OFF 指示灯应熄灭；当再次按下 OD 开关，OD 开关弹起（OFF）时，OD OFF 指示灯应点亮。否则应检查 OD OFF 指示灯、OD 开关及电路。

7. 制动灯开关的检修

测量制动灯开关电路的电源端子与搭铁之间的电压，在没有制动时应为蓄电池电压。若不是蓄电池电压，应检查制动灯电路熔丝是否断路。

8. 液压油温度传感器的检修

拆下液压油温度传感器，将传感器置于盛有水的烧杯，加热杯中的水，测量在不同温度下传感器两接线端之间的电阻，如图 4-77 所示。将测量的电阻值与标准值相比较，如果不符合标准，应更换传感器。

9. 开关式电磁阀的检修

（1）检查电磁阀电阻　如图 4-78 所示，脱开电磁阀插接器，测量电磁阀端子与车身搭铁之间的电阻，应为 11～15Ω。

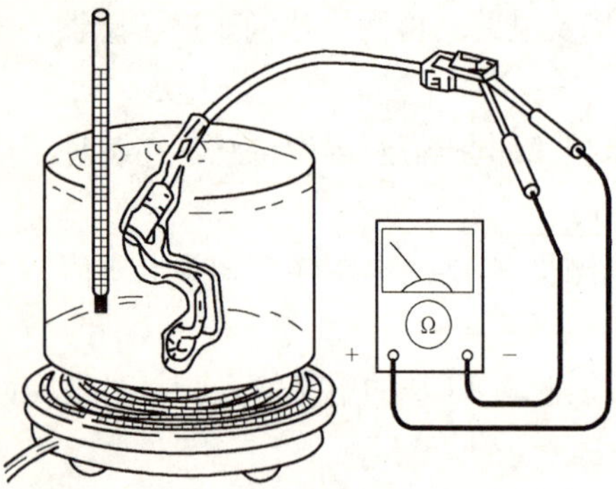

图 4-77　液压油温度传感器的检测

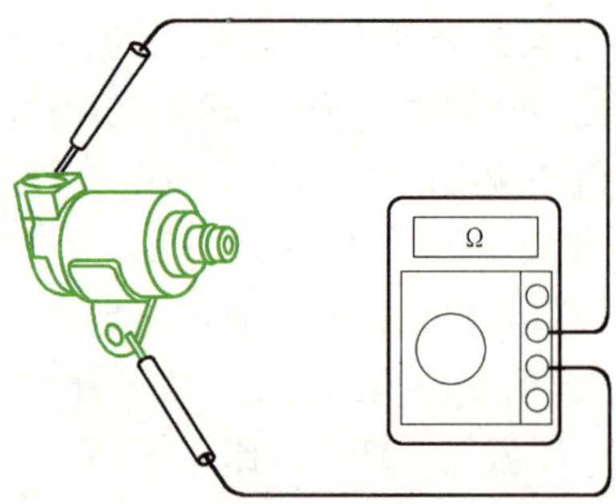

图 4-78　检查电磁阀电阻

（2）检查电磁阀的工作　如图 4-79 所示，用蓄电池给电磁阀通电，检查是否有工作响声。

（3）检查电磁阀是否漏气　如图 4-80 所示，拆下电磁阀，施加 5kg/cm^2 的压缩空气，检查电磁阀是否漏气。如果不符合规定应更换电磁阀。

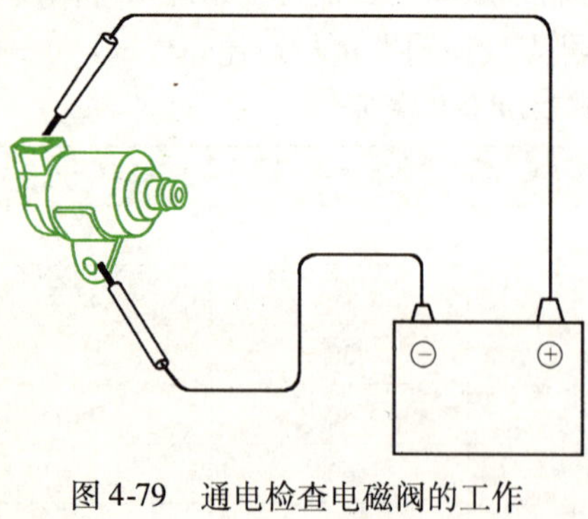

图 4-79　通电检查电磁阀的工作

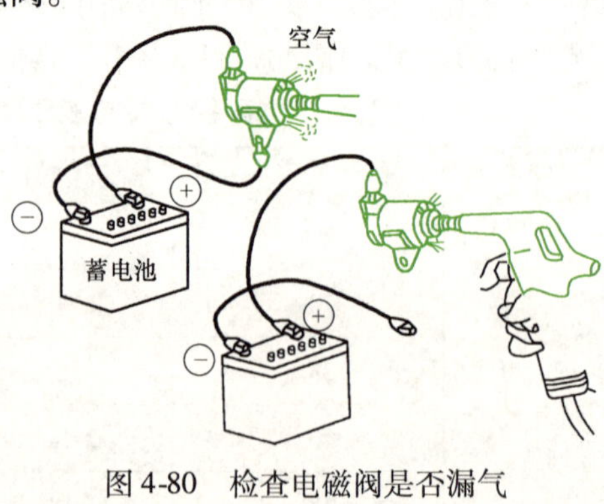

图 4-80　检查电磁阀是否漏气

10. 占空比式电磁阀的检修

脱开电磁阀插接器，用万用表欧姆档测量线圈电阻，应为3.6～4.0Ω，否则应更换电磁阀。由于占空比式电磁阀线圈的电阻很小，不可与12V蓄电池直接相连，否则容易烧毁电磁阀线圈。检测时将蓄电池串联一个低电阻（如一个8～10W的灯泡），然后再与电磁线圈相连，电磁阀应当动作，否则应更换电磁阀。

11. 电子控制系统的自诊断

本部分内容以桑塔纳2000GSi的01N自动变速器为例介绍电子控制系统的自诊断。

01N自动变速器电子控制系统的核心是电子控制单元（J217）。J217中装有故障存储器，如果被监测的传感器或部件发生了故障，传感器或部件以及故障的类型会被储存在故障存储器内。仅发生一次的故障被称为偶然（临时）故障，偶然故障是作为补充信号加以识别的。可以利用故障诊断仪V.A.G1551或V.A.G1552对故障进行查找，具体步骤如图4-81所示。

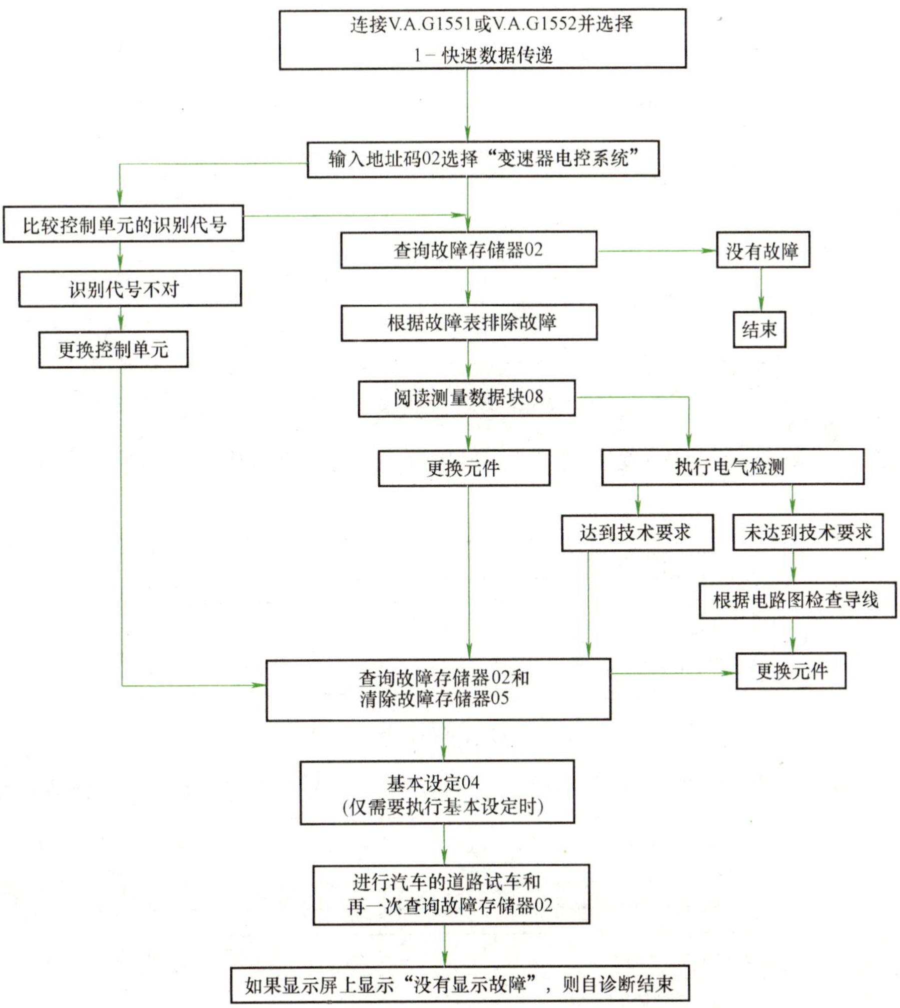

图4-81 自诊断框图

（1）查询故障检测条件

1）变速杆置于P位，并且拉上驻车制动手柄。

2）蓄电池电压正常。

3）有关的熔丝完好。

4）变速器的搭铁点无腐蚀、接触良好。

5）蓄电池搭铁线以及蓄电池和变速器之间的搭铁线完好。

（2）连接仪器　关闭点火开关，打开诊断插头接口盖板（位于变速杆前端的防尘罩下）。将诊断线V. A. G1551/3的5针插头与V. A. G1551或V. A. G1552连接，另一端的16针插头与诊断插头接口连接。

1）显示屏上显示（以V. A. G1551为例）内容如图4-82所示。可以按“HELP”键，调出附加的操作说明；可以按“→”键，执行后续步骤。

2）接通点火开关，按“Print”键接通打印机（键内的指示灯亮）。

V.A.G-SELF-DIAGNOSIS	HELP
1 - Rapid data transfer	
2 - Flash code output	

V.A.G-自诊断	帮助
1-快速数据传递	
2-故障码输出	

图4-82　显示屏显示图（一）

3）按“1”键选择“快速数据传递”，显示屏上显示内容如图4-83所示。

Rapid data transfer	HELP
Enter address word	××

快速数据传递	帮助
输入地址码	××

图4-83　显示屏显示图（二）

4）按“0”和“2”键选择“变速器电控系统”，显示屏上显示内容如图4-84所示。

Rapid data transfer	Q
02 - Gearbox electronics	

快速数据传递
02 - 变速器电控系统

图4-84　显示屏显示图（三）

5）按“Q”键确认，显示屏显示控制单元的识别代码，如图 4-85 所示。

01N 927 733BA AG4 Gearbox 01N 2754	
Coding 00000	WSC 00000

图 4-85　显示屏显示图（四）

01N 927 733BA：控制单元配件号；

AG4 Gearbox 01N：四档自动变速器 01N 型；

2754：控制单元（EPROM）程序版本；

Coding 00000：目前不需要；

WSC 00000：V. A. G1551 经销商代号。

6）按“→”键，显示屏上显示内容如图 4-86 所示。

Rapid data transfer	HELP
Select function	× ×

快速数据传递	帮助
选择功能	× ×

图 4-86　显示屏显示图（五）

（3）查询故障存储器

1）在上述第 6）步的基础上，按“0”和“2”键选择“查询故障存储器”，显示屏上显示内容如图 4-87 所示。

Rapid data transfer	Q
02 – Interrogate fault memory	

快速数据传递
02 – 查询故障存储器

图 4-87　显示屏显示图（六）

2）按“Q”键确认，显示屏显示所储存故障的数量或“No fault recognizes”（没有识别到故障），如图 4-88 所示。

× Faults recognised!

× 故障被识别！

图 4-88　显示屏显示图（七）

这样，储存的故障依次显示并打印出来，根据故障表的描述排除故障。

3）按“→”键，显示屏的显示与“（2）连接仪器V. A. G1551或V. A. G1552”中的第6）步相同。

4）故障表。自动变速器的故障码见表4-9。

①当查询故障存储器时，如果打印机上的电源已接通，所有被自动变速器电子控制单元（J217）识别到的和显示在V. A. G1551上的故障会被按照故障码进行分类并且被打印出来。

表4-9 自动变速器故障码

V. A. G1551上打印机的打印输出	可能的故障原因	故障排除
没有识别到故障	如果进行了修理之后，显示出“没有识别到故障”，自诊断结束。如果已经执行了自诊断，但是自动变速器仍然工作不佳，应根据故障查找程序进行修理	
00258 电磁阀1—N88： 断路 对地短路	断路或对地短路 N88有故障	根据电路图检查导线和连接（先检查连接触点是否被腐蚀或有水渗入，如有必要，应当更换。如果显示电磁阀有故障，应当仔细检查变速器上阀体扁状导线和导线束之间的10针插头） 阅读测量数据块（显示组编号004） 执行电气检测
00260 电磁阀2—N89： 断路 对地短路	断路或对地短路 N89有故障	根据电路图检查导线和连接 阅读测量数据块（显示组编号004） 执行电气检测
00262 电磁阀3—N90： 断路 对地短路	断路或对地短路 N90有故障	根据电路图检查导线和连接 阅读测量数据块（显示组编号004） 执行电气检测
00264 电磁阀4—N91： 断路 对地短路	断路或对地短路 N91有故障	根据电路图检查导线和连接 阅读测量数据块（显示组编号004） 执行电气检测
00266 电磁阀5—N92： 断路 对地短路	断路或对地短路 N92有故障	根据电路图检查导线和连接 阅读测量数据块（显示组编号004） 执行电气检测
00268 电磁阀6—N93： 断路 对地短路	断路或对地短路 N93有故障	根据电路图检查导线和连接 阅读测量数据块（显示组编号004） 执行电气检测
00270 电磁阀7—N94： 断路 对地短路	断路或对地短路 N94有故障	根据电路图检查导线和连接 阅读测量数据块（显示组编号004） 执行电气检测

（续）

V. A. G1551 上打印机的打印输出	可能的故障原因	故障排除
00281 车速传感器 G68： 无信号	导线断路 G68 有故障	根据电路图检查导线和连接 阅读测量数据块（显示组编号 002） 执行电气检测 更换车速传感器 G68
00293 多功能开关 F125： 不明确的开关状态	断路或对地短路 F125 有故障	根据电路图检查导线和连接 阅读测量数据块（显示组编号 001） 执行电气检测 更换 F125
00297 转速传感器 G38： 无信号	导线断路 G38 有故障	根据电路图检查导线和连接 执行电气检测 更换 G38
00300 变速器油温度传感器 G93： 故障类型不能识别	导线断路 变速器油温度传感器 G93 有故障	根据电路图检查导线和连接 阅读测量数据块（显示组编号 005） 执行电气检测
00518 节气门电位计 G69： 信号超出允许的范围	导线断路 发动机控制单元或 G69（在节气门总成内）有故障 来自 G69 的信号通过发动机控制单元直接送入变速器控制单元，并且只能在读测量数据块中进行检测。如果自诊断显示 G69 有故障，也应当执行发动机控制单元的自诊断	如果还显示出故障码 00638，应当先排除本故障 根据电路图检查导线和连接 阅读测量数据块（显示组编号 001 和 003） 检查发动机控制单元 更换 G69 或发动机控制单元 对系统进行基础设定
00529 转速信号出错	导线断路	根据电路图检查导线和连接 阅读测量数据块（显示组编号 003） 检查发动机控制单元 执行电气检测
00532 供电电压出错	蓄电池有故障 供给液压阀的电压太低	测试蓄电池电压 阅读测量数据块（显示组编号 002） 检测至发动机控制单元的电压 执行电气检测
00545 发动机/变速器电气连接： 断路 对地短路	断路或对地短路 发动机/变速器控制单元未连接 发动机和变速器控制单元之间影响点火正时的信号未被传送或传送不正常	根据电路图检查导线和连接 阅读测量数据块（显示组编号 005） 检查发动机控制单元 对系统进行基础设定

（续）

V. A. G1551 上打印机的打印输出	可能的故障原因	故 障 排 除
00596 液压阀之间的导线短路	阀体扁状导线和导线束之间的 10 针插头 至阀体的扁状导线有故障	根据电路图检查导线和连接 执行电气检测 更换扁状导线
00638 发动机/变速器电气连接 2：无信号	断路或对地短路 发动机/变速器控制单元未连接 节气门信号未被传送至变速器控制单元	根据电路图检查导线和连接 阅读测量数据块（显示组编号 005） 检查发动机控制单元，如有必要，进行更换 对系统进行基础设定
00641 ATF 温度： 信号太大	变速器温度太高，最高温度应不超过 148℃。如果 ATF 的温度太高，变速器自动切换至下一个较低的档位 汽车后面拖车的负荷太大 ATF 液位不正确 变速器油温度传感器 G93 有故障	检查 ATF 液位 阅读测量数据块（显示组编号 005，读取 ATF 的温度） 根据电路图检查导线和连接 更换扁状导线
00652 档位监控： 不可信的信号	电气/液压系统有故障 离合器或阀体有故障	阅读测量数据块（显示组编号 004），并且通过汽车的道路试车确定故障发生在哪个档位
00660 换低档开关/节气门电位计（只有在行驶中才能识别 00660 故障）： 不可信的信号	导线断路	根据电路图检查导线和连接
	换低档开关 F 有故障	阅读测量数据块（显示组编号 001） 执行电气检测 调整或更换加速踏板拉索
	节气门电位计 G69 有故障	按照故障码 00518 中描述的方法进行修理
65535 自动变速器控制单元有故障	控制单元 J217 有故障	更换 J217 对系统进行基础设定

②如果故障仅仅是偶然发生或者排除故障之后没有清除故障存储器，那么这些故障将会在规定的时段内被显示为“偶然故障”。

③如果在查询故障存储器的过程中，某些部件被判断有故障，应当根据电路图对这些零件的导线进行短路或断路检测。

④只有当 V. A. G1551 上打印机的电源接通时，才能够用“Rapid data transfer”（快速数据传递）功能打印出故障码。

在可能引起故障的原因未被确定和下列故障未排除之前，不应当更换电子控制单元 J217 和对系统进行基础设定。在确定可能的故障后，按照以下顺序排除：机械故障，液压故障，电气/电子零件及电路连接的故障。

（4）清除故障存储器　查询故障存储器并排除故障后，应清除故障存储器。

1）在“（3）查询故障存储器”第 3）步的基础上，按“0”和“5”键选择“清除故障存储器”。

2）按“Q”键确认，显示屏上显示内容如图 4-89 所示。

Rapid data transfer Fault memory is erased

快速数据传递 故障存储器被清除

图 4-89　显示屏显示图（八）

知识链接

自动变速器电子控制系统

自动变速器电子控制系统由传感器、执行器和变速器控制单元（ECU）组成。

1. 传感器

自动变速器常用传感器主要包括车速传感器、节气门位置传感器、转速传感器、发动机冷却液温度传感器、变速器油温度传感器等，用来检测车速、节气门开度、冷却液温度及其他一些状态，并以电信号形式输入到电控单元。电控单元有的是采用专用控制电脑（即 AT ECU），有的是与发动机共用一个控制电脑。电控单元根据各传感器输入的信号确定控制时刻和控制参数，发出电信号到执行元件。

（1）节气门位置传感器（TPS）

1）功用。节气门位置传感器安装在节气门体上，随着节气门开度的变化和节气门轴的转动带动该传感器内的电刷滑动或导向凸轮转动，将节气门打开的角度信号转换成电信号送到 ECU。节气门开度传感器一方面用来检测节气门打开的角度，作为发动机负荷大小的参考信号，另一方面反映节气门开度变化的速度，以便反映驾驶人的驾车意图。对于自动变速器的电子控制系统来说，节气门位置传感器主要是用于检测节气门的开度，反映发动机的负荷大小，作为换档时刻控制的一个重要信号。对于发动机燃油喷射系统来说，节气门位置传感器是喷油量控制的一个重要信号。

2）结构、原理。节气门位置传感器目前有开关式和线性式两种。前者的结构主要由一个可变电阻式电位计和一对怠速触点组成，后者的结构由一对怠速触点和一对大功率触点组成。装用电子控制自动变速器的汽车基本上都是采用线性输出的节气门位置传感器，其结构、原理如图 4-90 所示。传感器有两个与节气门联动的可动电刷触点。一个触点可在电阻体上滑动，利用变化的电阻值，测得与节气门开度对应的线性输出电压，根据输出的电压值，ECU 即可知节气门的开度。传感器的 V_C端子上有来自 ECU 的 5V 电源电压，V_{TA}端子的电压作为反映节气门开度的信号电压输入 ECU，其输出特性如图 4-91 所示。另一个电刷触点在节气门全关闭时与怠速触点 IDL 接触。IDL 触点信号主要用于判断发动机是否在怠速工况，以及在行车过程中用于断油控制的点火提前角的修正。

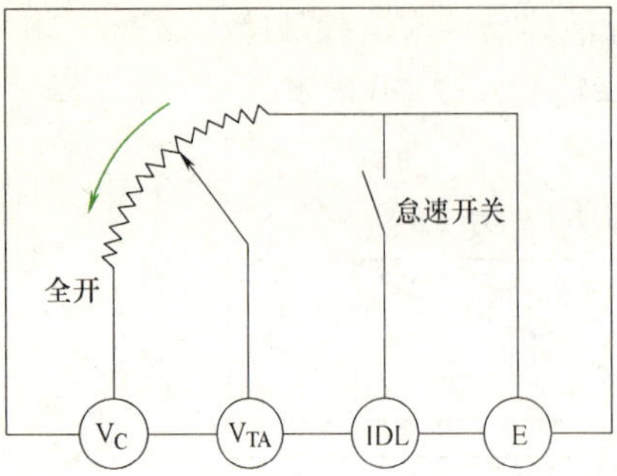

a)

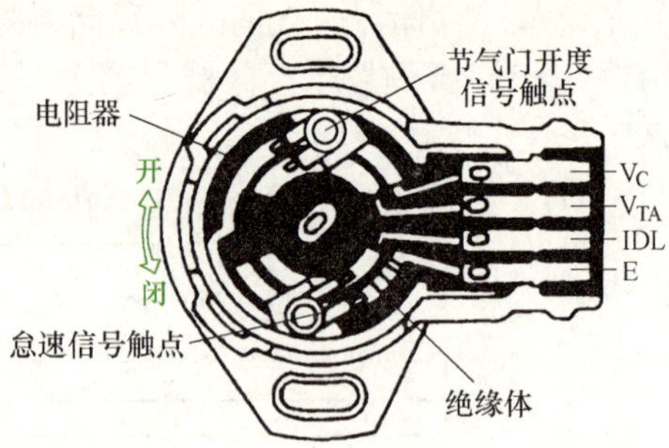

b)

图 4-90　节气门位置传感器的结构、原理

a）原理图　b）结构图

汽车发动机的节气门是由驾驶人通过加速踏板来操纵的，以便根据不同的行驶条件控制发动机的运转。例如：上坡或加速时节气门开度要大，而下坡或等速行驶时，节气门开度要小，这些不同的行驶条件对汽车自动变速器换档规律的要求往往有很大的不同，电子控制式自动变速器是利用安装在发动机节气门体上的节气门位置传感器，作为 ECU 控制自动变速器档位变换的依据，从而使自动变速器的换档规律在任何使用条件下都能满足汽车的使用要求。

线性节气门位置传感器的主体部分是一个电位计，电位计电阻的变化转换成电压信号输出，反映节气门开度的大小。带怠速触点的线性节气门位置传感器的电路如图 4-90a 所示。

线性节气门位置传感器的插座只有四个接脚，如图 4-90a 所示。图中的 V_{TA} 接脚为传感器的滑动触点的信号输出脚，将节气门开度信号输送给 ECU；IDL 接脚为怠速信号输出脚，当节气门全关而发动机处于怠速运转时，IDL 将发动机处于怠速的信号输送给 ECU；V_C 接脚从 ECU 取得 5V 电源电压，以确保通过传感器内部的电阻，使滑动触点取得的分压与节气门开度成为一个线性关系，其线性关系如图 4-91 所示；E 为电路搭铁接脚。

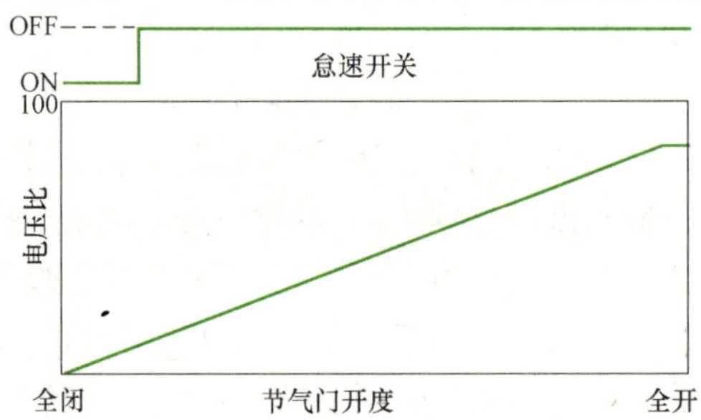

图 4-91　V_{TA} 端子输出电压与节气门开度的关系

由于滑动电阻中间部分容易磨损，使其阻值无法正确反映节气门开度，测量电阻时欧姆表会产生波动，同时输出电压也会过高或过低。当输出电压高时，会导致升档滞后、不能升入超速档；同时会导致主油压过高，出现换档冲击。当输出电压低时，会导致升档提前，汽车行驶动力不足；同时会导致主油压过低，使离合器、制动器打滑。

（2）车速传感器（VSS）

1）功用。车速传感器用来测取汽车行驶的速度。对于后轮驱动的车型，车速传感器多安装在变速器的后输出轴上，如图 4-92 所示；对于前轮驱动的车型，车速传感器除安装在输出轴上外，还可能安装在变速驱动桥半轴上。ECU 根据车速传感器的信号计算出车速，作为换档控制的依据。车速传感器将变速器输出轴的转速，作为车速信号输到 ECU、电子仪表以及其他装置。

2）类型。常见的车速传感器主要有舌簧开关式、磁阻元件式、磁电脉冲式和光电式四种。

①舌簧开关式车速传感器由舌簧管和旋转磁铁组成。在舌簧管内封装有两片簧片构成的触头，触头由铁、镍等易于被磁铁吸引的强磁性材料制成。受舌簧管外磁极的控制，有时触头互相吸引而闭合，有时互相排斥而断开，从而形成了触头的开关作用。舌簧开关式车速传感器有的安装在车速表的转子附近，有的安装在变速器的输出轴上。图4-93所示为舌簧开关式车速传感器的结构图。

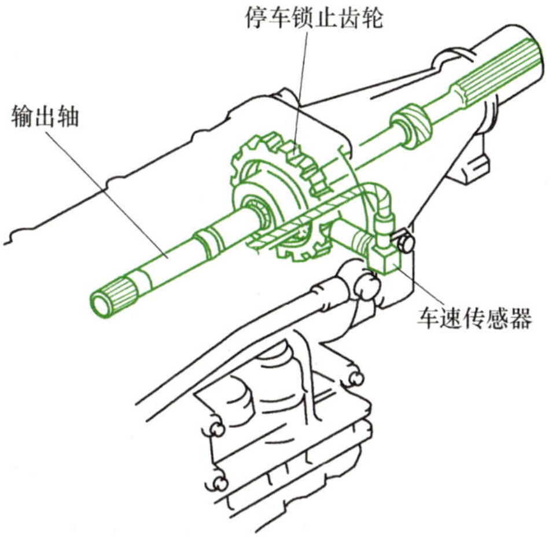

图4-92 车速传感器的安装位置

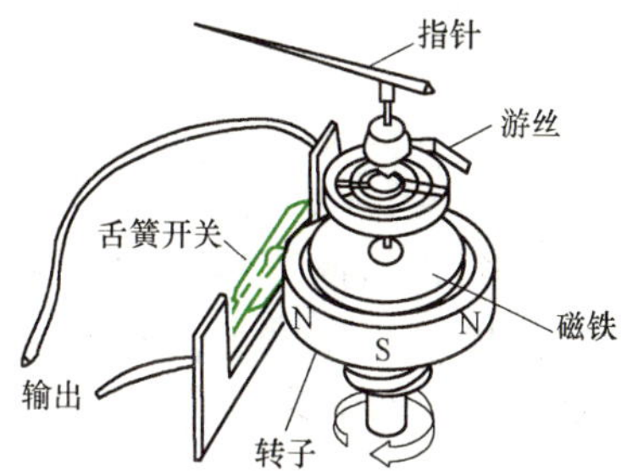

图4-93 舌簧开关式车速传感器的结构图

当N、S磁极从接近舌簧开关到逐渐离开时，上、下两个触头变为不同极性的磁极，触点互相吸引，开关变为闭合状态，如图4-94a所示。当N极或S极接近触点时，如图4-94b所示，触点为同一极性的磁极，互相排斥，所以舌簧开关断开。一般旋转磁铁采用四极，所以当仪表电缆或变速器输出轴转一圈，就会输出四个通断电脉冲信号。

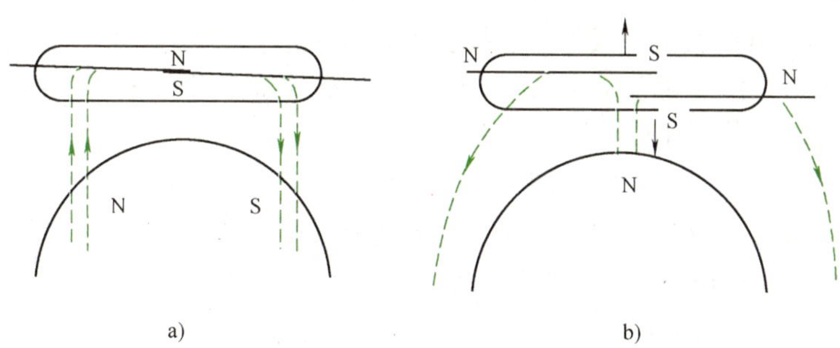

图4-94 舌簧开关式车速传感器的工作原理

a）舌簧开关的吸引状态 b）舌簧开关的排斥状态

图4-95所示为红旗轿车的车速里程表传感器，传感器包括一个舌簧开关管和一个含有四对磁极的塑料环，塑料环套在变速器左输出轴上并与之一同旋转。

塑料环安装在变速器输出轴的减速齿轮轴上，舌簧开关管安装在靠近带有磁极塑料环的变速器壳体上。当磁极旋转时，舌簧开关管中触点在进入磁场时在磁场作用下闭合，在磁场离开时断开，从而在传感器中产生与车速成正比的触点闭合频率信号。

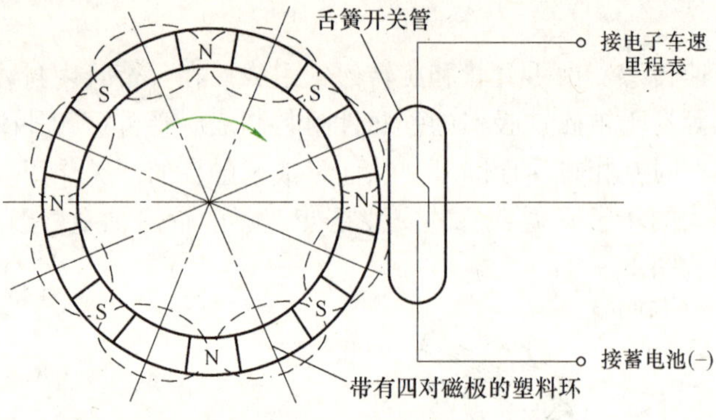

图 4-95 红旗轿车的车速里程表传感器

舌簧开关管式车速传感器与 ECU 连接示意图如图 4-96 所示。

舌簧开关管式车速传感器多安装在变速器输出轴上，以国产的红旗、桑塔纳轿车为例，车速传感器安装在半轴上。该种传感器常见的故障有：

a. 传感器舌簧弹力不足或损坏（需将其更换）。

b. 传感器塑料环损坏（磁环会退磁，维修方法也是更换）。传感器磁环退磁使磁环产生的磁场减弱，舌簧开关管内触点接近磁极时吸合不上，车速越高，触点与磁极重合时间越短，脉冲信号丢失越严重。此故障的排除方法是拆下安装传感器的半轴，更换输出轴上的磁环。

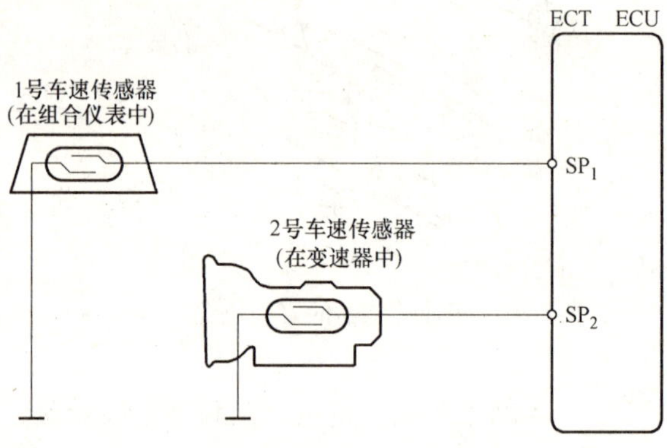

图 4-96 舌簧开关管式车速传感器与 ECU 连接示意图

c. 传感器与车速里程表连接线松动、接触不良或脱落。

②磁阻元件式车速传感器采用了元件电阻随磁场变化而变化的磁阻元件（MRE），以磁阻元件来检测车速。这种车速传感器直接装在变速器上。

磁阻元件式车速传感器的结构如图 4-97 所示，它有两个主要部件：磁环与内装磁阻元件（MRE）的混合集成电路。传感器的工作原理如图 4-98 所示，当齿轮驱动传感器轴旋转时，与轴连在一起的多极磁环也同时旋转，磁环旋转引起的磁通变化，使集成电路内的磁阻元件的阻值发生变化。利用磁阻元件的阻值变化可以检测出磁铁旋转引起的磁通变化。阻值的变化引起其电压的变化，将电压的变化输入到比较器中进行比较，再由比较器输出信号控制晶体管的导通和截止。

③磁电脉冲式车速传感器主要由信号转子、永久磁铁及信号线圈等组成，这种传感器普遍用于检测发动机的转速和曲轴或凸轮轴位置。在自动变速器上也采用这种转速传感器作为车速传感器和变速器第一轴转速传感器。图 4-99 所示为脉冲信号式车速传感器的安装位置、工作原理和输出的信号波形图。信号转子上带有凸轮，当信号转子旋转时，信号转子与线圈

铁心之间的气隙周期性变化。由此通过信号线圈的磁通也发生变化，随着磁通的变化在信号线圈上就会产生感应电压。

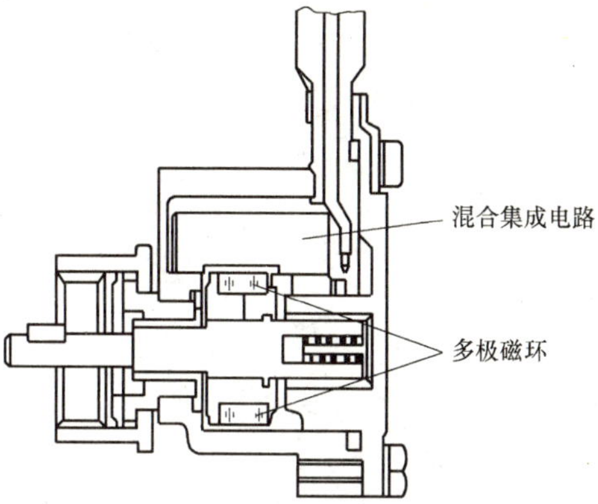

图 4-97　磁阻元件式车速传感器的结构

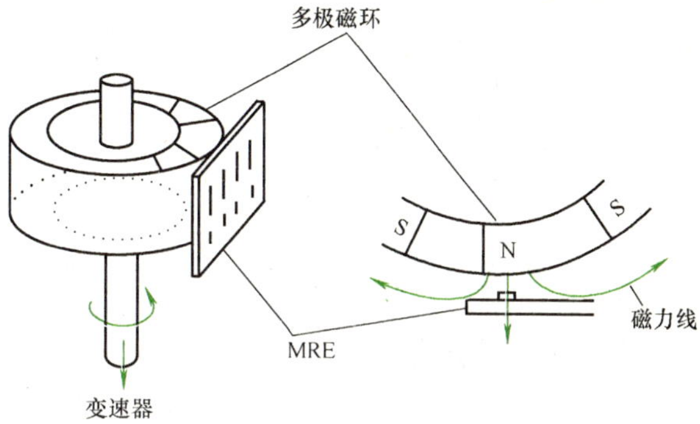

图 4-98　磁阻元件式车速传感器的工作原理

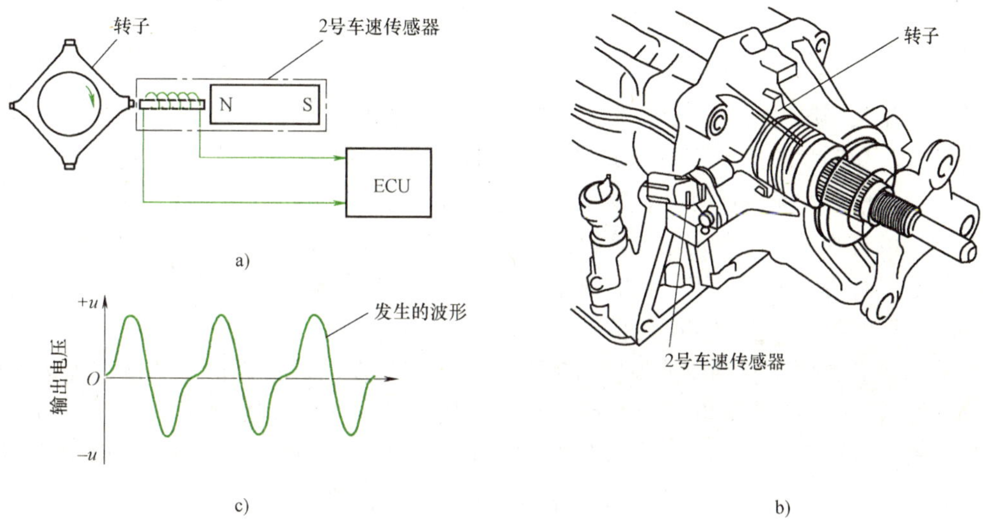

图 4-99　脉冲信号式车速传感器

a）工作原理　b）安装位置　c）输出的信号波形图

④光电式车速传感器通常装在组合仪表内。传感器上有发光二极管、光敏元件以及车速表电缆驱动的遮光板。传感器的工作原理如图 4-100 所示。当遮光板没有遮光时，发光二极管的光照射到光敏晶体管上，光敏晶体管的集电极中有电流通过，该管导通，这时晶体管 VT_1 也导通，同时在 S_0 端子上无电压输出。当遮光板遮光时，发光二极管的光不能照射到光敏晶体管上，光敏晶体管不导通，这时晶体管 VT_1 也截

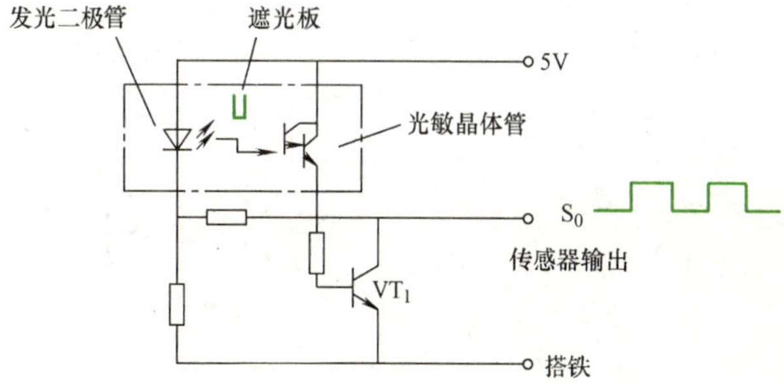

图 4-100　光电式车速传感器的工作原理

止，从而在 S_0 端子上就有5V电压输出。遮光板上有20个切槽，即仪表电缆每转一圈，传感器就有20个脉冲输出。

图4-101所示为光电式车速传感器结构原理示意图。

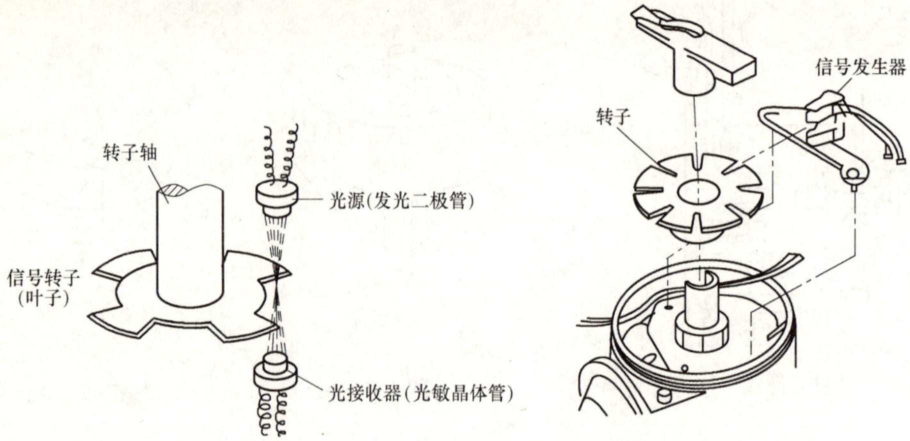

图4-101　光电式车速传感器结构原理示意图

转子圆盘是用厚度为0.15mm的金属板制成，可随分电机轴一同旋转，圆盘上有不同形式的透光槽，在圆盘的上下相对地放置发光二极管和光敏二极管。若给发光二极管供应电源，则发光二极管发光，此时，若圆盘随分电机轴一起旋转时，当圆盘开槽转到与发光二极管和光敏二极管相对时，发光二极管的光线便照射在光敏二极管上，光敏二极管便会产生电压脉冲信号。若将转子圆盘按一定的规律开槽，则在分电器轴带动转子圆盘转动时，光敏二极管便按一定的规律产生脉冲电压信号。

（3）转速传感器　自动变速器接收的转速信号包括发动机转速信号和变速器内部输入轴/中间轴的转速信号，除安装的位置不同，它们的工作原理是相同的。它安装于行星齿轮变速器的输入轴或与输入轴联接的离合器毂附近的壳体上，如图4-102所示，由于检测输入轴转速，并将信号送入ECU，使ECU更精确地控制换档过程。此外，ECU还将该信号和来自发动机控制系统的发动机转速信号进行比较，计算出液力变矩器的传动比，使油路压力控制过程和锁止离合器的控制过程得到进一步的优化，以改善换档品质，提高汽车的行驶性能。

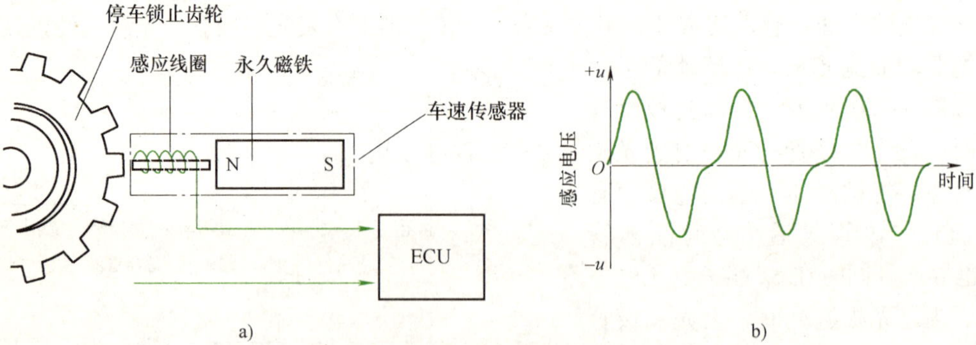

图4-102　转速传感器工作原理示意图
a）结构　b）感应电压曲线图

下面以发动机转速传感器为例来说明转速传感器工作的原理。

按工作原理，转速传感器有三种，最常见的为电磁感应式，其次是霍尔式和光电式。

1）电磁感应式转速传感器。电磁感应式转速传感器是利用永久磁铁及绕在永久磁铁上的线圈之间的电磁感应原理制成的。这种形式的传感器结构简单、造价低，被很多汽车公司所采用。装在分电器内的电磁感应式转速传感器的工作原理如图4-103所示。

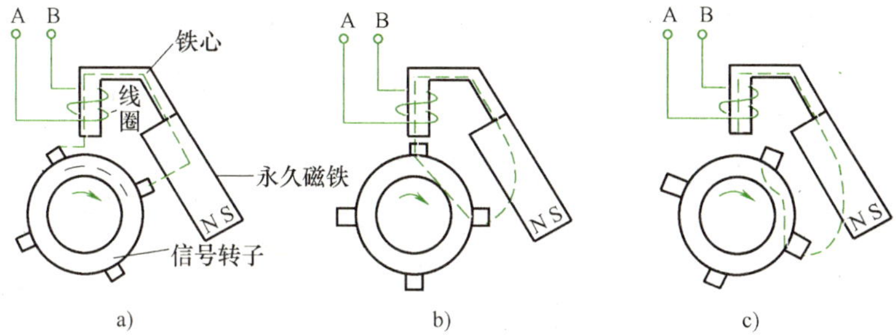

图4-103　电磁感应式转速传感器的工作原理

图中的信号转子共有四个凸齿，它由分电机轴带动一起旋转，转子的凸齿数目应与发动机的气缸数相同，其工作原理如下：

①磁路走向。这种电磁感应式信号发生器的磁路走向如图4-103中虚线所示，即由永久磁铁的N极→气隙→信号转子的凸齿→信号转子→气隙→铁心→永久磁铁的S极，即从N极回到S极，在线圈内形成磁回路。

②工作过程。当信号转子按顺时针方向旋转时，如图4-103a所示，则信号转子的凸齿逐渐向铁心靠近，转子凸齿与铁心间的气隙越来越小，故上述磁路中的磁阻逐渐减小，则使穿过线圈的磁通量逐渐增大，于是在线圈内便感生出电动势。根据楞次定律，感生电动势的方向总是阻碍磁通的增长，其大小与磁通的变化率成正比，磁通和感生电动势的变化关系如图4-104b中所示0°～45°间的曲线。

线圈中的感生电动势在图4-103时，其线圈A端为正，B端为负。

当信号转子的凸齿正好与铁心相对时，如图4-103b所示，此时转子凸齿与铁心间的气隙最小，穿过拾波线圈内的磁通量最大，但此时磁通量的变化率最小，其值为0Wb，因此，此时的感生电动势也为0V。

当信号转子的凸齿由与铁心正对的位置离开时，如图4-103c所示，转子凸齿与铁心间的气隙越来越大，磁阻也越来越大，因此，穿过拾波线圈的磁通量也就向越来越小的趋势变化。当转子凸齿转到图中的Ⅱ位置，其减少的变化率为最大，此时拾波线圈中的感生电动势为负的最大值，如图4-104所示。此后，因磁通的变化率逐渐减小，拾波线圈中的感生电动势呈负值减小，在此过程中，磁通和感生电动势的变化情况如图4-104在45°～90°间的波形

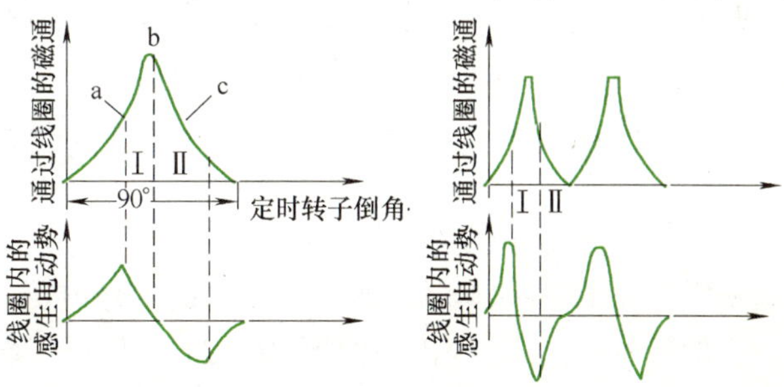

图4-104　电磁感应式转速传感器拾波线圈感生电动势和磁通变化波形示意图

所示，体现在图4-103c中的拾波线圈的A端为负，B端则为正。

综上可见，当信号转子旋转360°时，拾波线圈便产生与转子凸齿相等数目的脉冲信号，将此信号送入ECU，ECU便可以此判断缸和活塞的基准位置。

若在分电器的同一轴上，固定另一个24齿的信号转子，使其与铁心和浇在铁心上的拾波线圈相对，当分电器轴旋转360°时，便有24个等距的脉冲信号。

从以上分析可知，这种传感器靠电磁感应，无须外来电源。因此，每一拾波线圈只有一根信号输出线和一根搭铁线。装在大飞轮壳体上的转速传感器多为电磁感应式。

2）霍尔效应式曲轴位置传感器及曲轴转速传感器。欧洲车及美国通用公司、克莱斯勒公司生产的某些车型，如奥迪、桑塔纳、沃尔沃等轿车，均装有此种类型的传感器。

霍尔效应式曲轴位置传感器及曲轴转速传感器结构如图4-105所示。

霍尔效应式曲轴位置传感器及曲轴转速传感器由与曲轴或分电器轴一同旋转的转子极板、永久磁铁、霍尔元件及转子极板与永久磁铁之间的气隙组成如图4-105所示。

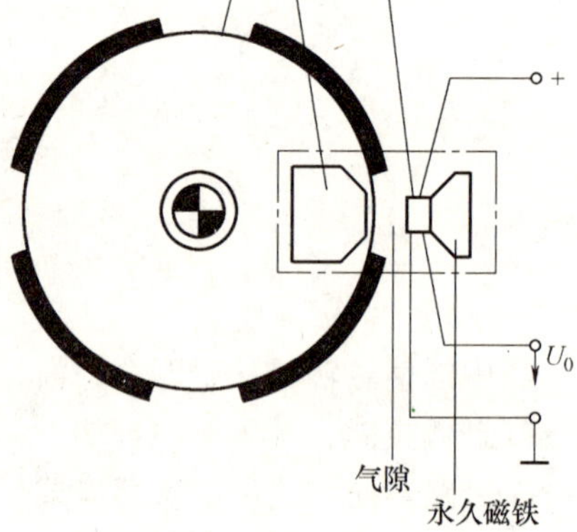

图4-105 霍尔效应式曲轴位置传感器及曲轴转速传感器结构

图中永久磁铁的磁力线穿过霍尔元件，当转子极板随曲轴或凸轮轴一齐旋转时，其转子极板便穿过永久磁铁与霍尔元件的气隙，使穿过霍尔元件的磁场发生变化，于是便在霍尔元件内产生感生电动势。如果将转子极板的叶片按一定规律设计，则在霍尔元件内便可产生一定规律的电压信号，将此信号送入ECU，便可使ECU得知活塞基准位置信号和曲轴转速等信号，以供ECU控制点火时刻、喷油时刻及怠速等。

通过以上分析可知，霍尔效应式曲轴位置传感器及曲轴转速传感器正常工作的基本条件是：

其一，必须有外界电源，一般是以电源电压12V输入霍尔元件。

其二，必须有转子叶轮，其叶轮按一定规律切割永久磁铁穿过气隙的磁力线。

在霍尔效应式曲轴位置传感器及曲轴转速传感器中，其输入电压一般为12V，有些车型是8V或9V，其信号电压多为0～2V。若传感器中有一个霍尔效应，则必有一根电源输入线，一根信号线，一根则为搭铁线。

分电器内霍尔效应式曲轴位置传感器及曲轴转速传感器的负极端子与ECU的3号脚相接，为传感器提供搭铁，点火开关接通时应为0.2～0.7V电压，如图4-106所示；图中正极端子为ECU 5号脚提供的电源，点火开关接通后为12V；图中0号脚为信号输出脚，当起动起动机时，向ECU的6号脚输入0～2V的信号电压。

有的霍尔效应式曲轴位置传感器及曲轴转速传感器中有两个霍尔效应元件，如图4-107所示。

这种结构的传感器具有两个信号线，输出两组脉冲信号，其插座有四个接脚，两个信号输出脚，一个搭铁脚，一个电源输入脚。

当霍尔效应式曲轴位置传感器及曲轴转速传感器发生故障时，将使发动机无法起动工作，运转不稳，易熄火。

3）光电式转速传感器。光电式转速传感器的原理与光电式车速传感器的原理相同，都是利用光敏二极管在发光二极管的照射下会产生感应电动势的原理制成的。参照光电式车速传感器部分。

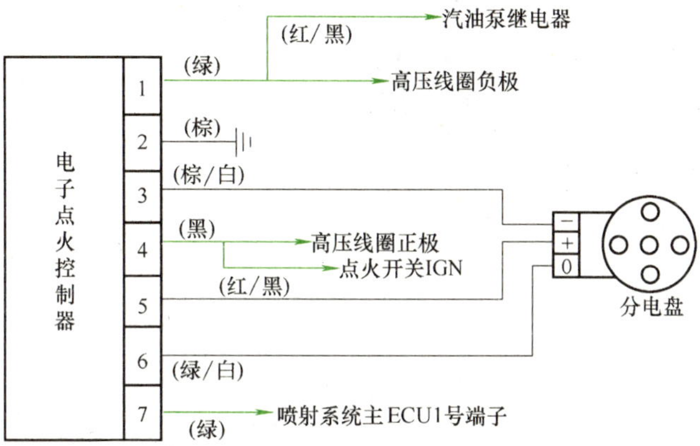

图 4-106　霍尔效应式曲轴位置传感器及曲轴转速传感器与 ECU 接线示意图

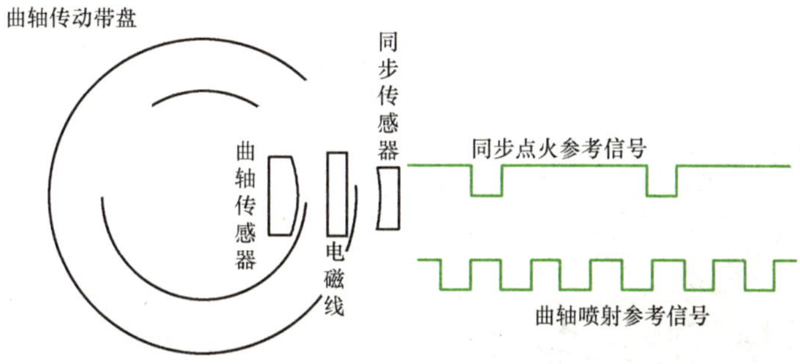

图 4-107　具有两个霍尔效应元件的曲轴位置传感器及曲轴转速传感器示意图

（4）温度传感器　变速器 ECU 接收的温度传感器信号包括冷却液温度传感器信号和变速器油温信号。

冷却液温度传感器用于监测发动机冷却液的温度，并将发动机冷却液的温度及时输送给 ECU，以供 ECU 根据发动机冷却液温度，来决定换档点和是否升入高档。发动机冷却液温度传感器是发动机 ECU 控制系统的一个主要传感器。为了改善发动机冷机时的驱动性能，发动机 ECU 根据冷却液温度传感器的信号参数，适当修正喷油量、点火时刻和怠速转速，自动变速器 ECU 也根据冷却液温度传感器的信号参数调整自动换档时刻及液力变矩器的锁定点。

油温传感器用于监测 ATF 的温度，并将 ATF 温度及时输送给 ECU，以供 ECU 根据 ATF 温度，来决定换档点和是否控制变矩器离合器锁止。油温传感器安装在自动变速器油底壳内的阀体上。

温度传感器用负温度系数的热敏电阻制成，如图 4-108 所示。冷却液温度传感器电路接线如图 4-109 所示。

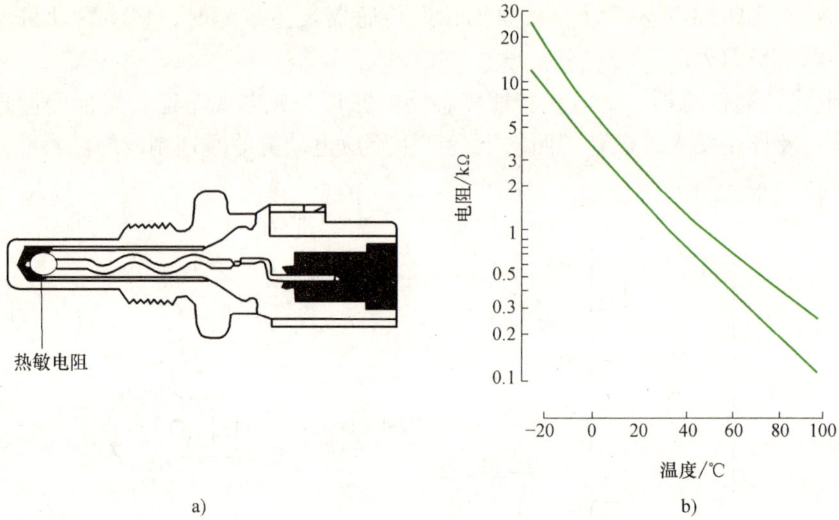

图4-108　温度传感器

a）结构　b）输出特性

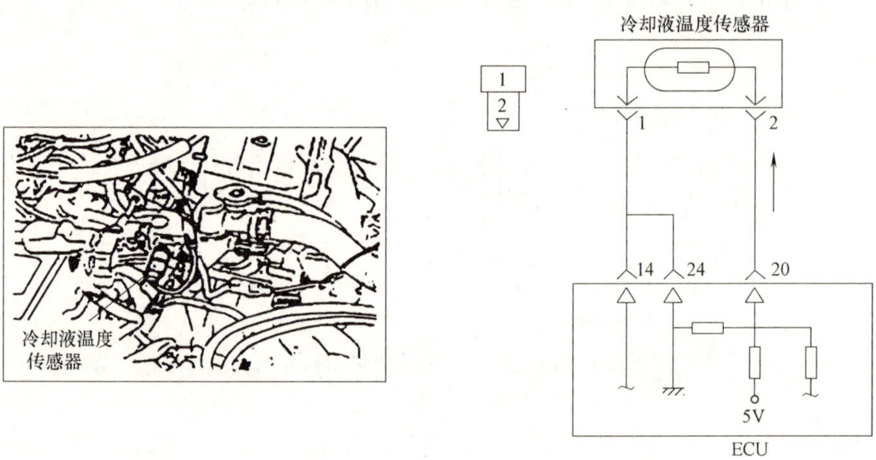

图4-109　冷却液温度传感器电路接线

温度传感器是将一个热敏电阻串接在ECU的回路中，并由ECU供应电源电压，一般为5V，如图4-109所示。图中5V电压加在ECU的内部电阻与温度传感器电阻上，并经24号脚搭铁。因温度传感器的电阻多用负温度系数的热敏电阻制成，当温度高时，其电阻值低，输出的电压信号低；反之，输出的电压信号高。这样，当温度发生变化时，温度传感器的电阻便产生相对应的变化。因此图4-109中温度传感器上的分压，便产生相应的变化，ECU便通过图中的20号脚取得温度信号，并以此信号来决定换档点和是否升入高档。

如果温度传感器出现断路故障，则ECU可能误认为是冷却液温度/ATF温度过低，使控制变速器保持在低档位，不换入高档，锁止离合器也不会接合。

若温度传感器短路，则低电阻信号始终输入ECU，ECU便误认为高温，使控制变矩器在低速时锁定。

（5）档位开关信号　档位开关装在变速器壳体的手动阀摇臂轴或变速杆上，由变速杆进行控制，相应的档位显示在仪表板上，如图 4-110 所示。它由几个触点组成，当变速杆拨于不同的位置时，接通相应的触点，ECU 根据被接通的触点测得变速杆的位置，以便按不同的程序控制自动变速器的工作，如图 4-111 所示。档位开关具有下列功能：

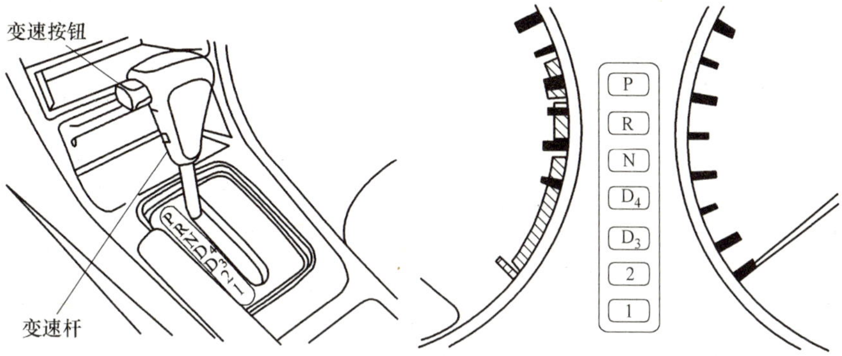

图 4-110　空档起动开关

注：P 位 1、5 通，［P］位指示灯亮，2、3 通，起动电路接通；R 位 4、5 通，［R］位指示灯亮，ECT 接收 R 位信号。

N 位 5、8 通，［N］位指示灯亮，2、3 通，起动电路接通；D 位 5、9 通，［D］位指示灯亮。

S 位 5、7 通，［S］位指示灯亮，ECT 接收 S 位信号；L 位 5、6 通，［L］位指示灯亮，ECT 接收 L 位信号。

1）指示变速杆位置。变速杆的位置信号利用档位开关传给变速器控制系统，档位开关电路如图 4-112 所示，开关内的触点通过多种组合（开和关）将换档位置 P、R、N、D、3、2 和 L 传给变速器控制单元。

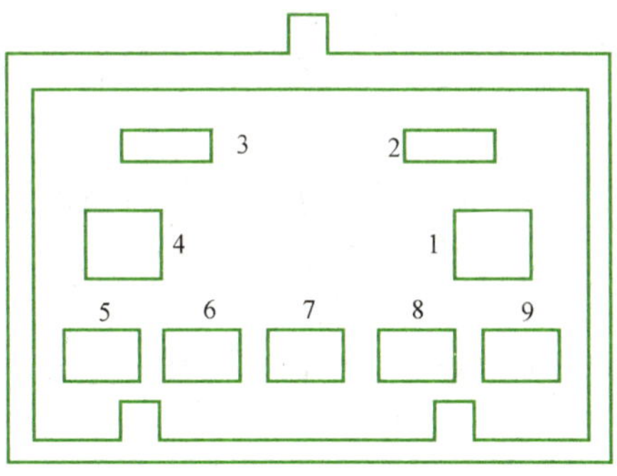

图 4-111　档位开关端子图

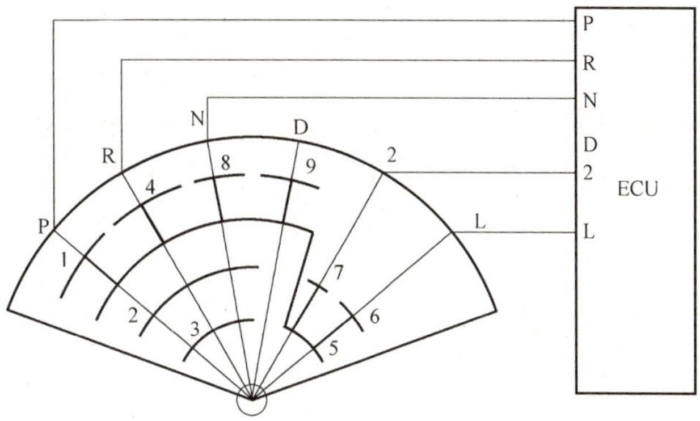

图 4-112　档位开关电路

2）倒档信号灯的开启。当变速杆置于 R 位时，接通倒车灯继电器，倒档信号灯开启。

3）空档起动。发动机只有当变速杆在位置 P 位或 N 位时才能起动。档位开关将变速杆位置处于 P 位或 N 位时的信号传给起动继电器，使点火开关能工作。同时，在挂前进档时中断起动机，即防止起动机在汽车行驶时啮合。

(6) 行驶模式选择开关　行驶模式选择开关又称为程序开关，用于选择自动变速器的控制模式，即选择自动变速器的换档规律，以满足不同的使用要求。图4-113所示为一个安装在换档操纵变速杆旁的模式开关。自动变速器ECU存储器内存有2档位、L档位、锁定模式以及模式选择开关选择的换档程序。

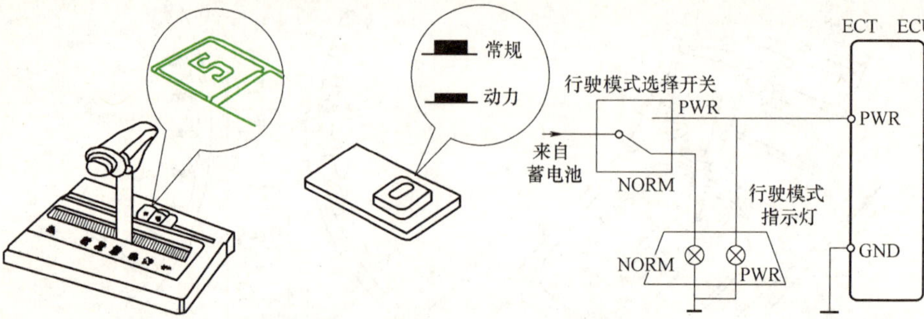

图4-113　安装在换档操纵变速杆旁的模式开关

行驶模式选择开关一般有两种或三种工作方式，通常在开关上的标注是：E（Economy）、P（Power）/S（Sport）、N（Normal）、M（Manual）及S（Snow）。常见的控制模式大致有以下几种：

1）经济模式（Economy）。该模式以汽车获得最佳燃油经济性为目标设计换档规律。当自动变速器在经济模式下工作时，其换档规律使汽车在行驶过程中，发动机经常在经济转速范围内运转，降低了燃油消耗。发动机转速相对较低时就会换入高档，即提前升档，延迟降档。

2）动力/运动模式（Power或Sport）。该模式以汽车获得最大动力性为目标设计换档规律。当自动变速器在动力模式下工作时，其换档规律使汽车在行驶过程中，发动机经常处在大转矩、大功率范围内运行，提高了汽车的动力性能和爬坡能力。只有发动机转速较高时，才能换入高档，即延迟升档，提前降档。

3）常规模式（Normal）。常规模式的换档规律介于经济模式与动力模式之间。它使汽车既保证了一定的动力性，又有较好的燃油经济性。

4）手动模式（Manual）。该模式让驾驶人可在一至四档之间以手动方式选择合适的档位，使汽车像装用了手动变速器一样行驶，而又不必像手动变速器那样换档时必须踩离合器踏板。

5）雪地模式（Snow）。在该模式下变速器以高档（三档）起步，这样，即使汽车起步时加速踏板被踩到底，也能保证驱动轮不会出现打滑。

(7) 超速档开关信号　超速档开关通常安装在自动变速器变速杆上，如图4-114所示，用于控制自动变速器的超速档。如果超速档开关打开，变速器变速杆又处于“D”位，则自动变速器随着车速的提高而升档时，最高可升到超速档；而开关关闭时，无论车速怎样高，自动变速器都不能升至超速档。

在驾驶室仪表板上，有“OD OFF”指示灯显示超速档开关的状态。当超速档开关打开时，“OD OFF”指示灯熄灭；而当超速档开关关闭时，“OD OFF”指示灯随之亮起。

(8) 制动灯开关信号　制动灯开关安装在制动踏板支架上，踩下制动踏板时开关接通，通知变速器 ECU 使汽车制动，断开变矩器锁止离合器，同时点亮制动灯，还可以防止当驱动轮制动抱死时，发动机突然熄火。

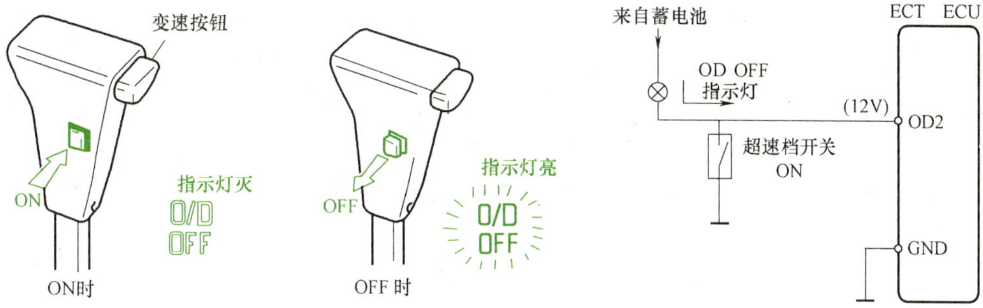

图 4-114　超速档开关及电路连接

制动灯开关安装位置及电路如图 4-115 所示。

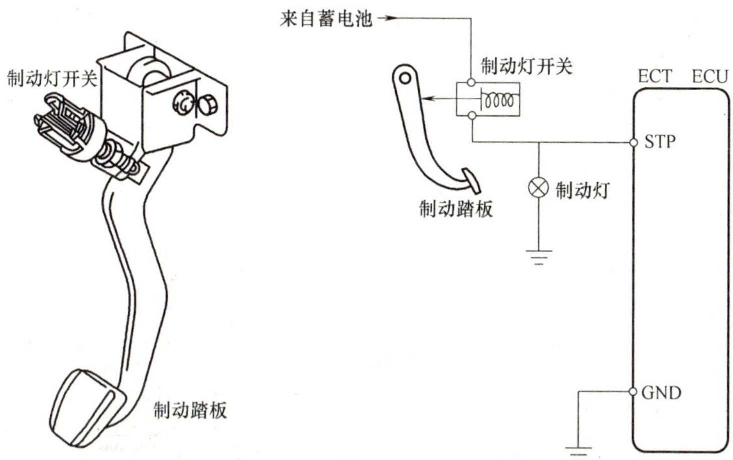

图 4-115　制动灯开关安装位置及电路

（9）强制降档开关　强制降档开关装在加速踏板下方，当踩下加速踏板并使节气门到达全开位置时，强制降档开关接通并向 ECU 发送信号。此时，ECU 按照急加速的程序控制换档，一般在车速还不是很高的情况下，ECU 会使变速器降一档，以便车辆的加速性能更好。

（10）巡航控制开关　有些车辆设有巡航控制系统，在交通情况比较好的情况下起动巡航控制系统可以减轻驾驶人的劳动强度。巡航控制系统与变速器 ECU 的连接情况如图 4-116 所示。

2. 执行器

电磁阀是自动变速器电子控制系统的执行元件，它通常安装在阀体上，也有的安装在变速器的壳体上，如本田轿车自动变速器。自动变速器电子控制的内容和范围对于不同的车型有所不同，因此电磁阀的个数和作用都不同。电磁阀的个数通常在三到六个之间，按其结构原理分类可分为两种：开关式电磁阀和脉冲线性式电磁阀。根据作用的不同，可以分为三种：换档电磁阀、锁止电磁阀和调压电磁阀。

（1）开关式电磁阀　开关式电磁阀的结构如图 4-117 所示，其作用是开启和关闭变速器油路，由电磁线圈、针阀和排油孔等组成。当 EC-AT 控制单元不给电磁阀通电时，针阀芯轴被油压力向上推动，排油孔打开。此时，从节流孔阀来的到电磁阀的油压与排油孔相通，从而被卸压。当 EC-AT 控制单元向电磁阀通入电流时，电磁线圈通电产生的磁吸力使芯轴向下运动，针阀关闭排油孔，从节流孔阀来的油压被保持。即当电磁阀通电时保持油压，电磁阀断电时则卸压，这种工作方式的开关式电磁阀使用于马自达等车型。更多车型使用的开关式电磁阀，如图 4-117b、c 所示，其工作方式是电磁阀通电时油路卸压，而电磁阀断电时油路保持油压。

开关式电磁阀常被用来作为换档控制电磁阀、锁定控制电磁阀、超速离合器电磁阀和 OD 档控制电磁阀等。

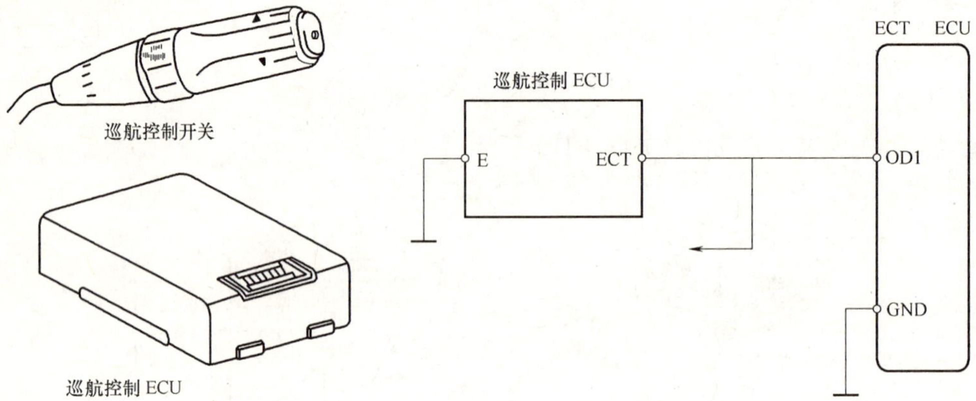

图 4-116　巡航控制系统与变速器 ECU 的连接情况

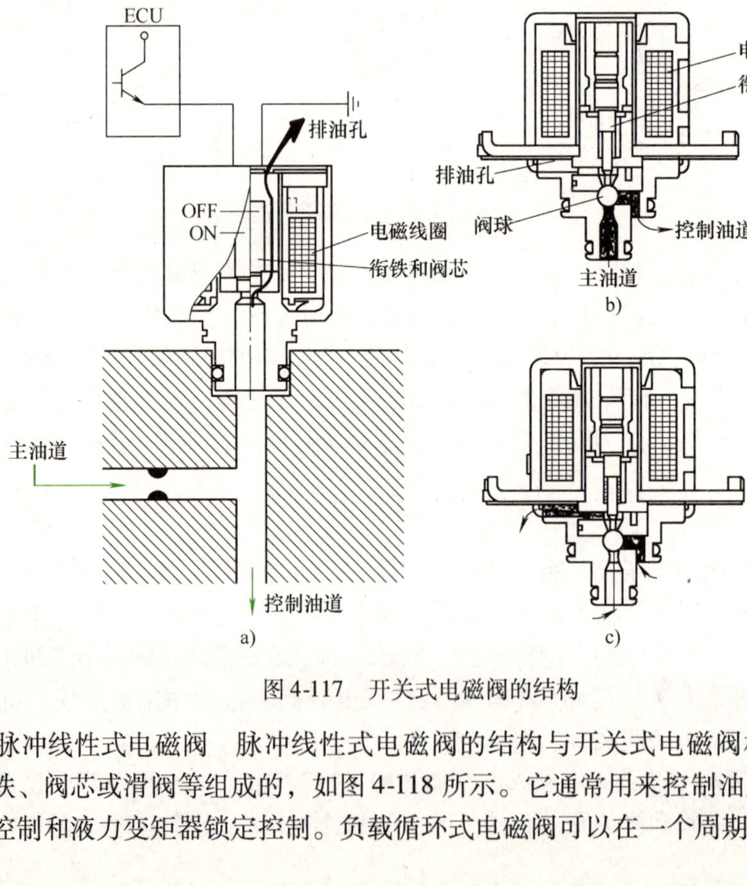

图 4-117　开关式电磁阀的结构

（2）脉冲线性式电磁阀　脉冲线性式电磁阀的结构与开关式电磁阀相似，也是由电磁线圈、衔铁、阀芯或滑阀等组成的，如图 4-118 所示。它通常用来控制油路中的油压，如蓄能器背压控制和液力变矩器锁定控制。负载循环式电磁阀可以在一个周期中自由地被控制通电与断电的比率（从 0 ~ 100%）。它用一定的频率（一般用 50Hz）重复通电与断电，不断打开和关闭排油孔，把控制液压阀的压力调至规定值。当电磁线圈通电时，电磁力使阀芯或滑阀开启，液压油经排油孔排出，油路压力随之下降；当电磁线圈断电时，阀芯或滑阀在弹簧弹力的作用下将排油孔关闭，使油路压力上升。即通电时卸压，断电时保持油压，这样通电与断电的比率越低，控制压力越高，从而系统油路压力也越高。脉冲线性式电磁阀和开关式电磁阀的不同之处在于控制它工作的电信号不是恒定不变的电压信号，而是具有固定频率的脉冲电信号，电磁阀在脉冲电信号的作用下反复地开启和关闭排油孔。ECU 通过改变每个脉冲周期内电流接通和断开的时间比率，称为占空比［占空比：在一个脉冲周期内，通电时间长为 A，断电时间长为 B，占空比 $= A/(A+B) \times 100\%$］，一个脉冲信号周期中，对高电平在整个周期所占的百分率的调节又称为占空比调节。

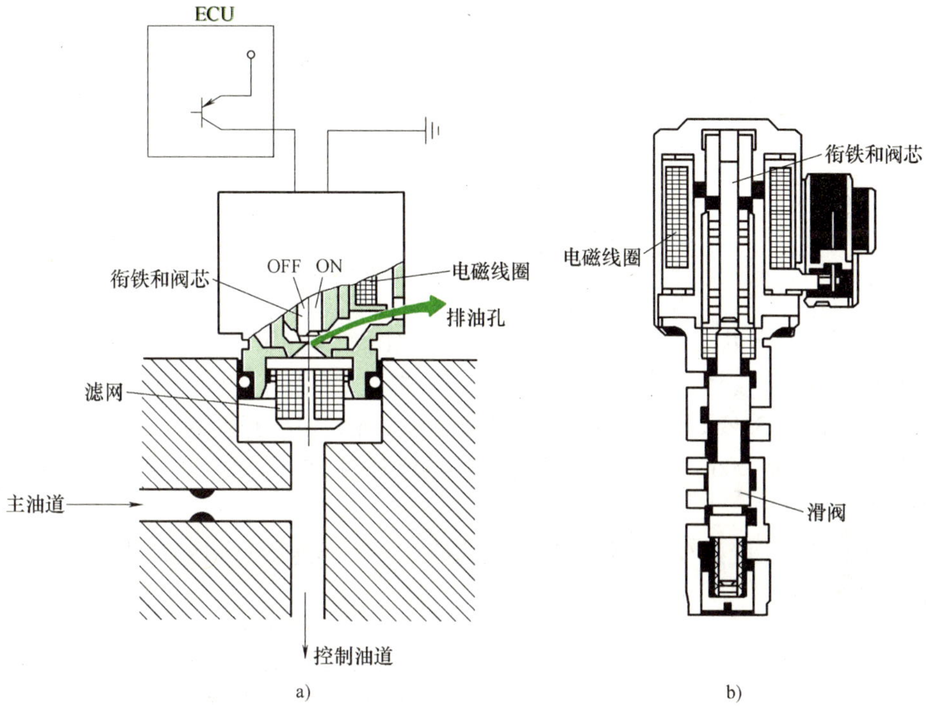

图 4-118　脉冲线性式电磁阀

a）普通的脉冲线性式电磁阀　b）带滑阀的脉冲线性式电磁阀

占空比变化范围为 0 ~ 100%，从而改变电磁阀开启和关闭的时间比率，来控制油路的压力。占空比越大，经电磁阀排出的液压油越多，油路压力越低；反之，占空比越小，油路压力越大，如图 4-119 所示。如果电磁阀失效或其他故障，则电磁阀暂停工作，油路压力为最大以保证行驶，即起到安全保护作用。

脉冲线性式电磁阀一般安装在主油路或减振器背压油路中，在变速器自动升档及降档瞬间，或在锁止离合器锁止及解除锁止动作开始时使油压下降，以减小换档和锁止、解锁冲击，使车辆行驶更平稳。

3. 变速器控制单元

电子控制单元（ECU）俗称电脑。自动变速器 ECU 具有换档控制、锁止离合器控制、换档平顺性控制、故障自诊断、失效保护等功能。

（1）换档控制　自动变速器换档时刻的控制是ECU最重要的控制内容之一。汽车在某个特定工况下都有一个与之对应的最佳换档时刻，使汽车发挥出最好的动力性和经济性。汽车在行驶过程中，自动变速器ECU根据模式选择开关信号、节气门开度信号、车速信号等参数来打开或关闭换档电磁阀，从而打开或关闭通往离合器、制动器的油路，使变速器升档或降档。

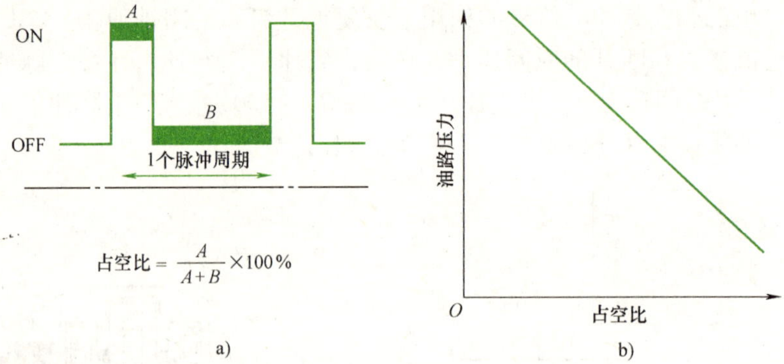

图4-119　脉冲线性式电磁阀的控制信号

a）占空比的定义示意图　b）油路压力曲线图

图4-120所示为常见四档自动变速器的自动换档图，具有如下特点：

1）随着节气门开度增加，升档或降档车速增加。以二档升三档为例，当节气门开度为2/8时，升档车速为35km/h，降档车速为12km/h；当节气门开度为4/8时，升档车速为50km/h，降档车速为25km/h。所以在实际的换档操作过程中，一般可以采用“收节气门”的方法来快速升档。

2）升档车速高于降档车速，以免自动变速器在某一车速附近频繁升档、降档而加速自动变速器的磨损。

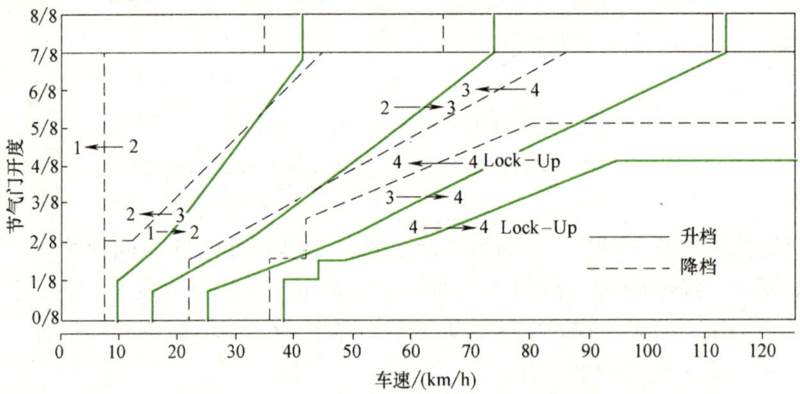

图4-120　常见四档自动变速器的自动换档图

（2）锁止离合器控制　自动变速器ECU将各种行驶模式下锁止离合器的工作方式编程存入存储器，然后根据各种输入信号，控制锁止离合器电磁阀的通、断电，从而控制锁止离合器的工作。

1）锁止离合器工作的条件。如果满足以下五个条件，自动变速器 ECU 会接通锁止离合器电磁阀，使锁止离合器处于接合状态。

①变速杆置于 D 位，且档位在 D_2、D_3或 D_4位。

②车速高于规定值。

③节气门开启（节气门位置传感器 IDL 触点未闭合）。

④冷却液温度高于规定值。

⑤未踩下制动踏板（制动灯开关未接通）。

2）锁止的强制取消。如果符合以下条件中的任何一项，ECU 就会给锁止离合器电磁阀断电，使锁止离合器分离。

①踩下制动踏板（制动灯开关接通）。

②发动机怠速（节气门位置传感器 IDL 触点闭合）。

③冷却液温度低于规定值（如 60℃）。

④当巡航系统工作时，车速降至设定车速以下至少 10km/h。

早期的电控自动变速器中，控制锁止离合器的电磁阀是采用开关式电磁阀，即通电时锁止离合器接合，断电时锁止离合器分离。目前许多新型电控自动变速器采用占空比式电磁阀作为锁止离合器电磁阀，ECU 在控制锁止离合器接合时，通过改变脉冲电信号的占空比，让锁止离合器电磁阀的开度缓慢增大，以减小锁止离合器接合时所产生的冲击，使锁止离合器的接合过程变得更加柔和。

（3）换档平顺性控制　自动变速器改善换档平顺性的方法有换档油压控制、减少转矩控制和 N-D 换档控制。

1）换档油压控制。自动变速器在升档和降档的瞬间，ECU 会通过油压电磁阀适当降低主油压，以减小换档冲击，改善换档平顺性。也有的自动变速器是在换档时通过电磁阀来减小蓄能器背压，以减缓离合器或制动器油压的增长率，来减小换档冲击。

2）减少转矩控制。在自动变速器换档的瞬间，通过推迟发动机点火时刻或减少喷油量，减少发动机输出转矩，以减小换档冲击和输出轴的转矩波动。

3）N-D 换档控制。当变速杆由 P 位或 N 位置于 D 位或 R 位时，或由 D 位或 R 位置于 P 位或 N 位时，通过调整喷油量，把发动机转速的变化减少到最小限度，以改善换档平顺性。

（4）故障自诊断　电控自动变速器 ECU 具有内置的自我诊断系统，它不断监控各传感器、信号开关、电磁阀及其电路。当有故障时，ECU 使 OD OFF 指示灯闪烁，以提醒驾驶人或维修人员；并将故障内容以故障码的形式储存在存储器中，以便维修人员采用人工或仪器的方式读取故障码。

当故障排除后，OD OFF 指示灯将停止闪烁，不过故障码仍然会保留在 ECU 存储器中。

当 OD 开关 ON 时（OD 开关断开），如果有故障，OD OFF 指示灯将点亮而不是闪烁。

注意：不同的自动变速器，故障指示灯不同。如丰田车系采用 OD OFF 指示灯，通用车系采用 Service Engine Soon 指示灯，本田车系采用 D_4 指示灯。

（5）失效保护　当自动变速器出现故障时，为了尽可能使自动变速器保持最基本的工作能力，以维持汽车行驶，便于汽车进厂维修，电控自动变速器 ECU 都具有失效保护功能。

1）当传感器出现故障时，ECU 所采取的失效保护措施有以下几种：

①当节气门位置传感器出现故障时，ECU 根据怠速开关的状态进行控制。当怠速开关

断开时（加速踏板被踩下），按节气门开度为 1/2 进行控制，同时节气门油压为最大值；当怠速开关接通时（加速踏板完全放松），按节气门处于全闭状态进行控制，同时节气门油压为最小值。

②当车速传感器出现故障时，ECU 不能进行自动换档控制，此时自动变速器的档位由变速杆的位置决定。在 D 位和二档时固定为超速档或三档，在 L 位时固定为二档或一档，或不论变速杆在任何前进档位，都固定为一档，以保持汽车最基本的行驶能力。

③当冷却液或 ATF 温度传感器出现故障时，ECU 按温度为 80℃的设定进行控制。

2）当电磁阀出现故障时，ECU 所采取的失效保护措施有以下几种：

①当换档电磁阀出现故障时，ECU 一般会将自动变速器锁档，档位与变速杆的位置有关。

②当锁止离合器电磁阀出现故障时，ECU 会停止锁止离合器的控制，使锁止离合器始终处于分离状态。

③当油压电磁阀出现故障时，ECU 会停止油压的控制，使油路压力保持为最大。

知识与能力拓展

自动变速器的正确使用方法及注意事项

汽车使用自动变速器后，驾驶人操作更加简便、驾驶更加平顺，因此自动档汽车尤其受到人们的青睐。不过，很多驾驶人初开自动档车时，由于对自动变速器的结构和原理不是很了解，行车时经常是一个 D 位走完全程，其间只会在停车时用 N 位和 R、P 位，至于其余的档位则形同虚设，这对汽车的动力性和安全性的发挥都是不利的。所以，自动变速器在日常使用过程中要注意以下几点：

1）一般的自动变速器有 5 ~7 个档位，它们从前到后依次排列为 P（停车档）、R（倒档）、N（空档）、D（前进档），而有的前进档中包括 D、三、二、一档。有的车型前进档只有三个档位（D、二、一），若装备四档变速器，另外可能还有一个超速选择开关（OD）接通超速档。

2）自动档汽车正确的驾驶方法是将变速杆放在 P 位后起动发动机，而且一定要踩下制动踏板，方可由 P 位转入其他档位。P 位和 N 位的作用都是使发动机和车轮传动系统脱离运转，所不同的是在发动机停止运转的时候，挂 N 位可以随意推动车辆，挂 P 位时，利用机械锁销把传动轴锁固在变速器壳上，因此，若在 P 位状态下强行拖动车辆，必然造成自动变速器外壳的损坏，导致重大损失。同时，在停车时，也不要仅仅使用 P 位制动车辆，而应该牢牢拉紧驻车制动，以免使 P 位机械锁受力过大而损坏。

3）车辆只有在 P 位时才能拔出点火开关钥匙；只有在 P 位或 N 位时，才能发动汽车。P 位起动是经常使用的模式。倒档与前进档的转换一定要在车辆停止状态下进行。需特别注意的是：绝对不能在车轮转动时挂入 P 位。

4）一档、二档可以充分发挥发动机的制动功能。因此，当车辆行驶在坡路上时，可根据坡度情况预先选择二档或一档，以便合理利用发动机制动，同时也避免了不必要的换入高档。

5）车辆在行驶中可以手动从低档向高档换档，但从高档往低档换档则要在一定速度范围内进行。即车辆在几档运行就可手工换至该档。例如：不能在 90 km/h 时换入二档，因为此时变速器至少在三档运行，要待车速降到50 km/h时才能手动换入二档。同理，换一档要在车速降至20 km/h以下进行。有些汽车增加了可供选择换档模式的功能，如运动模式（SPORT）、冰雪路模式（ICE）等。相对于通常的舒适模式，选择运动模式会使车辆的加速响应性加强，但舒适性、经济性下降。冰雪路模式减小了车辆牵引力，防止车轮在冰雪路上起动时打滑。

6）若车辆在行驶中发生故障，需要由车辆牵引行驶时，必须把档位放在空档。牵引速度不要太快（一般不超过40km/h），总行驶距离也不要太远（不能超过50km），以免造成变速器损坏。

案例剖析

超速档指示灯时亮时灭的案例分析

故障现象：一辆排量为2.0L的欧宝（OPEL）轿车已行驶了近1万km，在行驶过程中自动变速器的S超速键出现故障，仪表板上的超速档指示灯（S指示灯）时闪时熄（不断闪烁）；利用超速档S操纵按钮不能使S指示灯熄灭，且在S指示灯点亮时，车辆会自动换档减速，影响了轿车的正常行驶。

故障分析与排除：自动变速器一般是靠液压控制系统，根据发动机的负载和车速信号来选择发动机动力在变速器内的传递途径的，从而得到适当的档位。这一控制过程是在完全自动的情况下进行的，而超速档是由人工控制的，与自动变速器的液压控制系统没有直接联系。自动变速器的超速档由电磁阀来控制液压传递，当电磁阀开通时，液压传递到超速行星齿轮机构的齿轮离合器，发动机动力经这组行星齿轮机构后，变速比变为1，这时车速会进一步提高。

自动变速器的超速档电磁阀是由变速器ECU控制的，当这部分电路出现故障时，超速档就会工作不正常。当汽车以超速档行驶时，如果该档位自行取消，那么在发动机转速不变的情况下，汽车就会减速并触发仪表板上的超速档S指示灯，从而使其点亮。针对此故障应该检查超速档电磁阀、变速器ECU以及有关的所有插接件。

根据以上故障分析，经过对超速档电磁阀及其电路仔细检查后发现，当将自制的带330Ω电阻的发光二极管的正极一端与超速档电磁阀控制电路相连接，负极一端搭铁，打开点火开关，按下换档操纵手柄上的超速档控制开关，发光二极管闪亮为正常（若不闪亮，则说明超速档电磁阀控制电路或自动变速器ECU有故障），从而说明自动变速器ECU和超速档电磁阀控制线路正常，则故障可能在超速档电磁阀上。

经用万用表欧姆档对该超速档电磁阀进行电阻测量，发现该电磁阀既无短路又无断路，电阻值符合技术要求，从而说明该超速档电磁阀本身无故障。再经仔细检查超速档电磁阀控制线路的所有插接件，发现该超速档电磁阀锁止机构松脱，从而使汽车在运行过程中因振动，时而接触时而松脱，从而导致仪表板上的超速档S指示灯时闪时熄。当S指示灯熄灭时，说明该插接件接触状态良好，自动变速器一切正常，而当S指示灯点亮时，说明该插接件松开，此时超速档控制中断，车辆不能进行正常的超速档行驶，车辆便会自动换档减速。经对该插接件的修理，恢复其良好连接状态后，故障现象消失。

课后思考

1. 自动变速器的传感器有哪些？
2. 自动变速器的电控系统出现故障，对汽车有什么影响？

学习单元7　自动变速器液控系统的检测与修复

学习目标

1. 掌握自动变速器液压控制系统的组成及作用。
2. 掌握自动变速器油泵的结构和工作原理。
3. 掌握自动变速器液压控制系统的换档原理。
4. 能够在教师的指导下分析典型自动变速器的油路。
5. 能够按照维修手册完成油泵的装配与检修。
6. 能够参考维修资料在教师的指导下完成阀体的分解和装配。

任务载体

丰田普拉多多用途车，行驶近30万km，当使用前进档时只有一档，且不能自动升档。在检查电控系统没有故障之后，确定故障部位应在液压控制系统。对自动变速器进行拆检后，发现一至二档换档阀卡死在一档位置。更换一至二档换档阀，并彻底清洗阀体后故障消失。

技能操作

自动变速器液压控制系统的检修

1. 油泵的检修

油泵一旦发生故障会对整个自动变速器的液压系统产生影响，而不是单独影响某一档位的工作。当然，油泵故障对每一档的影响是不同的，总的来说，油泵故障能引起前进档和倒档的多种故障，如车辆不能移动，前进档和倒档起步无力，自动变速器打滑，自动变速器换档冲击、异响等。

（1）油泵拆装

1）从导轮轴背侧拆下两个离合器鼓的油封环，如图4-121所示。

2）从油泵总成上拆下导轮离合器的止推垫圈，如图4-122所示。

3）拆下油泵紧固螺栓和导轮轴总成，注意保持组装顺序，如图4-123所示。

4）用螺钉旋具撬出油泵油封，用专用工具（丰田SST09350-32014）和锤子安装新的油泵油封，油封末端应与泵体的外缘齐平，如图4-124所示。

5）安装油泵从动齿轮，注意标记，确保从动齿轮的顶部朝上。安装油泵主动齿轮，注意标记，确保主动齿轮的顶部朝上，如图4-125所示。

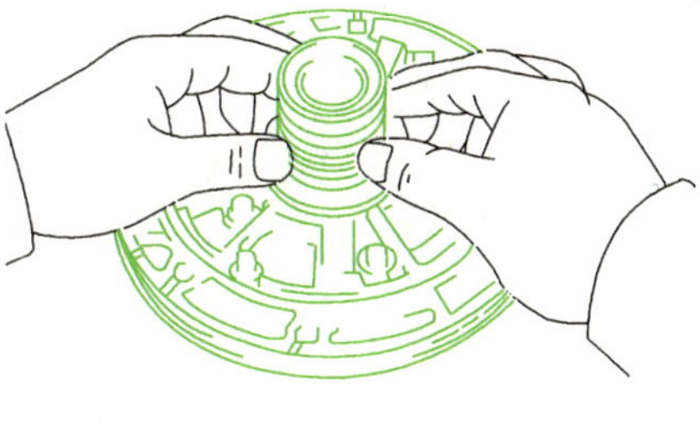

图 4-121　拆下两个离合器毂的油封环

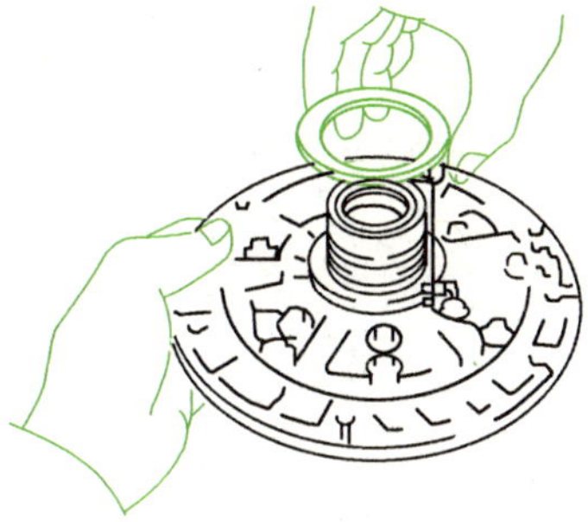

图 4-122　拆下导轮离合器的止推垫圈

图 4-123　拆下油泵紧固螺栓和导轮轴总成

图 4-124　拆装油封

6）安装导轮轴总成，使导轮轴总成的螺栓孔与泵体的螺栓孔对齐，螺栓的紧固力矩为 10N · m，如图 4-126 所示。

7）在导轮轴的离合器止推垫圈上涂抹凡士林，确保止推垫圈的标签与油泵体中心孔同心，安装止推垫圈，如图 4-127 所示。

8）安装离合器鼓的油封环到导轮轴背侧，注意不必要时不要打开油封外端头部，安装油封环后，检查它们是否能够平滑移动，如图 4-128 所示。

9）检查油泵总成，用两个螺钉旋具转动主动齿轮，确保平滑旋转，注意不要损坏油泵的油封唇部，如图 4-129 所示。

图 4-125　安装油泵齿轮

图 4-126　安装导轮轴总成

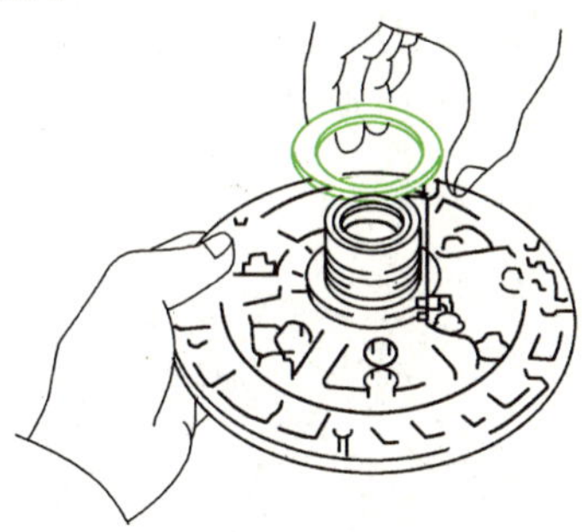

图 4-127　安装止推垫圈

（2）油泵检测　以内啮合齿轮泵的检查为例，检查的项目主要有：油泵内齿轮外圈与壳体间隙、齿顶与月牙板间隙、齿轮端隙、壳体衬套内径、转子轴套前端直径、转子轴套后端直径。

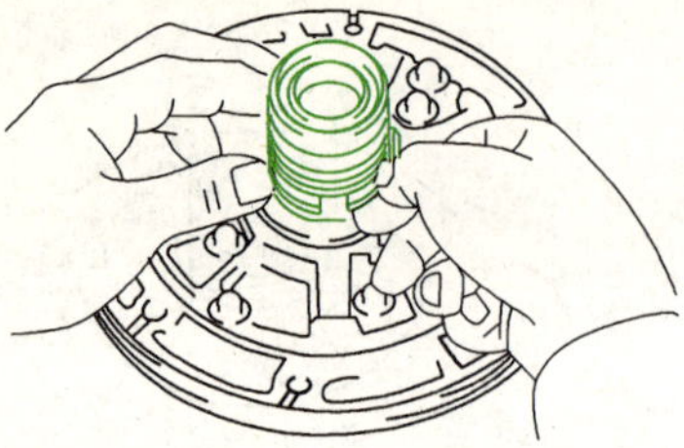

图4-128　安装离合器鼓的油封环

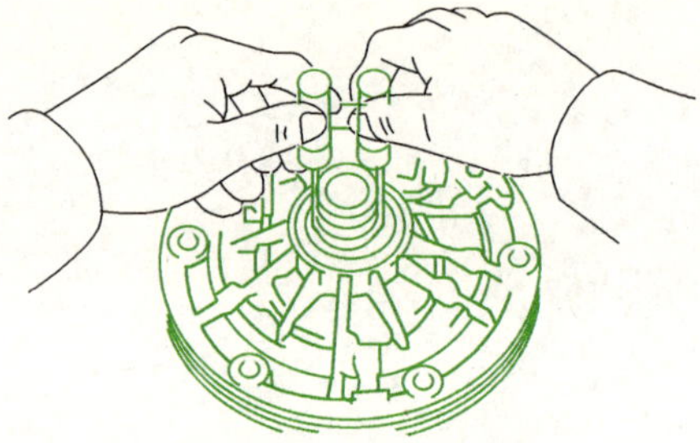

图4-129　检查油泵总成

1）检查泵体间隙。推动从动齿轮至泵体一侧，用塞尺测量间隙，如图4-130所示。标准泵体间隙为0.075～0.150mm，最大泵体间隙为0.3mm。如果泵体间隙大于最大间隙，则更换油泵体分总成。

2）检查顶部间隙。用塞尺测量从动齿轮和泵体月牙形部分之间的顶部间隙，如图4-131所示。标准顶部间隙为0.004～0.248mm，最大顶部间隙为0.3mm。如果顶部间隙大于最大间隙，则更换油泵体分总成。

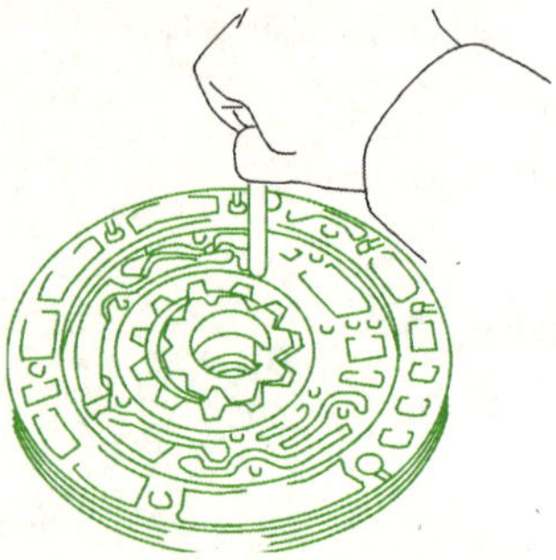

图4-130　检查泵体间隙

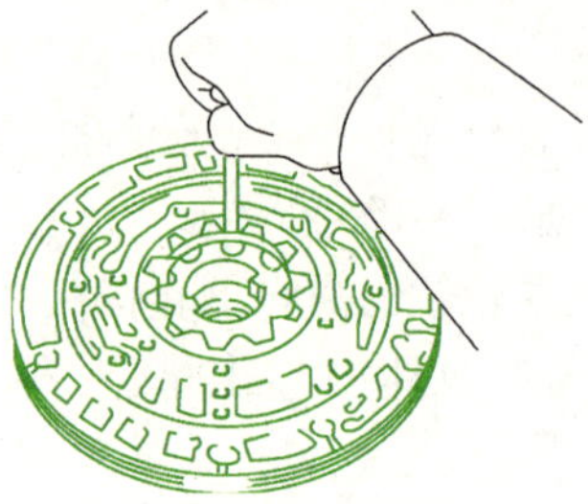

图4-131　检查顶部间隙

3）检查侧隙。用钢直尺和塞尺测量两个齿轮的侧隙，如图4-132所示。标准侧隙为0.02～0.05mm，最大侧隙为0.1mm。如果大于最大值，则需更换油泵体分总成。

4）用百分表测量油泵总成的衬套内径，如图4-133所示。最大内径为38.18mm，如果内径大于最大值，则更换油泵体分总成。

图4-132　检查侧隙

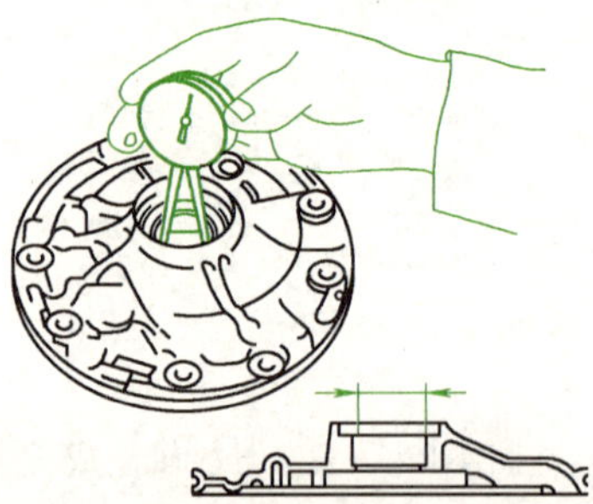

图4-133　用百分表测量油泵总成的衬套内径

5）用百分表测量导轮轴总成的衬套内径，如图4-134所示。最大内径为前侧1.57mm，后侧27.07mm。如果内径大于最大值，则更换导轮轴总成。

2. 阀板的分解

不论是液力式控制系统还是电液式控制系统，其阀板的检修方法是基本相同的，下面以雷克萨斯LS400轿车A341E型和A342E型自动变速器为例加以说明。

分解阀板时应特别小心，不能丢失或分散小的节流阀、安全阀、随动阀和有关的弹簧。

1）按图4-135所示顺序拆下阀板上的手控阀阀芯及电磁阀等零件。

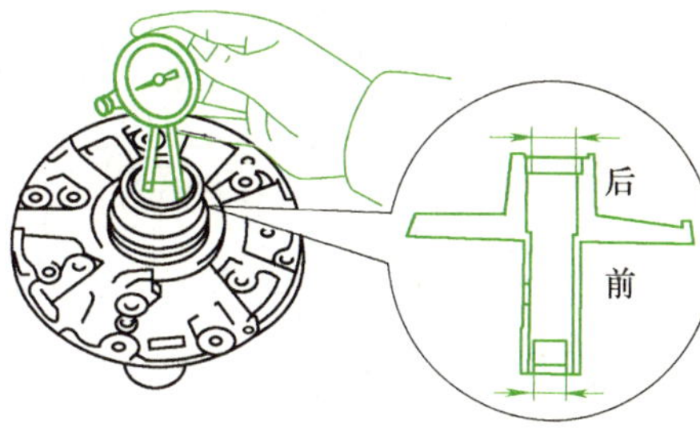

图4-134　用百分表测量导轮轴总成的衬套内径

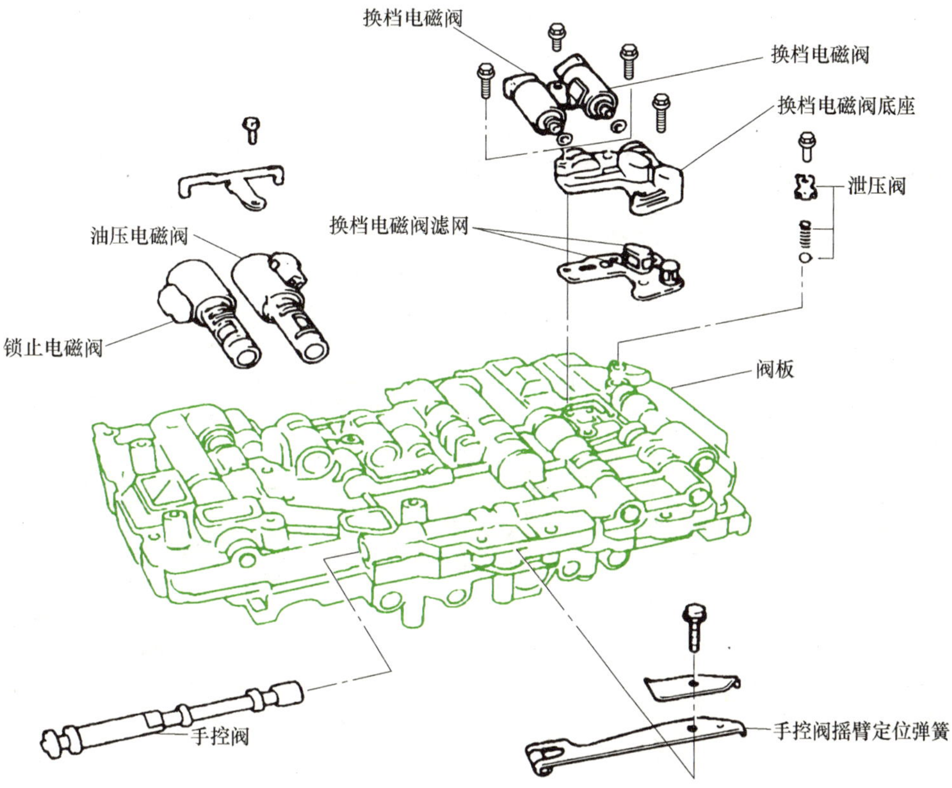

图4-135　A341E型和A342E型自动变速器手控阀和电磁阀的拆除

2）松开上下阀板之间的固定螺栓，将上下阀板分开，如图4-136所示。在拿起上阀板时，为了防止上阀板油道内的单向节流阀球阀掉落，应将上下阀板之间的隔板和上阀板一同拿起，并将上阀板油道一面朝上放置，用木锤轻轻敲击隔板，防止小的球阀粘在隔板上，然后再取下隔板。特别是在没有详细技术资料的情况下检查自动变速器时，更要特别注意。如果阀板油道内的某个球阀或其他小零件掉出，由于阀板油道的形状十分复杂，往往因找不到这些小零件的原有位置而不能正确安装，导致修理后的自动变速器工作异常。

3）从上阀板一侧取下隔板，取出是阀板油道内的所有单向阀球阀。

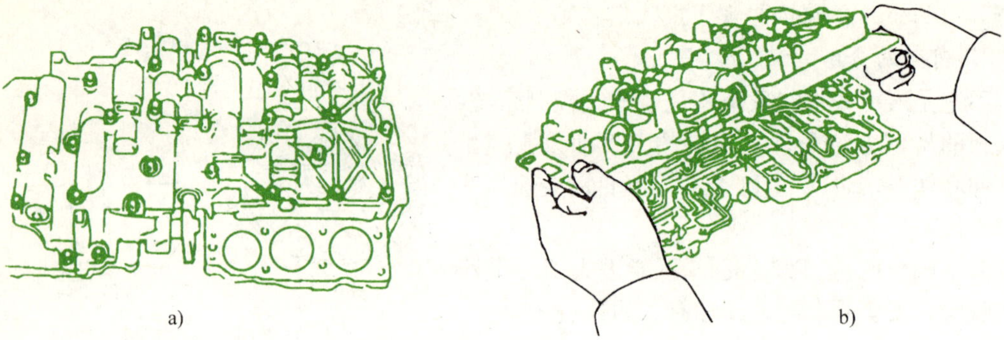

a)　　　　b)

图 4-136　分开上下阀板

4）按图 4-137 所示顺序拆出上阀板中所有的控制阀，在拆出每个控制阀时，应先取出锁销和挡塞，再让阀芯和弹簧从阀孔中自由落出。若阀芯在阀孔中有卡滞，不能自由落出，

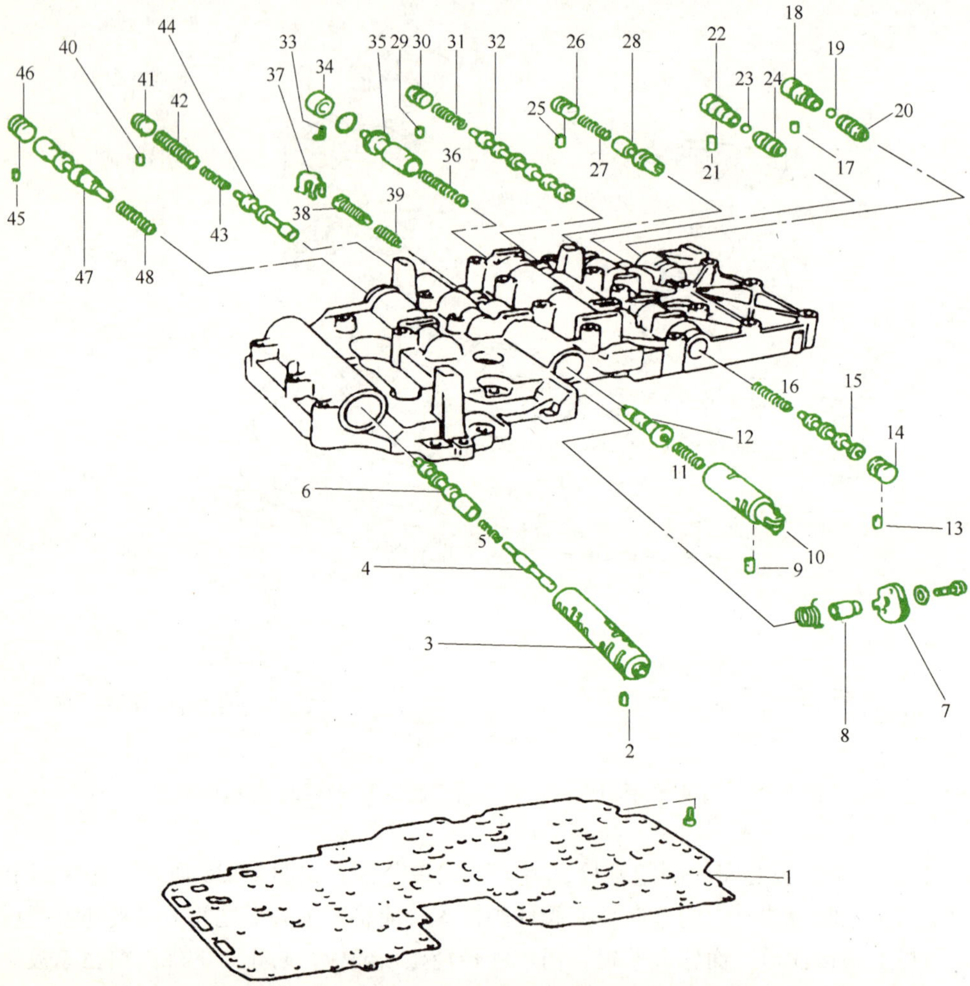

图 4-137　A341E 型和 A342E 型自动变速器上阀板的分解

1—隔板和衬垫　2、9、13、17、21、25、29、33、40、45—锁销　3—锁止控制阀阀套　4—锁止控制阀　5、11、16、27、31、36、39、42、43、48—弹簧　6—锁止继动阀　7—节气门阀凸轮　8—销套　10—强制降档阀　12—节气门阀　14、18、22、26、30、34、41、46—挡塞　15—三至四档换档阀　19、23—止回阀球阀　20、24—止回阀　28—倒档控制阀　32—二至三档换档阀　35—前进档蓄能器活塞　37—锁片　38—节气门阀调节螺钉　44—前进档蓄能器节流阀　47—次调压阀

可用木锤或橡皮锤敲击阀板，将阀芯振出。不要用钢丝或钳子伸入阀孔去取阀芯，以免损坏阀孔内径或阀芯。

5）按图4-138所示顺序拆出下阀板中所有的控制阀。

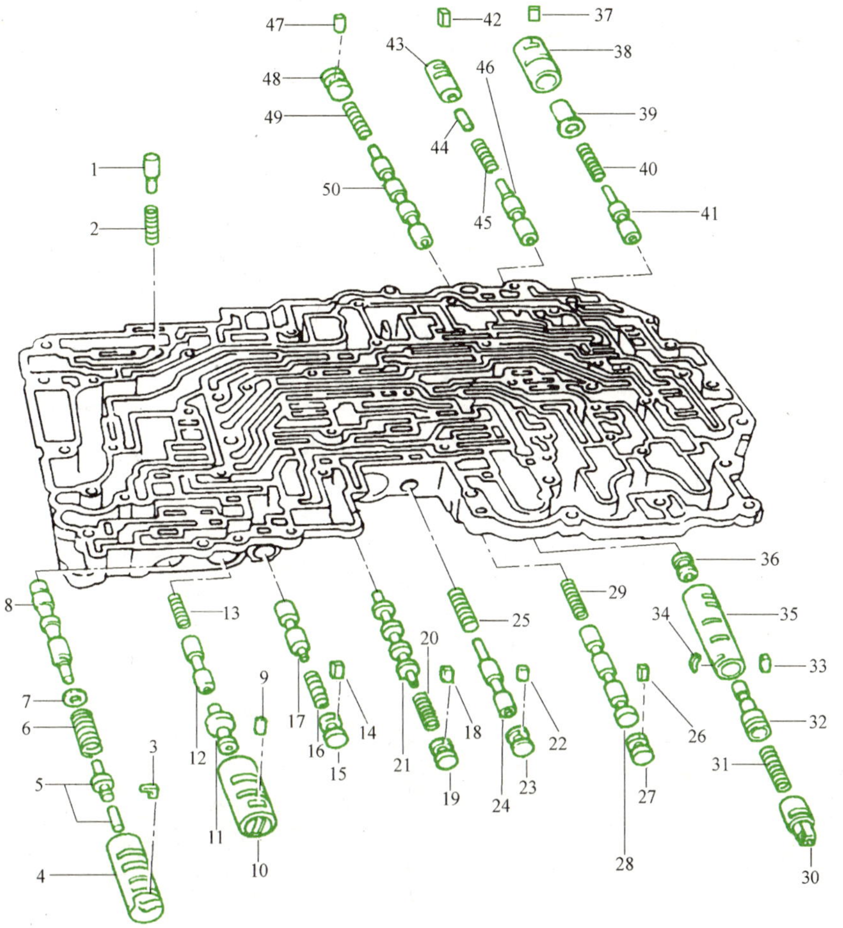

图4-138 A341E型和A342E型自动变速器下阀板的分解

1、17—止回阀 2、6、13、16、20、25、29、31、40、45、49—弹簧 3、9、14、18、22、26、33、34、37、42、47—锁销 4、10、35、38、43—阀套 5、11、36、39、44—阀杆 7—垫圈 8—主油路调压阀 12—锁止控制阀 15、19、23、27、30、48—挡塞 21—电磁转换阀 24—电磁调节阀 28—截止阀 32—蓄能器控制阀 41、46—滑行调节阀 50—一至二档换档阀

3. 阀板零件的检修

1）将上下阀板的所有控制阀零件用清洁的煤油或酒精清洗干净。

2）检查控制阀阀芯表面，如有轻微刮伤痕迹，可用金相砂纸抛光。

3）检查各阀弹簧有无损坏，测量各阀弹簧的长度，如不符合规定要求，应更换，各阀弹簧的自由长度见表4-10。

4）检查滤油器，如有损坏或堵塞，应更换。

5）检查隔板，如有创伤或损坏，应更换。

6）更换隔板上的纸质衬垫。

7）更换所有的塑胶球阀。

8）若控制阀卡死在阀孔中，应更换阀板总成。

表 4-10　A341E 和 A342E 自动变速器控制弹簧规格

序　号	控制阀名称	自由长度/mm	弹簧外径/mm	总圈数
1	锁止继动阀	23.42	5.86	12
2	次调压阀	36.78	9.22	13.5
3	前进档蓄能器节流阀(外)	37.13	11.14	11
4	前进档蓄能器节流阀(内)	21.50	7.76	11.5
5	强制降档阀	27.50	8.73	12.5
6	节气门阀	17.50	7.20	10
7	前进档蓄能器	75.26	15.02	17
8	二至三档换档阀	30.77	9.70	10.5
9	三至四档换档阀	30.77	9.70	10.5
10	倒档控制阀	25.38	8.64	9
11	主油路调压阀	40.62	16.88	9.5
12	锁止控制阀	18.52	5.30	13
13	止回阀	18.80	7.48	7.5
14	电磁转换阀	18.80	7.48	7.5
15	电磁调节阀	30.63	7.99	15
16	截止阀	20.30	6.10	13
17	蓄能器控制阀	34.50	8.85	12.5
18	一至二档换档阀	30.77	9.70	10.5
19	滑行调节阀	19.73	8.04	9.8
20	滑行调节阀	26.11 ~ 27.41	8.04	11 ~ 12

4. 阀板的装配

1）将清洗后的上下阀板和所有控制阀零件放在干净的液压油中，浸泡几分钟。

2）如图 4-137、图 4-138 所示相反的顺序安装上下阀体各控制阀，注意各控制阀弹簧的安装位置，如图 4-139 所示，切不可将各控制阀的弹簧装错。必要时可参考表 4-10，以区分各个控制阀的弹簧。

3）如图 4-140 所示位置，将上阀板油道内的球阀装入。

4）用螺钉将隔板及隔板衬垫固定在上阀板上。

5）将上下阀板合在一起，按图 4-141 所示方法将两种不同规格的阀板螺栓安装在不同的位置上，分 2 ~ 3 次将所有螺栓拧紧。阀板螺栓的标准拧紧力矩为 6.1N · m。

6）如图 4-137 所示相反的顺序安装电磁阀、手控阀等零件。

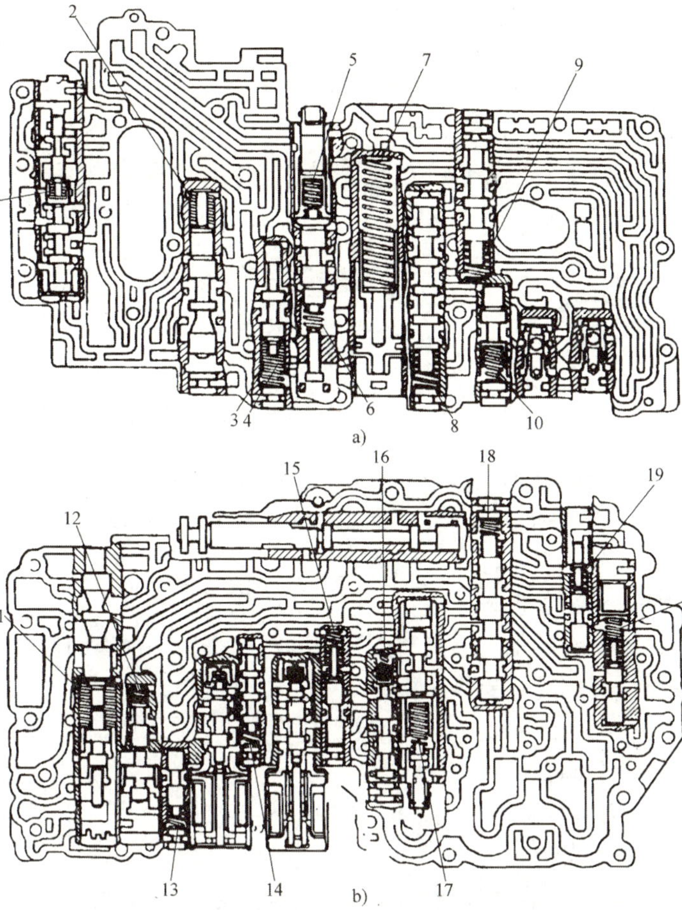

图4-139　A341E型和A342E型自动变速器上下阀板的剖面图
a）上阀板　b）下阀板
1—锁止继动阀　2—次调压阀　3—前进档蓄能器节流阀外弹簧　4—前进档蓄能器节流阀内弹簧　5—强制降档阀　6—节气门阀　7—前进档蓄能器　8—二至三档换档阀　9—三至四档换档阀　10—倒档控制阀　11—主油路调压阀　12—锁止控制阀　13—止回阀　14—电磁转换阀　15—电磁调节阀　16—截止阀　17—蓄能器控制阀　18—一至二档换档阀　19、20—滑行调节阀

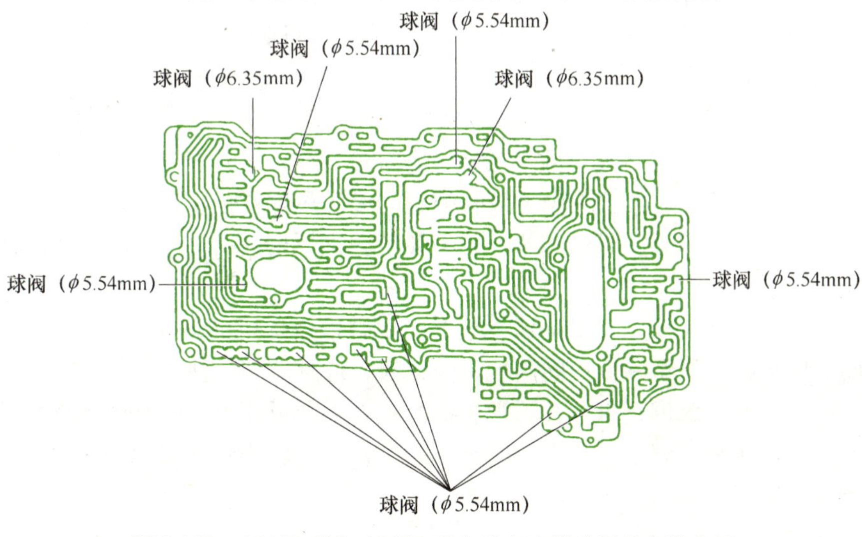

图4-140　A341E型和A342E型自动变速器球阀的安装位置

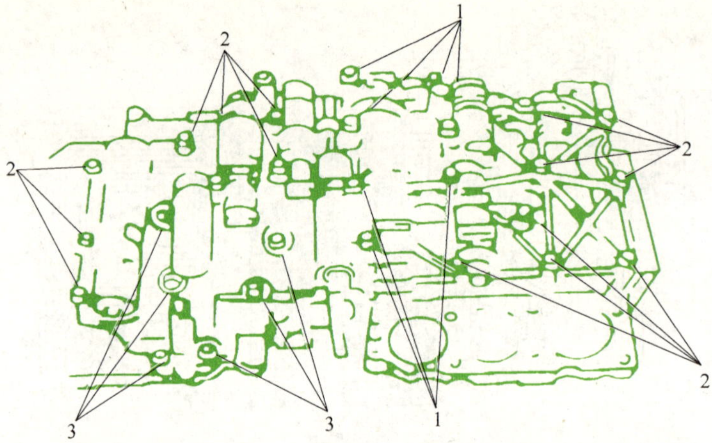

图4-141　A341E型和A342E型自动变速器阀板螺栓的安装位置
1—长螺栓（长度为45mm）　2—中螺栓（长度为35mm）　3—短螺栓（长度为20mm）

5. 检修阀板时需注意的事项

由于阀板中各个控制阀的加工精度和配合精度都极高，不正确的检修方法往往会损坏控制阀，影响其正常工作。因此在检修阀板时，应注意以下几点：

1）当拆检阀板时，切不可让阀芯等重要零件掉落，不要将铁丝、螺钉旋具等硬物伸入阀孔中，以免损伤阀芯和阀孔的精密配合表面。

2）阀板分解的所有零件在清洗后，可用压缩空气吹干。不允许用棉布擦拭，以免沾上细小的纤维丝，造成控制阀卡滞。

3）当装配阀板时，应检查各控制阀阀芯是否能在阀孔中活动自如。如有卡滞，应拆下并经清洗后重新安装。

4）不能在阀板衬垫及控制阀的任何零件上使用密封胶或粘合剂。

5）在更换隔板衬垫时，要将新旧件进行对比，确认无误后再装入，以防止因零件规格不符而影响自动变速器的正常工作。有些自动变速器的修理包中没有阀板的隔板衬垫，在维修中如果旧衬垫破损，可用青稞纸（即电工用绝缘纸）自制，方法是将旧衬垫的形状画在青稞纸上，用割纸刀和圆冲照原样刻出。

6）在分解、装配阀板时，要有详细的技术资料（如阀板分解图），以作为对照。如果在检修时没有这些资料可做参考，可以在分解之前先画出阀板的外形简图，然后每拆一个控制阀，就在阀板简图的相应位置上画下该控制阀的形状和排列顺序，同时测量并记下各个弹簧的外径、自由长度和圈数，以作为装配时的参考。拆下的各个控制阀零件要按顺序排放，以便于重新安装。

另外，在分开上下阀板时，要特别注意不要使阀板油道中的球阀、滤网等小零件掉出；在拿起上面的阀板时，要将隔板连同阀板一同拿起，待翻转阀板使油道一面朝上后，再轻轻敲打隔板，使各小球阀落位，再拿开隔板。认清上、下阀板油道中所有球阀等零件的位置并画在简图上，同时测量并记下不同直径的球阀的位置，然后才能取出球阀等零件，做进一步分解及阀板清洗工作。

知识链接

1. 自动变速器液压控制系统的组成与原理

（1）液压控制系统的组成　电控自动变速器的液压控制系统由ATF、油泵、阀体、管道及电磁阀等元件组成，如图4-142所示。液压控制系统将油泵产生的经主油压调节阀调节后的液压油，通过阀体上电磁阀的工作操纵换档阀，电磁阀由电控单元根据车辆的实际工况控制，控制作用在变矩器、离合器及制动器上的液压，以控制变矩器的和行星齿轮机构的工作。电控自动变速器的换档不再根据节气门液压和速控液压，而是由电控单元根据传感器信号控制电磁阀的工作来实现的。

（2）油泵　液力变矩器和执行元件依靠油泵提供的液压油工作。虽然油泵是整个变速器油液的来源，但由控制阀体调节并引导油流进行换档。油泵由变矩器轴套或变矩器轴驱动，因此，只要发动机运转油泵就工作。普遍采用齿轮泵、转子泵和叶片泵三类油泵，这里只介绍内啮合齿轮泵。内啮合齿轮泵有两个齿轮，一个齿轮有内齿，另一个有外齿，带有外齿的较小的齿轮与较大的内齿轮的一部分啮合，在没有齿轮啮合的空隙中有一个新月形的隔板，如图4-143所示。

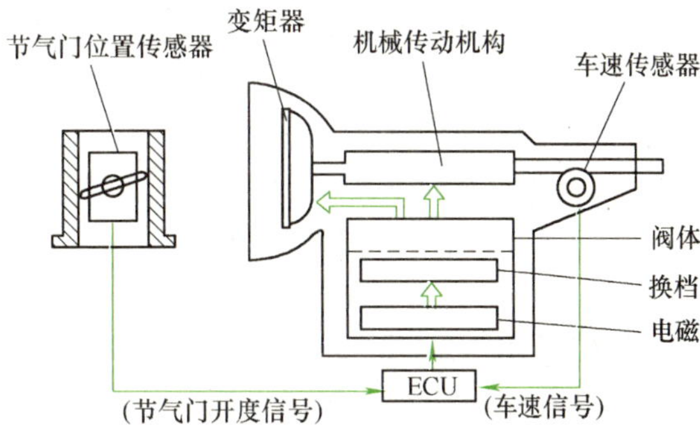

图4-142　电控自动变速器的液压控制系统

当齿轮转动时，油被吸进并封闭在齿轮和新月板之间，然后绕着油泵壳，液压油被带到出油口，齿轮靠近出油口时，开始啮合，间隙开始变窄，间隙变窄一直持续到齿轮完全啮合。齿轮转动进入啮合时，间隙变窄挤压液压油，形成压油腔，液压升高，并迫使液压油通过出油口进入变速器的液压系统。新月板阻隔液压油，并且防止液压油泄漏回到吸油腔。内啮合齿轮泵制造精密，齿轮每转一圈，油泵可以供应相当的油量，供油量随发动机转速变化而改变。

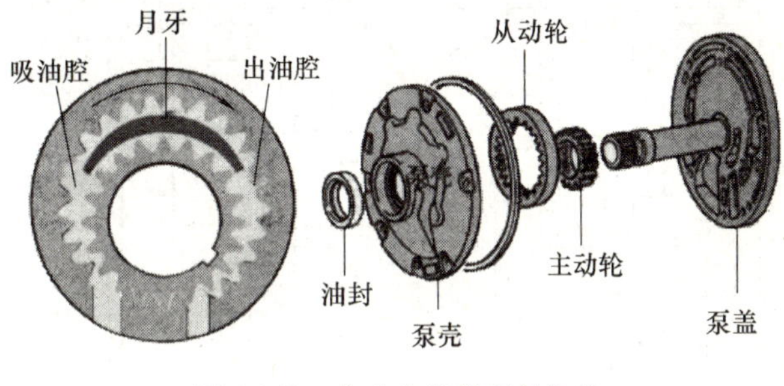

图4-143　内啮合齿轮泵的结构

（3）调压阀　控制油压的主要元件是调压阀，调压阀主要分为主调压阀和次调压阀。主调压阀用于调节液压泵油压，并把调节后的液压油送到各执行元件和换档阀处。次调压阀用于调节液力变矩器的锁止油压和自动变速器的润滑油压。

（4）手动阀　手动阀实际上是一个油路开关，随着驾驶人操作信号的变化，阀芯的位置发生变化，从而改变液体流动方向，控制液压系统的油路开关。不同的自动变速器手动阀的基本原理都是一样的，当手动阀在变速杆的带动下移至相应位置时，主油路就与相应的控制油路或执行元件连通，并使不工作的油路与排油孔接通，从而使自动变速器处于相应的档位，如图4-144所示。

（5）换档阀　换档控制由换档阀来完成，换档阀实质上是一个由换档控制信号操纵的油路开关，负责将换档执行元件（离合器、制动器）加压或泄压，以实现齿轮变速装置的档位切换。

电控自动变速器换档阀的工作由换档电磁阀来控制，电磁阀控制换档阀的方式有加压控制及泄压控制两种。电磁阀根据来自电控单元的信号打开或关闭，以操纵换档阀，从而切换通往变矩器、离合器、制动器的油路，以控制变矩器和行星齿轮机构的工作。如图4-145所示，当ECU不对电磁阀②通电时，管路压力作用在阀芯上端，迫使阀芯下移，离合器 C_1 工作，变速器处于一档。当ECU对电磁阀②通电时，作用在阀上端的管路压力由电磁阀②排放掉，阀芯在弹簧力作用下上移，打开制动器 B_2 的油路使其工作，变速器换入二档。

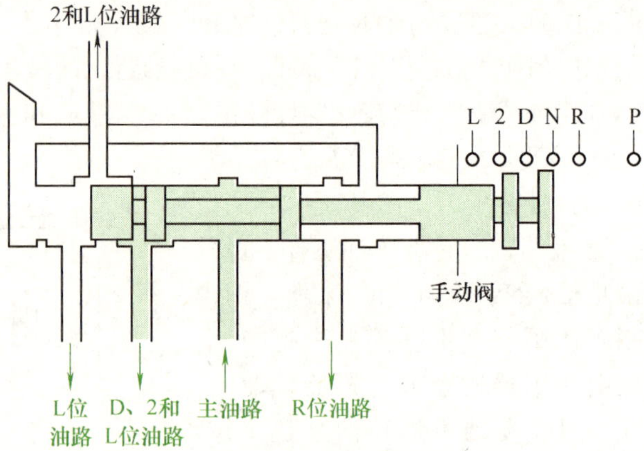

图4-144　手动阀示意图

（6）换档品质控制阀　为了提高换档品质，自动变速器液压控制系统设置有蓄能减振器、缓冲阀、限流阀、节流阀以及节流孔等换档品质控制阀。

1）蓄能减振器。蓄能减振器一般采用弹簧式，用于储存少量液压油液，作用是在换档时，使液压油液迅速流到换档执行器的液压缸，并吸收和平缓所输送油压的压力波动。当弹簧被压缩时，储存能量；而当弹簧伸长时，释放能量，如图4-146所示。

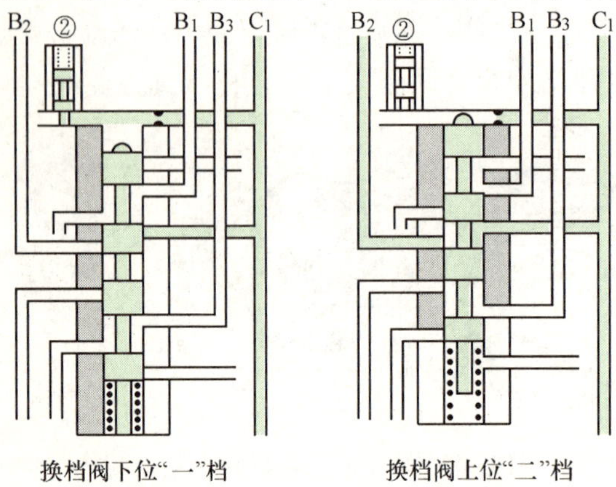

图4-145　换档阀的工作过程

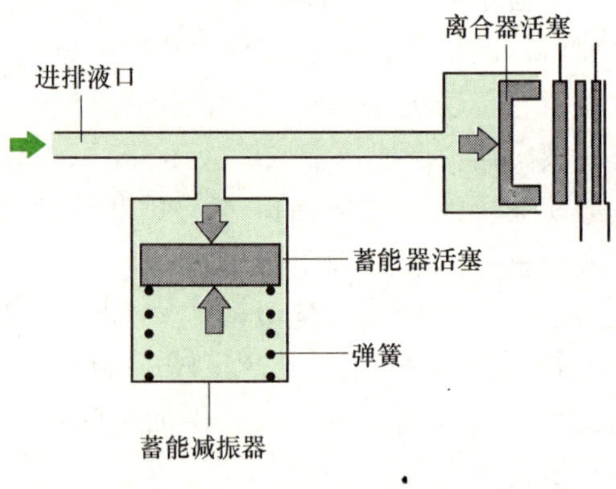

图4-146　蓄能减振器的结构

2）节流阀。常见的节流阀有球阀式节流阀和柱阀式节流阀两种。

球阀式节流阀结构最简单，但其缓冲效果是不可调节的，因此常需要与单向阀配合使用。当油压升高时，单向阀关闭，液压油只能通过节流孔进入液压缸，控制油压上升的速度，离合器平稳接合。当离合器分离时，单向阀打开，迅速泄压，使离合器快速脱开，如图4-147所示。

柱阀式节流阀由弹簧、柱阀及阀上的节流孔组成。当油压升高时，压紧并关闭柱阀，油液必须经过阀上的节流孔，才能进入离合器液压缸，因而起到节流的作用。泄压时，回油压力将柱阀打开，迅速回油泄压，离合器分离，如图4-147所示。

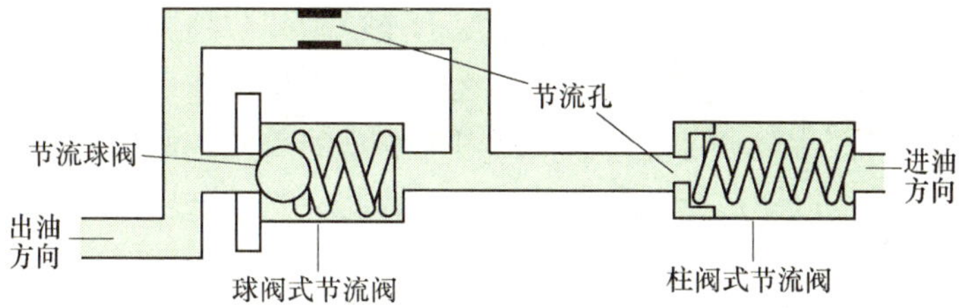

图4-147　节流阀和节流孔

2. 自动变速器的性能试验

（1）油压试验　自动变速器的液压试验是在自动变速器工作时，通过测量液压控制系统各回路的压力来判断液压控制系统各元件的功能是否正常，目的是检查液压控制系统各管路及元件是否漏油及各元件（如液力变矩器、调速阀、制动器的蓄能器等）是否工作正常，是判断液压控制系统是否有故障的主要依据。液压试验包括主油压试验、节气门油压试验和速控油压试验（非电控自动变速器需此项试验）、蓄能器油压试验以及电磁阀工作的测试等。

1）液压试验的准备工作。

①油压表。准备一只量程为0～7MPa的油压表，若油压表的量程过大，则试验数据误差较大；若量程过小，则不能满足使用要求，甚至损坏油压表。实际测量时最好准备指针式与电子数字式两种油压表，指针式油压表可以很好地观察到压力的变化情况，数字式油压表则可以很精确地测量到压力数值。

②连接油管。准备液压试验连接油管，各种车型自动变速器油压测试插接器不同，最好选用直径合适的耐高压橡胶软管。若油管内径过小，会导致液压试验灵敏度变差；若油管内径过大，则操作不方便。

③专用插接器。应使用配套的液压试验专用插接器，否则会造成液压试验时ATF的泄漏，并损坏变速器液压试验插接器螺纹，给变速器带来故障隐患。

④接口位置。在准备好相应的工具之后，还应该了解各系统液压试验插接器在变速器上的位置，否则不能准确试验需要的系统油压。通常在自动变速器外壳上有几个用方头螺塞堵住的用于测量不同油路油压的测压孔。《自动变速器维修手册》上标有该自动变速器各个油路测压孔的位置。如果没有《自动变速器维修手册》做参考，可以用举升器将汽车升起，在发动机运转时分别将各个测压孔螺塞松开少许，观察各测压孔在变速杆位于不同档位时是否有液压油流出，以判断该测压孔是与哪一个油路相通，从而找出各个油路测压孔的位置。具体判断方法如下：

不论变速杆位于前进档或倒档时都有液压油流出，则为主油路测压孔。

只有在变速杆位于前进档时才有液压油流出，则为前进档油路测压孔。

只有在变速杆位于倒档时才有液压油流出，则为倒档油路测压孔。

只有在变速杆位于前进档，并且在驱动轮转动后才有液压油流出，则为调速器油路的测压孔。

2）液压测试的油压测试项目。在自动变速器的液压控制系统中，设有许多不同压力的控制油路，通过对这些不同压力的油路控制来实现各种指令性动作、逻辑顺序动作、反馈控制动作等，如跳档、锁止离合器工作、降档等，因此液压系统中就有不同的油压值。

①主油路压力。主油路压力就是油泵输出压力经过主调节阀调节后的主油压。变速器液压控制系统中的其他油压都是在这个油压基础之上经过再次调节而形成的。在某些特殊情况下主油路压力必须提高，才能满足变速器实现可靠驱动的需要。例如，汽车大负荷驱动、倒档等需提高主油路压力，以满足行驶驱动的需要。因此，主油路压力也受到其他一些油压信号的修正控制。主油路压力除了向其他压力油路提供满足它们要求的输入压力外，还直接控制换档执行器中的各离合器与制动器液压活塞上的压力，按操纵指令推动活塞动作，压紧摩擦元件，实现换档。由此可见，任何汽车自动变速器都必须保持正确的主油路压力。

②负荷油压。自动变速器在各种工况下自动变换档位的依据，来自发动机负荷信号和车速信号。发动机负荷信号通过节气门拉索或真空传动机构来感知，负荷油压用于控制换档时刻、调节主油压等工作。在电控自动变速器控制系统中，负荷信号通过节气门位置传感器来感知，或者直接通过发动机 ECU 得到。

③速控油压。在全液控换档的自动变速器中，通过与变速器输出轴连接的速控阀，将车速信号转变成液压信号进行自动控制。此油压主要用来控制自动换档，在一些自动变速器上还用它来对主油路压力反馈控制。因此，其压力下降将直接导致自动变速器换档延迟或不能换档。

④变矩器油压。要使变矩器能够实现正常的液力传动，起到飞轮的作用，就必须要保证变矩器内有一定数量、一定质量、一定压力的工作油液循环。现在绝大多数常见类型的自动变速器的变矩器都设有锁止离合器，锁止离合器的工作也要由此油液压力控制，这一油压还要为变速器内各机械零件的摩擦面提供润滑。变矩器油压是由第二调节阀调节而获得的。

⑤蓄能器油压。在自动变速器的液压系统中，换档性能取决于制动带或离合器的接合速度和作用在施力活塞上的油压，有些施力活塞油路中利用蓄能器，来减慢接合速度，从而达到换档柔顺的目的。有些车辆在使用较长行驶里程之后，会逐步出现换档冲击，或者换档冲击较大的故障。针对这一现象，在确认其他部位没有故障后，应该进行蓄能器的油压测试。

以上五个油压为自动变速器中换档控制的基本油压，这五个油压出现问题后将对自动变速器的换档控制产生非常大的影响。对以上五个油压的测量与分析将非常有助于发现问题和找到故障部位。

⑥其他油压。在一些自动变速器上还设有一些其他油压试验插接器，用来检测相关油压。但这些油压只有参照修理手册或者相关书籍才能进行检查和数据分析。例如克莱斯勒等公司的自动变速器上还设有各离合器、制动器及蓄能器的液压试验插接器，它可以发现具体档位执行元件的工作压力，辅助故障诊断。

（2）失速试验　在前进档或倒档同时踩住制动踏板和加速踏板时，发动机处于最大转矩工况，此时自动变速器输入轴及输出轴均静止不动，液力变矩器的涡轮也因此静止不动，只有液力变矩器壳及泵轮随发动机一起转动，这种工况称为失速工况，此时发动机最高转速为失速转速。自动变速器的失速试验，就是在车速为零的状态下，测试发动机转速的试验。失速试验因其操作简单，对变速器功能检查面广，故在故障诊断中被广泛采用。

1）失速试验的作用。

①检查液力变矩器各部件性能的好坏。例如：泵轮与涡轮之间的液流传动性能，导轮的

液流传导性能，导轮单向离合器能否良好可靠地锁止导轮及释放导轮。

②检查自动变速器内部行星齿轮机构、换档执行传动机构是否工作正常。例如：齿轮传动机构是否完好，检测离合器和制动器摩擦元件间承受大力矩而不打滑的能力。

③检查执行元件油路油压是否过低，如果相应换档执行元件的油路油压过低，那将会导致自动变速器在执行元件工作的过程中打滑。

④检查发动机的输出功率是否正常。

⑤辅助其他试验或结合其他试验进行故障诊断。

2）失速试验的操作。

①试验准备工作。因为在失速试验时，变速器内部受到一个极大的转矩负荷，因此要事先做好以下几方面工作：

检查确认发动机性能是否良好，如果发动机性能下降会造成测试结果失真，或不能准确反映问题。

变速器内的油面高度、油温以及油质都必须正常，否则将影响测试结果的准确性，还可能对自动变速器造成损害。

汽车需有良好的安全条件，行车制动器与驻车制动器的性能必须良好，保证试验时能可靠制动。另外，将车轮用三角木块等塞住，以保证安全。

汽车周围不应有影响安全的人或障碍物。

如果车上无发动机转速表，需另外加装发动机转速表。

试验操作者应该具备一定的反应能力。

②试验方法及注意事项。将汽车停放在宽阔的水平地面上，前后车轮用三角木块塞住，如图4-148所示。用驻车制动器或行车制动器把车轮彻底制动。

图4-148　失速试验操作步骤

检查自动变速器的油温，应在75～90℃，冷车应在试验前使其升温，并保证油面高度及油质正常。

起动发动机，将变速杆换到前进档（D位）。

左脚踩下制动踏板的同时，右脚将加速踏板踩到底，在发动机转速不再升高时，迅速读取此时的发动机转速，然后立即松开加速踏板，此时的发动机转速即为失速转速。由于在试验时发动机功率全部在变矩器内损耗掉了，因此会产生大量的热，所以失速时间不要过长，一般都在5s之内，即读完数据后立即放松加速踏板。

将换档操纵手柄拨入停车档（P位）或空档（N位）位置，让发动机怠速运转至少1min，以防止因油温过高而使油液变质。

将换档操纵手柄移动至R位做同样的试验。

此试验的操作动作比较简单，但因为变速器内部承受的转矩很大，一定要注意做试验时的连续时间不要过长，要及时冷却。另外，在试验时要注意监听发动机及自动变速器内声音的变化。在试验时随着加速踏板的踩下，发动机和变矩器应有很大的很沉闷的轰鸣声，但决不可听到任何金属撞击声和尖锐的杂音。

3）失速转速数值的分析。失速转速的非正常情况有两种：高于规定值与低于规定值。失速转速表给出的失速转速值是个范围，而并非某一确定的值。通常情况下，在失速转速超出一定范围后才判断为失常。

①失速转速过低。由于变速器的零件在不运转（被强行固定）时，运转阻力没有变化，如果失速转速低于标准范围，只能是发动机工作不良与液力变矩器传递不良两方面的原因。为了进一步区分发动机与变矩器的故障，可将变速杆置于P或N位，让变矩器涡轮不带负荷，对发动机进行急加速。如果发动机转速能在急加速时很顺畅地上升，则说明发动机是正常的。如果汽车在行驶中也出现加速不良，而高速时却很正常，则可判断为变矩器导轮单向离合器工作不良，造成功率损失。如果失速转速低于规定值600r/min，说明液力变矩器可能严重失效。

②失速转速过高。当出现失速转速过高时，发动机与液力变矩器故障的可能性较小，故障一般都发生在自动变速器部分，主要由换档执行元件打滑引起。因此，可以通过失速试验与变速器内对应档位的执行元件图进行分析，从而判断是因哪些元件损坏所致。但无论是失速试验时变速杆处于何位置，因自动变速器的结构原因，失速试验只可检查到前进档一档和倒档的执行元件，对前进档二档及二档以上的档位执行元件一般不能检测，因为换档正常的变速器在失速时不可能进行档位变化。

利用失速转速值分析故障，影响失速转速的因素较多，不同发动机、不同液力变矩器的失速转速不同，但大部分汽车自动变速器的失速转速都在2000～3000r/min范围内。

日产自动变速器的失速转速见表4-11。

表4-11　日产自动变速器的失速转速

车型与发动机类型		变速器类型	失速转速/（r/min）
VG30E		RE4F02A	2050～2350
风度2.0		RE4F04A	1850～2250
无限（Infiniti）	J30	RE4F01A	2320～2720
	Q45	RE4F03A	2100～2300

三菱公司自动变速器的失速转速见表4-12。

表4-12　三菱公司自动变速器的失速转速

变速器类型	失速转速/(r/min)	变速器类型	失速转速/(r/min)
F3A20、F4A20	1800～2800	F4A23	2050～2450
F4A33	1800～2500	W4A32、W4A33	1800～2800

ZF系列自动变速器的失速转速见表4-13。

表4-13　ZF系列自动变速器的失速转速

车　型	变速器类型	失速转速/(r/min)
宝马	ZF4HP22-EH	2100～2300
绅宝	ZF4HP-18	2300～2700
捷豹	ZF4HP24-E	2000

现代轿车自动变速器的失速转速见表4-14。

表4-14　现代轿车自动变速器的失速转速

车　型	变速器类型	失速转速/(r/min)
现代索纳塔2.0	KM175	1800～2500
现代索纳塔3.0	KM175	2000～2800

③现以丰田A341E变速器说明分析的思路：如果在倒档或前进档位失速转速均高，则原因可能为液压系统油路压力过低，或内部换档执行元件损坏较严重，如主调压阀、节气门阀、离合器C_0损坏或失控。如果失速转速极高说明机油泵损坏，提供不了油压。

如果在前进档（D、2、L）失速转速正常，而仅在R位失速转速较高，则说明离合器C_2的活塞密封胶圈损坏造成C_2油路有泄漏或离合器片磨损较为严重，也有可能是倒档的控制柱塞有故障。

如果R位失速转速正常，前进档（D、2、L）失速转速过高，则说明与倒档有关的离合器C_2基本没有问题，低、倒档制动器B_3也基本上没有问题，应该是前进档离合器C_1的活塞密封胶圈损坏或相应油路泄漏造成的故障，也可能是C_1离合器片的磨损较为严重。

（3）时滞试验　失速试验与液压试验是自动变速器的基本试验，一般用于变速器较大的较明显的影响行驶性的故障。但自动变速器除了行驶性故障外，还有另一类故障，即舒适性故障，如：挂入档位后，车辆的动作迟缓，不能立即进入行驶状态；在行驶的过程中，换档不平顺，冲击较大。对于此类故障可以进行时滞试验进行进一步分析。

在发动机怠速运转时将变速杆从N位移动到D位或R位后，要有一段短暂时间的迟滞或延时才能使自动变速器完成档位的接合（此时汽车会产生一个轻微的振动），这一短暂的时间称为自动变速器换档的迟滞时间。因为自动变速器在进入某一档位时，要有一个消除间隙和建立油压的过程，所以迟滞时间是不可避免的。时滞试验就是测出自动变速器换档的迟滞时间，根据迟滞时间的长短来判断主油路油压及换档执行元件的工作是否正常。迟滞时间取决于自动变速器油路油压、油路密封情况、离合器和制动器的磨损情况。

1）试验准备。

①预热使发动机和自动变速器达到正常的工作温度。

②将汽车停放在水平地面上，拉紧驻车制动。

③检查发动机怠速，若不正常，应按标准予以调整。

2）时滞试验。

①将变速杆从N位拨至D位。

②在变速杆移动到D位的同时，用秒表开始计时直到感觉到汽车振动为止，所用的时间称为N→D迟滞时间。

③将变速杆拨至空档位置，让发动机怠速运转1min后，再做一次同样的试验，共做3次试验，并取平均值。

④按上述方法，将变速杆由空档位置拨至R位位置，测量N→R迟滞时间。

3）试验数据分析。一般情况下，R位较D位迟滞时间长0.3～0.5s，因为在液压系统中倒档油压较高，为了避免较大振动，蓄能器等缓冲装置要求油压上升更缓慢一些；另外，低、倒档制动器的摩擦片较多，制动间隙也较大，因此活塞的行程也较大，液压缸容积变化较大，致使迟滞时间较D位长。

大部分自动变速器N→D迟滞时间小于1.0～1.2s，N→R迟滞时间小于1.2～1.5s。若N→D迟滞时间过长，说明主油压过低，或前进档离合器摩擦片磨损过甚或前进档单向离合器工作不良，如果刚修好的自动变速器出现这种故障，则有可能是离合器片间隙调整过大；若N→R迟滞时间过长，说明倒档主油压过低，或倒档离合器、倒档制动器磨损过甚或工作不良，如果刚修好的自动变速器出现这种故障，则有可能是倒档离合器片间隙调整过大。如果迟滞时间过短，则可能是离合器片间隙调整过小。具体摩擦元件应参照原车换档执行元件表。

必须注意的是：经过时滞试验得到的结果只能作为一种参考，不能单单凭此来作为故障诊断的依据，必须结合其他试验结果及故障现象一起进行故障诊断。

几种常见车型自动变速器迟滞时间如下：

①丰田A441E、沃尔沃AW30-40LE、AW30-43LE、AW50-42LE自动变速器：N→D位迟滞时间应小于0.7s，N→R位迟滞时间应小于1.2s。

②丰田A131L、A140L、A240L、A540E等自动变速器：N→D位迟滞时间应小于1.2s，N→R位迟滞时间应小于1.5s。

③大宇AW850自动变速器：N→D位迟滞时间应小于1.2s，N→R位迟滞时间应小于1.6s。

④马自达R4A-EL自动变速器：N→D位迟滞时间应小于1.0s，N→R位迟滞时间应小于1.2s。

⑤马自达626轿车GF4A-EL自动变速器：N→D位迟滞时间应小于0.9s，N→R位迟滞时间应小于1.1s。

⑥马自达FA4A-EL自动变速器：N→D位迟滞时间应小于0.5～0.6s，N→R位迟滞时间应小于0.6～0.7 s。

（4）道路试验 自动变速器的道路试验可以验证失速试验、液压试验和时滞试验的结果，进一步确定故障的原因与部位。

1）试验准备。在道路试验之前，应先让汽车以中低速行驶5～10min，让发动机和自动变速器都达到正常工作温度（至少让电子扇起动运行一次）。

在道路试验中，如无特殊需要，装有超速档开关的车辆，应将超速档开关（OD）置于ON的位置（位于仪表板的超速档指示灯OD OFF应熄灭）。行驶模式选择开关置于普通模式NORM或经济模式ECONO位置。

2）试验项目。自动变速器的道路试验内容主要有检查换档车速、换档质量、换档执行元件有无打滑、锁止离合器是否工作以及检查发动机制动效果。

3）自动变速器道路试验。

①升档的检查。将变速杆挂入前进档D位置，踩下加速踏板，使节气门开度保持在50%左右，让汽车起步加速，检查自动变速器的升档情况。自动变速器在升档时发动机会有瞬时的转速下降，如果有转速表会发现发动机转速下降，同时车身有轻微的振动感。正常情况下，汽车D位起步后随着车速的升高，试车者应能感觉到自动变速器能顺利地由一档升入二档，随后再由二档升入三档，最后升入超速档。若自动变速器不能升入高档（直接档或超速档），说明换档控制元件（如换档阀）或换档执行元件（如离合器、制动器）有故障。

②升档车速的检查。将变速杆挂入前进档D位置，踩下加速踏板，使节气门开度保持在某一固定位置让汽车起步加速。当感觉到自动变速器升档时，记下升档车速。一般四档自动变速器在节气门开度保持在50%左右时，由一档升至二档的车速为25~35km/h，由二档升至三档的车速为35~50km/h，由三档升至四档（超速档）的车速为55~85km/h。由于升档车速和节气门开度有很大的关系，即节气门开度不相同时，升档车速也不同，而且不同车型的自动变速器各档位的传动比的大小都不尽相同，其升档车速也不完全一样。因此，只要升档车速基本保持在上述范围内，而且汽车行驶中加速良好，无明显的换档冲击，都可认为其升档车速基本正常。

若汽车行驶中加速无力，升档车速明显低于上述范围，说明升档车速过低（即过早升档，类似于手动变速器的低速高档）；若汽车行驶中有明显的换档冲击，升档车速明显高于上述范围，则说明升档车速过高（即升档太迟，相当于手动变速器的高速低档）。由于降档冲击较小，降档时刻在行驶中不易察觉，因此在道路试验中一般无法检查自动变速器的降档车速，只能通过检查升档车速来判断自动变速器有无故障。如有必要，还可检查在其他模式或变速杆位于前进低档位置时的换档车速，并与标准值进行比较，作为判断故障的参考依据。

升档车速太低一般是控制系统的故障所致，如节气门拉索调整不当。升档车速太高则可能是控制系统的故障所致，也可能是换档执行元件的故障所致，如某一档位的执行元件打滑。

③升档时发动机转速的检查。在做自动变速器道路试验时，应注意观察试验中发动机转速的变化情况。发动机转速是判断自动变速器工作是否正常的重要依据之一。在正常情况下，若自动变速器处于经济模式或普通模式，节气门开度保持在低于50%范围内，汽车由起步加速直至升入高速档的整个行驶过程中，发动机转速将低于3000r/min。通常在加速至即将升档时发动机转速可达到2500~3000r/min，在刚升档后的短时间内发动机转速将下降至2000r/min左右。如果在整个行驶过程中发动机转速始终过低，加速至升档时仍低于2000r/min，说明升档时间过早或发动机动力不足；如果在行驶过程中发动机转速始终偏高，升档前后的转速在1500~3000r/min之间，而且换档冲击明显，说明升档时间过迟；如果在行驶过程中发动机转速过高，经常高于3000r/min，在加速时达至4000~5000r/min，甚至更高，则说明自动变速器的换档执行元件（离合器或制动器）严重打滑，应拆检自动变速器。

④换档质量的检查。换档质量的检查内容主要是检查有无换档冲击。正常的自动变速器

只能有不太明显的换档冲击，特别是电控自动变速器的换档冲击应十分微弱。若换档冲击太大，说明自动变速器的控制系统或换档执行元件有故障，其原因可能是主油压过高、单向阀失效、蓄能器失效或换档执行元件打滑，应做进一步的检查。

⑤锁止离合器工作状况的检查。在道路试验中还可以进行液力变矩器的锁止离合器工作质量的检查。试验中，让汽车加速至超速档，以高于 80km/h 的车速行驶，并让节气门开度保持在低于 50% 的位置，使变矩器进入锁止状态。此时，快速将加速踏板踩下至 2/3 开度，同时检查发动机转速的变化。若发动机转速没有太大变化，说明锁止离合器处于接合状态；反之，若发动机转速升高很多，则表明锁止离合器没有接合。锁止离合器没有锁止的原因通常是锁止控制系统有故障，比如锁止油压太低等。

⑥发动机制动作用的检查。发动机的制动作用是自动变速器的功能之一，以利于坡道等工况使用。检查自动变速器有无发动机制动作用时，应将变速杆拨至前进低档（S、L 或 2、1）位置。在汽车以二档或 L 位行驶时，突然松开加速踏板，检查车速是否可以突然降下来。若松开加速踏板后车速立即随之下降，则说明有发动机制动作用；否则，说明控制系统或前进档强制离合器有故障。

⑦强制降档功能的检查。当检查自动变速器的强制降档功能时，应将变速杆移动至前进档（D）位置，保持节气门开度为 1/3 左右，在以 D_3 档或 OD 档行驶时突然将加速踏板完全踩到底，检查自动变速器是否被强制降低一个档位。在强制降档时，发动机转速会突然上升至 4000r/min 左右，并随着车辆加速，转速逐渐下降。若踩下加速踏板后没有出现强制降档，则说明强制降档功能失效；若在强制降档时发动机转速升高得反常，达 5000 ~ 6000r/min，并在升档时出现换档冲击，则说明换档执行元件打滑，应拆检自动变速器。

（5）手动换档试验。现在很多汽车自动变速器都为电控液压自动变速器，即由电控部分发出控制信号，由液压系统去完成具体的执行控制。例如自动换档控制，电控单元操纵电磁阀发出需换到某档的信号，接下来液压系统则根据这个信号控制相应的某个或某几个离合器或制动器接合与放松，从而完成控制。这样，当变速器出现故障时，就有可能是变速器液压系统与机械故障，也可能是电控系统故障。那么在进行故障诊断时，可利用手动换档试验来判断，这样，才能快速且方便地找到故障范围。

1）常见几种车型手动状态模式。

①丰田公司 A140E、A240E、A340E、A442DE 等变速器大都采用两个换档阀控制换档，如果将这两个电磁阀的线束断开，让两个电磁阀一直处于断电关闭状态，这时将使变速器在 D 位时一直处于超速档工作，二档时一直处于三档工作，L 位时一直处于一档工作，P、N、R 位都正常工作。

②丰田 A540E 电控自动变速器上也同样采用了两个电磁阀自动控制换档，但因其液压控制油路结构与上述①中的变速器有所不同，故在断开两个电磁阀线束后，变速器将发生以下情况：D 位和二档时变速器内档位均一直处于超速档状态，L 位时处于一档状态。

③克莱斯勒 A604/41TE、奔驰 722.6 系列等电控自动变速器，电控系统缺电或所有电磁阀均不工作时，变速器将进入一种跛行状态，所有前进档位（D、2、L）均在二档传动比的转速下实现前进行驶。

④宝马 ZF4HP—22、奥迪 A6 等欧洲轿车电控自动变速器，断开电磁阀线束后，变速器将进入一种跛行状态，变速杆放在 D 位时，变速器处于四档状态，在三、二、一档时变速

器处于二档状态。

现在一部分智能电控自动变速器，由于在断开电磁阀线束后自动变速器即进入了跛行工作状态，对变速器有所不利，故在其他检验方法方便的情况下，尽量避免对电路断开或断电。

2）手动换档试验操作与分析。在对变速器进行基本检查与初步判断之后，才能利用手动换档试验进行辅助判断。如果在断开电磁阀线束后，各档位均在设定的档位正常传动，无打滑、阻滞等现象，则说明变速器内部机械部分基本正常，故障可能因电子控制系统引起。如果有一个档位不正常，或工作时动力传动不正常，则说明故障可能在液压控制系统与机械部分。

逐步使车速升高到正常工作时的二档车速工作范围内，然后放松加速踏板，将变速杆从L位移到二档或D位，再加速发动机，看汽车能否正常驱动行驶。例如：在D位或二档汽车无一档行驶状态，而在L位汽车却能够行驶，为了验证自动变速器能否在二档、三档以及超速档工作驱动，在L位使汽车车速达到二档或三档车速时，将变速杆置于二档或D位，这时如果二档或三档换档执行元件等正常，汽车将能够随着加速踏板的踩下而加速行驶，否则说明变速器内部二档、三档或D位有较大的故障存在。另外，也可让汽车从二档到D_4位，观察是否能够越过三档而直接进入四档行驶。

知识与能力拓展

拆装自动变速器的注意事项

1）自动变速器发生故障，主要与发动机、电控系统和液压系统有关，因此应根据现象及必要的实验来检修，只有确认故障在自动变速器内部后，方可对其进行拆卸检修，同时做好防护措施，防止划伤车身表面的涂层。

2）拆检电气设备前，将点火开关拧至OFF或LOCK位置，并从蓄电池上拆下负极电缆达90s（之所以在拆下负极电缆90s之后方可开始工作，是因为相当数量的现代轿车安全气囊系统中装有备用电源，如果在拆下蓄电池负极电缆后90s内开展工作，则有可能使安全气囊炸出，这是很危险的）。为防止蓄电池接线柱损坏，拆下电缆时，应拧松蓄电池端子的螺母，再将电缆垂直提起，不要硬撬或硬拧。如需清洁蓄电池接线柱应先拆下蓄电池负极接线。拆下蓄电池负极接线后，可能导致音响系统、防盗系统等锁止，并可引起某些系统设定参数的消失，因而在断电前必须做好有关记录。另外，安装蓄电池电缆时，不要用锤子将电缆端子砸到接线柱上，拧紧螺母后，务必将蓄电池正、负极接线柱的盖板盖好。

3）当拆卸自动变速器时，所有零件应按顺序放好，以利装复。特别是分解阀体总成时，其阀门应与弹簧放在一起，必要时做标记及记录。

4）当整个变速器拆下时，需要用专用升降设备，禁止用人工方法，保证人员安全；安装时，同样使用专用升降设备将变速器举升到合适位置，将变速器紧靠发动机没有间隙后，再紧固螺栓，避免因位置产生误差，而紧固螺栓时，应避免损坏变速器壳体及液压泵等相关组件。所有拆装过程应尽量使用专用工具。

5）分解自动变速器之前应对其外部进行彻底清洗，以防脏物污染内部零件。对自动变速器内部的液压控制系统而言，即便对非常细小的磨料颗粒与污物都是非常敏感的，都有可能造成精密配合副的卡滞而引发故障。

6）对分解后的自动变速器各零件进行彻底清洗，各油道、油孔，特别是液压控制阀体上油道等用压缩空气吹通，确保不被堵塞。建议用ATF或煤油清洗零件。清洗后摆放干净位置，而不能用棉纱等擦干，否则棉纱等所脱落下的纤维，甚至所沾染的污物，均可能影响到变速器今后的工作，一定用风干的方式使其干燥。

7）一次性零件不可重复使用，如开口销、密封元件等。总成装配前，仔细检查各零件与总成，发现损坏的零件应更换。滚子轴承和座圈滚道磨损或损坏必须更换，而对于衬套因磨损需要更换时，配套零件也必须一同更换。这时，一定要按原厂规定使用专用的维修工具和维修材料，而且必须遵守原厂规定的工作程序。

8）更换新的离合器、制动器摩擦片时，在装配前必须将其放入ATF中浸泡至少15min，原有件也必须浸泡10min左右，再进行组装。所有密封圈、旋转件和滑动表面，在装配前都必须要涂抹ATF。

9）可利用润滑脂（工业凡士林）将小零件粘在相应的位置上，以便组装。

10）所有滚针轴承与座圈滚道都应有正确的位置和方向。

11）螺栓、螺母是预涂零件的，在原厂装配前已涂好一层密封紧固胶。如果预涂件被重新紧固、拧松或以任何方式动过，都必须以规定的密封紧固胶重新涂抹。重涂时，应首先清除掉螺栓、螺母或其他安装零件螺纹上的旧密封紧固胶，用压缩空气吹干后，用规定的密封紧固胶涂在螺栓、螺母或螺纹上。预涂件一般在维修手册中也用特殊符号表示出来。

12）各零件、总成按拆卸的相反顺序进行装配，螺钉应按规定力矩拧紧。

13）检查软管与电线端子，确保连接正确可靠。

案例剖析

自动变速器阀体的故障案例分析

故障现象：皇冠3.0的自动变速器出现打滑现象，在一家修理厂修完后，出现挂入R位时车不动，加速也不动。如果先挂入D位后再挂回R位，才能实现倒车。

故障分析与排除：路试中发现，该车只有一、二档，而无三、四档；当发动机转速达到3000r/min时，车速只能达到60km/h。检查液力ATF正常，检查换档手动阀也没有问题。将自动变速器解体后，发现制动毂烧蓝，制动带有半边烧黑（说明制动带装配不正确，人为造成），倒档离合器片严重烧黑损坏，这就是没有倒档、三档的原因。此外，其他几组离合器片及制动带也均有不同程度的烧黑，都不能用了。在不缺ATF，且油泵工作压力正常的情况下，这样全部离合器片、制动带烧黑的现象不多见。根据现象分析，该故障的问题应在大阀体上。分解大阀体，各部滑阀正常，检查阀板垫片时，发现两个阀板垫片与原车的不一样，估计为前一次维修不当所致。更换与原车相同型号的阀板垫片，再更换全部离合器片和制动带，装复后试车，故障排除。

课后思考

1. 拆卸丰田A341E自动变速器阀体，说明各个阀体的作用。
2. 丰田A341E自动变速器的换档电磁阀如何检测？

学习情境5　汽车万向传动装置的检测与修复

在高级汽车和商用汽车中多采用前置后驱的传动方式，发动机、离合器和变速器连成一体固装在车架上，而驱动桥则通过弹性悬架与车架连接。由此可见，变速器输出轴轴线与驱动桥的输入轴轴线不在同一平面上。当汽车行驶时，车轮的跳动会造成驱动桥与变速器的相对位置（距离、夹角）不断变化，故变速器的输出轴与驱动桥的输入轴不可能刚性连接，必须安装有万向传动装置。

学习单元1　汽车万向传动装置的认识

学习目标

1. 了解万向传动装置的功用、组成及在车上的应用。
2. 掌握正确的万向传动装置的拆装、检修方法。

任务载体

汽车在使用过程中，万向传动装置会出现各种耗损，尤其是载货汽车轴距长，传动轴制成多节，工作条件恶劣，润滑条件差，行驶在不良的道路上，冲击载荷的峰值往往会超过正常值的一倍以上，以致造成传动轴的弯曲、扭转和磨损逾限，产生振动、异响等故障，从而破坏万向传动装置的动平衡特性、速度特性，传动效率降低，使万向传动装置技术状况变差，影响汽车的动力性和经济性，因此应及时检查。

技能操作

万向传动装置的检修

1. 十字轴式刚性万向节的拆装、检修

（1）拆卸　打开锁片的锁爪，拆下轴承盖固定螺栓，取下锁片和轴承盖，用手推出轴承套筒及滚针。

对于较紧的轴承，可用手握住传动轴或伸缩套，用锤子敲击万向节叉，使十字轴撞击轴承套筒，振出滚针。

（2）装配　按与拆卸相反的顺序进行。

（3）检修　当万向节分解完成后，需要用汽油清洗各零件，以便暴露出零件的损伤、磨损情况，而且应按以下要求检查和修复：

1）检查滚针轴承，如果滚针断裂、油封失效，应更换新件。

2）检查十字轴轴颈磨损、压痕剥落等情况。十字轴轴颈轻微磨损、轻微压痕或剥落，仍可继续使用，如果轴颈磨损过甚、严重压痕（深度超过0.1mm）或严重剥落时，应予以更换。

3）检查万向节叉不得有裂纹或其他严重损伤，否则应更换新件。

4）万向节装配完毕后，可用手扳动十字轴进行检验，以转动自如没有松旷感觉为合适。若装配过紧或过松，应查明原因，必要时应拆检及重新装配。

2. 传动轴的检修

1）目视检查传动轴轴管，不得有裂纹及严重的凹瘪。

2）检查传动轴轴管全长上的径向圆跳动，如图5-1所示，应符合表5-1的规定。

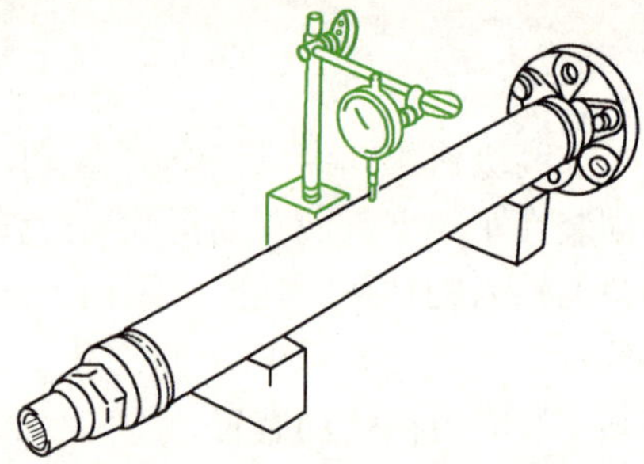

图5-1　检查传动轴径向圆跳动

轿车传动轴径向圆跳动应比表5-1的值相应减小0.2mm。中间传动轴支承轴颈的径向圆跳动为0.10mm。当传动轴轴管的径向圆跳动超过表5-1的规定时，应对传动轴进行校正或更换。

表5-1　传动轴轴管的径向圆跳动公差　（单位：mm）

轴　长	小于600	600~1000	大于1000
径向圆跳动	0.6	0.8	1.0

3）检查传动轴花键与滑动叉花键、凸缘叉与所配合花键的侧隙：轿车应不大于0.15mm，其他类型的汽车应不大于0.30mm，装配后应能滑动自如。

3. 中间支承的检修

1）检查中间支承的橡胶垫环是否开裂、油封磨损是否过甚而失效、轴承松旷或内孔磨损是否严重，如图5-2所示，如果是，均应更换新的中间支承。

2）中间支承轴承经使用磨损后，需及时检查和调整，以恢复其良好的技术状况。以解放CA1092型汽车为例，其传动系统中间支承为双列圆锥滚子轴承，有两个内圈和一个外圈，两内圈中间有一个隔套，供调整轴向间隙用。

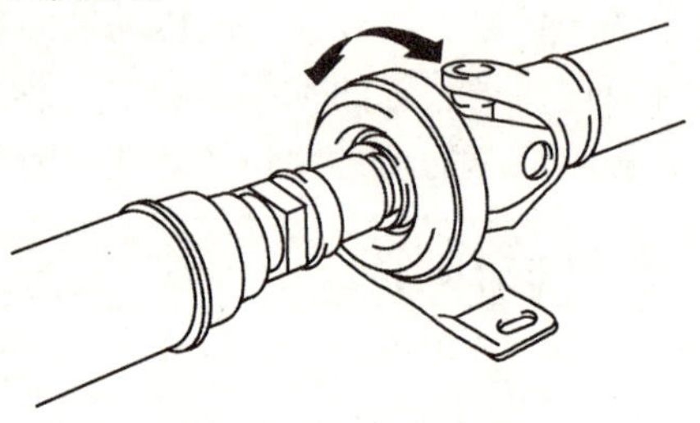

图5-2　检查中间支承

磨损使中间支承轴向间隙超过0.30mm时，将引起中间支承发响和传动轴严重振动，导致各传力部件早期损坏。

调整方法：拆下凸缘和中间轴承，将调整隔板适当磨薄，传动轴承在不受轴向力的自由状态下，轴向间隙在0.15~0.25mm之间，装配好后用195~245N·m的力矩拧紧凸缘螺母，保证轴承轴向间隙在0.05mm左右，即转动轴承外圈而无明显的轴向游隙为宜，最后向油嘴注入足够的润滑脂，以减小磨损。

知识链接

1. 汽车万向传动装置的功用与组成

（1）功用　万向传动装置在汽车上有很多应用，结构也稍有不同，但其功用都是一样的，即在轴线相交且相互位置经常发生变化的两转轴之间传递动力。

图5-3所示为在汽车中最常见的应用，位于变速器与驱动桥之间的万向传动装置。由于汽车布置、设计等原因，变速器输出轴和驱动桥输入轴不可能在同一轴线上，并且变速器虽然是安装在车架（车身）上，可以认为位置是不动的，但驱动桥会由于悬架的变形而引起其位置经常发生变化，所以在变速器和驱动桥之间装有万向传动装置正好可以满足这些使用、设计的要求。

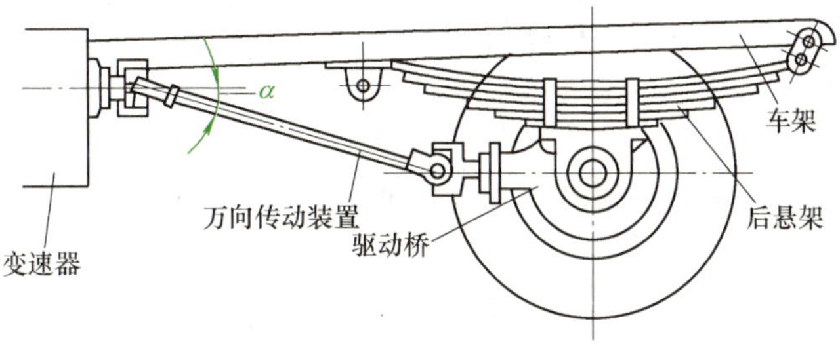

图5-3　变速器与驱动桥之间的万向传动装置

（2）组成　万向传动装置主要包括万向节和传动轴，对于传动距离较远的分段式传动轴，为了提高传动轴的刚度，还设置有中间支承，如图5-4所示。

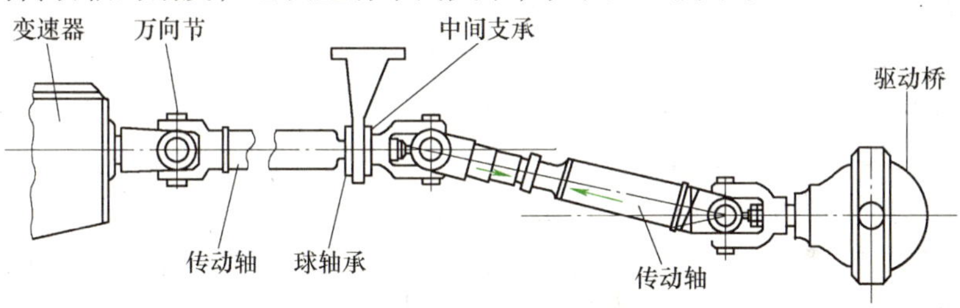

图5-4　万向传动装置的组成

2. 万向节

在汽车上使用的万向节可以从不同的角度分类。按其刚度大小，可分为刚性万向节和柔性万向节。刚性万向节按其速度特性分为不等速万向节（常用的为十字轴式）、准等速万向节（双联式和三销轴式）和等速万向节（包括球叉式和球笼式）。目前在汽车上应用较多的是十字轴式刚性万向节和等速万向节。十字轴式刚性万向节主要用于发动机前置后轮驱动的变速器与驱动桥之间，等速万向节主要用于发动机前置前轮驱动的内、外半轴之间。

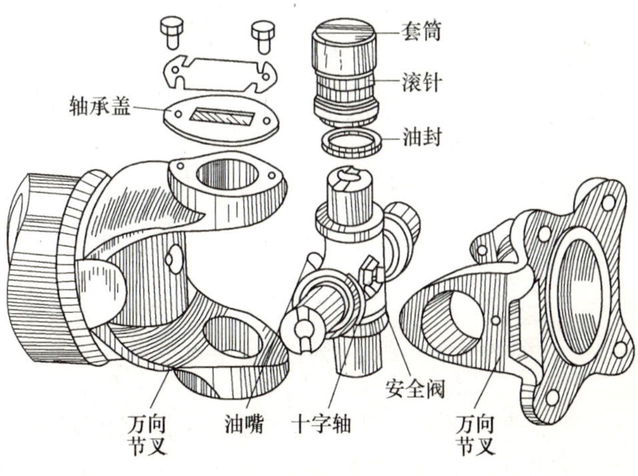

图5-5　十字轴式刚性万向节

（1）十字轴式刚性万向节　十字轴式刚性万向节如图5-5所示，它允许相邻两轴的最大交角为 15°~20°。

1）构造。十字轴式刚性万向节主要由十字轴、万向节叉等组成。万向节叉上的孔分别套在十字轴的四个轴颈上。在十字轴轴颈与万向节叉孔之间装有滚针和套筒，用带有锁片的螺钉和轴承盖来使之轴向定位。为了润滑轴承，十字轴内钻有油道，且与油嘴、安全阀相通，如图 5-6 所示。

为避免润滑油流出及尘垢进入轴承，十字轴轴颈的内端套装着油封。安全阀的作用是当十字轴内腔润滑脂压力超过允许值时，阀打开润滑脂外溢，使油封不会因油压过高而损坏。现代汽车多采用橡胶油封，多余的润滑油从油封内圆表面与十字轴轴颈接触处溢出，故无须安装安全阀。

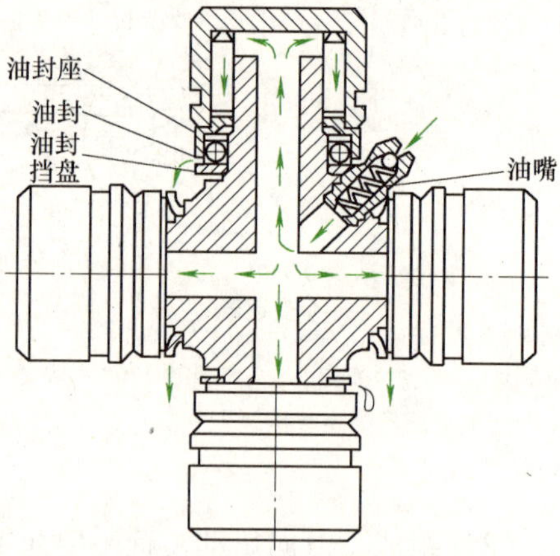

图 5-6　润滑油道及密封装置

万向节轴承的常见定位方式，除了用盖板定位外，还有用内、外弹性卡环进行定位。

2）十字轴式刚性万向节的速度特性。单个十字轴式刚性万向节在主动轴和从动轴之间有夹角的情况下，当主动叉等角速转动时，从动叉是不等角速的，这称为十字轴式刚性万向节的不等速特性。且两转轴之间的夹角 α 越大，不等速性就越大，如图 5-7 所示。

十字轴式刚性万向节的不等速特性，将使从动轴及其相连的传动部件产生扭转振动，从而产生附加的交变载荷，影响部件寿命。

可以采用如图 5-8 所示的双十字轴刚性万向节的传动方式，第一万向节的不等速特性可以被第二万向节的不等速特性所抵消，从而实现两轴间的等角速传动。具体条件是：①第一万向节两轴间夹角 α_1 与第二万向节两轴间夹角 α_2 相等。②第一万向节的从动叉与第二万向节的主动叉处于同一平面。

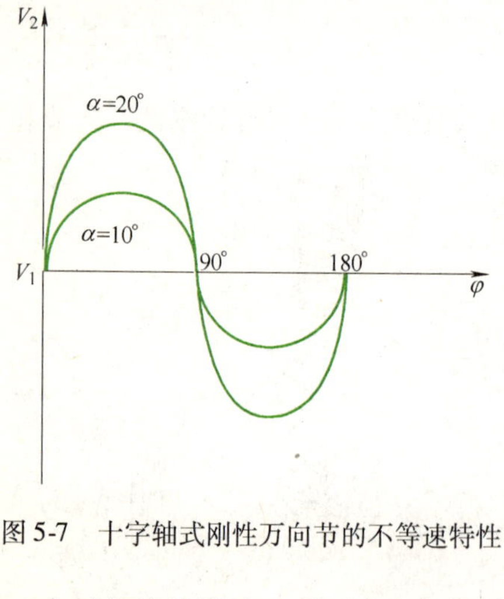

图 5-7　十字轴式刚性万向节的不等速特性

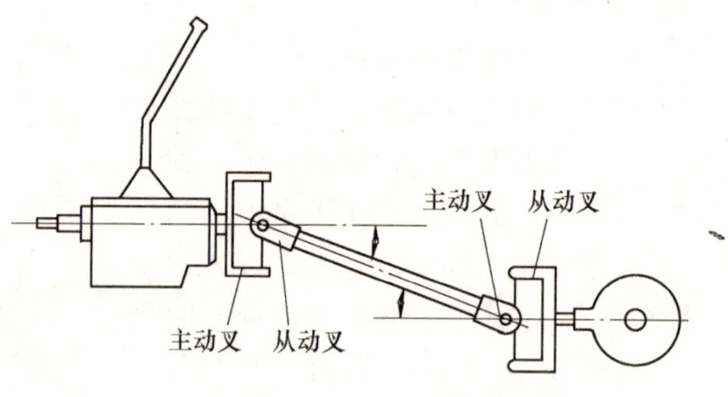

图 5-8　双十字轴刚性万向节等速传动布置图

由于悬架的振动，不可能在任何时候都保证 $\alpha_1=\alpha_2$，因此这种双十字轴刚性万向节的传动只能近似地解决等速传动问题，且由于两轴夹角最大只能是 20°，因此使用上受到限制。

（2）等速万向节　等速万向节的基本原理是传力点永远位于两轴交点的平分面上。如图 5-9 所示为等速万向节的工作原理图。一对大小相同锥齿轮的接触点 P 位于两齿轮轴线交角的平分面上，由 P 点到两轴的垂直距离都等于 r。P 点处两齿轮的圆周速度相等，两齿轮的角速度也相等。可见，若万向节的传力点在其交角变化时，始终位于两轴夹角的平分面上，就能保证等速传动。

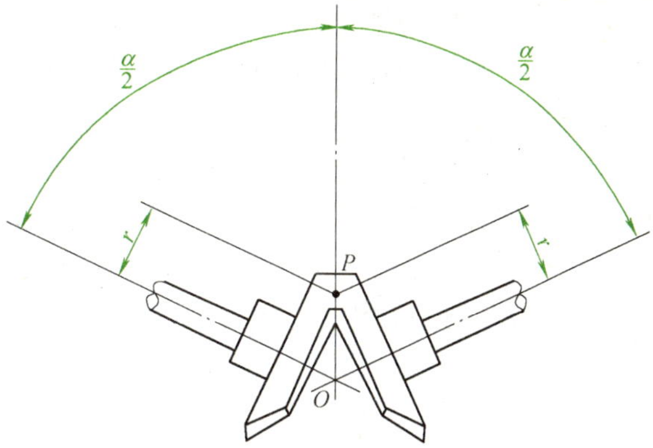

图 5-9　等速万向节的工作原理图

等速万向节的常见结构形式有球笼式和球叉式。

1）球笼式等速万向节。

①结构。如图 5-10 所示，球笼式万向节由六个钢球、星形套、球形壳和保持架等组成。万向节星形套与主动轴用花键固接在一起，星形套外表面有六条弧形凹槽滚道，球形壳的内表面有相应的六条凹槽，六个钢球分别装在各条凹槽中，由球笼使其保持在同一平面内。动力由主动轴、钢球、球形壳输出。

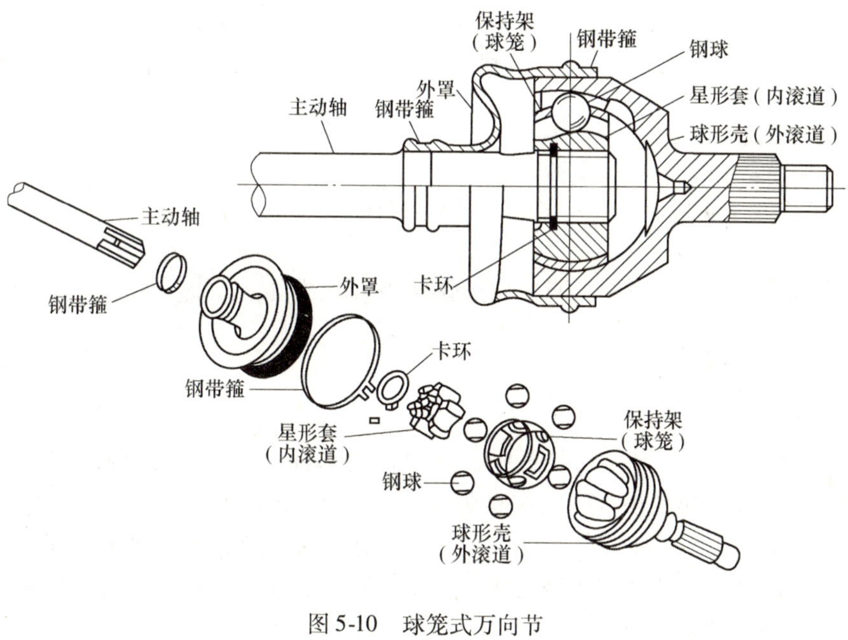

图 5-10　球笼式万向节

球笼式万向节工作时六个钢球都参与传力，故承载能力强、磨损小、寿命长。它被广泛应用于各种型号的转向驱动桥和独立悬架的驱动桥。

②检修。以桑塔纳 2000 轿车为例，主要是检查内、外等速万向节中各部件的磨损情况和装配间隙。一般外等速万向节酌情单件更换，而内等速万向节，如某部件磨损严重，则应整体更换。

外等速万向节的六颗钢球要求有一定的配合公差，并与星形套一起组成配合件。检查轴、球笼、星形套与钢球有无凹陷与磨损，若万向节间隙过大，需更换万向节。

内等速万向节的检修要检查球形壳、星形套、球笼及钢球有无凹陷与磨损，如磨损严重则应更换。内等速万向节只能整体调换，不可单个更换。

防尘罩及卡箍、弹簧挡圈等损坏时，应予以更换。

2）球叉式等速万向节。球叉式万向节如图5-11所示，它是由主动叉、从动叉、四个传动钢球、中心钢球、定位销、锁止销组成的。主动叉与从动叉分别与内、外半轴制成一体。在主、从动叉上，分别有四个曲面凹槽，装配后，则形成两个相交的环形槽，作为钢球滚道。四个传动钢球放在槽中，中心钢球放在两叉中心的凹槽内，以定中心。

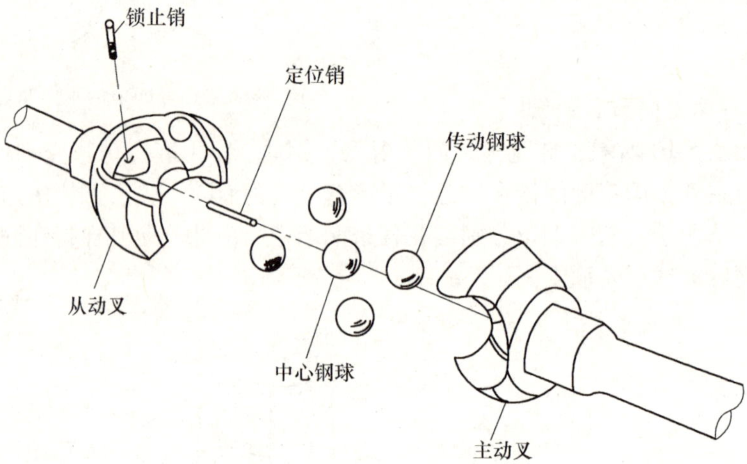

图5-11　球叉式万向节

球叉式万向节在工作的时候，只有两个钢球传力，磨损快，影响使用寿命，现在应用越来越少。

3. 传动轴和中间支承

（1）传动轴

1）功用。传动轴是万向传动装置中的主要传力部件。通常用来连接变速器（或分动器）和驱动桥，在转向驱动桥和断开式驱动桥中，则用来连接差速器和驱动车轮。

2）传动轴构造。传动轴有实心轴和空心轴之分。为了减轻传动轴的质量，节省材料，提高轴的强度、刚度，传动轴多为空心轴，一般用厚度为1.5～3.0mm的薄钢板卷焊而成，超重型货车则直接采用无缝钢管。

转向驱动桥、断开式驱动桥或微型汽车的传动轴通常制成实心轴。

图5-12所示为解放CA1092汽车的万向传动装置，因传动轴过长时，自振频率降低，易产生共振，故将其分成两段并加中间支承，中间传动轴前端焊有万向节叉，后端焊有花键轴，其上套装带内花键的凸缘盘；主传动轴前端焊有花键轴，其上套装滑动叉并在花键轴上可轴向滑动，适应变速器与驱动桥相对位置的变化，滑动部位用润滑脂润滑，并用油封（即橡胶伸缩套）防漏、防水、防尘，滑动叉前端装有带小孔的堵盖，保证花键部位伸缩自由。

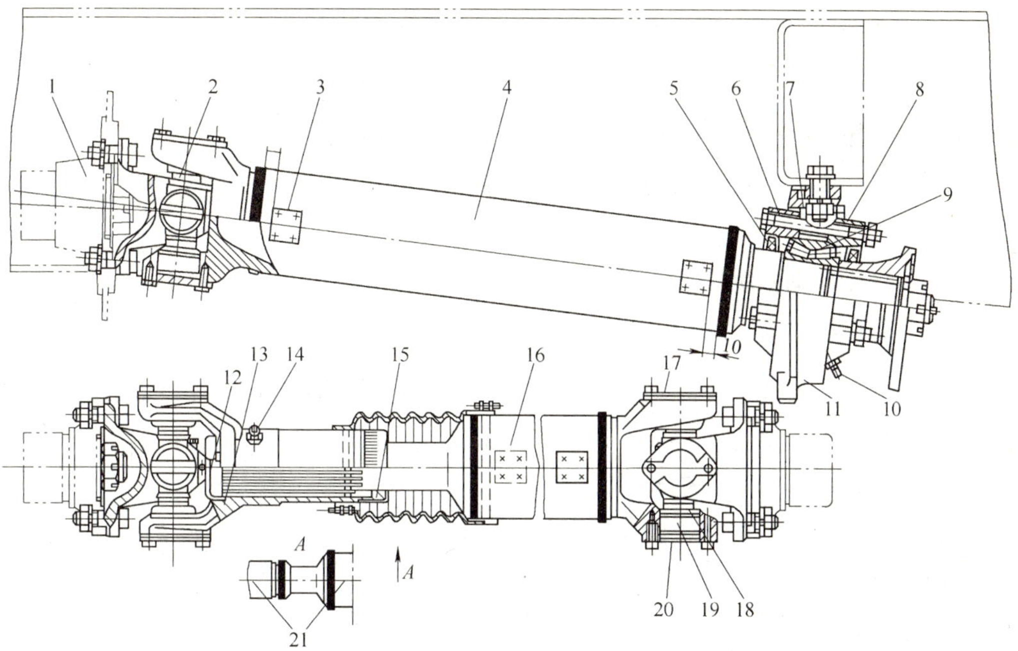

图 5-12　解放 CA1092 汽车的万向传动装置

1—凸缘叉　2—万向节十字轴　3—平衡片　4—中间传动轴　5、15—中间支承油封　6—中间支承前盖　7—橡胶垫片　8—中间支承后盖　9—双列圆锥滚子轴承　10、14—油嘴　11—支架　12—堵盖　13—滑动叉　16—主传动轴　17—锁片　18—滚针轴承油封　19—万向节滚针轴承　20—滚针轴承轴承盖　21—装配位置标记

传动轴两端的连接件装好后，应进行动平衡试验。在质量轻的一侧补焊平衡片，使其不平衡量不超过规定值。为防止装错位置和破坏平衡，滑动叉、轴管上都应刻有带箭头的记号。为保持平衡，油封 15 上两个带箍的开口销应装在间隔 180°位置上，万向节的螺钉、垫片等零件不应随意改换规格。为加注润滑脂方便，万向传动装置的油嘴应在一条直线上，且万向节上的油嘴应朝向传动轴。

（2）中间支承

1）功用。传动轴分段时需加中间支承，中间支承通常装在车架横梁上，能补偿传动轴轴向和角度方向的安装误差，以及汽车行驶过程中因发动机窜动或车架变形等引起的位移。

2）结构。中间支承常用弹性元件来满足上述功用，是由支架和轴承等组成的，双列圆锥滚子轴承固定在中间传动轴后部的轴颈上。带油封的支承盖之间装有弹性元件橡胶垫片，用三个螺栓紧固。紧固时，橡胶垫片会径向扩张，其外圆被挤紧于支架的内孔。

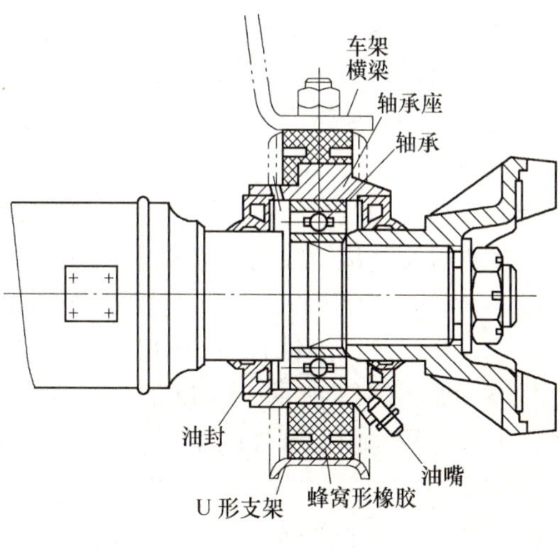

图 5-13　东风 EQ1090 汽车的中间支承

东风 EQ1090 汽车的中间支承如图 5-13

所示。轴承可在轴承座内轴向滑动，轴承座装在蜂窝形橡胶垫内，通过 U 形支架固定在车架横梁上。

知识与能力拓展

等速万向节的轻量化、小型化

1. 前言

在作为汽车用驱动轴所使用的等速万向节（Constant Velocity Cardan Joint，CVJ）中，使用如图 5-14 所示的在轮胎一侧取较大动作角的固定式等速万向节、在发动机一侧可以轴向滑动的滑动式等速万向节。

在汽车起动时引起的车身横向摆动和 AT 车在怠速当中所产生的振动，很大程度上是传递发动机动力的滑动式等速万向节的感应推力和推力阻力这些振动特性所影响。

为了消除这些振动现象，NTN 公司在 2002 年将振动特性值降低了 50% 以上的等速万向节 PTJ 投放了市场，并且进行了扩大生产。

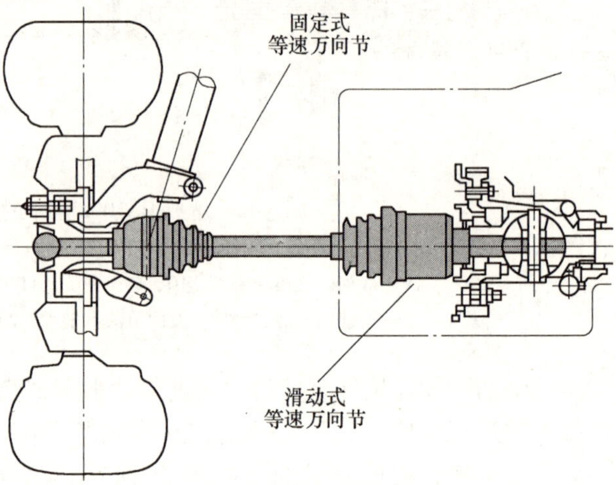

图 5-14　前轮驱动

PTJ 是等速万向节取出角度，即使动作，由于内部部件的滚子盒在外轮的滚子槽上保持一定的姿态顺畅地滚动，因此，它可以不依赖动作角度，控制摩擦阻力，能够稳定地维持较低的振动特性值。由此，实现将等速万向节在低速旋转时所发生的感应推力降低到原来型低振动万向节的 50% 左右，这样就可以大幅度地改善汽车起动加速时的横向摆动。另外，它大幅度地减小了推力阻力，因此可以大幅度地改善 AT 车的怠速振动特性。

新开发的 EPTJ 采用了与 PTJ 同一机构，并且附加了 FEM 和机构解析等 ECU 支援技术。另外，根据质量工程学（强力设计）的应用，进行部件内部设计和热处理的最佳化，在维持与 PTJ 同等的振动特性的同时，实现了小型化和轻量化。

2. 构造

图 5-15 所示为新开发的 EPTJ 的外观。EPTJ 具有与 PTJ 同一样的内部构造，根据内部部件的接触状态和滚子盒的姿态稳定化处理，降低了摩擦力。

图 5-16 所示为 EPTJ 与 PTJ 的构造比较。EPTJ 内部构造与 PTJ 相同，是由滚子盒（内环、外环、开口环、滚针）、枢轴和外轮构成的，以提高等速万向节的装配性。

另外，如图 5-17 所示，EPTJ 的外轮外径与 PTJ 相比，实现了约 4% 的小型化，在重量方面，由于外轮与内部部件的小型化，与 PTJ 相比，实现了约 8% 的轻量化。

3. 功能

由于等速万向节的轻量化和小型化，在振动性能和强度、寿命方面受到了影响。但是，现有技术对这些情况进行了改善处理，实现了一点也不逊色于现有件的机能水平。

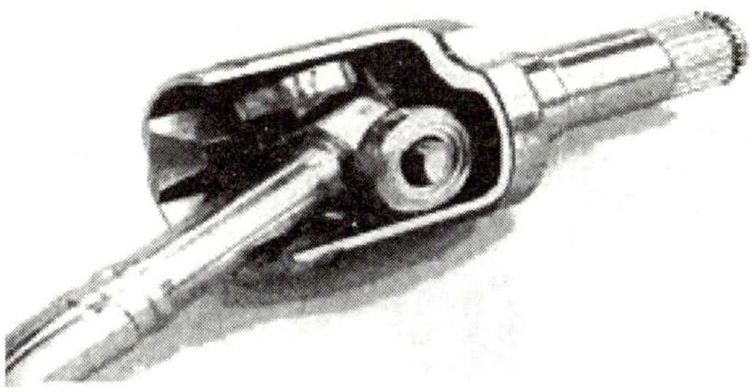

图 5-15 新开发的 EPTJ 的外观

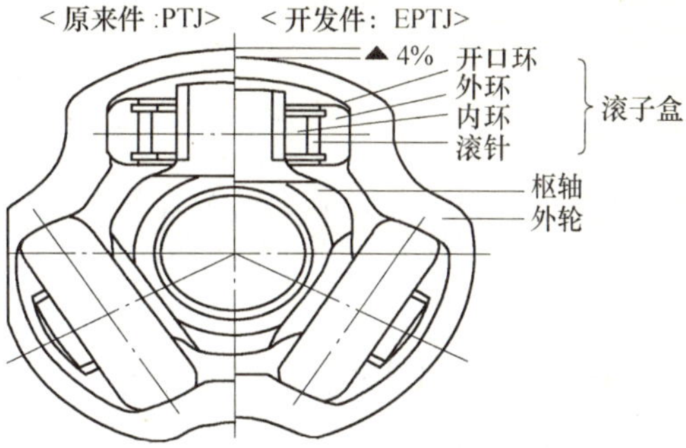

图 5-16 PTJ 与 EPTJ 的构造比较

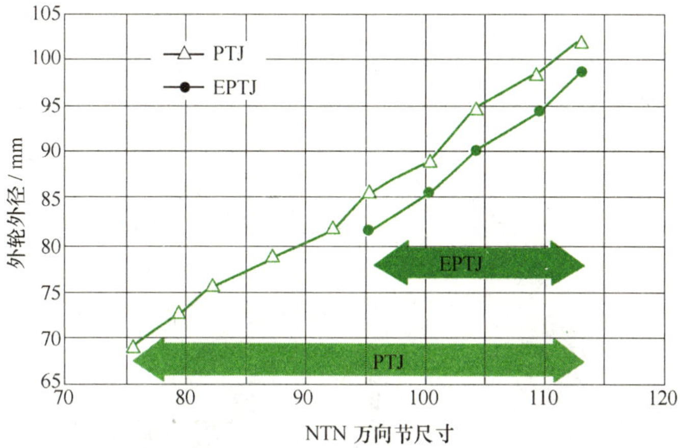

图 5-17 PTJ 与 EPTJ 的外轮外径比较

（1）降低感应推力 由于等速万向节的感应推力（等速万向节的外轮与轴具有角度，进行旋转时候的万向节部件之间内部摩擦而引起的感应轴力），与实车加速度时的车体横摆是相关的，根据降低该感应推力，就能够控制车身横摆振动。

EPTJ 与 PTJ 同样，以枢轴的轴颈作为椭圆柱（负荷点：长径一侧），将与在其相接的内环内径面作为凸 R，根据这样的接触形态来驱使动作中的滚子盒倾斜的力矩变小，使外轮与滚子盒的姿态稳定，其结果如图 5-18 所示，EPTJ 不受动作角度的影响，经常地保持为较低的感应推力。在图 5-18 当中，EPTJ 的值与 PTJ 的值大致相等。

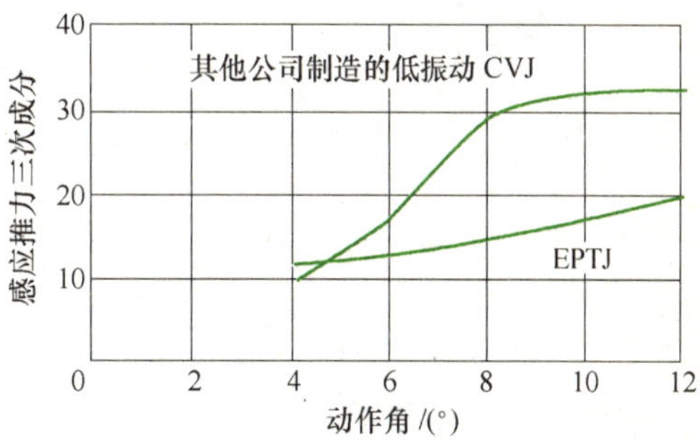

图 5-18 感应推力

（2）降低推力阻力 等速万向节的推力阻力（使等速万向节的外轮向轴向进行激振推力的时候所产生的阻力）与 AT 车的 D 位怠速振动有关，降低该推力阻力就可以控制怠速振动。

EPTJ 与 PTJ 一样，滚子盒的内径与枢轴轴颈部分可以进行摆头动作。也就是说，滚子盒只是向外轮轴向滚动，可以只是由滚针的滚动承受外轮轴向的激振力，如图 5-19 所示，

EPTJ 不受动作角度的影响，保持较低的推力阻力。在图 5-19 中，EPTJ 的值与 PTJ 的值大致相同。

（3）强度、耐久性　EPTJ 内部部件的强度是静态扭曲强度和扭曲疲劳强度都要在外轮轴杆或者是轴强度以上的强度，充分具有耐实用的强度。

EPTJ 的耐久性是指高负荷摆动耐久和低负荷摆动耐久都要比拥有长年出色实际业绩的 DOJ（球型滑动式等速万向节）具有同等以上的耐久性。另外，即使与其他公司制造的相比，也要具有同等以上的耐久性。

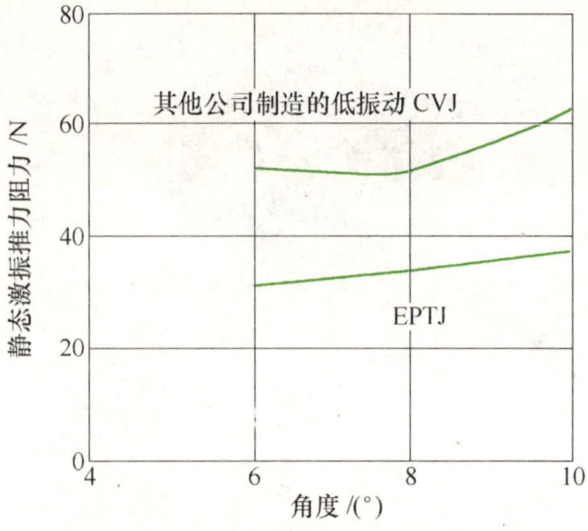

图 5-19　静态激振推力阻力

（4）解析的应用　为了综合良好地平衡提高 EPTJ 的强度、耐久性、NVH 特性，且为了决定作为主要部件的外轮、枢轴、滚子盒的最佳形状，技术人员进行 FEM 应力解析，并与实物评价结果相联系，在降低应力水平上下功夫，如图 5-20 所示。

另外，如图 5-21 所示为动态解析和机构解析，把握由于 EPTJ 动作所产生的内应力和部件的动态，选择最优化的内部尺寸。

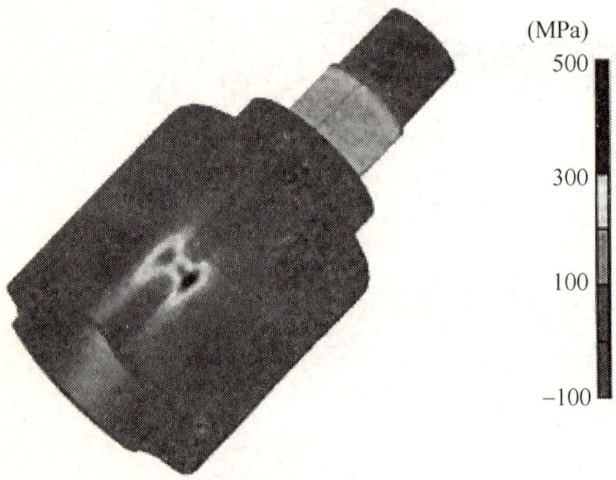

图 5-20　外轮 FEM 应力解析事例

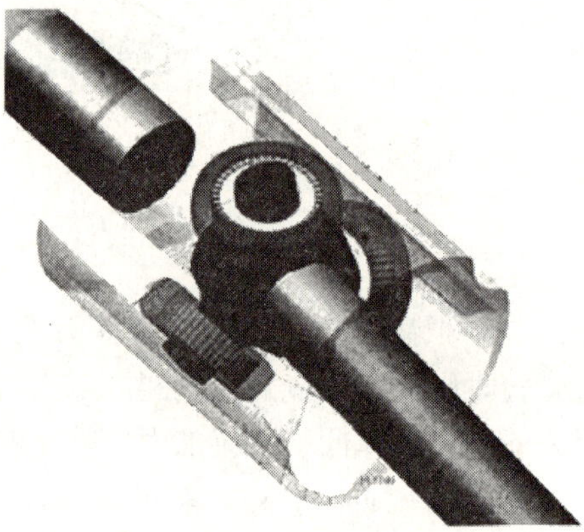
图 5-21　动态解析和机构解析

（5）质量工程学的应用　在将 PTJ 小型化的设计中，EPTJ 对各个部件的刚性下降和接触面的增加所带来的机能特性是有影响的，其中，对 NVH 特性的影响较大，特别是在高负荷力矩情况下的感应推力影响最为明显。因此，为了进行强力设计，使用了质量工程学。

在质量工程学中，首先是从低振动等速万向节开始，将可能涉及其机能的控制因素、使用条件和制造误差全部列入表中，进行了 L18 正交表的实验。在这当中，选择获得效果较高的因素，加入到 EPTJ 的设计当中。

如图 5-22 所示，运用了质量工程学后的 EPTJ 感应推力与运用前相比，可以降低约 50%。

（6）结论

1）感应推力的大小不受万向节角度的影响，实现了与 PTJ 同等低振动。

2）静态激振推力阻力的大小不受万向节角度的影响，实现了与 PTJ 同等低振动。
3）外轮外径与 PTJ 相比，小型化了约 4%。
4）重量与 PTJ 相比轻量化了约 8%。
5）最大动作角与 PTJ 相同，可达到 26°。

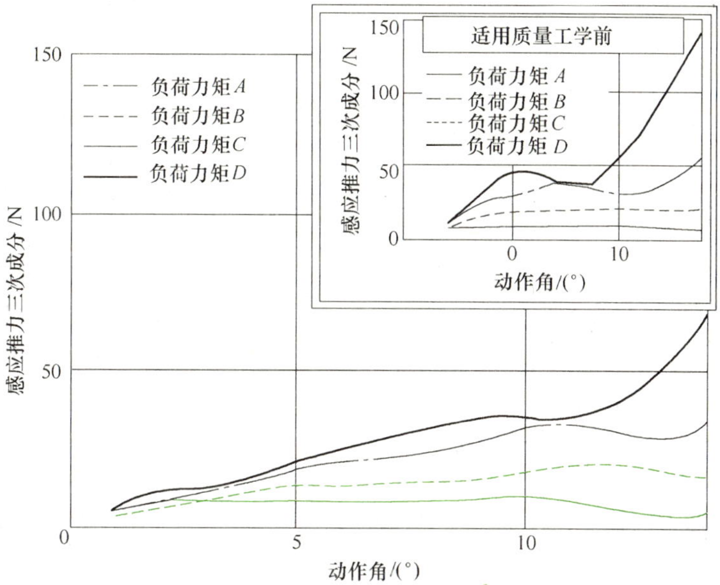

图 5-22　应用降低感应推力质量工程学事例

EPTJ 与原来构件相比也更加轻量化、小型化，几乎就是不受动作角度影响的低振动滑动式等速万向节。它在车辆平面布置设计上，对于既要求空间效率和常用角度变大，又需要在怠速时以及起动时、加速时等需要发挥高转矩的车辆来说，将会充分地发挥其性能。

案例剖析

传动轴异响的故障案例分析

故障现象： 其车辆在起步、变速过程中放松离合器踏板时，传动轴出现明显、清脆的金属敲击声。汽车以高速档低速行驶时，其响声连续且有节奏。

故障诊断与排除： 传动轴异响的最常见原因是万向节故障。当万向节轴承磨损松旷，配合间隙会变得过大，一旦离合器踏板放松，主、从动件接触时就会产生撞击而发出金属敲击声。当汽车在高速档低速行驶时，因发动机运转不均匀，传动轴抖动，此时又会出现连续而有节奏的响声。经检查发现十字轴及轴承磨损严重，更换十字轴及轴承，故障排除。

课后思考

1. 汽车传动系统中为什么要设万向传动装置？该装置由哪几部分组成？
2. 万向节可分为哪几种类型？各有何特点？

学习单元2　汽车四轮驱动装置的检修

学习目标

1. 了解四轮驱动的概念和类型。
2. 认知汽车四轮驱动的总体布置类型。

任务载体

过去只有越野车采用四轮驱动，一般的越野车，变速器后面装有手动分力器，前后车轴各装一个称为驱动桥的部件。变速器输出的转矩通过分力器和传动轴，分别传递到前后车轴上的驱动桥，再通过驱动桥将转矩传递到轮子上。有些轿车也用上四轮驱动装置，比如奥迪A4quattro、Q7，欧蓝德四驱版。轿车的功率都比较大，加速时重心后移，全车重量就会向后轴移动，造成前轴轻飘。前轮驱动的轿车即使在良好的路面上也会打滑，四轮驱动就可以防止这种现象发生。

技能操作

分动器的认知

在多轴驱动的汽车上，为了将输出的动力分配给各驱动桥而设有分动器。分动器一般都设有高、低档，以进一步扩大在困难地区行驶时的传动比及排档数目。

分动器各轴均用两个圆锥滚子轴承支承，其轴承松紧度用相应的调整垫调整。

KANDA87A-K型分动器的结构如图5-23所示。

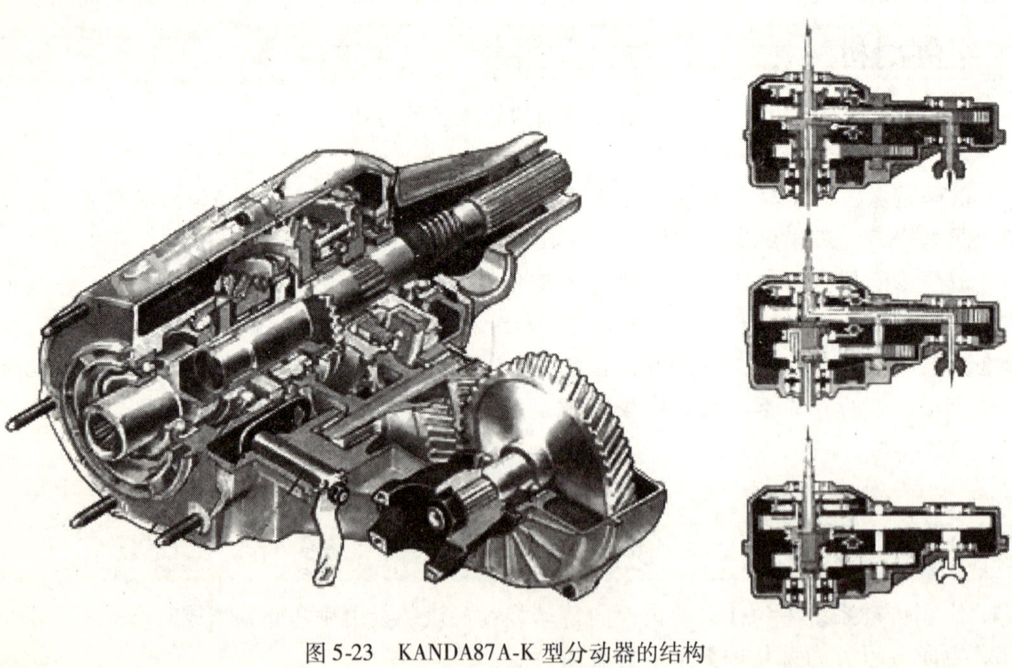

图5-23　KANDA87A-K型分动器的结构

知识链接

1. 四轮驱动的概念及类型

四轮驱动（全轮驱动）是指汽车前后轮都有动力。可按行驶路面状态不同而将发动机输出转矩按不同比例分布在前后所有的轮子上，以提高汽车的行驶能力。如果一辆车上标有4×4或4WD，那就表示该车辆拥有四轮驱动的功能。

四轮驱动（Four Wheel Drive，4WD）可分为以下四种

（1）分时四驱（短时四驱）（Part-time 4WD）　分时四轮驱动是四轮驱动系统中最基本的驱动方式，行车时驾驶人可选择两轮或四轮驱动。如选用分时四轮驱动，仅相当于将前后轮锁定在一起。此系统没有中央差速器，构造简单，生产成本低，所以价格便宜。它的运动部件较少，因此坚固耐用。选择四轮驱动模式后，将在前后轮之间平分动力，获得较高的牵引力。

所有分时四驱的四轮驱动模式不适于干燥甚至部分干燥的路面行驶，因为汽车没有中央差速器，无法让前后轮以不同速度旋转，汽车不能在路上的转弯处平稳地转向。所以分时四驱只有在车轮打滑时才可以使用四驱，一回到摩擦力大的硬地面应马上改回两驱，否则轮胎、差速器、分动器、传动轴都会损坏。较新的系统安装有自动轮毂，无须驾驶人下车手动操纵。分时四轮驱动SUV有北京212，以及国内引进的Jeep（吉普）、切诺基（不是大切诺基）、日产途乐Patrol、国产的猎豹、三菱帕杰罗V31、三菱速跑。

（2）全时四驱（Full-time 4WD）　从字面上可以这样理解：在所有路面均可以使用四轮驱动。在干燥的公路上行驶时，汽车可以使用两轮驱动，如车轮打滑，可以手动或自动接合四轮驱动。大多数全时四轮驱动系统还具备高、低档分动器（加力箱），可在恶劣地形情况下使用分动器（加力箱）的低速档，提供更大的四轮驱动力。全时四轮驱动的主要缺点是，它由机械、电子和液压件组成，结构比较复杂；对于手动转换四驱的车型，需预先判断路面情况再决定是否转换四驱，在判断不准或遇到紧急情况时，会丧失发挥四驱性能的时机；对于自动转换四驱的车型，车轮出现打滑后才能接入四轮驱动，无法在出现打滑时立刻传递动力，时机同样会延误。总之，它是一个反应系统，而不是预动系统。使用这种系统的汽车有丰田霸道、国内引进的大切诺基4000、三菱帕杰罗V73。

（3）永久四驱（恒时四驱）（Permanent-time 4WD）　永久四轮驱动是最完善的驱动系统。无论路况如何，汽车始终使用四轮驱动方式，没有两驱方式。这些系统一般具有高、低档分动器（加力箱），可应付最恶劣的路面。动力传递给全部四个车轮，在公路上或越野行驶时均可获得最高的牵引力。它是使用最方便的系统，驾驶人介入最少。当然，这类系统一般不如全时四轮驱动系统省油。并且，此系统更为复杂，生产成本也更高，所以车价也就更昂贵。通常像路虎这样名声显赫的车型均采用永久四驱。永久四驱系列还包括丰田的陆地巡洋舰4700、凌志LX470、奔驰M级和大切诺基4700。

（4）全轮驱动（All-wheel Drive）　全轮驱动AWD通常用于小客车及“轿车式”轻型SUV。这些系统的运行时类似不带分动器的永久四驱，但其动力设计只是用来在城市使用。动力可按固定或变化的比率传递给全部四个车轮，无须驾驶人介入。动力系统低档转矩输出不够大，爬坡能力不强，无法在稍复杂的越野环境中使用。全轮驱动在几款轿车及多用途运动车中是十分时尚的选择，将它称为全天候系统比全地形系统更为合适。使用全轮驱动的

SUV 包括：本田 CR-V、雷克萨斯 RX300、丰田 RAV4、宝马 X5、沃尔沃 XC70、三菱 Outlander。

2. 四轮驱动存在的问题

四轮驱动和两轮驱动相比，驱动轮只增加了一倍，但是在技术上的困难却不知道要大多少倍。对于四轮驱动，许多对两轮驱动来说根本不是问题的事情却成了大问题。除此之外，还出现了一些四轮驱动所固有的新问题。

在这些四轮驱动的问题和现象当中，特别重要的事项有如下四点：

1）急转弯制动现象。

2）前、后轮互相干涉。

3）动力传动效率低。

4）驱动系统的振动和噪声大。

3. 四轮驱动的总体布置类型

（1）以前纵置发动机后轮驱动为原型的四轮驱动　如图5-24所示，在传动轴前面的万向节处布置一个分动器，再在分动器前端布置一个传动轴和前差速器即可，此布置类型多用于越野车上。

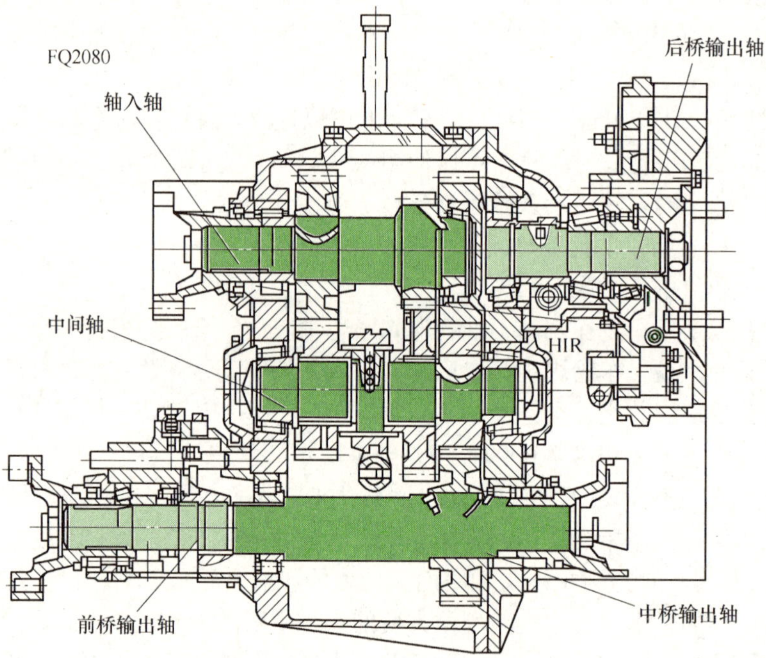

图5-24　以前纵置发动机后轮驱动为原型的四轮驱动

（2）以前纵置发动机前轮驱动为原型的四轮驱动　如图5-25所示，前差速器与变速器后端连接，再在变速器和驱动后桥间布置一个传动轴即可，如列奥奈、奥迪、夸特罗等汽车。

（3）以前横置发动机前轮驱动为原型的四轮驱动　如图5-26所示，将分动器与变速器和前差速器布置在一起，使三者一体化，称为变速-分动-差速器，如奥斯汀·迷你汽车。

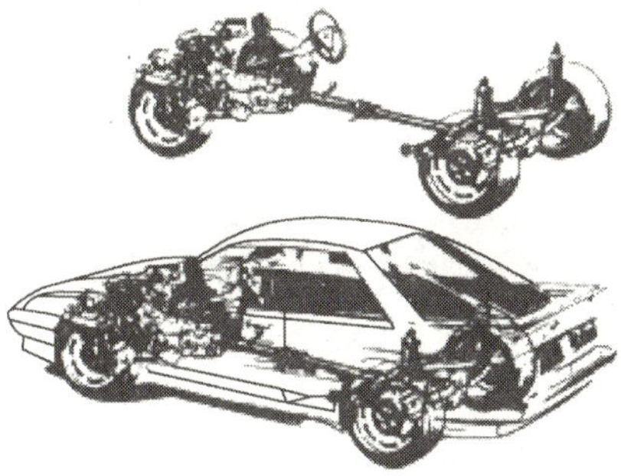

图 5-25　以前纵置发动机前轮驱动为原型的四轮驱动

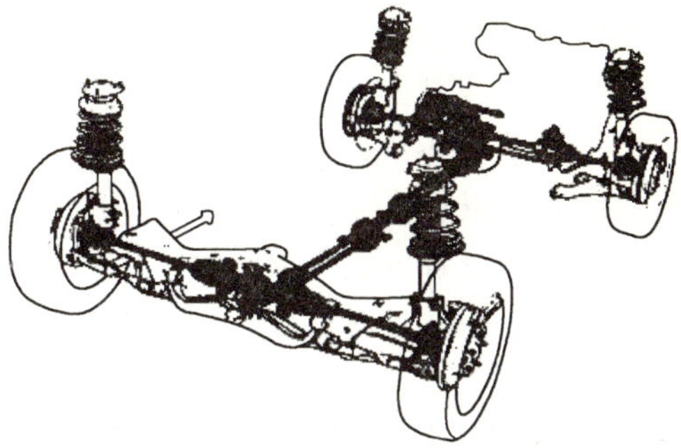

图 5-26　以前横置发动机前轮驱动为原型的四轮驱动

（4）以中置发动机为原型的四轮驱动　如图 5-27 所示，采用中部横置发动机，发动机后串接变速器，通过锥齿轮传动把轴的旋转方向改变 90°驱动前后差速器，通过差速器再改变 90°驱动前、后车轮，如标致 205 增压汽车。

（5）后置发动机的四轮驱动　如图 5-28 所示，将变速器、分动器和差速器布置在后桥内，后桥直接驱动后轮；后桥前部输出轴直接驱动传动轴，通过传动轴驱动前差速器。

前差速器内有一个由电控装置控制的多片离合器，从而控制分配给前差速器的驱动力，如保时捷 959 汽车。

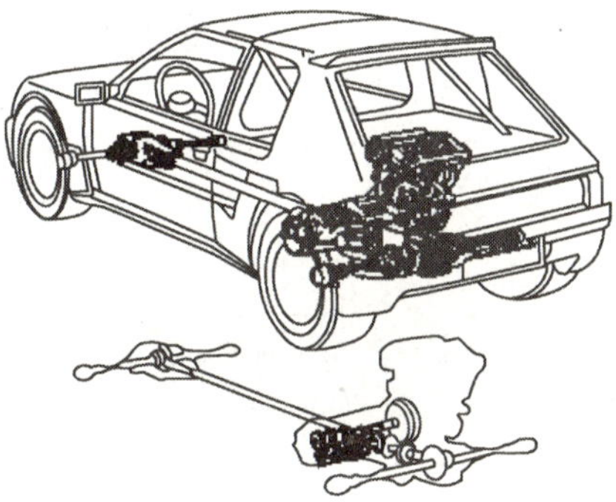

图 5-27　以中置发动机为原型的四轮驱动

图 5-28　后置发动机的四轮驱动

知识与能力拓展

BMW 新一代智能型全时四驱系统【NewxDrive】

xDrive 是运用一套电子控制多片式离合器，使其能依据行路状况，将发动机的动力输出调整分配到前后车轴上，于毫秒内持续、无段式且顺畅地运转。代表驱动力都确实而有效地被发挥出来，而不浪费丝毫发动机的转矩与功率，绝佳的动力与操控性能就此产生。

xDrive 不只解决问题还能预先思考问题。传统的四轮传动系统是由一组控制单元来监控车轮的转速，一旦测知前后轴有速差产生，发动机转矩将被分配至前后轴恢复相同的转速。即控制系统只有在一个或多个车轮发生打滑现象时才会介入。

xDrive 四轮传动系统随时与车上的动态稳定控制系统（DSC）保持联系。这套稳定控制系统不但可以测知四轮的转速，还可以记录转向角度、节气门位置、偏转率及侧向加速度，并从中得到许多参数，经过计算之后，让 xDrive 能够掌握驾驶人加速或减速、发动机转矩输出正在增加或减少、车辆正在直行或准备入弯的行车状态，可依循驾驶人的指令进行反应，或是可能发生诸如转向不足或转向过度的现象。

一般的行驶状态下，xDrive 会将转矩分配比最佳化，设定值约设定为跑车化四轮传动系统行驶于碎石路面的情况。不过，xDrive 一旦侦测出车辆发生转向不足的现象，也就是说前轮滑向弯道外侧，此时系统会在毫秒内减少对前轴的转矩输出，并传导更多驱动力至后轴。在这种情况下，前轮必须降低直向的推进力并增加侧向力，借以提高车辆稳定性；反之，当发生转向过度，也就是后轮产生滑移的现象时，xDrive 将重新调配发动机动力传输自后轴至前轴。

这项智能性四轮传动科技并不只是为了让这款运动休旅车在接近抓地力极限时具有最佳的操控性，而是无论在慢速行进或极速奔驰的状态下，都能确保最理想、最安全与最舒适的驱动力分配。例如，车辆从静止状态起动，多片式离合器会接合并紧密地连接前后轮轴，不会有任何一个车轮发生空转的现象。无论是雪地、沙地或碎石路，驱动力与抓地力都能够相辅相依。如果后轮停在结冰表面，而前轮停在柏油路面上时，发动机的动力将完全传输至前轮轴。当低速行进时，一旦遇上诸如大幅度过弯的转向动作，X3 与 X5 的表现就像是后轮驱动车一般，转向完全不受转矩的影响，同时动力传输游刃有余，等到加速出弯时，xDrive 能迅速而巧妙地将驱动力导回前轮轴，展现出兼具灵活与动感的身影。

倒车误操作防止装置【Reverse Shift Restrict】

在前进状态下挂入倒档是非常危险的换档动作，因此在机械设计上设有防止这种动作的装置，手动档车唯有在空档的位置才能挂入倒档，有些则是设计成必须拉起或下压方能挂入倒档的装置。自动变速器也是要在变速杆上按下一个按钮才能进行这个比较特别的换档，以防忙中有错。

1. 倒档（Reverse Gear）

英文的 reverse 就是倒退的意思，变速杆上的记号往往以 R 表示。齿轮比几乎与起步档差不多，约为 3:1 ~4:1，转矩非常大。因为不是同步啮合，所以在前进状态下，需先等车子完全静止以后才能再挂入倒档。

2. 空档（Neutral）

传动系统停止输送动力到驱动轴的状态，变速杆位置中通常以 N 表示。

3. 密齿轮比/远齿轮比（Close Ratio/Wide Ratio）

在跑车中，发动机尽可能将使用范围设定在最接近最高功率回转区域，因此各齿轮比都尽量设计得非常接近。相对地，各齿轮比非常分开的就是远齿轮比，这是与近齿轮比相比之下设定的名称，也就是指传动系统中每一段齿轮比都比较分开。一般汽车在起步或爬坡时需要回转数变大，会形成顿挫不好开的现象。需要较强力量的低速档，齿轮比较大，起步档与二档的齿轮比区域较大，超过这个区域以后通常齿轮比就会比较接近。

4. 低速档/高速档（Low Gear/High Gear）

本来是指最终齿轮比的大小，但变速器的齿轮也采用同样的设计。低速档的齿轮比较大，重视转矩胜于速度。高速档则恰恰相反，齿轮比小而重视速度。

5. 超比档/OD 档（Over Top/Over Drive）

超比档指传动系统的齿轮比小于 1:1。通常高速档都是在 1:1 左右。虽然 0.8:1 的减速比发动机回转还要快，但仍称为减速比，也是因此而称为超比档（OD）。优点在于高速行驶时，可节省耗油量且静肃性高。

6. 高速档（Top Gear）

高速行驶时齿轮力量最弱。齿轮比为1.0∶1.2，多为直接状态的汽车，而前置发动机前轮驱动车则多为0.95∶1。

7. 三档（Third Gear）

起步后的加速、山路、过弯等用到的第三大动力档位，经常用且经济性较好。齿轮比约在1.3～1.5∶1。

8. 二档（Second Gear）

起步后加速、爬坡、走山路时需要第二动力时的档位，发动机回转数也相当高，常用经济性较差。通常齿轮比为2.0∶1。

9. 起步档（Starting Gear）

急起动、急转弯、低速行驶等需要动力时所使用的档位，此时发动机回转数高，但经济性较差。齿轮比最大为3.0∶1。

案例剖析

行车时左前轮有“咔吧”声的案例分析

故障现象：一辆行驶了65400km的捷达轿车，在车辆行驶时，左前轮处有“咔吧、咔吧”声，类似金属挤压声，转向时异响更加严重。

故障诊断与排除：用举升机将车辆升起，经检查后发现右传动轴外等速万向节防尘套破裂，其内部润滑脂溢出。将右传动轴拆下，拆下防尘套，发现外等速万向节珠架滚道内有许多泥沙。通过用汽油清洗干净后，发现万向节珠架有两处裂纹，滚道有划痕和麻点，已无法使用。更换新外等速万向节和防尘套，故障即排除。根据要求捷达轿车应定期进行检查、维护，一旦发现球笼防尘套损坏，应及时更换，以免造成球笼损坏。

课后思考

1. 四轮驱动的概念及类型有哪些？
2. 分动器的作用是什么？

学习情境6　汽车驱动桥的检测与修复

驱动桥是传动系统的最后一个总成。一般汽车的驱动桥主要由主减速器、差速器、半轴和桥壳等组成。万向传动装置传来的动力依次经主减速器、差速器和半轴最后传给驱动轮。

学习单元1　汽车驱动桥的认识

学习目标

1. 认知驱动桥的组成和作用。
2. 掌握驱动桥的检查和维护内容。

任务载体

在汽车的使用过程中，驱动桥使用频繁，所以故障率较高。驱动桥故障的原因千差万别，各种故障的形成也不是单一孤立，而是相互联系的。如果出现一种故障而不及时排除，很可能容易诱发另一种故障，形成连锁反应。一种故障的产生可能有多种原因或其中之一，同时，装配调整、使用等一项不符合要求可能导致驱动桥多种故障。如驱动桥和油封接合面加工精度达不到要求，会造成油封和零件的磨损、间隙增大、易渗油或接合面易进异物、接合面不平等，从而造成漏油。在判断和排除驱动桥故障时，要具体问题具体分析。

技能操作

汽车驱动桥的维护与检查

由于驱动桥结构比较复杂，承受载荷大，传递转矩大，高速旋转时相对运动对零件摩擦表面的磨损也大。为了防止零件的早期磨损和损伤，使驱动桥保持完好技术状况，必须定期维护驱动桥。

1. 驱动桥的维护

国产中型载货汽车后桥的维护在一、二级维护中占有重要的位置。

（1）一级维护　当一级维护时，对驱动桥和车轮应进行下述的维护作业：

1）检查后桥壳是否有裂纹及不正常的渗漏。如有渗漏，应查明原因，予以排除。

2）检查各部螺栓、螺母的连接是否可靠。

3）后桥壳体内的润滑油量是否合适，其油面应不低于检视孔下沿15mm处。

4）后桥壳的通气塞应保持畅通。

5）用推动轮毂来检查轴承的预紧度时，应无明显手感的旷量。

6）检视轮胎和半轴上的外露螺栓、螺母，不得有松动。

（2）二级维护　二级维护除进行一级维护的所有项目外，还应进行以下内容：

1）检查半轴。半轴应无弯曲、裂纹，键槽无过度磨损。如有可视的键槽磨损时，应进行左右半轴的换位。

2）拆下轮毂，检查半轴套管是否有配合松旷和裂纹，各螺纹的损伤不得超过两牙。

3）检视后桥壳是否有裂纹。

4）放油后，拆下后桥壳盖，清除油污并检视齿轮、轴承及各部螺栓紧固情况，必要时可以更换齿轮和轴承。

5）检视主减速器的油封有无漏油、凸缘螺母是否松动，检查主减速器连接螺栓的松紧度。

6）检查轮毂轴承的紧固情况，必要时按技术条件的要求校紧。

当二级维护时，还要根据有无下列现象，决定后桥维护的附加作业项目：

1）主减速器有无异响，主减速器的啮合间隙是否过大。若有此现象，说明齿轮磨损或啮合间隙过大，应调整啮合间隙并检查齿面接合状况。

2）检查后桥在正常工作时的油温是否超过 60℃并伴有异响。若有此现象说明齿轮啮合不当或齿轮有折齿，也可能是由于轴承预紧度过大，应拆检主减速器和差速器。

上述作业结束后，装复后桥壳后盖，按规定加注符合原厂规定的齿轮油至规定油面。

2. 驱动轴的检查

（1）检查万向节　转动左右驱动车轮，万向节处应无异响且车轮转动自如。

（2）检查驱动轴护套

1）手动搬动车轮使车轮完全转向一侧，检查驱动轴护套是否有任何裂纹或其他损坏。

2）检查护套卡箍是否安装正确且无损坏。

3）检查护套处是否有油脂渗漏。

知识链接

1. 汽车驱动桥的功用和分类

（1）驱动桥的功用　驱动桥的功用是将由万向传动装置传来的发动机转矩传给驱动车轮，并经降速增矩，改变动力传动方向，使汽车行驶，而且允许左右驱动车轮以不同的转速旋转。

具体来说，主减速器的功用为降速增矩，改变动力传动方向；差速器的功用是允许左右驱动车轮以不同的转速旋转；半轴的功用是将动力由差速器传给驱动车轮。

（2）驱动桥的分类　按照悬架结构的不同，驱动桥可以分为整体式驱动桥和断开式驱动桥。整体式驱动桥又称为非断开式驱动桥。

1）整体式驱动桥。整体式驱动桥如图 6-1 所示，与非独立悬架配用。其驱动桥壳为一刚性的整体，驱动桥两端通过悬架与车架或车身连接，左右半轴始终在一条直线上，即左右驱动轮不能相互独立地跳动。当某一侧车轮通过地面的凸出物或凹坑升高或下降时，整个驱动桥及车身都要随之发生倾斜，车身波动大。

2）断开式驱动桥。断开式驱动桥如图 6-2 所示，与独立悬架配用。其主减速器固定在车架或车身上，驱动桥壳制成分段并用铰链连接，半轴也分段并用万向节连接。驱动桥两端分别用悬架与车架或车身连接。这样，两侧驱动车轮及桥壳可以彼此独立地相对于车架或车身上下跳动。

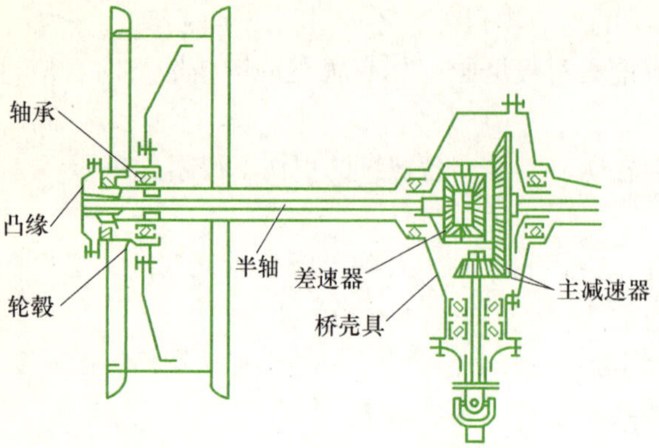

图 6-1 整体式驱动桥

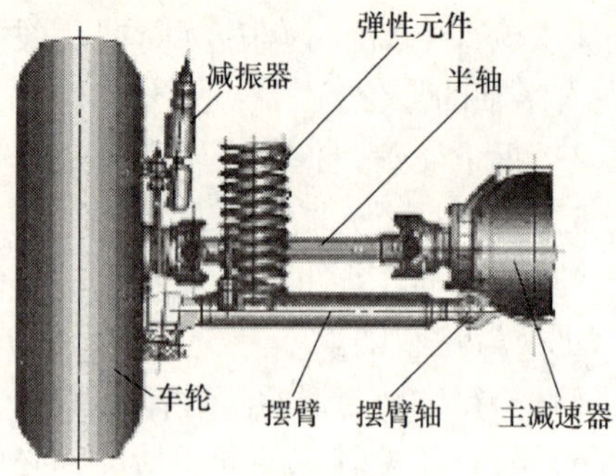

图 6-2 断开式驱动桥

知识能力与拓展

奥迪汽车技术——Quattro

汽车的驱动方式至关重要，它直接决定了汽车的操控性、速度和安全等。汽车的驱动方式主要有 FWD（前轮驱动）、RWD（后轮驱动）和 4WD（4 轮驱动）三种，而另一种 AWD 区别于 FWD 和 RWD，更接近 4WD。传统的 AWD 是指全时驱动自动切换，在普通路面上汽车以两轮（主要是前轮）来带动汽车，当汽车进入特殊路段，就会自动转换成 4WD，如北京吉普欧蓝德采用此驱动方式。二三十年前，奥迪的工程师以 Quattro 全时四轮驱动，在驱动技术领域树立了里程碑。如今，有 1/4 的奥迪客户在各种行驶状态中相信 Quattro 全时四轮驱动能够提供更加出色的驾驶乐趣、通过性和安全性。现在就让我们进一步了解这种卓越驱动概念的性能和技术。

Quattro 技术的原理并不复杂：四个制动器确保更加出色的制动效果，四个驱动轮同样实现更加出色的加速性和更高的转弯稳定性。奥迪 Quattro 全时四轮驱动是对这种基本物理原理的系统化应用。然而，这并非全部：视行驶状态和路面而定，Quattro 全时四轮驱动技术令前轴和后轴之间持续地分配驱动力。特别是在湿滑路面，这意味着更加出色的牵引力和安全的行驶，即便在同桥的两个驱动轮都失去抓地力的情况下。

Quattro 从实质上说是一家德国的改装公司，隶属于奥迪公司，它们的主要任务是改装奥迪的各个车型，同时为奥迪提供技术支持，它与奥迪的关系就如同 AMG 和奔驰。四驱技术就是 Quattro 公司最为有名的技术系统。奥迪高性能车系 S 与 RS 都是出自 Quattro 公司之手。

从图 6-3、图 6-4 中可以看出，Quattro 系统的变速器、前差速器和中央差速器整合在一个壳体里，这种设计的优点是结构紧凑，可靠性高，成本比分体式低，传动效率却比分体式高。

发动机的动力从变速器输出以后直接连接到托森（Torsion）中央差速器上，通过齿轮驱动托森中央差速器的壳体旋转，壳体再带动蜗杆行星齿轮转动，然后把动力分配到两根输出轴上。前端的输出齿轮通过一根短的传动轴把动力传递到前差速器上，动力通过前差速器直接传递至前桥；后端直接连接长的传动轴，把动力传递到后差速器上。很显然，变速器输出的动力首先要经过托森中央差速器，然后再分配到前后桥，动力通过前差速器直接传递至前桥，然后转动前后四轮以驱动汽车前进。

图 6-3　AA Quattro 系统的结构示意图（一）

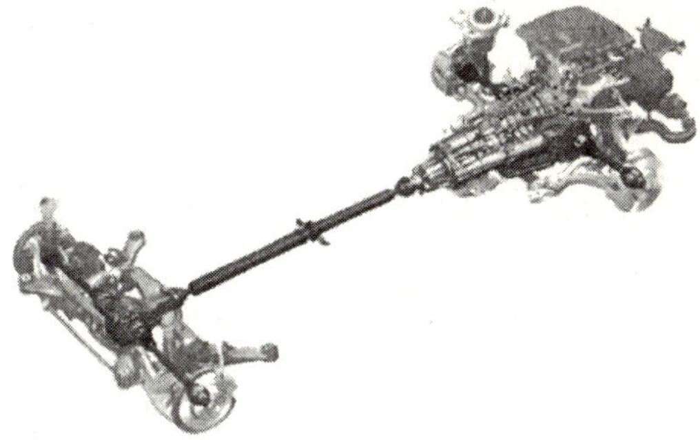

图 6-4　AA Quattro 系统的结构示意图（二）

图 6-5 所示为后驱动桥的结构。通过这张后驱动桥的分析图可以看到，传动轴将中央差速器传过来的动力传给后差速器，然后通过半轴驱动后轮。

由此可见 Quattro 的四驱系统使用了三个差速器，分别是传统的开放式前后差速器和一个托森中央差速器。前后差速器负责调节左右车轮的转速差，托森中央差速器负责调节前后驱动桥动力的分配。

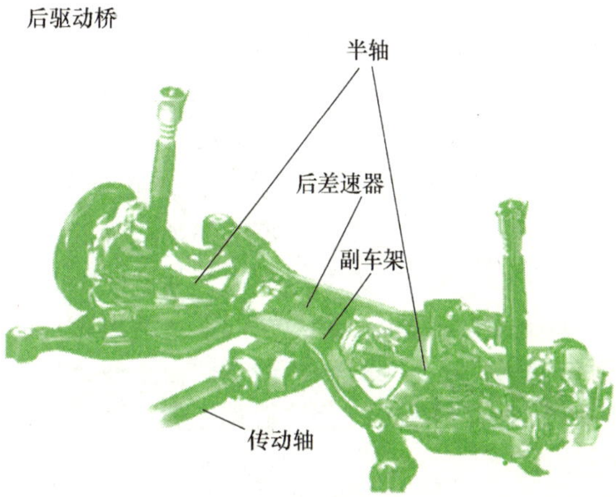

图 6-5　后驱动桥的结构

与传统的两轮驱动相比，Quattro 系统优势明显，操控性更强、更安全。普通的前置前驱设计，整车的重心是靠前的，因此，在高速过弯时，由于车头太重，轮胎提供的横向加速度有限，这样车辆会偏离原有的运动轨迹，向转向圆弧的外切线运动，这就是转向不足；反之，后轮驱动的车，会因为在高速过弯时，由于后轮的侧向力会突然降低，使车辆前方侧向力增大，后轮摩擦力不足造成的后轮向外滑动甚至甩尾，这就是转向过度。当出现转向不足时，前轮已经快要达到抓地极限了，如果再加速过弯，就很容易完全丧失抓地力而冲出弯道；而当转向过度时由于后轮的抓地力降低导致车头过度转向，很容易造成车辆的失控。这个问题在四驱车上就得到了解决，四轮驱动的汽车每个车轮的驱动力是两驱的一半，它要出现冲出弯道的极限值就提高了一倍。

如果实际车速很快，真达到了极限或者在雨雪湿滑路面上失去抓地力，这时候，比起一般的 4WD 汽车，Quattro 系统的托森中央差速器作用就显现出来了。托森中央差速器是根据轮胎的附着力大小分配力矩的，当前轮超过了所能承受的负荷，一旦出现相对移动，托森中央差速器会马上减小对前轮的力矩分配，使更多的驱动力源源不断地输向后轮，由后轮推动车身向前运动。由于托森中央差速器是主动分配力矩的，所以响应速度非常快，驾驶人完全感觉不到动力的前后分配；相比较其他的 4WD 驱动的汽车，主要靠的是电子设备来分配前后轮的驱动力，不但响应速度慢（一般是通过感应器来测算各个轮胎之间的转速，当四轮中的一个出现异常转速时，车载 ECU 就会判定该轮为空转打滑，然后通过电子设备将该轮的驱动力分配给剩余各轮，所以从计算轮胎转速到驱动力得到调整需要一段时间），而且电子动力分配有限。也就是说，在驾驶人完全没有感觉的情况下，Quattro 已经完成了安全有效的动力分配，它的作用连贯得就像人体的条件反射，无须通过大脑来想该做什么，是一种本能的反应，而且 Quattro 系统可以根据不同的情况自如地对驱动力进行调整，甚至在必要时可以将 100% 的驱动力加载在一个车轮上，也就是说假如当有三个车轮陷入了泥坑完全失去了抓地力，Quattro 系统会将发动机所产生的所有动力全部传递给还有抓地力的那个车轮，使得汽车能够驶出泥坑，而普通的 4WD 只能做到将 80% 的驱动力转移到前轮或后轮。

由于 Quattro 的神奇表现，20 世纪 80 年代的 WRC 赛事由使用该项专利的奥迪 Quattro S1 独霸天下，如同 2002 年的法拉利在 F1 中的表现一样。而之后国际汽联不得不做出相关规定，禁止在 WRC 赛事中使用 Quattro 系统，奥迪也因为该项技术被禁止而退出了 WRC 赛事。

30 多年前的那次规定无疑是对奥迪的一次损失，但直到今天 Quattro 不但没有消失，而且还伴随着奥迪一路辉煌。而带有 Quattro 标志的奥迪车如同带有 AMG 标志的奔驰和 M 标志的宝马一样，看似普通，但亲临座驾后一定会让你感到敬畏。

现在的奥迪 Quattro 对前后驱动比的分配在 75% ~25% 之间。意思就是前轮可以获得高达 75% 的驱动力，反之后轮也一样。Quattro 是现在全球轴间驱动分配比最大的全时四轮驱动系统。

Quattro 全时四轮驱动是奥迪品牌价值的核心之一。车辆在弯道行驶稳定性得以改善，极限行驶能力得以提高，大大增强了行驶的安全性，还可以实现驱动力矩的动态分配。随着受力大的车轮承担较大的驱动力矩的同时，其他车轮可以承担较多的倾向力。它基本上是纯机械结构，在少数电子设备辅助下造就堪称巅峰的驾乘体验。

案例剖析

大众捷达驱动桥油进入变速器的故障检修

故障现象：自动变速器内混入驱动桥油。一辆捷达轿车驱动桥和变速器之间的油封漏油，驱动桥的齿轮油进入自动变速器一侧，结果变速器所有的离合器和制动器的摩擦片都发生了烧蚀。

故障分析与排除：前驱的变速器又叫作变速驱动桥，因为无论是手动变速器，还是自动变速器在变速器内都还装有减速器和差速器。

该车在做自动变速器维护时，维修人员同时打开了变速器和驱动桥，修后加油时却忘了给驱动桥的一侧加油，试车时因驱动桥内还有少许残油，所以并没有听到明显的异常响声。用户取车后发现随着行驶里程的加大变速驱动桥内的噪声越来越大。返修时维修人员按照规定给驱动桥的一侧加注了齿轮润滑油。当加完油后行驶 2000km 车又被拖回来。原来驱动桥和变速器间油封发生了泄漏。又由于自动变速器的一侧实行压力润滑，油面较低，而驱动桥的一侧实行喷溅润滑，油面较高，于是驱动桥一侧的润滑油进入变速器。驱动桥内最高温度为减速器圆柱斜齿轮，齿轮的表面工作温度为 90℃ 左右，而自动变速器离合器和制动器表面温度接近 200℃。于是当驱动桥的一侧润滑油进入变速器后，导致变速器内所有的离合器和制动器的摩擦片磨损脱落；同时因离合器和制动器脱落下的粉尘堵塞了变速器的润滑油道，造成了行星齿轮发生早期磨损；变速器失去修复的价值。

课后思考

1. 对照实物或图片说明驱动桥的基本组成及功能。
2. 对照实物或图片说出驱动桥有哪些类型。

学习单元 2　汽车主减速器的检测与修复

学习目标

1. 具备与客户的交流能力，并可以向客户咨询车况，查询车辆技术档案，评定车辆技术状况。

2. 能独立制订维修计划，并能选择合适的检测设备和仪器工具按照正确的操作规范进行检测和维修。

3. 能正确使用故障诊断检测设备和仪器工具。

4. 能遵守相关法律、相关规定，按照正确的操作规范操作，保证维修质量。

5. 具备对于生产中的突发事故进行紧急处理的能力。

任务载体

汽车主减速器在汽车传动系统中的作用很大，其结构组成相对比较复杂，为了更好地解决在汽车维修中遇到的主减速器的问题，应首先掌握其拆卸和安装过程。

技能操作

主减速器的拆装

1. 主动锥齿轮和从动锥齿轮总成的拆卸

1）拆卸变速器，将其固定在支架上。拆下轴承支座和后盖。

2）取下车速里程表的传感器，如图 6-6 所示。

3）锁住传动轴（半轴），拆下紧固螺栓，如图 6-7 所示，取下传动轴。

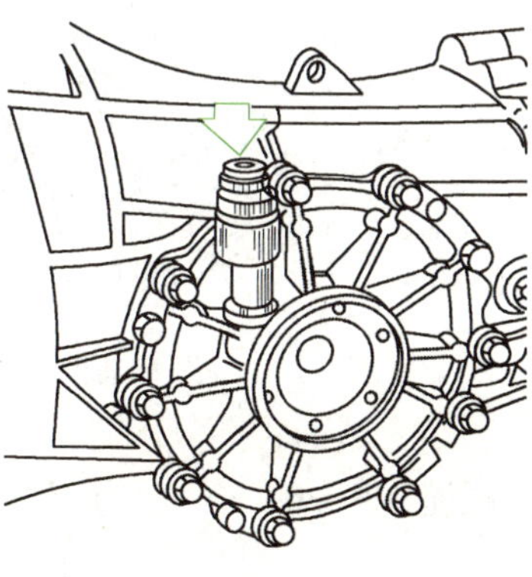

图 6-6　取下车速里程表的传感器

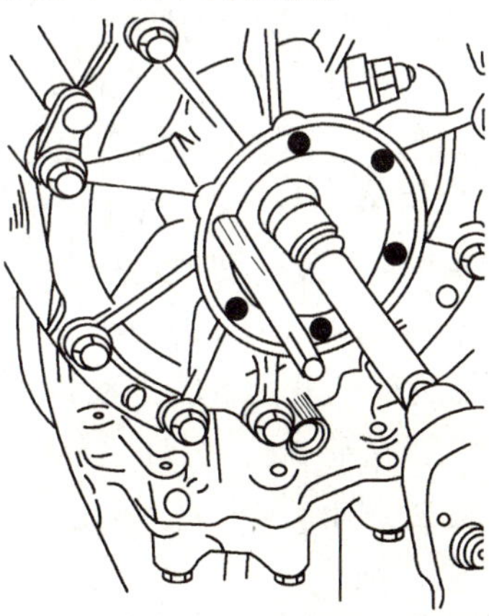

图 6-7　拆卸紧固螺栓

4）取下车速里程表的主动齿轮导向器和齿轮。

5）拆下主减速器盖，如图 6-8 所示。从变速器壳体上取下差速器。

6）用铝质的夹具将差速器壳固定在台虎钳上，拆下从动锥齿轮的紧固螺栓。从动锥齿轮的紧固螺栓是自动锁紧的，一经拆卸就必须更换。

7）取下从动锥齿轮，如图 6-9 所示。

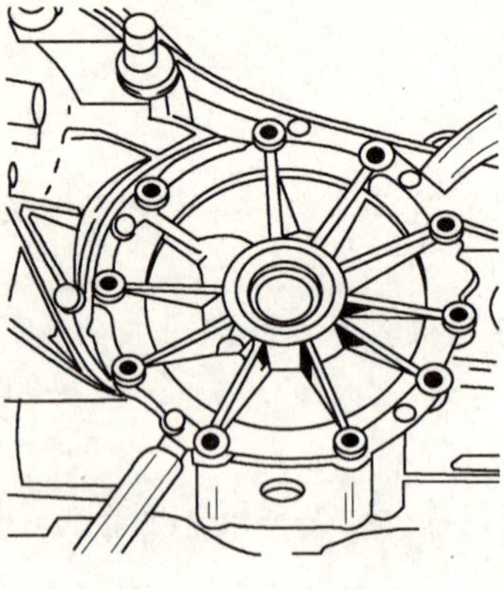

图 6-8　拆下主减速器盖

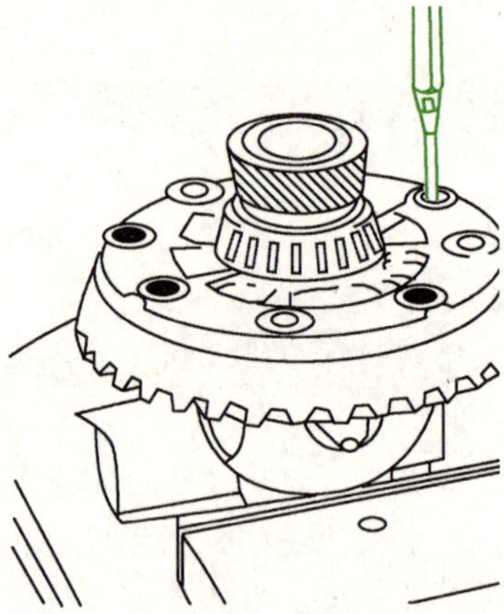

图 6-9　取下从动锥齿轮

8）拆下并分解变速器输出轴。仔细检查所有零件，尤其是同步器环和齿轮，对于损坏和磨损的，应进行更换。

2. 主动锥齿轮和从动锥齿轮总成的安装

1）在变速器输出轴上装上所有齿轮、轴承及同步器，计算输出轴的调整垫片 S_3 的厚度。

2）用 120℃的温度给从动锥齿轮加热，并将其装在差速器壳体上，安装时用两个螺纹销做导向，如图 6-10 所示。

3）装上新的从动锥齿轮螺栓，并用 70N · m 的力矩交替旋紧。

4）计算从动锥齿轮的调整垫片 S_1 和 S_2 的厚度。把计算好的调整垫片装在适当的位置上。

5）将轴承支座装在变速器壳体上，并用新的衬垫。装上变速器后盖。

6）将差速器装在变速器壳体上。将主减速器盖装在壳体上，并用 25N · m 的力矩旋紧螺栓。

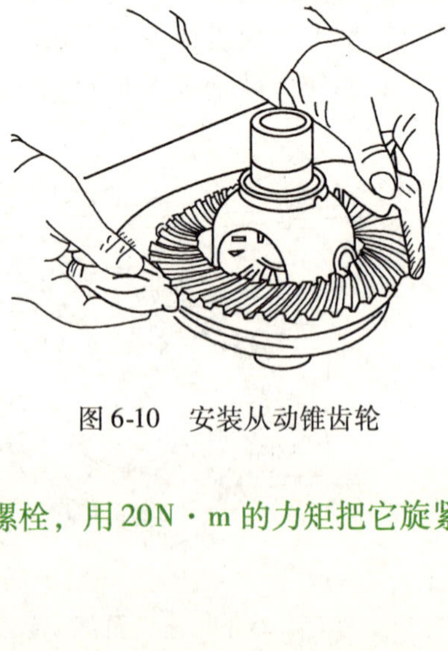

图 6-10　安装从动锥齿轮

7）装上车速里程表的主动锥齿轮和导向器。装上车速里程表的传感器。

8）装上半轴凸缘中的一个，用凿子将它锁住，装上螺栓，用 20N · m 的力矩把它旋紧。再装另一个半轴凸缘。

9）加注齿轮油并装上变速器。

知识链接

1. 汽车主减速器的功用与类型

（1）主减速器的功用　将输入的转矩增大并相应降低转速，以及当发动机纵置时还具有改变旋转方向的作用。

（2）主减速器的类型　为满足不同的使用要求，主减速器的结构形式也有不同。

按参加减速传动的齿轮副数目分类，有单级式主减速器和双级式主减速器。在双级式主减速器中，若第二级减速器齿轮有两副，并分置于两侧车轮附近，实际上成为独立部件，此种称为轮边减速器。

按主减速器传动比档数分类，有单速式和双速式。前者的传动比是固定的，后者有两个传动比供驾驶人选择，以适应不同行驶条件的需要。

按齿轮副结构形式分类，有圆柱齿轮式（又可分为轴线固定式和轴线旋转式及行星齿轮式）、锥齿轮式和准双曲面齿轮式。

目前，在轿车中主要是应用单级式主减速器。

2. 典型汽车主减速器的结构特点

单级式主减速器：单级式主减速器结构简单、质量小、体积小、传动效率高，主要用于轿车及中型以下客货车。

对于发动机纵向布置的汽车，由于需要改变动力传递方向，单级式主减速器都采用一对锥齿轮传动，如桑塔纳2000、东风EQ1090等；对于发动机横向布置的汽车，单级式主减速器采用一对圆柱齿轮即可，如夏利7130、宝来1.8T等。

上海桑塔纳2000轿车单级式主减速器的装配如图6-11所示。由于发动机纵向前置前轮驱动，整个传动系统都集中布置在汽车前部，因此其主减速器装于变速器壳体内，没有专门

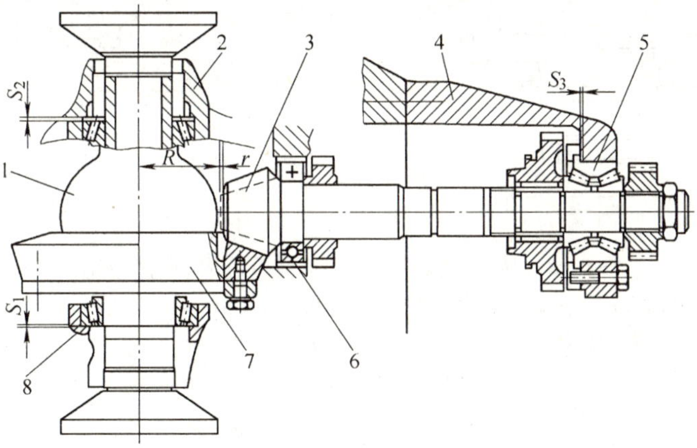

图6-11　上海桑塔纳2000轿车单级式主减速器的装配

1—差速器　2—变速器前壳体　3—主动锥齿轮　4—变速器后壳体　5—双列圆锥滚子轴承　6—圆柱滚子轴承　7—从动锥齿轮　8—圆锥滚子轴承

S_1—调整垫片（从动锥齿轮一侧）　S_2—调整垫片（与从动锥齿轮相对的一侧）

S_3—调整垫片　r—与理论上的尺寸R成比例的偏差（偏差r用1/100mm表示，例如：25表示　$r=0.25$mm）　R—主动锥齿轮理论上的尺寸（$R=50.7$mm）

的主减速器壳体。由于省去了变速器到主减速器之间的万向传动装置，所以变速器输出轴即为主减速器主动轴。

主减速器由一对准双曲面齿轮组成，主动锥齿轮的齿数为9，从动锥齿轮的齿数为40，其传动比为4.444。主动锥齿轮与变速器输出轴制为一体，用双列圆锥滚子轴承和圆柱滚子轴承支承在变速器壳体内，属于悬臂式支承。环状的从动锥齿轮靠凸缘定位，并用螺栓与差速器壳连接。差速器壳由一对圆锥滚子轴承支承在变速器壳体上。

3. 汽车主减速器的检查与调整

主动锥齿轮和从动锥齿轮的调整正确与否，对于主减速器的使用寿命和运转平稳性起着决定性作用。主减速器和差速器总成拆装后，特别是更换某些零部件后，必须通过准确的测量、计算，选出合适的调整垫片；通过改变垫片的厚度来轴向移动变速器输出轴上的主动锥齿轮，使啮合印痕在最佳位置；通过改变垫片的厚度来轴向移动从动锥齿轮，使啮合间隙在规定的公差范围。

从动锥齿轮和主动锥齿轮总成的调整部位如图6-12所示。与理论上的尺寸R成比例的偏差r，在生产过程中已经测量好了，并把它刻在从动锥齿轮的外侧。主动锥齿轮和从动锥齿轮只能一起更换。

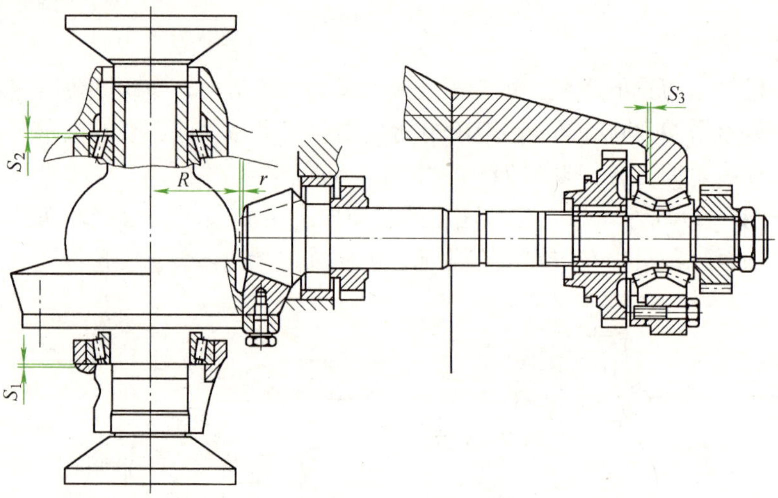

图6-12　从动锥齿轮和主动锥齿轮总成的调整部位

S_1—调整垫片（从动锥齿轮一边）　S_2—调整垫片（与从动锥齿轮相对的一边）　S_3—输出轴的调整垫片

r—与理论上的尺寸R成比例的偏差（偏差r用1/100mm来表示，例如“25”表明：$r=0.25$mm）

R—主动锥齿轮理论上的尺寸（$R=50.7$mm）

根据零件的排列情况，会出现“间隙”，这在调整主动锥齿轮和从动锥齿轮时应该考虑。因此，在拆卸变速器之前，最好测量齿面的平均间隙以及偏差r。只要修理影响到主动锥齿轮和从动锥齿轮位置的零部件，必须重新测定调整垫片S_1、S_2和S_3。

（1）主动锥齿轮的调整　只要轴承支座、主动锥齿轮的后轴承、一档齿轮的滚针轴承外圈、输出轴的后轴承外圈被更换，就必须通过调整垫片S_3来调整主动锥齿轮。

1）装上轴承支座的后轴承外圈（无调整垫片）。装上轴承的保持架，并用25N·m的力矩旋紧螺栓。

2）装上输出轴和外后轴承，如图 6-13 所示。

3）将输出轴用铝质的夹具固定在台虎钳上，装上螺母并用 100N · m 的力矩旋紧，如图 6-14 所示。

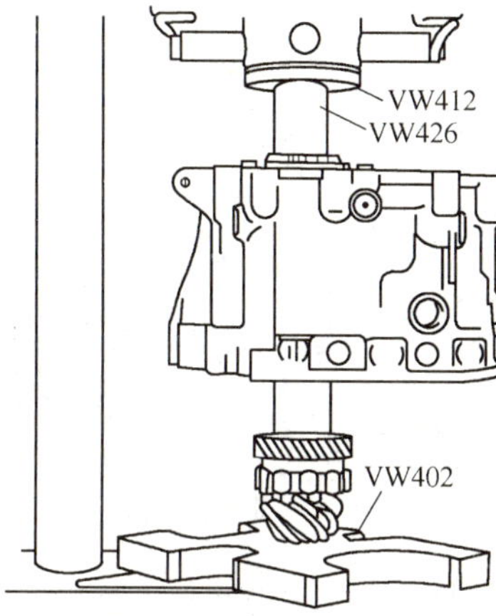

图 6-13　主动锥齿轮的调整 I

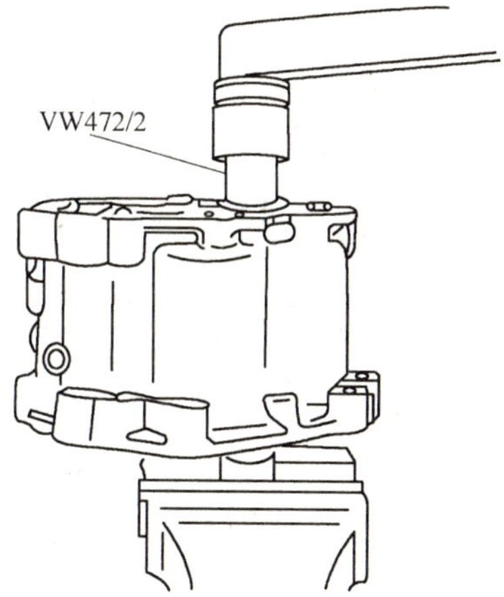

图 6-14　主动锥齿轮的调整 Ⅱ

4）将变速器后盖装在轴承支座上，并垫上新的衬垫，用四个螺栓将其固定（后轴承应往里放入至挡块）。

5）将专用工具 VW385/1 支承在 VW406 上，通过调节环测量 A 的尺寸，如图 6-15 所示，再装上专用工具 VW385/2，如图 6-16 所示。

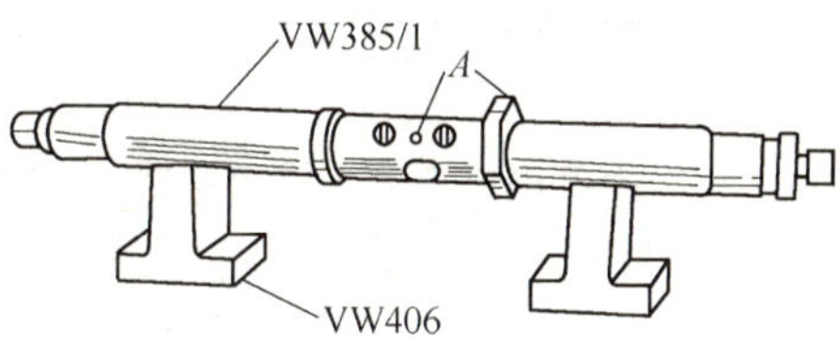

图 6-15　主动锥齿轮的调整 Ⅲ

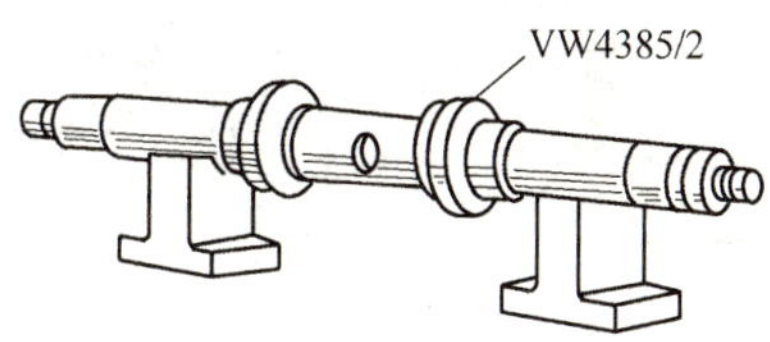

图 6-16　主动锥齿轮的调整 Ⅳ

6）将专用工具 VW5385/D 和 VW5385/C 装在 VW385/1 上，接着放上无调整垫片 S_1 的主减速器盖。装上百分表，将百分表调到零，应考虑到起始压力与离开 2.0mm 相一致（百分表的表盘和 VW5385/D 应是同一方向，转动螺母将活动调节环移至中心），如图 6-17 所示。

7）将专用磁铁 VW385/17 装在主动锥齿轮上，这样上面的缝隙朝向放油螺塞一边。将专用工具 VW385/1 放入变速器的内部，适当地装配好，如图 6-18 所示。

8）装上垫片和主减速器盖的紧固螺栓，用 25N · m 的力矩旋紧螺栓（不要在盖上敲打，因为这样可能使百分表失灵）。转动螺

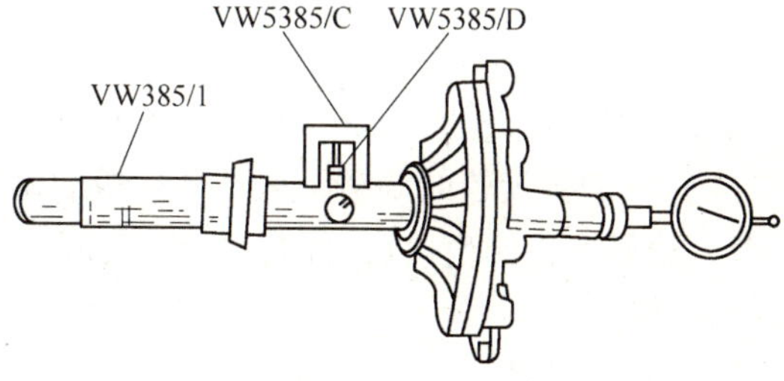

图 6-17　主动锥齿轮的调整 V

母调节 VW385/1，保证装配正确。

9）将 VW385/1 转到表的尖头碰到磁板和表的指针，并达到最大偏差（倒转），所取得的值，即 e 的尺寸（从逆时针方向读看），如图 6-19 所示。当转动 VW385/1 时，表的尖头（VW385/C）应碰到磁板，并总是在缝隙的相对一边。

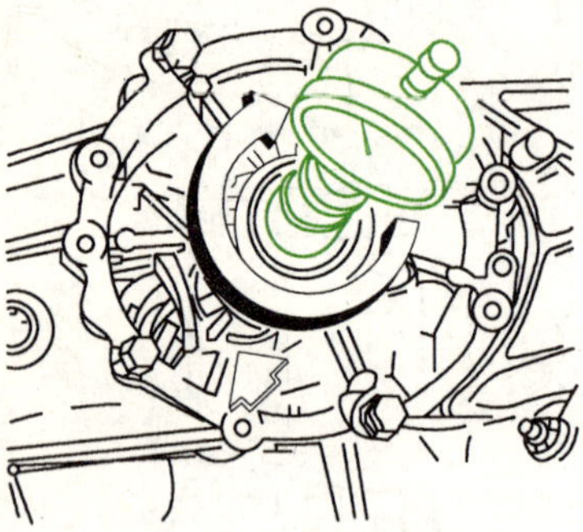

图 6-18 主动锥齿轮的调整Ⅵ

图 6-19 主动锥齿轮的调整Ⅶ

10）取得 e 尺寸后，取下主减速器盖。将 VW385/1 放在 VW406 上，用 VW5385/C 标准（样板）检查表是否在零位上，要考虑起始压力与离开 2.0mm 一致。如果在测量中有误，应重新进行第 5）~第 9）项。

测量主动锥齿轮调整垫片 S_3 的厚度：

$$S_3 = e - r$$

式中 e——测量的结果（用百分表的逆时针刻度检验出的指针最大偏差）；

r——偏差（用 1/100mm 刻在从动锥齿轮上）。

r 值只用于新的从动锥齿轮和主动锥齿轮。例如：$e = 0.99\text{mm}$，$r = 0.48\text{mm}$，则 $S_3 = e - r = 0.99\text{mm} - 0.48\text{mm} = 0.51\text{mm}$。

如果需要将两只调整垫片连在一起，取得需要的厚度，较薄的调整垫片应装在输出轴轴承外圈和较厚的调整垫片之间，下列厚度的调整垫片可供应 0.15mm、0.20mm、0.25mm、0.30mm、0.40mm、0.50mm、0.60mm、0.70mm、0.80mm、0.90mm、1.00mm、1.10mm 和 1.20mm。

11）装上输出轴和计算好的调整垫片 S_3。根据第 5）~第 9）项进行调节测量，如果计算好的调整垫片是正确的，百分表现在应指在偏差 r（刻在从动锥齿轮）值上，公差为 ±0.04mm）。

12）如果测量在规定的公差范围之内，完成变速器的安装。相反，检查所有零件的状况，更换已损坏的零件，接着重新安装主动锥齿轮。

（2）从动锥齿轮的调整　从动锥齿轮的调整注意事项如下：

1）最好在拆卸变速器之前，测量齿面的平均间隙。记下这个值，用于从动锥齿轮调整垫片的计算。

2）当主动锥齿轮、从动锥齿轮总成、变速器壳体、主减速器盖、差速器罩壳或轴承更换时，必须对从动锥齿轮进行调整。

从动锥齿轮调整垫片总厚度的测量步骤如下：

①拆下主减速器盖。

②拆下密封圈和差速器轴承的外圈，取出调整垫片。

③将轴承的外圈装在变速器壳体上，同时装上厚度为1.2mm的标准（样板）调整垫片（外圈应装入到挡块）。

④将轴承的外圈装在主减速器盖上，不用调整垫片（外圈应装入至挡块）。

⑤将没有车速里程表主动锥齿轮的差速器装在变速器壳体上。将主减速器盖装在变速器壳体上，用25N·m的力矩旋紧螺栓。

⑥根据图6-20所示装上专用工具，调节百分表，使其预压缩量为1.0mm以上。

⑦将专用工具VW521/8一起装在与从动锥齿轮相对的一边，如图6-21所示。A为1.20mm的调整垫片。

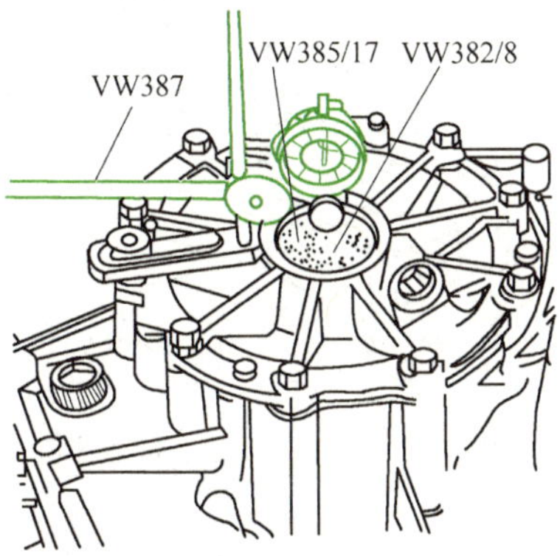

图6-20　从动锥齿轮的调整Ⅰ

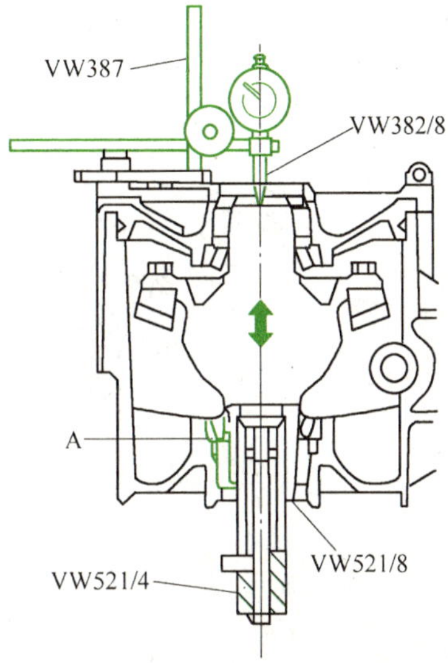

图6-21　从动锥齿轮的调整Ⅱ

⑧用专用工具VW521/4将差速器向上和向下（箭头）移动，如图6-22所示，记下在百分表产生的变化（例如：记下的间隙为0.50mm）。测量时，不要转动差速器，因为它可能影响测量的结果。

⑨将测量的结果记录下来，并将记录的间隙加上0.40mm的安装压力（稳定值）。测量结果0.50mm+安装压力0.40mm=0.90mm。

这个值再加上标准（样板）调整垫片的厚度（1.20mm），结果就是$S_{合计}$。

测量$S_{合计}$=标准（样板）调整垫片的厚度1.20mm+测量结果0.50mm+安装压力0.40mm=2.10mm。

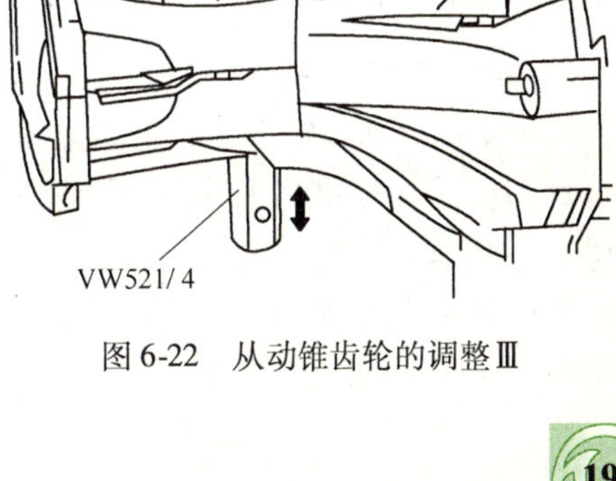

图6-22　从动锥齿轮的调整Ⅲ

⑩拆下主减速器盖和工具。拆下主减速器盖的

轴承外圈。

⑪将与测量结果和安装压力的和（0.50mm + 0.40mm = 0.90mm）一致的调整垫片连同外圈一起装在盖上。

⑫装上主减速器盖。将装配好的输入轴装上变速器壳体，用四个螺栓将其固定，并用20N · m的力矩旋紧。

⑬调整从动锥齿轮和主动锥齿轮的齿面间隙，按下列方法进行：

根据图6-23所示，装上专用工具。安装的位置：尺寸*A*为71mm，角α约为90°。

锁住输入轴，如图6-24所示。将从动锥齿轮转至挡块位置，将表的指针对准零，倒转从动锥齿轮，读出齿面间实际的间隙，将取得的值记录下来。

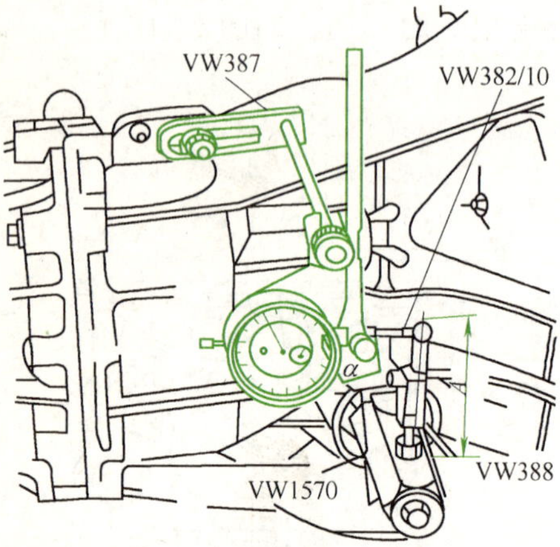

图6-23　从动锥齿轮的调整Ⅳ

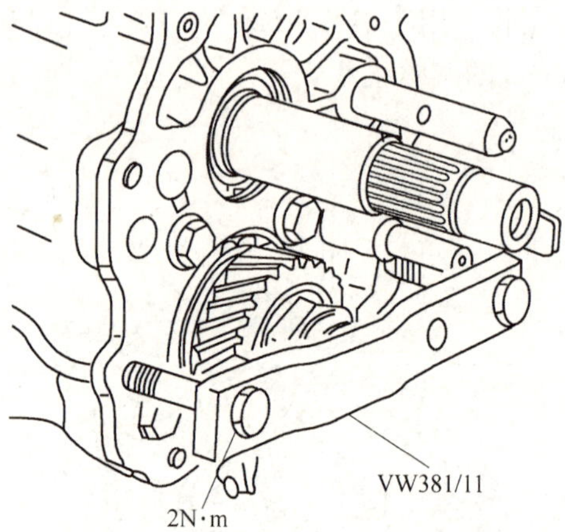

图6-24　从动锥齿轮的调整Ⅴ

松开输入轴，转动专用工具VW521/4和VW521/8约90°，结果差速器也转动90°，重新锁住输入轴。

旋松VW521/4的螺栓，将其退回约90°，直至VW521/8碰到百分表的尖头，旋紧VW521/4的螺栓。

将上述内容反复操作四次，并记录下取得的值。

如果在这些测量中，测量的值偏差超过0.05mm，可能从动锥齿轮没有装对或者从动锥齿轮和主动锥齿轮总成情况不好。在这种情况下，如需要应更换从动锥齿轮和主动锥齿轮总成。

⑭计算齿面间隙的平均间隙：第一次测量0.39mm + 第二次测量0.40mm + 第三次测量0.39mm + 第四次测量0.42mm = 1.60mm，平均间隙 = 1.60mm ÷ 4 = 0.40mm。

⑮计算调整垫片S_2的厚度（与从动锥齿轮相对的一面）。S_2 = 标准（样板）调整垫片 - 平均间隙 + 抬起（稳定值）。

如果不更换从动锥齿轮和主动锥齿轮总成，使用在拆下前测得的平均间隙值。

例如：S_2 = 标准（样板）调整垫片1.20mm - 平均间隙0.40mm + 抬起（稳定值）0.15mm = 0.95mm。

⑯计算调整垫片S_1的厚度（从动锥齿轮一面）。$S_1 = S_{合计} - S_2$，即S_1 = 2.10mm - 0.95mm = 1.15mm。

下列厚度的调整垫片可供选择 0.15mm、0.20mm、0.25mm、0.30mm、0.40mm、0.50mm、0.60mm、0.70mm、0.80mm、0.90mm、1.00mm、1.10mm 和 1.20mm。

⑰拆下差速器和差速器轴承的外圈。将调整垫片 S_2 装在主减速器盖上，将 S_2 同轴承外圈一起装在壳体上。

⑱将密封圈装在主减速器盖和壳体上，如图 6-25 所示。

⑲装上车速里程表的主动锥齿轮和锁紧套筒如图 6-26 所示，并使图中 $x = 1.8\text{mm}$（大约）。

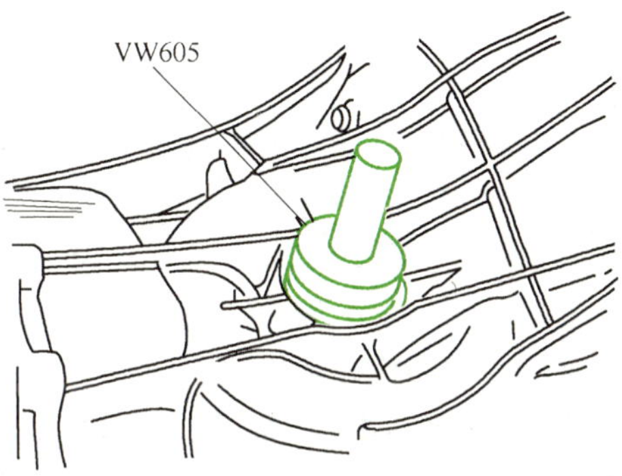

图 6-25　从动锥齿轮的调整Ⅵ

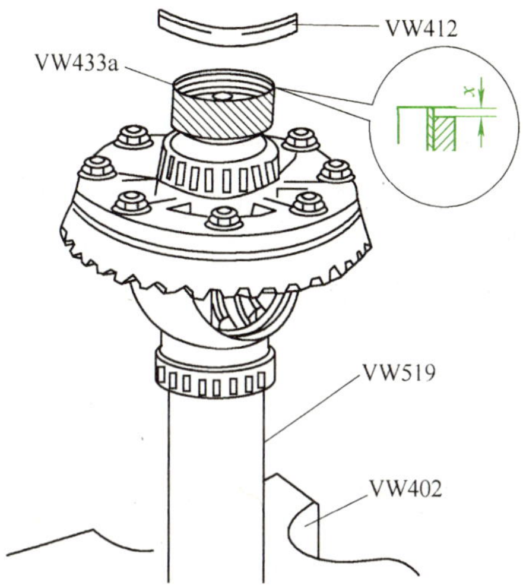

图 6-26　装上车速里程表的主动锥齿轮和锁紧套筒

⑳装上差速器，重新测量齿面间隙。

㉑根据第⑬项的步骤，检查四个不同位置上的间隙。各次测量的间隙偏差不超过 0.05mm。如果调整垫片 S_1 和 S_2 装配正确，齿面间的平均间隙应在 0.10～0.20mm 范围内。

知识能力与拓展

汽车底盘维护重点之传动系统——选好润滑油

传动系统的损耗多数来自变速器和主减速器的机械传动。变速器的声响、发热以及主减速器中齿轮轴承的松紧调整不当，或是离合器打滑，引起离合器总成发热和从动盘烧伤等，就会引起功率消耗增大。而这部分功率又将转化为热量散放到空气中，造成机械部件的工作效率降低，甚至造成零件损伤。因此，选择好相应的润滑油品对于防止过度摩擦而造成的零件损坏是十分重要的。传动系统润滑油的选择不当，如油的黏度、抗磨性和黏温特性等不能满足不同季节、不同使用条件的要求，也将引起传动效率的降低。如在相同条件下，当冬季使用夏季润滑油时，由于黏度大、润滑性差，造成各零部件之间的摩擦阻力增大，进而导致传动效率下降。因此，在选择使用润滑油时，一定要选适合自己车型的品种，并且针对不同的气候状况和使用条件也要注意挑选合适的油品。另外要注意的是，离合器片消耗相对较大，要定期检查，及时更换，保证行车安全。

课后思考

1. 主减速器的作用是什么？
2. 主减速器的检查和调整内容有哪些？

学习单元3　汽车差速器、半轴和桥壳的检测与修复

学习目标

1. 掌握汽车差速器、半轴和桥壳的作用和类型。
2. 学会差速器、半轴和桥壳的检查和调整。

任务载体

差速器、半轴和桥壳在汽车行驶的过程中通常会出现不同形式的损伤和损坏，为了保证汽车的行车安全以及传动系统的正常工作，应该对其进行一定的检查和修理。

技能操作

半轴、桥壳的检修

1. 半轴的检修

1）半轴应进行隐伤检查，不得有任何形式的裂纹存在。

2）半轴花键应无明显的扭转变形。

3）以半轴轴线为基准，半轴中段未加工圆柱体径向圆跳动误差不得大于1.3mm；花键外圆柱面的径向圆跳动误差不得大于0.25mm；半轴凸缘内侧轴向圆跳动误差不得大于0.15mm。径向圆跳动超限，应进行冷压校正；轴向圆跳动超限，可车削端面进行修正。

4）半轴花键的侧隙增大量较原厂规定不得大于0.15mm。

5）对前轮驱动汽车的半轴总成（带两侧等速万向节）还应进行以下作业内容：

①外端球笼式万向节用手感检查应无径向间隙，否则应予更换。

②内侧球叉式万向节可沿轴向滑动，但应无明显的径向间隙感，否则应更换新件。

③防尘套应无老化破裂，卡箍应有效可靠。如失效，应更换新件。

2. 桥壳的检修

1）桥壳和半轴套管不允许有裂纹存在，半轴套管应进行探伤处理。各部螺纹损伤不得超过两牙。

2）钢板弹簧座定位孔的磨损不得大于1.5mm，超限时先进行补焊，然后按原位置重新钻孔。

3）整体式桥壳以半轴套管的两内端轴颈的公共轴线为基准，两外轴颈的径向圆跳动误差超过0.30mm时应进行校正，校正后的径向圆跳动误差不得大于0.08mm。

4）分段式桥壳以桥壳的接合圆柱面、接合平面及另一端内锥面为基准，轮毂的内外轴颈的径向圆跳动误差超过0.25mm时应进行校正，校正后的径向圆跳动误差不得大于

0.08mm。

5）桥壳座孔与半轴套管的配合及伸出长度应符合原厂规定，如半轴套管座孔的磨损严重，可将座孔镗至修理尺寸，更换相应的修理尺寸半轴套管。

6）滚动轴承与桥壳的配合应符合原厂规定。

知识链接

1. 汽车差速器的功用、类型和结构特点

差速器的功用是将主减速器传来的动力传给左右两半轴，并在必要时允许左右半轴以不同转速旋转，使左右驱动车轮相对地面纯滚动而不是滑动。

按装配位置可分为轮间差速器和轴间差速器，按功能可分为普通齿轮式差速器和防滑差速器两大类。

2. 汽车半轴的功用和类型

（1）半轴的功用　半轴的功用是将差速器传来的动力传给驱动轮。因其传递的转矩较大，常制成实心轴。如果半轴断裂则汽车无法起步、行驶。

（2）构造　半轴的结构因驱动桥结构形式的不同而异。整体式驱动桥中的半轴为一刚性整轴，而转向驱动桥和断开式驱动桥中的半轴则分段并用万向节连接。半轴内端一般制有外花键与半轴齿轮连接。半轴外端有的直接在轴端锻造出凸缘盘，也有的制成花键与单独制成的凸缘盘滑动配合，还有的制成锥形并通过键和螺母与轮毂固定连接。

（3）支承形式　现代汽车常采用全浮式和半浮式两种半轴支承形式。

3. 驱动桥壳的功用与类型

（1）驱动桥壳的功用　驱动桥壳既是传动系统的组成部分，同时也是行驶系统的组成部分。作为传动系统的组成部分，其功用是安装并保护主减速器、差速器和半轴。作为行驶系统的组成部分，其功用是安装悬架或轮毂，和驱动桥一起支承汽车悬架以上各部分质量，承受驱动轮传来的反力和力矩，并在驱动轮与悬架之间传力。

由于桥壳承受较复杂的载荷，因此要求桥壳应具有足够的强度和刚度，质量小，还要便于主减速器的拆装和调整。

（2）驱动桥壳的类型　驱动桥壳可分为整体式驱动桥壳和分段式驱动桥壳两种类型，如图6-27、图6-28所示。

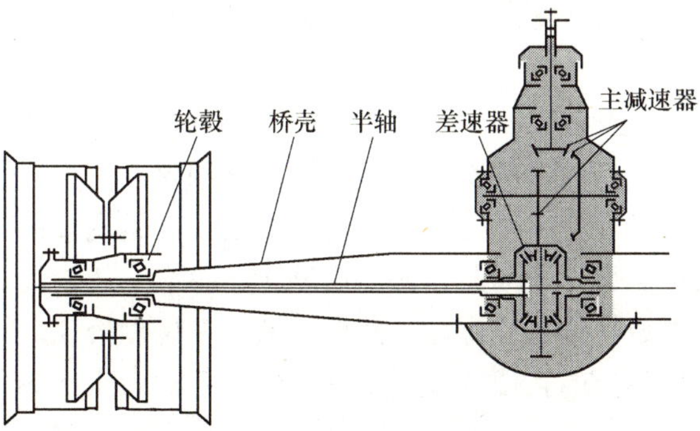

图6-27　整体式驱动桥壳示意图

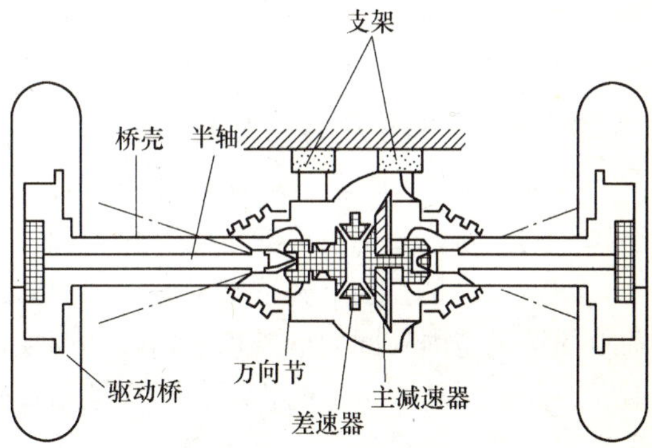

图6-28　分段式驱动桥壳示意图

知识与能力拓展

驱动桥的试验与检查调整

1. 驱动桥的磨合试验

驱动桥装配后进行磨合试验的目的在于改善零件相互配合表面的接触状况和检查修理装配的品质。

驱动桥的修理和装配品质可从三个方面进行检验：齿轮的啮合噪声、轴承区的温度和渗漏现象。

驱动桥装合后，应按规定加注润滑油进行磨合试验。磨合转速一般为 1400 ~ 1500r/min（EQ1090 型汽车原厂规定为 800 ~ 1200r/min）。在此转速下进行正、反转试验，各项试验的时间不得少于 10min。

在试验过程中，各轴承区的温升不得超过 25℃，齿轮的啮合不允许有敲击声和高低变化的响声，各接合部位不允许有漏油现象。试验后，应进行清洗并换装规定的润滑油。

在 JT/T 112—1993《汽车驱动桥修理技术条件》中，没有对驱动桥装配后的有负荷运转试验做出明确的要求。实际上，为了增大各运动副的实际接触面积，减小接触应力以形成正常的工作表面，并检查修理品质和装配品质，对装配后的驱动桥除进行无负荷试验外，还应进行有负荷的运转试验。但是考虑到目前多数汽车修理企业的实际情况，未做出要求。不少汽车修理企业利用对车辆制动器施加负荷进行试验，其目的主要是用来诊断故障的，不宜做长时间的运转，否则会引起制动系统技术状况的恶化。

2. 轮毂轴承的润滑与调整

轮毂轴承的润滑和调整状况对车辆的动力性、经济性和行驶安全性都有很大的影响。在一、二级维护中都有轮毂轴承的作业项目。

（1）轮毂轴承的润滑　目前，轮毂轴承采用空毂的润滑方式。在二级维护时，拆检轮毂轴承后，应对其进行润滑。采用汽车通用的锂基润滑脂 2 号，轴承缝隙间应充满润滑脂，加油时可采用专用加注机，也可以边转动轴承边涂抹润滑脂。轮毂内腔不需加注其他的润滑油。

（2）轮毂轴承的调整　将加注好润滑脂的内轴承装入半轴套管上，装入轮毂和外轴承，边拧调整螺母边正反两个方向转动轮毂，使轴承滚子正确就位。以规定力矩拧紧调整螺母，将螺母退回一定角度，然后装上油封和锁紧垫圈，并使调整螺母上的销子穿入锁紧垫圈的孔内，最后将锁紧螺母以规定力矩拧紧。调整后，轮毂应能自由旋转，而无明显的轴向松动和摆动现象。

3. 后轮毂的安装与轮毂轴承调整

各种类型的汽车后轮毂锁紧装置虽有差异，但后轮毂的安装与轮毂轴承的调整方法大同小异。调整前，先把清洗润滑好的轮毂和轮毂轴承装在半轴套管上，再装上制动毂、调整螺母。调整方法是：装上调整螺母后，边拧紧调整螺母，边向两个方向反复转动轮毂，使轮毂轴承的滚子与内外圈的滚道正确接合，用规定力矩拧紧调整螺母，然后再把调整螺母按规定退回，并使调整螺母上的止动销插入锁紧垫圈上相邻的孔或将锁紧垫圈上的凸起插入止推垫圈的凹口中。调整好后，轮毂应能自由转动而无明显摆动现象为宜。最后，按规定力矩拧紧锁紧螺母。后轮毂轴承调整参数见表 6-1。

表6-1　后轮毂轴承调整参数

车型	调整螺母拧紧力矩/(N·m)	调整螺母退回圈数/圈	锁紧螺母拧紧力矩/(N·m)
北京2020	196	1/5	
东风EQ1090	196～245	两锁紧垫圈的孔位	245～294
解放CA1091	98～147	1/5	196～245

案例剖析

雅阁自动变速器驱动桥漏油故障

故障现象：一辆本田雅阁轿车，行驶里程79000km，据驾驶人反映，该车自动驱动桥传动轴的半轴油封漏油，自动变速器挂上前进档或倒档，车辆均不能起步。

故障分析与排除：接车后，先询问驾驶人是否维修过，驾驶人反映该车曾在一家维修厂进行过维修，维修人员根据故障现象分析，认为自动变速器内部有故障，并对自动变速器进行拆检，发现三至四档离合器严重烧蚀，一至二档离合器片磨损程度相对较轻。于是更换一、二、三和四档离合器片，以及大修包、半轴油封之后，装复试车，却发现一档升二档或二档降一档时振动过大，而在其他工作状况都比较正常。当时，维修人员考虑到自动变速器已经进行大修，问题只会出在电路上，于是拔掉液力变矩器壳体上的一个黑色两孔插头，换档居然正常了，但没有倒档，并且起步明显无力。

根据驾驶人的描述，首先读取自动变速器的故障码。具体步骤是：关闭点火开关，将短路插头SCS与位于驾驶室仪表板下方的维修检查二芯插头相连接。然后打开点火开关，观察D4故障警告灯闪烁故障码。没有故障码显示，说明自动变速器电控部分没有问题。

拔出自动变速器油尺，检查自动变速器的油质和油量，发现ATF太脏。把ATF放出，发现ATF中有一些离合器磨削下来的粉末。这些粉末是在拆检自动变速器前产生的，还是原来残余的？带着疑问再次询问驾驶人得知，该车的自动变速器在拆检后没有对变矩器进行彻底清洗，换ATF时也没有用自动换油机，变速器内的粉末很可能是残留下来的烧损的离合器磨削粉。

拆检自动变速器进行仔细检查。发现二档离合器压力开关没有问题，一至二档蓄能器弹簧正常，活塞运动自如，一至二档离合器相关元件都没有问题，最后发现阀体内的一至二档单向阀球槽孔被堵塞。彻底清洗阀体，利用自动变速器换油机对自动变速器进行换油，然后装复。重新试车，一切恢复正常，故障排除。

因该车在第一次拆检后没有进行彻底清洗，液压系统内残存着离合器磨削粉及杂质，装复后在运行中，这些磨削粉及杂质堵塞阀体液压通道，导致一至二档单向阀球卡滞，运动不通畅，一至二档离合器工作油压过高，从而出现换档振动过大现象。而维修人员拔掉的插头是在液力变矩器壳体上的一个黑色两孔插头。该插头是换档控制电磁阀b插头。当插头被拔掉之后，换档电磁阀b处于断开状态，而当变速器处于三档、四档以及二档与三档之间变换档位，当三档与四档之间变换档位时，换档电磁阀本来就不动作，处于断开状态。在换档控制电磁阀 a、c 以及相关系统正常的情况下，车辆将以三档起步行驶，并且能在三档与四档之间正常换档。当只是三档起步时，发动机负荷相对增大，起步自然无力了。另外，倒档时，换档控制电磁阀 b 必须处于接通状态，插线被拔掉之后，自然没有倒档。

课后思考

1. 试分析驱动桥漏油的原因。
2. 驱动桥的主要维护内容是什么?

学习情境7　汽车传动系统的综合故障诊断

由于现代的汽车集所有科技于一身，维修难度相对较高，因此就需要广大技术工作人员了解更多的专业知识、解决故障的维修方法与技巧、常规的检测方法和检测标准。

汽车检测与诊断的目的是确定汽车的技术状况和工作能力，查明故障部位、故障原因，为汽车继续运行或维修提供依据。对汽车进行故障诊断，目的是在不解体的情况下，对运行车辆查明故障部位、故障原因，进行检查、测量分析和判断。当诊断出故障后，通过调整或修理的方法加以排除，以确保车辆在良好的技术状况下运行。

学习单元1　汽车综合故障的诊断方法与思路

学习目标

1. 具备与客户的交流能力，向客户咨询车况，查询车辆技术档案，评定车辆技术状况。

2. 能独立制订维修计划，并能选择合适的检测设备和仪器工具按照正确的操作规范进行检测和维修。

3. 能正确使用故障诊断检测设备和仪器工具。

任务载体

汽车维修工作人员在工作中经常遇到一些复杂的故障案例，如何通过客户了解汽车的故障信息，并通过试车做出初步诊断，如何根据现有故障现象做出有针对性的检测和诊断等问题会经常出现，解决问题的根本在于建立正确的故障诊断分析思路。

技能操作

普通数字万用表的使用

普通数字万用表可以测量交、直流电压和交、直流电流，电阻、电容、晶体管β值、二极管导通电压和电路短接等，由一个旋转波段开关改变测量的功能和量程。

1. 万用表操作面板说明

万用表操作面板主要由显示器，功能量程开关、测量插孔区，表笔插孔区三个区域组成，如图7-1所示。

1）显示器使用三位半数字液晶显示屏，用来读取测量数据。

2）功能量程开关、测量插孔区如图7-2所示，主要包括如下：

1—电源开关，按下则接通电源，不用时应随手关断。

2—欧姆档位，当功能开关旋至欧姆档位可以检测电阻。

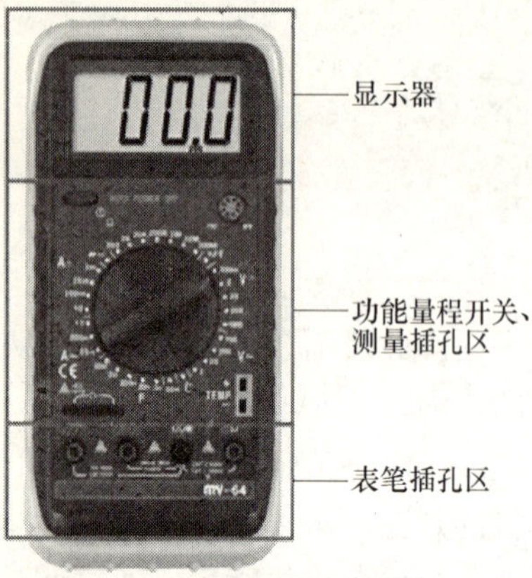

图 7-1　普通数字万用表

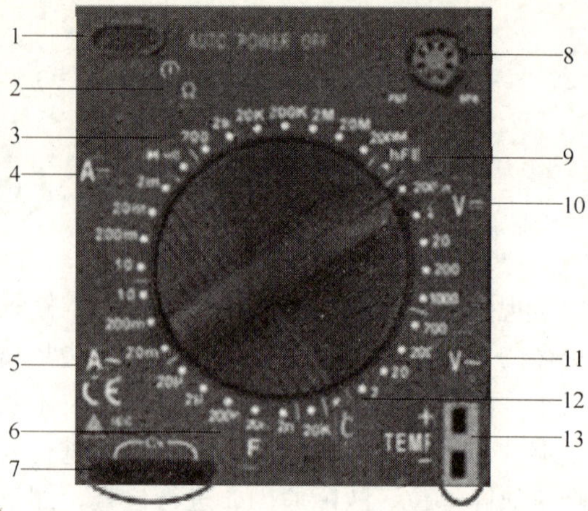

图 7-2　功能量程开关、测量插孔区

3—短路检查档位，当测试电路电阻小于 20Ω ± 10Ω 时，万用表蜂鸣器响，说明测试电路电阻很小，用于短路的检查。

4—直流电流档位，直流电流量程分别为 2mA、20mA 、200mA 和 10A 四档，直流精度为 ±（读数的 1.2% +2 个字）。

5—交流电流档位，交流电流量程分别为 20mA、200mA 和 10A 三档，交流精度为 ±（读数的 2.0% +5 个字），最大电压负荷为 250mV（交流有效值）。

6—电容档位，用于电容的检测，共有 5 个档位。

7—电容测量插座，测量电容时，将电容引脚插入插座中。

8—晶体管测量插座，测量晶体管时，将晶体管引脚插入插座中。

9—晶体管 β 档位，用于测量晶体管的放大率。

10—直流电压档位，直流电压（交流频率为 45 ~ 500Hz）量程分别为 200mV、2V、20V、200V 和 1000V 五档，直流精度为 ±（读数的 0.8% +2 个字）以下。

11—交流电压档位，交流电压（交流频率为 45 ~ 500Hz）量程分别为 2V、20V、200V 和 700V 四档，交流精度为 ±（读数的 1% +5 个字）。

12—温度档位，通过温度传感器可以测量温度。

13—温度传感器插座。

3）普通万用表通常配备红、黑两根表笔，如图 7-3 所示。

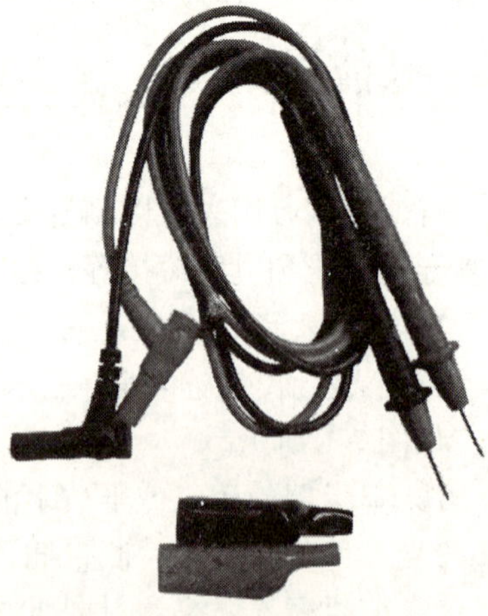

图 7-3　万用表表笔

表笔插孔区如图 7-4 所示。

“mA” 电流插孔，当测量小于 200mA 的交、直流电流时，红表笔应插入此电流插孔。

“10A” 电流插孔，当测量大于 200mA、小于 10A 的交、直流电流时，红表笔应插入此 10A 电流插孔。

“V/Ω/Hz” 插孔，当测量交、直流电压，电阻，二极管导通电压和短路检测时，红表笔应插入此 V/Ω/Hz 插孔。

“COM”插孔为搭铁公共端，黑表笔始终插入此搭铁插孔中。

图 7-4　万用表表笔插孔区

2. 数字万用表的使用

按下电源开关，观察液晶显示是否正常，若有电池缺电标志出现，则要先更换电池。

交、直流电流的测量时，根据测量电流的大小选择适当的电流测量量程和红表笔的插入孔。测量直流时，红表笔接触电压高的一端，黑表笔接触电压低的一端，正向电流从红表笔流入万用表，再从黑表笔流出。当要测量的电流大小不清楚的时候，先用最大的量程来测量，然后再逐渐减小量程来精确测量。

交、直流电压的测量时，将红表笔插入“V/Ω”插孔中，根据电压的大小选择适当的电压测量量程，黑表笔接触电路“地”端，红表笔接触电路中待测点。特别要注意，数字万用表测量交流电压的频率很低（45 ~ 500Hz），中高频率信号的电压幅度应采用交流毫伏表来测量。

测量电阻时，使红表笔插入“V/Ω”插孔中，根据电阻的大小选择适当的电阻测量量程，红、黑两表笔分别接触电阻两端，观察读数即可。特别是测量在路电阻（在电路板上的电阻）时，应先把电路的电源关断，以免引起读数抖动。禁止用电阻档测量电流或电压（特别是交流 220V 电压），否则容易损坏万用表。

同一个万用表测量时量程越小测量精度越高，所以在选择量程时尽量在满足测量需要的前提下，选择比较小的量程，可以提高测量精度。

知识链接

20 世纪 90 年代 ECU 控制在汽车上的应用，彻底改变了汽车维修技术的现状，对传统汽车维修技术中故障分析的方法提出了严峻的挑战，开创了全新的汽车维修理念。

1. 汽车故障的认识与分类

汽车常见故障，一般来说是指出现次数多、频率高，但不会对汽车使用构成致命性破坏的故障。这些故障往往是驾驶人经常遇到的，其中很多是可以自己动手排除或在使用过程中注意正确的操作规范可以预防的。比如，在汽车使用过程中经常碰到的发动机不着火，发动机起动困难，发动机功率下降，燃油、机油耗量高，发动机发出敲击声和不正常的异响，离合器分离不彻底，底盘传动系统出现噪声，转向、制动失灵，汽车行驶速度下降，加速时间、加速距离过长等，均属于汽车的常见故障。

汽车故障可根据丧失工作能力的范围和程度，从不同的角度进行分类。

（1）按汽车丧失工作能力的范围分类　按汽车丧失工作能力的范围，汽车故障可分为完全故障与局部故障两类。

完全故障，是指汽车完全丧失工作能力而不能行驶的故障。此类故障是由于汽车或其零部件在正常工作状态下突然停止造成的。例如，分火头击穿、中心高压线掉线、转向节臂折断、制动管路爆裂等零部件故障均导致整车或子系统突然丧失功能形成完全故障。

局部故障，是指汽车部分丧失工作能力，即降低了使用性能的故障。汽车或其子系统的工作特性随着时间的延长而逐渐降低，当达不到规定的功能时即形成故障。例如，摩擦片的磨损、弹性件的硬化、油料的变质等都会使汽车性能或部分性能下降。

（2）按汽车丧失工作能力的程度分类　按汽车丧失工作能力的程度，汽车故障可分为致命故障、严重故障、一般故障和轻微故障四类，见表7-1。

1）致命故障，是指导致汽车总成重大损坏的故障。此类故障危及汽车行驶安全，导致人身伤亡，引起汽车主要总成报废；对周围环境有严重破坏，造成重大经济损失。例如，发动机报废、转向节臂断裂、制动管路破裂、操纵失灵等。

2）严重故障，是指汽车运行中无法排除的完全故障。此类故障可能导致主要零部件、总成严重损坏，或影响行车安全；且不能用易损备件和随车工具在较短时间内排除。例如，发动机缸筒拉缸、后桥壳裂纹、操纵轮摆振、曲轴断裂、制动跑偏等均属于严重故障。

表7-1　故障分类

故障分类		分类原则
1	致命故障	涉及人身安全，可能导致人身伤亡；引起主要总成报废，造成重大经济损失；不符合制动、排放、噪声等法规要求
2	严重故障	导致整车主要性能显著下降；造成主要零件损坏，且不能用随车工具和易损备件在短时间（约30min）内修复
3	一般故障	造成停驶，但不会导致主要零部件损坏，并可用随车工具和易损备件或价值很低的零件在短时间（约30min）内修复；虽未造成停驶，但已影响正常使用，需调整和修复
4	轻微故障	不会导致停驶，尚不影响正常使用，也不需要更换零部件，可用随车工具在短时间（约30min）内轻易排除

3）一般故障，是指汽车运行中能及时排除的故障或不能排除的局部故障。此类故障使汽车停驶或性能下降，但一般不导致主要零部件或总成严重损坏，可更换易损件或用随车工具在较短时间内排除。例如，汽油泵膜片损坏使发动机停止工作，从而使汽车停驶。风扇传动带断裂使发动机冷却系统停止工作，从而使汽车停驶。刮水器损坏使汽车在雨天难以工作等故障均属于一般故障。

4）轻微故障，是指一般不会导致汽车停驶或性能下降，不需要更换零件，用随车工具能轻易排除的故障。例如，点火系统高压线掉线、气门芯渗气、车轮个别螺母松动、离合器因调整原因分离不彻底、变速器渗油等均属于轻微故障。

（3）按故障发展过程分类　按故障发展过程分类可分为突变性故障和渐发性故障。

突变性故障，是指故障突然发生，在发生故障之前没有任何迹象表明要发生故障。突变性故障的特点是技术性能参数产生跃变。突变性故障在任何时候都可发生。例如，汽车超载而引起的零件突然损坏。

渐发性故障，是指汽车或机构由正常使用状况逐渐转化为故障状况。渐发性故障发展平稳、缓慢，汽车上的一般动配合零件都是按这种规律出现故障和发生损坏的，对于渐发性故障来说，汽车（或总成、零件）技术状况的变化是一个连续的过程，由初始状况（完好的技术状况）变到故障状况，要经过一系列的中间过程。渐发性故障之所以发展平稳、缓慢，是由于对汽车进行及时维护的结果，在全部的汽车故障中，有40%～70%属于渐发性故障。

2. 汽车综合故障诊断方法与思路

现代汽车维修是以机电液、机电光一体化综合检测维修技术为基础的诊断技术，其表现形式为“七分诊断、三分修理”。“汽车诊断”是应用现代化诊断设备进行科学分析的过程，诊断已成为现代汽车维修技术中的重要环节，诊断使得汽车维修从比较简单的体力劳动过程向较为复杂的脑力劳动过程转化。汽车维修中诊断与修理的分立使得汽车维修技术队伍形成“汽车医生”和“汽车护士”两个层面，“七分诊断”主要由“汽车医生”来完成，“三分修理”主要由“汽车护士”来完成。现代汽车维修技术已经发展成为以故障诊断为核心的综合检测分析技术，其技术特征主要表现为现代汽车诊断设备的应用，因而现代汽车维修已经成为一门真正的故障诊断技术，它是以汽车故障学和汽车诊断学为基础的、以汽车诊断设备为硬件、以“汽车医生”为软件的应用工程技术。

（1）汽车故障的诊断方法

1）用望问法诊断故障。医生看病需要“望闻问切”，汽车故障诊断也是一样，其中望和问是快速诊断汽车故障的有效方法。

汽车发生故障需要诊断，当修理人员第一眼看到汽车时，就应做出汽车形式和使用年限的初步判断，从外观上即可了解汽车的形式，这是非常重要的；从外观或翻转驾驶室暴露发动机，即可做出使用年限的判断，有经验的维修人员，甚至一下子就能做出汽车故障的判断。

一辆汽车需要修理，维修人员一定要向使用者和车主询问，其中包括汽车型号、使用年限、修理情况、使用情况、发生故障的部位和现象，以及发生故障后做了哪些检查和修理，尽可能深入地了解故障，这是一个捷径。

通过了解形式，可以反映出汽车的基本构造和性能，如果对汽车形式和结构了解，维修经验丰富，诊断就较容易；如果了解不够，查一查书和资料，也能掌握。

通过深入地询问，基本上可以了解到故障所发生的部位。例如，可以询问到故障发生在发动机还是变速器，如果是发动机还能进一步了解到是电气故障还是机械故障，如果是机械故障还能了解到是曲柄连杆机构还是配气机构等，再进一步做出诊断就容易多了。故障确定后，排除与维修就容易了。

如果客户要对汽车进行大修，还应问清修发动机动力总成、修汽车底盘、修汽车驾驶室和车身、修汽车电气和汽车空调等，哪些部分和总成是维修重点等，以便定出维修方案。

2）用经验法诊断故障。顾名思义，经验法诊断故障，是凭驾驶人和维修人员的基本素质和丰富经验，快速准确地对汽车故障做出诊断。

所谓基本素质，无论是驾驶人还是汽车维修人员，都必须向书本学习，并在实践中提高，从而获得基本的汽车知识和维修经验，这是非常重要的。汽车技术是国民经济发展的综合体现，汽车技术的发展越来越快，新的技术越来越多，因此，不努力向书本学习，不努力向实践学习是不行的。

所谓维修经验也是十分重要的，有了汽车维修的经验，再遇到相同的故障和类似的故障一下子就可以解决。经验有个人经历的，要经过总结和积累；还有是从书本上和其他途径学习来的经验。只有将两者结合起来，才能不断积累经验，比较顺利地对汽车故障做出判断。例如柴油机出了故障，要将驾驶室翻转，一时翻转机构卡住了，驾驶室就翻转不起来，有经验者只要一推一撬一别，驾驶室立即翻转；例如遇到柴油机飞车故障，眼看柴油机转速急骤升高，响声越来越大，没有经验怎么动也不能使柴油机熄火，有经验者只要轻轻将燃油箱上的燃油转换阀门转动45°柴油机立即熄火，避免了恶性事故的发生。不难看出这都是经验积累的结果，因此要不断总结经验，把经验变成汽车维修的有力武器，不断用新知识和新经验武装自己，用经验解决汽车上的各种各样的甚至是十分复杂的疑难故障。

3）用观察法诊断故障。所谓观察法就是汽车维修人员按照客户指出的故障发生的部位仔细观察故障现象，而后对故障做出判断，这是一种应用最多的最基本的也是最有效的故障诊断法。例如对发动机排气管冒蓝色烟雾的故障，可以通过冒蓝烟的现象来判断。如在使用过程中长期冒蓝烟，发动机使用里程又很长，一般可以判断为气缸或活塞环磨损，致使配合间隙过大，由于油底壳中的润滑油通过活塞环与缸壁之间的间隙窜入燃烧室引起的；如果只是在发动机刚一发动时冒出一股蓝烟，以后冒蓝烟又逐渐变得比较轻微，一般可以判断为发动机气门杆上的挡油罩老化或内孔磨损使挡油功能失效，而有少量润滑油沿着气门杆漏入气缸引起的。有经验者可以准确判断，经验不足者还应进一步观察。

在观察的过程中，还要用经验和理论，做出周密的思考和推证，不能简单草率，不能为表面现象所迷惑。有些现象对于有经验者也不是一下子就能看清楚的，那么就要多看几次，仔细地观察，才能由表及里，把故障现象看透。

4）用听觉法诊断故障。用听觉诊断汽车和发动机故障是常用和简便的方法。当汽车运行时，发动机以不同的工况运转，汽车和发动机这个整体发出一种嘈杂的但又是有规律的声音。当某一个部位发生故障时就会出现异常响声，有经验者可以根据发出的异常响声，立即判断汽车故障。例如发动机曲轴和连杆机构响、主传动器响、传动轴响，都可以轻易地判断出来。对于一个好的驾驶人应在行车中锻炼听觉，听清汽车各部位发出的声音，并从中判断出异响和故障。

汽车和发动机出现故障送修时，汽车维修人员往往在停车状态下起动发动机，让发动机以不同的转速运转，以听觉检查和诊断发动机的故障；对于底盘和传动器的故障，往往以路试的方法，让汽车以不同工况行驶，检查和听诊汽车故障；对于发动机的疑难故障，还可以借助于听诊器和简单的器具进行听诊，例如可用一个长杆听诊棒听诊曲轴和连杆机构的响声，可以听到配气机构的响声；可用一个胶管，插进量油尺孔中，下端在机油盘油面之上可听清曲轴响声，可以听到活塞环对口处的窜气的响声。

在停车状态检查制动器，可在发动机熄火时踏下制动踏板，明显可以听到制动器抱死的声音；抬起制动踏板可以听到制动蹄恢复原位的声音。因此训练有素的驾驶人在行车中用了制动踏板，除了根据汽车减速的反应外，还可以听到制动器工作的声音，这样就能综合地评价制动器工作是否正常。

因此，汽车和发动机只要运转就有响声。首先应有好的听觉，在汽车运行过程中随时监听汽车和发动机各部发出的声音；其次随着车速的变化，各处噪声各有不同，能够听清正常的声音，在正常声音中判断出异响，在异响中判断出故障，这些当然要有理论和经验做指导。

5）用试验法诊断故障。用试验法诊断汽车和发动机故障是常用的诊断方法之一，可用试验法在汽车不解体或少解体的情况下检查汽车和发动机的功能，以达到诊断故障的目的。所谓试验，就是以试来验证，判断不清就来试一试。例如车主报告说汽车制动系统不灵，可在汽车停放位置踏下制动踏板，制动系统立即发出一套制动动作，试验者可以根据各制动器发出的响声来判断制动系统的故障；如果一时判断不清，还可以路试一下，在一定速度下踏下制动踏板，制动系统工作，试验者可以根据汽车制动后的反应和各制动器发出的响声等情况综合判断制动系统的故障。同样，对于转向系统的故障，试验者可在原地转一转转向盘，由转向盘到车轮转动的一套转向动作可以判断转向系统的故障。如果判断不清，可把汽车开走路试一下，有意识地在弯道上转动转向盘，转向系统工作，试验者可以根据转向的反应和某处发生的异响判断转向系统的故障。

对于发动机的故障，就要检查发动机的运转情况，试验者以不同的转速或加减速运转发动机，凭经验来观察发动机的运转情况，凭经验来听诊发动机的响声，一般可以找到故障。当某个照灯不亮，怀疑电路无电时，可用一根导线对地端短路试划火检查，有火时可以判断为电路有电，无火再查，但是电路上多装有熔丝和继电器，试火要慎重。汽车和发动机正常运转有一定规律，不正常就是发生了故障，不正常是可以试验出来的，对于正常与不正常的判断，要有理论和经验做指导。

6）用触摸法诊断故障。人体和人的手脚都是灵敏的感觉器官，可凭感觉来诊断汽车和发动机故障，就像中医切脉一样，以汽车传到人体上的感觉来判断。人们乘坐汽车，可凭行车中汽车的振动情况判断悬架系统和减振器的损坏情况，一般驾驶人最敏感，常开一辆车，减振器失效后驾驶人都能感觉到。

汽车要上公路或高速行驶，通常驾驶人都要检查四个车轮，用脚踹车轮轮胎，可凭轮胎的弹力判断出轮胎的气压，可凭轮胎的偏斜和摆振情况判断轮毂轴承的紧固情况，就是典型的用脚触摸法。

汽车在高速公路上行驶后，驾驶人可用手摸一摸轮胎的温度，如是夏季轮胎摸着很热，就要当心了。可用手摸制动毂，试一试制动毂的温度；或以水淋在制动毂上，看一看水的蒸发情况，就可以判断制动毂是否拖滞。

当发现发动机过热而冷却系统中有冷却液时，可用手摸一摸散热器的上部和下部，可以判断是节温器损坏还是散热器进水口堵塞；摸一摸水泵出水口胶管可以感到水流压力波动，说明水泵工作正常。用手指的压力检查传动带的松紧度，用手指感觉燃油泵的工作，以及用手摸检查高压油管的供油情况等，都是经常遇到的。

在维修中，用手摸检查摩擦面的磨损情况；用手感觉摩擦副配合的松紧度等，都是无处不在、无处不用的。总之，手是人体的重要器官，活是用手干的，在干活中就有感觉，而这个感觉就是故障诊断的最佳助手。

7）用嗅觉法诊断故障。嗅觉是人的灵敏的感觉器官，有人说较少乘坐汽车的人的嗅觉要比驾驶人的嗅觉更灵敏，总之，在汽车运行中一旦发生异味，或者异味较大时应停车进一步检查，以查清故障根源，采取相应的措施，使之消除异味，如是汽车故障，则应排除或将汽车送修。

其实驾驶人的嗅觉往往被汽车的异味淡化了，正所谓“久居鲍市不闻其臭”，虽然在仪表板前台上摆放香水，以抵消汽车中的臭气，驾驶人只要稍加注意，汽车上的各种异味都是能够嗅到的。

柴油味是汽车常见异味之一，加柴油时都有泄漏，人们都能嗅到，这是不奇怪的。奇怪的是汽车行进中的柴油味，就是有柴油管漏油了，或者发动机燃烧不完全，要认真对待。发动机排气的异味，表示发动机烧机油和发动机燃烧不完全。如果异味较大，在汽车制动时更明显，就应调整或修理发动机。

非金属材料烧煳的特殊气味，表示离合器摩擦片烧损或电线烧毁，要认真检查某处有无冒烟现象，或抚摸某处是否发热，以确定故障部位。

发动机漏润滑油，漏到运转的发动机上，发动机温度高，会发生异味；润滑油滴落在排气管上会发生更强烈的异味；发动机的异味容易从空调进入车室中，可以明显嗅到。

汽车用蓄电池泄漏电池水（电解液）会发出难闻的臭味；如果电池水消耗过多，汽车运行时发电机强行向蓄电池充电，会使蓄电池充电过热，蓄电池冒白烟，臭味更大，甚至可以把人熏晕，任何人都能判断。

汽车上的其他工作介质泄漏，如动力转向机油、变速器油泄漏等都会发出异味，但要较仔细才能嗅到；车载物品或易燃易爆物品泄漏也要引起注意。

8）用替换法诊断故障。所谓替换法就是汽车维修人员按照客户指出的可能发生故障的部位用合格的总成和零部件试替换可能损坏的总成和零部件，这是一种故障诊断过程简化的和有效的方法。值得指出的是，替换用的备用件应是试验过的可靠的，或者新件也必须是合格品，如果不慎将坏件替换了坏件，不但找不到故障，反而会使故障发生部位虚假化，增加诊断的难度。

对于疑难故障，可以替换的部位很多。例如对于发动机动力性不足的故障，可以替换一个新的空气滤清器，再重新试车。对于供油系统的故障，如果怀疑泵油压力不足时，可以替换一个新的燃油泵等。对于制动系统的故障，在较难查清的情况下，可以试着换一个制动主缸（总泵），对系统重新调好以后，制动系统故障就排除了。对于动力转向系统的故障，如果是转向沉重，可以试着换一个动力转向助力器，对系统重新调试以后，动力转向系统故障就排除了。那么，通过以上的例证，说明故障就发生在替换件处。对于换上的替换件总成，也可以不用拆下来了，这样连维修的手续都省去了，也是一举两得的事。

9）用仪表法诊断故障。仪器仪表是诊断汽车故障不可缺少的工具，有条件时应尽量使用。车装仪器仪表和指示器可以有效地指示出汽车发生的故障。例如燃油量表指示燃油量的油量，当汽车开不动且燃油表指示为零时，表明汽车没有油了，而不是发生了故障。制动警告灯发亮，说明制动系统有故障，应进一步查找。

汽车用电压表，指示汽车电气系统的电压值，在行车中也可以准确判断发电机的发电和蓄电池的充电情况；每当使用一个电气设备开关的时候，电压表都有反应，即可以判断用电设备工作是否正常。

汽车用非接触式转速表，可以比较准确地测取发动机的即时转速，行车中指示发动机转速，换档时指示发动机转速的变化情况。有了发动机转速表，发动机的一些故障也能由转速表反映出来。维修用气缸压力表可以测得气缸压力和各缸的压力差别，以及各缸的漏气情况等。

万用表可以容易地判断汽车电气系统的故障等。前轮定位仪也可测定汽车前轮定位参数。声级计可以测得汽车和发动机的噪声等。烟度计、第五轮仪、制动试验台、汽车转鼓试验台等都是汽车维修当中所要用到的仪表和测试设备，必要时要用这些专用设备。掌握仪器仪表和电子诊断设备知识是比较困难的，要有基础知识，还要努力钻研，才能掌握和诊断汽车上的疑难故障。

10）用度量法诊断故障。应用量器和仪器仪表按照国家标准对于汽车上各有效部位和各种参数的度量是故障诊断和调试的不可缺少的方法。

长度的度量要用到米尺，与长度有关的度量（包括直径、间隙和位移等）要用到千分尺、测微计、塞规、塞尺和卷尺等，力和重力的测量要用到测力计和测重器等，压力和真空度的测量要用到压力表和真空度表等。汽车用各种测量仪表也都有测量单位，例如对于声压的测量要用声压级的分贝值，对于电压的测量要用到伏值等。对于转向系统的故障，要用前束仪和前轮定位仪测量转向轮的前束值等；要用轮胎气压表测量轮胎的气压；必要时还可用角度尺度量转向盘的转角等，才能确切判断故障原因。

对于发动机的故障，要在发动机解体后测量气缸筒的直径，测量活塞环的直径、厚度和开口间隙等，找出发生故障的确切原因，才能修复发动机；就是在修复中也要重新测量气缸筒直径，并按照分组的要求，选配活塞和活塞环，才能修好发动机。

诊断电控系统的故障时，更是离不开度量。例如发动机工作不稳或功率低下时，怀疑供油压力不足，就要用压力表测量系统压力；怀疑电控系统电控有问题时，就要用到数字万用表测量电压和电阻值；用频率计和示波器测量频率和波形幅值等。因此各种量仪和量表是维修人员眼睛和手的延伸，只有正确度量才能准确判断，而凭感觉只是表面的，度量法与仪表法结合起来，使用的度量器具越多，诊断应该越准确。

11）用分段检查法诊断故障。所谓分段检查法，就是汽车维修人员按照汽车上的电路、管路和带有系统性质的工作路线检查故障。检查可以按照系统从动力源开始沿着系统到执行器的路线查找，也可以从后到前的次序查找，也可以从中间查找，要看检查者的经验了。如能从执行器一下子就找到当然好，否则还得返回来从前向后查找。

对于制动系统的故障，原理上应从制动踏板—真空助力器—制动主缸—制动管路—感载比例阀—制动管路—车轮制动器的顺序进行检查。对于有经验者也可以从车轮制动器或制动主缸开始检查，而后再检查其他部分；但是对于制动系统的疑难故障，则应从前到后使用测量仪表进行检查和度量，才能找到故障原因。对于转向传动系统的故障，原理上应从转向盘—转向器—转向传动装置—转向车轮的次序进行检查。为了方便，也可以从转向传动装置的某处拆开，较易判断故障在转向器部分还是传动机构的后部。利用已有的理论知识，用分段检查法有条不紊地进行检查，最终可找到故障根源。

12）用局部拆装法诊断故障。所谓局部拆装法，就是汽车维修人员已经判明故障发生在某个总成上以后，一时还不能准确判断具体是哪一部分发生故障的时候，可以按照总成的工作原理，局部地拆掉某一部分功能进行检查，而后再装上去的方法。如果方法运用得当，立即可以判断故障发生的部位，因此，局部拆装法不失为一种简便易行的快速诊断汽车故障的方法。局部拆装法与试验法有许多相近之处，所不同的是局部拆装法以拆卸为主，拆卸后再试的一种诊断故障的方法。

局部拆装法实际上是使正常工作的发动机或电路系统失去了原来的功能，而在非正常工况下动作，因此拆装一定要慎重，当涉及安全项目时要采取相应的安全措施。所有的故障诊断方法都是相辅相成的，目的就是找到汽车发生的故障。灵活运用这些故障诊断方法，就能找到汽车故障，有针对性地对汽车和发动机等进行维修，恢复正常使用功能。

（2）汽车故障的诊断思路

1）传统汽车维修技术与现代汽车维修技术的根本区别。传统汽车维修的分析方法以形象思维为特征，而现代汽车维修的分析方法则以逻辑思维为特征。例如：一台传统的手动换档变速器发生脱档故障时，由于手动变速器是机械装置，因而可以采用解体检查的方法来查找故障发生部位，主要方法是用观察法从形位关系和零部件的磨损以及各部间隙上发现并排除故障，这是典型的运用形象思维的方法分析问题的案例，故障分析的各个步骤都是对机械部件检查，而且这个步骤顺序并不是严格的，中间的顺序是可以相互调换的，也就是说有些步骤是可以并行的或者是交互的。上述检查通过对零部件的目视检查和简单测量就可以完成，因而此故障的分析方法的核心是对零部件所做的“形”的分析，这就是形象思维在传统汽车维修中的应用。正是由于这个特点，传统汽车维修中经验判断的成分所占比重很大，一些修理技术人员遇到上述故障时往往是按照自己的经验直接找到某一点，而不是按照步骤顺序逐一顺查，这样可能造成找出故障的随机性很大，诊断过程缺乏严格的科学性，因而传统汽车维修技术是应用形象思维方法而构架起来的经验体系。

如果故障发生在一台 ECU 控制的自动变速器上，那么诊断方法就完全不同了。液力自动变速器是机电液一体化控制的复杂装置，对电子控制液力自动变速器的故障诊断必须按照严格的诊断步骤来进行。其分析方法采用了严格的逻辑思维的方式，对于由机、电、液三个部分组成的分析，现代汽车维修基本上采用定量分析的方法进行故障诊断。这是因为现代汽车技术的科技含量越来越高，结构也越来越复杂，特别是 ECU 控制技术在汽车中的应用使得汽车故障诊断的涉及范围越来越宽，汽车故障诊断已经发展成为机械、热工、电子、液压等多学科交叉的应用领域，因而在进行汽车故障诊断时必须对各个检测项目进行严格精确的定量分析才能准确发现故障点。

2）故障排除应从基础入手。常见引发汽车故障的原因是多方面的，有的是因为设计或制造中缺陷所致，有的是长期运行正常磨损后发生的，而使用不当、维修不良造成的故障，往往是由于人为的因素。此类故障的产生，取决于驾修人员的技术素质及操作责任，而故障判断应从基础入手，由浅入深，由外及里，才能保证故障的准确判断。故障判断应从简单处入手，按步骤、分主次进行检查，一些主观上往往认为不会出问题的部位，因为忽略了检查，造成故障判断人为复杂化。同时维修人员在修理时，更应加强检查，按照拆装作业规程，对每一步骤、每一装配环节，在作业完成后，仔细复审一遍，以避免因装配不当造成新故障。

3）故障码不是唯一的诊断依据。电子控制系统的应用，提高了汽车的性能，在提高汽车动力性能的同时，使汽车的燃油经济性、排放性得到良好的改善，但也使汽车故障诊断变得复杂起来。汽车故障自诊断系统的开发应用，给汽车使用及维修人员，在汽车运行时及时发现故障和汽车修理时故障的查询提供了方便，通过解读故障码，大多数都能判明故障可能发生的原因和部位。然而，在对汽车维修时，若仅仅靠故障码寻找故障，往往会出现判断上的失误。实际上控制 ECU 所提供的故障码，仅与所示故障部位对应的内外电路有关，它与其他电路和该部位的机械电脑故障无关。而造成电控汽车故障的原因是多方面的，仅仅是电控汽车 ECU 认可的一个是或否的界定结论，不一定是汽车真正的故障部位，不可能指出故障的具体原因。因此，要找出具体的故障部位和原因，还需要根据发动机的故障征兆，进一步分析、检查才能诊断无误。

电控汽车故障自诊断系统，一般有电子控制单元（ECU）中的识别故障及故障运行控制软件、故障监测电路和故障运行后备电路等组成。不同厂家生产的汽车，其故障自诊断系统和故障检测项目不尽相同，故障码的储存和显示方法也有所不同，故障码储存在随机存储器（RAM）中，随机存储器与蓄电池直接相连，故障码可长期保存，清除故障码，需要断开专门的随机存储器连接电路或者直接断开蓄电池。目前，解读电控汽车的故障码，大多可通过三种方式来获取：一是靠仪表板上的故障指示灯间隔闪烁次数来读取；二是借助于专用的车型解码仪直接读取故障码；三是靠国内厂家生产的故障码分析仪，以汉显的方式读取故障码的汉语文字说明。以汉语文字的方式获得故障码故障含义，是我国广大汽车维修者普遍青睐的一种方式，而前两种读码方式还需查询有关资料，才能懂得故障码的含义。

但无论采用何种方式解读故障码，一旦电控汽车的ECU出现记录和储存错误的故障码，则会对电控汽车维修带来许多不便。实际维修显示与专题分析，在以下三种情况下故障码易出现错误信息：

①汽车运行时故障明显，传感器有故障而自诊断系统没有监测到。这种情况时有发生，电控汽车ECU对传感器信号进行检测时，只能接收其内设定范围以外的传感器非正常信号，从而判别传感器的好与坏，记录或不记录故障码。一旦能解读故障码后，只要对相应的传感器、导线插接器或导线进行检查，找到并排除短路、断路的故障即可。但若因某种原因致使传感器灵敏度下降、传感器反应迟钝和输出特性偏移等，则自诊断系统就测不出来了。尽管发动机确有故障表现，但自诊断系统却输出了正常的无故障码（故障指示灯不闪烁）。这时就应该依据发动机的故障征兆进行分析判断，继而对传感器单体进行针对性检测，以便找到并排除传感器故障。

②自诊断系统可能显示错误的故障码。由于发动机工况故障现象相似，ECU监测失误，自诊断系统可能显示错误的故障码。因此，当自诊断系统出现故障码以后，还应该与发动机的实际故障症状进行分析比较，以得到正确合理的判断，不应该将故障码当作排除故障的唯一依据。

③使用、维修不当也可能引发错误的故障码。在对电控汽车实施维修时，由于维修人员维修不当或者操作失误，也会导致自诊断系统输出错误故障码。如在发动机运转过程中，随意或者无意把传感器插头拔下，每拔一次传感器插头，自诊断系统就会记录一次故障码。另外，若在上一次汽车维修时，由于操作不当而未能完全清除掉旧的故障码，那么ECU也同样将旧的故障码保存其内。因此，在对电控汽车维修时应加以注意，不要造成不必要的人为故障码，给维修工作带来混乱和困难。

4）分析故障采用逆向思维。随着汽车修理技术的发展，使用各种诊断仪器，能准确测定汽车技术状况，为及时做出修理决策提供了可靠的依据。但在目前的汽车维修作业中，人工诊断法仍然还是常用的重要手段，尤其在诊断疑难故障时，为判断准确必须突破常规的思维方式，进行逆向推断。当常规的思维方式不能解决问题时，可采用逆向思维，以免走进死胡同，或者以常规思维与逆向思维相结合的方式诊断汽车故障，这样才能开拓思路，扩大眼界，把问题考虑得更加周全，使故障原因分析得更加透彻，矛盾便会迎刃而解。

5）在寻找故障时，要注意讲究方法。进行有次序、有步骤的检修，一时不能做出准确判断的，要按照安全合理的顺序进行诊断。一般应遵循由表及里、由简到繁、由浅入深、先易后难、先小工程后大工程的顺序，按系统分部位、分段检查，逐步缩小范围的原则进行。未查出确切的毛病之前就盲目拆装、更换部件，这样既浪费人力和物力，又浪费时间，实在不妥。由此可见，正确地掌握诊断故障的顺序，可以省时、省力和节约材料，而且不走或少走弯路。

综上所述，现代汽车维修技术与传统汽车维修技术最重要的区别就在于思维方法的不同，由于汽车技术的发展导致了汽车维修技术的变革，它是汽车维修技术的思维方式的变化，这个变化才是最重要、最本质的变化。当前有许多汽车维修技术人员面对汽车新技术感到束手无策，他们更多地认为仅仅是对新技术不够了解，所以觉得只要学会了汽车新技术就可以解决问题了，但当他们学习了汽车新技术后发现，仍然无法对现代汽车所发生的故障做出准确而又令人信服的判断，其实这正是因为思维方式不对的缘故，所以如今汽车维修行业有一句流行的话，叫作："与其说是技术问题不如说是方法问题"，这就阐明了思维方式在现代汽车维修技术中的重要性。汽车在运行中所产生的故障虽然错综复杂，但只要在反复实践中进行认真的科学分析，不断总结经验，抓住其规律性的东西，就能较熟练地掌握判断与排除故障的实际技能。

知识与能力拓展

汽车传动系统的维护

一般来说传动系统除了检修外，维护过程也非常重要。传动系统的维护内容主要有以下：

1. 离合器的维护

按使用说明书的要求，定期对离合器进行润滑、紧固和调整。

2. 变速器的维护

1）每天出车前检查变速系统，不得漏油，油面高度应正常。

2）按使用说明书的要求定期检查变速器油的颜色、味道，不得有结块、浑浊、臭味或其他杂质，否则应予以更换。

3）变速器各档挂档应顺畅、平滑、无异味。

3. 自动变速器的维护

1）变速器漏油、油面高度及油质检查参照手动变速器。

2）变速器变速杆从正常位一次一个一个地拨到其他位置，拨动应该平顺，仪表指示灯正确指示各档位置。

3）检查发动机，应只能在空档和停车档能够起动，其他档位不能起动。

4）检查发动机的怠速，反应正常。

上述检查如发现异常，应及时检修。

4. 万向传动装置的维护

车辆使用中，应经常检查传动轴凸缘连接螺栓螺母和中间支承 U 形支架的紧固情况。发现松动时，应及时按规定力矩拧紧。

检查十字轴轴承有无松旷的方法是：将变速器挂空档，松开驻车制动器，双手紧握传动轴轴管，左右用力急剧转动，不应有明显的松旷量。

按使用说明书的要求，定时对十字轴、花键轴和中间支承加注润滑脂。

5. 驱动桥的维护

驱动桥的维护主要包括主减速器、差速器和半轴的检查，润滑油质和油量的检查及添加，轴承的检查和调整等。驱动桥维护可维持其良好的技术状态，使车辆起步时或急剧改变速度以及转弯时，驱动桥不发生异响；汽车行驶时齿轮无异常噪声；外壳不过热。驱动桥中润滑油的温度一般不超过 90℃，同时在轴承位置无过热现象。

案例剖析

富康自动档温度升高后不能起步的故障案例分析

故障现象：一辆 AL-1 富康轿车，该车装备 1.6L 电喷发动机，AL4 自动变速器。当行驶 630km 时，出现冷车能起动而热车后反而不能起步的故障。经检查，发现如下现象：

1）当车辆在冷态起步时，行车、换档一切正常。

2）当车辆运行一段时间后，即使换入雪地模式，车辆也无法起步。

3）当故障出现时不能进入强制降档应急模式。

4）倒档任何时候都正常。

5）故障警告灯“SPT”“T”不闪烁。

6）用故障诊断仪读取故障码时，没有发现永久性故障。

7）用诊断仪读取此时变速器的油温，为 94℃。

很明显，车辆在运行到自动变速器油温上升到 94℃时，车辆不能起步，这是最为关键的现象。

AL4 自动变速器是电液控制的四档自动变速器，由液力变矩器、行星齿轮变速器、液压控制单元、操纵机构、变速器油液热交换器、电子控制系统等组成。其中最重要的部件是行星齿轮变速器和电子控制系统。变速器自动换档过程就是通过行星齿轮变速器和电子控制系统协调动作来完成的。

故障分析与排除：AL4 自动变速器的电子控制系统中设有自诊断系统和报警功能。当发生速度传感器、油压传感器、主压力调节电磁阀、顺序调节电磁阀等电气故障时，仪表板上的运动和雪地指示灯“SPT”及“T”同时闪烁，发出故障警报，并使变速器转入应急备用方式工作，直至驶入服务站维修。

一般情况下，AL4 自动变速器在备用模式下运行时，对换档质量会有轻微影响，同时应能够进入强制三档应急模式行驶。而此时故障车辆明显存在故障却不能进入强制三档，且仪表板上的故障警告灯和诊断仪又无故障显示，这就给故障的判断带来了难度。为此，必须根据自动变速器的基本原理，逐步分析。

首先应对油位、油品进行分析。自动变速器的任何档位，都是由变速器油的压力和流向来控制的，如果油量不足或油品较差，就可能导致没有任何档位，而该车还有倒档，说明发生这种情况的可能性不大。通过对该车油位和油品的检查，的确没有发现问题，从根本上排除了变速器油发生问题的可能性。

其次，应对档位进行分析。当故障出现，在正常行驶模式 D 位时车辆不能起步，这说明变速器没有一档，因为在这种情况下，变速器是由一档起步的。当换到雪地模式时，还不能起步，这说明变速器没有二档，因为这种情况下，变速器由二档起步，以避免打滑。可见，该车同时没有一档和二档。

在一档和二档时，都需要F3制动器参与制动，即F3是一档、二档分别工作时的共同动作部件，而其他部件不是。当一档、二档正常工作时，F3制动，此时P2中心轮应不动。根据行星齿轮传动的基本原理，如果有一个主动元件而无制动元件，则齿轮系空转，即表现为没有档位，效果与挂入空档相同，可见，问题就集中在F3及其控制元件上。

如果F3制动器的活塞、密封圈、制动带、回位弹簧发生故障，变速器没有一档、二档是必然的现象，则要分解变速器总成。考虑到故障车才行驶600km左右，F3发生故障的可能性不大，况且拆解变速器比较麻烦，根据从易到难的原则，应首先检查F3的控制元件。

最后，应对控制元件进行分析。当一档、二档运行时，参与工作的控制元件只有EVS4电磁阀，即EVS4是F3制动器的关键控制元件。而电磁阀发生故障，有两种可能：电子故障、机械故障。当任何一个电磁阀发生电子故障时，故障警告灯“SPT”“T”应该同时闪烁；如果是电子方面的问题，变速器应能够进入强制三档应急模式，而此故障车不能进入强制三档，且诊断仪也没有读到电子故障。因此，可初步断定电磁阀发生电故障的可能性不大，应重点检查电磁阀机械方面的问题。当电磁阀发生机械故障时，电磁阀虽然动作了，但没有起到控制油液的作用，而该车在冷态时一切正常，变速器油温达到94℃时又不能起步，故障与温度有关，更说明了电磁阀机械件发生故障的可能性。

所有顺序电磁阀都位于液力控制单元上，将EVS4电磁阀拆下，仔细检查电磁阀各个部位，结果发现电磁阀密封圈有一个小的裂口，这个小小密封圈上的小小裂口正是引发整个故障的真正原因。在冷态下，变速器油黏度较大，密封圈密封效果也好些，裂口处油液泄漏量不大，电磁阀可以正常控制F3的制动；当温度上升到94℃时，油液的黏度略微变小，且由于温升，密封圈密封效果也变差，泄漏量增大，滑阀不能动作，F3制动器活塞无油压驱动，中心轮P2不能制动，因此没有一档和二档。

当更换O形密封圈后，油温即使上升到118℃变速器也工作正常，故障彻底排除。

课后思考

1. 汽车常用的故障诊断方法有哪些？
2. 汽车综合故障诊断的注意事项有哪些？

学习单元2　汽车传动系统常见故障分析

学习目标

1. 能对汽车传动系统出现的故障现象进行描述。
2. 能对汽车传动系统常见故障进行故障诊断与排除。

任务载体

汽车传动系统在汽车运行过程中起着至关重要的作用，如若出现故障，将会使汽车出现各种各样的故障，影响汽车的行驶。总结并掌握汽车传动系统的常见故障现象以及故障原因将会更快解决其故障。

技能操作

离合器打滑的检测

离合器打滑会使发动机的动力不能有效地传递到驱动轮上，并使离合器磨损加剧、过热、烧焦甚至损坏。使用离合器打滑频闪测定仪可检测离合器是否打滑。

1. 测定仪的结构与工作原理

离合器打滑频闪测定仪主要由透镜、闪光灯、电阻器、电容器、传感器和电源等组成，如图7-5所示，电源可采用汽车蓄电池。

该仪器由发动机火花塞的高压电极输入电脉冲信号，火花塞每跳火一次，闪光灯就亮一次，闪光频率与发动机转速成正比。离合器不打滑时，传动轴上设定点会与闪亮点同步动作，传动轴似乎处于不转动状态。否则，轴上设定点转速会滞后于闪亮点动作，而说明离合器存在打滑现象。

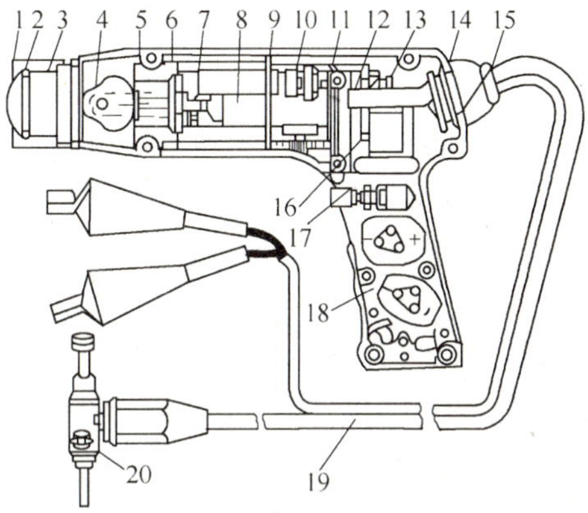

图7-5　离合器打滑频闪测定仪

1—环　2—透镜　3—框架　4—闪光灯　5—护板　6、9、11、12、18—隔板　7—电阻器　8、10—电容器　13—二极管　14—支持器　15—座套　16—变压器　17—开关　19—导线　20—传感器插头

2. 测定仪的使用方法

离合器打滑的检测可以在底盘测功试验台上或车速表试验台上进行，无试验台的可支起驱动轮进行。检测时，在传动轴上做一标记点，变速器应挂入直接档并踩下加速踏板，使车轮原地运转，必要时可给试验台滚筒增加负荷或使用行车制动器，以增加驱动轮和传动系统的负荷。将闪光灯发出的光亮点投射到传动轴上的标记点。若离合器不打滑，传动轴上标记点与光亮点同步。若离合器打滑，则传动轴上标记点与光亮点不同步。

知识链接

1. 汽车挂档困难故障检修

（1）故障现象　变速器不能顺利地挂入档位，往往伴有齿轮撞击声，或完全不能挂上档。

（2）故障主要原因及处理方法　造成变速器换档困难或挂不上档的根本原因是汽车换档时待啮合齿的圆周速度不相等，或换档拨叉移动时的阻力过大。具体原因主要是以下：

1）离合器调整不当或分离不彻底，应予调整检修。

2）变速杆弯曲变形或操纵机构调整不当，应予调整检修。

3）拨叉轴弯曲变形，与导向孔配合过紧或因缺油锈蚀，应予调整检修。

4）同步器滑块堵塞，应予更换。

5）自锁、互锁装置卡死，应予检修等。

（3）故障诊断方法 换档手柄的进档感觉明显而不能顺利换档，由拨叉的固定销钉脱落造成；没有明显的进档感觉，则应检查自锁、互锁装置是否卡死，换档操纵机构杆件是否弯曲变形。

换档时有异响，在排除了离合器分离不彻底的原因后，检查同步器是否损坏、润滑油油量是否充足或质量是否合格。

2. 自动变速器故障灯亮的检修

（1）故障现象 汽车在行驶的过程中或者汽车在起动时，汽车仪表盘的自动变速器故障灯点亮，汽车可能同时伴有其他故障现象。

（2）故障原因 **造成自动变速器故障灯亮的主要原因是因为自动变速器的电子控制系统出现了故障，ECU根据自诊断原理判断出故障并记录了故障码。**此时，应通过汽车故障诊断仪器调取故障诊断信息，并根据故障诊断信息的提示进行检查。一般故障原因有三个方面：一是汽车自动变速器的传感器和开关信号的故障，二是自动变速器执行器的故障，三是自动变速器ECU的故障。具体的故障原因还需要进一步借助其他工具进行判定和排除。

3. 自动变速器打滑的故障检修

（1）故障现象 在汽车起步时踩下加速踏板，发动机的转速很快升高，但车速升高缓慢；在行驶中踩下加速踏板加速时，车速不能随发动机转速上升而迅速提高；汽车在平坦道路上行驶时，其工作基本正常，但上坡时驱动无力，且发动机转速异常高。

（2）故障原因

1）自动变速器漏油，使油面高度太低。

2）自动变速器的油面高度太高，使油液在变速器运转过程中被行星齿轮机构剧烈搅动，从而产生大量气泡。

3）液压泵磨损过甚或主油路泄漏，造成供油压力过低。

4）离合器、制动器摩擦片、制动带磨损过甚或烧蚀。

5）单向离合器打滑。

6）离合器或制动器的活塞密封圈损坏，导致漏油。

（3）故障诊断与排除

1）首先检查自动变速器的油面高度，若不符合规定应进行调整。

2）检查ATF，若产生大量气泡，说明油压、油温过高，行车中应停车降温，必要时应进一步拆检变速器。

3）检查离合器、制动器摩擦片、制动带的磨损情况，若其磨损严重、变形或烧蚀，应及时修理或更换。

4）检查离合器或制动器活塞的密封情况，若漏油应更换密封圈。

5）检查单向离合器是否打滑，若打滑应进一步拆检滚柱或内外齿圈。

4. 离合器分离不彻底的故障检修

（1）故障现象 当发动机怠速运转时，踩下离合器踏板，挂档时有齿轮撞击声，且难以挂入；如果勉强挂上档，则在离合器踏板尚未完全放松时发动机熄火。

（2）故障原因 离合器踏板自由行程过大；新换的摩擦片太厚或从动盘正反面装错；

从动盘钢片翘曲、摩擦片破裂或铆钉松动；液压传动离合器的液压系统漏油造成油量不足，或有空气侵入；分离杠杆调整不当，其内端不在同一平面内或内端高度太低，或分离杠杆弯曲变形、支座松动、支座轴销脱出，使分离杠杆内端高度难以调整。

（3）故障诊断与排除 检查离合器踏板自由行程是否合适，若自由行程过大，应进行调整；检查离合器从动盘或摩擦片安装是否正确，若从动盘变形或损坏应及时更换；检查液压系统管路、管接头是否漏油；检查分离杠杆是否变形、支座是否松动、分离杠杆调整是否合适；检查变速器第一轴和离合器从动盘配合是否良好，若配合不当应及时调整。

5. 自动变速器换档冲击的故障检修

（1）故障现象 在汽车起步时，由停车档或空档挂入前进档或倒档时，汽车自动变速器的工作不良，并产生很大的冲击振动；在汽车行驶过程中，自动变速器在换档过程中出现较大的冲击现象。

（2）故障原因

1）发动机的怠速过高。

2）自动变速器的换档点不正确。

3）油压电磁阀不能正常工作。

4）ECU 及电控系统有故障。

5）换档执行元件（如制动器或离合器）的摩擦元件的工作间隙不正常，单向离合器打滑或锁止不良，换档离合器或制动器的分离时间过长或分离不彻底等。

6）节气门拉索或节气门位置传感器调整不当，或主油路调压电磁阀有故障，使主油路压力过大，液压系统工作不良。

7）变速器与发动机的支承胶垫磨损，或联接螺栓松动，导致传动系统的间隙过大或松旷。

8）蓄能器有故障，或作用在蓄能器背部的减振缓冲油压不正常。

（3）故障诊断与排除

1）首先检查发动机怠速，若过高应进行相应的调整。

2）检查节气门拉索或节气门位置传感器，若其调整不当应进行相应的调整。

3）检查主油路油压，若主油路油压过大或液压系统工作不良，应拆开调压阀进行修理。

4）检查自动变速器各调整部位是否合适，以及控制电磁阀、换档执行元件和电子控制系统是否有损坏、断路及短路故障，若有故障应及时进行排除。

6. 汽车传动系统漏油的故障检修

汽车传动系统漏油一般有手动变速器漏油、自动变速器漏油和驱动桥漏油三种情况。

手动变速器漏油的原因主要有密封圈损坏、紧固螺栓松动和变速器壳破裂。

自动变速器漏油的主要原因有油封本身故障、变矩器轴颈故障、变矩器轮毂衬套故障、因各部件配合定位不良产生的故障。各部件相应配合定位的有：变速器壳体与发动机缸体的位置确定，变矩器与飞轮及曲轴间的配合定位，变矩器与变速器前油泵体的配合定位等。

驱动桥漏油的故障原因及诊断：通气塞堵塞，检修通气塞；油面过高，放掉多余的齿轮油；油型号不对，放出所有齿轮油，注入规定型号的齿轮油；油封磨损或损坏，应更换油封；放油螺塞松动或垫片损坏，应更换垫片并拧紧螺塞；桥壳有裂纹，应修理或更换。

知识能力与拓展

传动系统游动角度的检测

汽车传动系统游动角度常用指针式游动角度检测仪和数字式游动角度检测仪进行检测。

1. 指针式游动角度检测仪及检测方法

（1）仪器的结构与工作原理　指针式游动角度检测仪是由指针、刻度盘和测量扳手等组成的。在测量过程中，指针固定在驱动桥主动轴上，刻度盘固定在主减速器壳上，如图7-6a所示。测量扳手一端带有U形卡嘴，以便卡在十字轴式刚性万向节上。为了适应多种车型，卡嘴上带有可更换的钳口。测量扳手另一端有指针和刻度盘，可指示转动扳手的转矩值，如图7-6b。

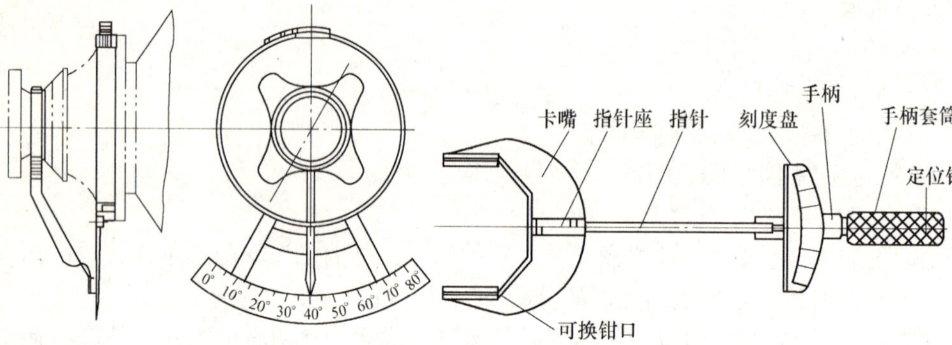

图7-6　指针式游动角度检测仪

a）指针与刻度盘的安装　b）测量扳手

检测传动系统游动角度时，将测量扳手卡在万向节上，用不小于30N·m的转矩转动，使之从一个极端位置转到另一个极端位置，刻度盘上指针转过的角度即为所测游动角度值。

（2）仪器的使用方法

1）检测驱动桥的游动角度。变速器挂空档，驻车制动器松开，驱动轮制动，将测量扳手卡在驱动桥主动轴万向节的从动叉上，即可测得驱动桥的游动角度。

2）检测万向传动装置的游动角度与检测驱动桥的游动角度的方法基本相同，只是测量扳手卡在变速器后端万向节的主动叉上，此时获得的游动角度减去驱动桥的游动角度，即为万向传动装置的游动角度。

3）检测离合器和变速器的游动角度。放松制动器，离合器处于接合状态，视必要可支起驱动桥。测量扳手仍卡在变速器后端万向节的主动叉上，依次挂入各档，即可获得不同档位下从离合器到变速器的游动角度。

对上述三段游动角度求和，即可获得传动系统的游动角度。

2. 数字式游动角度检测仪及检测方法

数字式游动角度检测仪的检测范围为0°~30°，使用的电源为直流12V。

（1）仪器的结构与工作原理　数字式游动角度检测仪由倾角传感器和测量仪两部分组成，两者以电缆相连。

1）倾角传感器的作用是将其外壳随传动轴游动之倾斜角转换为相应频率的电振荡。传感器外壳是一个长方形的壳体，其上部开有 V 形缺口，并配有带卡扣的尼龙带，因而可方便地固定在传动轴上。倾角传感器壳内的装置如图 7-7 所示。图中弧形线圈固定在外壳中的夹板上，弧形铁氧体磁棒通过摆杆和心轴支承在夹板的两轴承上，因此可绕心轴轴线摆动。在重力的作用下，摆杆与重力方向始终保持某一夹角 α_0 当传感器外壳倾斜角度不同时，弧形线圈内弧形铁氧体磁棒的长度也随之不同，产生的电感量也不同，因而也就改变了电路的振荡频率。可见，传感器实际上是一个倾角-频率转换器。为使传感器摆动后能迅速处于平衡状态，传感器外壳内装有变压器油。

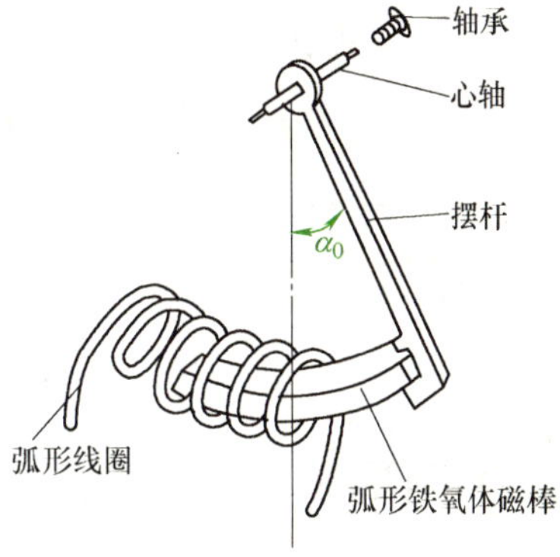

图 7-7　倾角传感器壳内的装置

2）测量仪是一台专用的数字式频率计，由于采用了与传感器特性相应的门时和初始置数的措施，因而能直接显示传感器的倾角。

仪器采用 PMOS 数字集成电路。由传感器送来的振荡信号经计数门进入主计数器，在置成的补数基础上累计脉冲数。计数结束后，在锁存器接收脉冲作用下，将主计数器的结果送入寄存器，并由荧光数码管将结果显示出来，将游动范围内两个极端位置的倾角读出，其差值即为游动角度。

（2）仪器的使用方法　将测量仪接好电源，用电缆把测量仪和传感器连接好，先按仪器使用说明书的要求对仪器进行自校，再将转换开关扳到“测量”位置上，即可进行实测。在汽车传动系统中，最便于固定倾角传感器的部位是传动轴。因此，在整个检测过程中，该传感器一直固定在传动轴上。

1）万向传动装置的游动角度。把传动轴置于驱动桥游动范围的中间位置或将驱动桥支起，拉紧驻车制动器。左、右旋转传动轴至极端位置，测量仪便直接显示出固定在传动轴上的传感倾斜角度，将两个极端位置的倾斜角度记下，其差值即为万向传动装置的游动角度。此角度不包括传动轴与驱动桥之间的万向节的游动角度。

2）离合器与变速器及各档的游动角度。放松驻车制动器，将变速器挂入选定档位，离合器处于接合状态，传动轴置于驱动桥游动范围中间位置或将驱动桥支起。左、右旋转传动轴至极端位置，测量仪便显示出传感器的倾斜角度。求出两极端位置倾斜角度的差值，便可得到一游动角度值。该游动角度减去已测得的万向传动装置的游动角度，即为离合器与变速器在该档位下的游动角度。按同样方法，依次挂入各档位，便可测得离合器与变速器各档位下的游动角度。

3）驱动桥的游动角度。变速器置于空档位置，松开驻车制动器，踩下制动踏板将驱动轮制动。左右旋转传动轴至极端位置，即可测得驱动桥的游动角度，该角度包括传动轴与驱动桥之间万向节的游动角度。

对于多桥驱动的汽车，分别将传感器固定在变速器与分动器之间的传动轴、前桥传动轴、中桥传动轴和后桥传动轴上，可以检测每段传动轴的游动角度。

在测量仪上读取数值时应注意，显示的角度值在 0°～30°内有效，出现大于 30°的情况，可将固定在传动轴上的传感器适当转过一定角度。若其中一极限位置为零度，另一极限位置超过 30°，说明该段游动角度已大于 30°，超出了仪器的测量范围。

3. 诊断参数标准

目前，我国尚无游动角度的诊断参数标准，根据国外资料，中型载货汽车传动系统游动角度及各分段游动角度应不大于表 7-2 所列数据（仅供诊断时参考）。

表 7-2　游动角度参考数据

部　　位	游动角度	部　　位	游动角度
离合器与变速器	≤5°～15°	驱动桥	≤55°～65°
万向传动装置	≤5°～6°	传动系统	≤65°～86°

案例剖析

自动变速器故障灯常亮的故障案例分析

故障现象：一辆丰田皇冠乘用车，行驶里程为 12 万 km。该车在行驶过程中仪表盘上的 OD OFF 指示灯常亮，换档冲击较大。

故障分析与排除：接车后，首先检查自动变速器内的 ATF，油面正常且油质较好，检查并调整好节气门拉索。然后把点火开关转到点火位置，按下变速杆上的 OD 开关，仪表盘上的 OD OFF 指示灯不灭。用导线跨接故障检查插接器中的 TE1 与 E1 两端子，这时仪表盘上的 Check 警告灯显示正常代码，说明发动机电控系统无故障。用导线将 TT 与引脚端子短接后，OD OFF 指示灯常亮，不输出故障码，说明自动变速器控制系统电路有故障或者 ECU 中的自动变速器控制电路有故障。

试车后发现，汽车在行驶过程中，特别是在急加速、减速过程中，变速器换档迟缓，冲击较为严重，并且仪表盘上的 Check 警告灯有时候偶尔闪烁几次后又熄灭；OD OFF 指示灯常亮。拆下冷却液温度传感器，检查冷却液温度传感器在各种温度下的电阻值变化，经检查冷却液温度传感器正常。

取下 1 号电磁阀、2 号电磁阀及锁定电磁阀的线束插头，用数字式万用表检查电磁阀的电阻值为 13Ω 左右（正常值为 11～15Ω），电阻值正常；直接用 12V 电源驱动电磁阀，各电磁阀活动正常，无堵塞及卡滞现象，电磁阀工作正常。

经过全面的检查发现：从发动机控制 ECU 线束插头上的 THW 端子到冷却液温度传感器线束插头上的 THW 端子之间的导线因绝缘层破损造成导线出现瞬间短路（搭铁）现象，使冷却液温度信号传输紊乱。从空档起动开关线束插接器上的 S_2 端子到 ECU 线束插头上相应的 S_2 端子之间的导线因导线绝缘层破损使导线出现瞬间短路故障，造成自动变速器中的 2 号电磁阀不能正常工作；从 2 号车速传感器线束插头上的 SP_2 端子到控制 ECU 线束插头上相应的 SP_2 端子之间的导线因导线绝缘层破损使导线出现瞬间短路（搭铁）故障，使 2 号车速传感器向 ECU 传输的车速信号不正常；OD OFF 指示灯一端的导线对地短路（搭铁），造成 OD 开关不能控制 OD OFF 指示灯。

用万用表逐段查找出导线断路及短路的具体位置，把导线接好。包扎好后再用万用表复查一次，确认导线导通良好后用绝缘胶布包扎好线束并可靠地固定好。插好 ECU

及所有控制元件的线束插头，固定好ECU并装好所有的附件及装饰件之后做OD OFF开关试验：按下变速杆上的OD OFF开关时仪表盘上的OD OFF指示灯熄灭，OD开关信号电路接通；释放OD开关时仪表盘上的OD OFF指示灯亮，OD开关信号电路被切断，说明OD OFF指示灯电路已恢复正常。

此车故障的主要原因是冷却液温度传感器和2号电磁阀工作不良。由于2号电磁阀工作不稳定，致使在换档时油压不稳定，所以换档冲击大，又由于OD OFF指示灯一端的导线对地短路，致使OD OFF指示灯常亮。

课后思考

1. 总结汽车故障诊断的常见方法有哪些？
2. 汽车传动系统的常见故障现象有哪些？如何排除故障？

参考文献

[1] 张凯良. 汽车修理手册 [M]. 北京: 机械工业出版社, 2002.

[2] 张大成, 戴波南. 上海桑塔纳2000系列轿车维修手册 [M]. 北京: 北京理工大学出版社, 2001.

[3] 王世维, 钱永哲, 张原. 汽车管理维修标准选编 [M]. 北京: 中国标准出版社, 1998.

[4] 屠卫星. 汽车底盘构造与维修 [M]. 北京: 人民交通出版社, 2001.

[5] 周林福. 汽车底盘构造与维修 [M]. 北京: 人民交通出版社, 2005.

[6] 马东霄, 曹景升, 李贤彬. 汽车维修实训教程 [M]. 北京: 人民邮电出版社, 2002.

[7] 张红伟. 汽车底盘结构与维修 [M]. 西安: 西安电子科技大学出版社, 2007.

[8] 刘汉军. 丰田汽车新技术: 结构、原理与维修: 下册 [M]. 广州: 广东科技出版社, 2002.

[9] 黄虎, 夏令伟. 现代汽车维修 [M]. 上海: 上海交通大学出版社, 2001.

[10] 高志胜, 徐胜云. 天津威驰轿车维修手册 [M]. 北京: 人民交通出版社, 2003.

[11] 胡勇, 苗全生. 汽车底盘构造与维修 [M]. 郑州: 大象出版社, 2010.

[12] 孙雷. 汽车传动系统的检测与修复 [M]. 上海: 上海交通大学出版社, 2012.